Herbert Matis

Die Wundermaschine

Die unendliche Geschichte der Datenverarbeitung: Von der Rechenuhr zum Internet

mitp

Die Deutsche Bibliothek –
CIP-Einheitsaufnahme

Ein Titeldatensatz für diese Publikation ist bei
Der Deutschen Bibliothek erhältlich.

ISBN 3-8266-0953-0
1. Auflage 2002

Der Titel erscheint gleichzeitig noch unter der ISBN 3-8323-0936-5

Umschlag: mitp, Bonn
Coverbild: U.S. Army Photo. Archieves of ARL Technical Library

Typografie: deleatur.com
Druck: Druckerei Theiss GmbH, 9431 St. Stefan
Printed in Austria

Inhaltsverzeichnis

Einleitung

Ihr Instrumente freilich spottet mein,
Mit Rad und Kämmen, Walz und Bügel:
Ich stand am Tor, ihr solltet Schlüssel sein;
Zwar euer Bart ist kraus, doch hebt ihr nicht die Riegel.
Geheimnisvoll am lichten Tag,
Lässt sich die Natur des Schleiers nicht berauben,
Und was sie deinem Geist nicht offenbaren mag,
Das zwingst du ihr nicht ab mit Hebeln und mit Schrauben.

Goethe, Faust I

Wie alle Errungenschaften des menschlichen Geistes basieren auch die modernen elektronischen Datenverarbeitungsanlagen auf vielen Vorläufern. Manche Pioniere sind bekannt, andere blieben im Verborgenen, manche harren einer Wiederentdeckung, die mitunter auch für den Informatiker von heute Überraschungseffekte in sich birgt. Auch hier gilt die bereits einem mittelalterlichen Heiligen und Gelehrten, nämlich Bernhard von Clairvaux, zugeschriebene und später vom amerikanischen Wissenschaftshistoriker Karl Robert Merton als Buchtitel verwendete Metapher von den „Zwergen auf den Schultern der Riesen“: Es bedurfte über viele Generationen hinweg einer ungeheuren Geistesanstrengung von herausragenden Köpfen, um die Grundlagen zu schaffen, auf denen die heutige moderne Informationstechnologie beruht. Zahlreiche Mathematiker, Naturwissenschaftler, Physiker, Techniker und Elektroniker, ja sogar Philosophen wirkten mit, um die mit der dafür nötigen Grundlagenforschung verbundenen geistigen Aufgaben zu lösen. Die technikgeschichtlichen und geisteswissenschaftlichen Wurzeln der heutigen Informatik reichen somit weit zurück. Ingenieurwissenschaften, Logik, Mathematik, Informationstheorie und noch viele andere Disziplinen wirkten dabei zusammen, um einerseits die technische Entwicklung von Maschinen (Hardware), andererseits die Entwicklung von Algorithmen und Computersprachen und deren technische Umsetzung (Software) voranzutreiben.

Als *Computer* wurden im Englischen im 17. und 18. Jahrhundert ursprünglich jene Mathematiker bezeichnet, die äußerst umfangreiche Rechenroutinen ausführten, wie sie für die Berechnung von Kalendern, Logarithmen, und ballistischen, nautischen und astronomischen Tafeln erforderlich waren. Der Bedeutungswandel als Bezeichnung der modernen Rechenmaschinen verweist darauf, dass auch hier am Anfang die Bewältigung von Routinen stand; mittlerweile ist der Computer jedoch zu einem umfassenden Gestaltungselement unserer modernen Zivilisation geworden. Dienten die ersten Computer noch dazu, komplexe mathematische Probleme vor allem in Form von Gleichungssystemen zu berechnen, so leisten heutige Computer wesentlich mehr: Sie speichern, verwalten und verarbeiten Daten in verschiedenster Form, sie produzieren digitale Texte, Töne und Bilder, sie managen unsere elektronische Post und verbinden uns über Netzwerke mit der ganzen Welt, sie steuern und kontrollieren Maschinen, Autos, Schiffe, Flugzeuge, Raketen usw. Wir finden heute Computer in Werkhallen, Büros, Forschungsinstituten, Spitälern, Verkehrsmitteln, Haushalten, Börsen, im Bankwesen usw. Es gibt nahezu keinen Bereich, wo sie noch nicht eingedrungen sind. Kaum ein anderes Gerät hat das menschliche Leben und die Arbeits- und Freizeitgesellschaft in so kurzer Zeit so dramatisch verändert wie der Computer.

Es wird hier in aller gebotenen Kürze versucht, diesen „langen Marsch“ bis zum heutigen Computer nachzuvollziehen. Der Weg dahin war dabei keineswegs geradlinig vorgezeichnet, vielmehr ergaben sich dabei immer wieder Abzweigungen und Nebengeleise, mitunter auch Fehlentwicklungen. Oft erwiesen sich vermeintliche Seitenwege später unvermutet als erfolgversprechend, während andere, zunächst aussichtsreichere Wege durch die spätere Entwicklung sich als falsch herausstellten.[1]

Dies wirft die Frage auf, wie man eine derartige Darstellung am besten organisiert? Soll man sie nach Themen, nach Personen, nach der Chronologie oder nach einzelnen technischen Beiträgen ordnen? Es wurde schließlich versucht, sich in insgesamt zwölf Kapiteln der Thematik insofern anzunähern, als auf der Grundlage einer chronologischen Abfolge mehrere parallele Entwicklungsstränge verfolgt werden, die dann an bestimmten Knotenpunkten zusammenführen. Ausgehend von einer Darstellung der verschiedenen Zahlensysteme und Zahlennotierungen werden zunächst frühere Rechenhilfen wie

1 Der Versuch einer Dastellung eines Stammbaums des modernen Digitalcomputers findet sich unter der Internet-Adresse http://ftp.arl.army.mil/ftp/historic-computers/drawings/big-comp-tree.gif.

Rechenbrett, Abakus, Napiersche Stäbchen und Rechenschieber behandelt. Diese fanden teilweise auch Verwendung in den mechanischen Rechenmaschinen, die in den beiden folgenden Kapiteln anhand einer exemplarischen Auswahl vorgestellt werden. Im Zuge der Industrialisierung wurden auch die bisher oft nur als Prototypen oder in kleinsten Serien hergestellten mechanischen Rechner zu einem industriellen Massengut, die erst im Zuge der elektronischen Revolution von einer neuen Technologie abgelöst wurden. Ein eigenes Kapitel gilt den Lochkarten-Tabulierungsmaschinen, die in mancher Weise am Beginn des modernen Computings stehen. Einen Sonderweg für die Berechnung bestimmter Aufgabenstellungen, wie sie im Zusammenhang mit Berechnungen von Kurven, Schwingungen und Simulationen auftraten, beschritten die Analogrechner. Dieser Weg wurde aber in der Folge nicht weiterverfolgt. In einem eigenen Kapitel werden Grundkonfiguration und technische Grundlagen der modernen Rechenanlagen im historischen Ablauf dargestellt. Die zugrunde liegende Basistechnologie charakterisiert die einzelnen Etappen in der Entwicklung moderner Computer. Die ersten Großrechner basierten auf der Relaistechnologie, diese wurde von der Elektronenröhrentechnologie abgelöst, und diese wiederum durch Einzeltransistoren, dann integrierte Schaltkreise und zuletzt durch den Mikrochip ersetzt. Manche Autoren gehen so weit, in diesem Zusammenhang von Computergenerationen zu sprechen. Da man mittlerweile bereits bei der x-ten Generation hält, was angesichts des in immer schnellerem Tempo verlaufenden Fortschritts bei der Leistungsfähigkeit moderner Mikroprozessoren nicht überrascht, erscheint dieses Konzept, das bei den älteren Computern durchaus noch Sinn machte, für die aktuelleren Entwicklungen auf dem Computersektor nicht mehr angebracht. Es ist klar, dass angesichts der schier unüberschaubaren Zahl von Computern eine Selbstbeschränkung bei der Auswahl geradezu zwingend geboten war. Diese Auswahl mag vielleicht willkürlich erscheinen, und mancher wird vielleicht gerade jenen Computer vermissen, auf dem er selbst seine ersten individuellen Erfahrungen mit den Errungenschaften des „elektronischen Zeitalters“ gemacht hat, sie entbehrt aber nicht einer gewissen Logik: Ausgewählt wurden nur solche Rechner, die aus meiner Sicht jeweils einen entscheidenden Beitrag zur Entwicklung in einem bestimmten Zeitabschnitt bedeuteten.

Die handelnden Personen werden in kurzen biographischen Skizzen vorgestellt, um auch individuelle Beiträge entsprechend würdigen zu können. Jedoch: Im Unterschied etwa zur Mathematik und Physik, deren Geschichte man durchaus anhand von Biographien schreiben könnte, kennt die Informatik zwar einzelne Pioniere, welche die Entwicklung vorangetrieben haben, aber das Wesen des Computers und der Informationsverarbeitung wäre durch die Vorstellung einzelner Lebensbilder wohl nur unzureichend repräsentiert. Eine chronologische Darstellung wird schon deshalb präferiert, weil sie einer historischen Darstellung wohl am meisten adäquat erscheint. Die Zugehörigkeit zu einer bestimmten Generation wird vor allem auf die dabei zugrunde liegende Basistechnologie bezogen. Es wurde versucht, die jeweils wichtigsten Hard- und Softwarelösungen, die für eine derartige Computergeneration repräsentativ sind, vorzustellen. Es erschien darüber hinaus sinnvoll, jedem einzelnen Kapitel eine kurze Darstellung der wirtschaftlichen und sozialen Rahmenbedingen voranzustellen, unter denen die jeweiligen informationsverarbeitenden Rechenhilfen entwickelt wurden.

Klaus Mainzer hat sein Buch über die Evolution computergestützter Technik, Wissenschaft, Kultur und Philosophie unter Anspielung auf den antiken Daidalos-Mythos mit „Computer – neue Flügel des Geistes?“ übertitelt. Er meint, es nähmen heute Cyberspace und virtuelle Realitäten die Stellung von modernen Mythologien ein. Selbst die allerneuesten, auf Evolution und Selbstorganisation basierenden Konzeptionen unserer Kommunikations- und Informationsgesellschaft, wie wissensbasierte Systeme, künstliche Intelligenz, neuronale Netzwerke usw., erfassen dabei nur unvollkommen diesen Entwicklungsprozess. Dieser kommt den von Descartes und Leibniz erstmals skizzierten Vorstellungen eines menschlichen Geistes schon sehr nahe, der sich „von verschiedenen Stadien von subjektiven Gedanken und Vorstellungen einzelner Menschen zu objektiven und überpersonalen Formen und Gestalten von Wissen, Sprache, Zeichen und Kulturen organisiert“.[2] Das an den Beginn gestellte Zitat von Johann Wolfgang von Goethe, das auf

[2] K. Mainzer, Computer – neue Flügel des Geistes? Die Evolution computergestützter Technik, Wissenschaft, Kultur und Philosophie, in: Philosophie und Wissenschaft. Transdisziplinäre Studien, hrsg. v. C. F. Gethmann und J. Mittelstraß (Berlin, New York, 1995) 2 f.

die zeitgenössischen mechanischen Rechenmaschinen gemünzt sein könnte, wäre damit insofern zu modifizieren, als mit Hilfe des modernen Computers der Schleier der Natur zumindest ein wenig gelüftet wurde. Computer sind heute auch nicht mehr jene bloßen Rechenhilfen, als die sie einst von den Mathematikern mit einer gewissen Herablassung eingeschätzt wurden; sie markieren vielmehr einen neuen Abschnitt in der Entwicklung des menschlichen Geistes.

Damit die Menschheit dieses Stadium der kulturellen Evolution erreichen konnte, waren viele und über Jahrhunderte reichende Entwicklungsschritte notwendig, die von der Entwicklung der Zahlentheorie, über Rechentechniken, mechanische Automaten, Programmierung, logisch-mathematische Konzepte bis hin zur Elektronen- und Halbleiterphysik reichen. Dabei wirkt wie immer in der historischen Entwicklung das von Arnold Toynbee artikulierte Prinzip von *Challenge and Response* entscheidend mit, indem menschliche Bedürfnisse und Herausforderungen entsprechende Antworten implizieren: Schon die Entwicklung von Zahlen und Zählen, von Rechentechniken und Rechenhilfen, ist nicht zuletzt eine Reaktion des Menschen auf anstehende alltagspraktische Probleme. Um die mit dem Rechnen verbundenen Operationen zu vereinfachen, erfanden Menschen schon lange vor unserer Zeitrechnung mathematische und mechanische Rechenhilfen. Die Einführung der indisch-arabischen Ziffern, die Entwicklung von Abakus, Rechenstab und Rechenschieber, die Entdeckung von Logarithmen, Differentialrechnung und binärer Arithmetik usw. stellten das wissenschaftliche Rechnen und auch das Rechnen für den Alltagsgebrauch auf neue Grundlagen. Schließlich wurden mechanische Rechenmaschinen erfunden, bei denen mittels sinnreich ineinander greifender Zahn-, Staffel- oder Sprossenräder alle vier Grundrechnungsarten ausgeführt werden konnten.

Diese ersten Rechenmaschinen entsprachen nicht nur den Bedürfnissen der wissenschaftlichen und wirtschaftlichen Praxis, sondern bereiteten gemeinsam mit Spielautomaten und über Lochkarten gesteuerten Webstühlen die Technik programmgesteuerter Maschinen vor. Die *Analytical Engine* des Engländers Charles Babbage aus dem Jahre 1864 besaß bereits eine sequentielle Programmsteuerung und ein mechanisches Rechenwerk zur Tabellenberechnung. Der nächste Entwicklungsschritt bestand im Einsatz der Erkenntnisse der Elektrizitätslehre, zunächst auf elektromechanischer und dann auf elektronischer Grundlage mittels Relais, Elektronenröhren und Transistoren. Der deutschstämmige Amerikaner Herman Hollerith entwickelte zunächst 1889 Tabulierungs- und Zählmaschinen auf elektromechanischer Grundlage. Der Spanier Leonardo Torres y Quevedo baute 1920 eine elektromechanische Version der Leibnizschen Vierspezies-Rechenmaschine, womit ihm Lösungen von Gleichungen bis zur sechsten Ordnung gelangen. Aber erst mit Hilfe der Elektronik und der Anwendung des u. a. von Gottfried Wilhelm Leibniz und George Boole weiterentwickelten Binärsystems konnte die Rechengeschwindigkeit tatsächlich entscheidend verbessert werden. Der Deutsche Konrad Zuse konstruierte in den 1940er Jahren die ersten programmgesteuerten Rechner auf elektromechanischer und elektronischer Grundlage.

Parallel dazu erfolgte die Entwicklung der Programmsteuerung, mit deren Hilfe Befehlsabläufe – d. h. bestimmte Operationen an einer bestimmten Adresse – festgesetzt werden: Programme sind nichts anderes als die Transformation eines Zeichens in binäre Notierung, gewissermaßen verschlüsselte Information, wobei die dabei angewendeten Regeln als Algorithmen bezeichnet werden. Bereits die Spiel- und Musikautomaten des 17. und 18. Jahrhunderts waren programmgesteuert, sie verwendeten vor allem Stachelwalzen, die für jede neue Aufgabe ausgewechselt werden mussten. Charles Babbage benützte die Jacquardsche Lochkartensteuerung, wie sie seit Anfang des 19. Jahrhunderts bei mechanischen Seidenwebstühlen eingesetzt wurde, für die Steuerung seiner Rechenmaschine, und seine Mitarbeiterin Ada Byron-Lovelace erkannte erstmals die Möglichkeit der nichtlinearen Programmierung mittels Schleifen und Sprüngen – der lineare Ablauf wird dabei durch Sprünge an andere Stellen des Programms, oder wieder zurück, unterbrochen. Herman Hollerith entwickelte auf dieser Basis die Lochkarte, die nicht nur für die Speicherung von Daten, sondern auch für die Programmsteuerung eingesetzt wurde. Mit dem Aufkommen der elektronischen Rechner wurden eigene Programme entwickelt – nach den Regeln der jeweiligen Programmiersprache formulierte Abfolgen von Kommandos, die mittels Compiler, Interpreter oder Assembler in die dem Rechenautomaten verständliche Maschinensprache übersetzt wurden.

Schon Leibniz legte die Grundlagen zur binären Arithmetik. Die moderne Aussagenlogik beginnt mit dem Versuch des Engländers George Boole, der seine Algebra auf Variable mit nur zwei Funktionswerten, nämlich 0 und 1, reduzierte.[3] Daraus entwickelte sich die für die Grundlagen der Mathematik so wichtige Aussagenlogik, von der Begriffschrift des deutschen Mathematikers Gottlob Frege (1879) bis zu den „Principia mathematica“ (1905) der beiden Engländer Alfred N. Whitehead und Bertrand Russel. Damit wurde es möglich, alle Funktionen der Logik, der Mathematik sowie der Informationsverarbeitung überhaupt auf einige wenige Grundfunktionen zurückzuführen. Der deutsche Mathematiker und Logiker David Hilbert begründete ebenfalls um die Jahrhundertwende den mathematischen Formalismus, in dem die Zeichen nur mehr als Teil eines in sich geschlossenen semiotischen Systems stehen. Was bleibt, sind die Zeichen selbst, die, wenn überhaupt, bloß auf andere Zeichen verweisen, und Regeln, die bestimmen, wie mit ihnen umzugehen ist. Diese Mathematik der Moderne ist die symbolische Welt, in der die theoretischen Grundlagen des Computers gedacht wurden. Die formalistische Auffassung der Mathematik lieferte den innermathematischen Kontext für Turings symbolische Maschine, die wiederum in Form des Digitalcomputers eine Konkretisierung erfuhr. Alan Mathison Turing stellte 1937 die berühmte These auf, wonach jedes Handeln, das einer klaren Vorschrift folgt, auch von einer Maschine ausgeführt werden kann. Das Gedankenexperiment, das er daran schließt, führte zu einer mathematisch präzisen Formulierung des Algorithmus,[4] wobei er mit seiner universellen „symbolischen Maschine“ zugleich das gedankliche Grunddesign des Digitalcomputers vorwegnahm. Konrad Zuse war es wiederum, dem erstmals die maschinelle Simulation intellektueller Fähigkeiten wie des Rechnens und logischen Schließens gelang. Turings logisch-mathematisches Konzept einer Rechenmaschine, die jedes Rechenverfahren simulieren kann, lieferte die „mechanische Vorschrift“ des

3 Die Boolesche Algebra bildet die Logik auf die Mathematik ab, während der Computer die Mathematik auf logischen Schaltkreisen abbildet.

4 Zur Definition des Algorithmus vgl. H. Hermes, Aufzählbarkeit, Entscheidbarkeit, Berechenbarkeit (Berlin, Heidelberg, New York, 1978) 1: „Ein Algorithmus ist ein generelles Verfahren, mit dem man die Antwort auf jede einschlägige Frage durch eine simple Rechnung nach einer vorgeschriebenen Methode erhält.“

„Von-Neumann-Computertyps“, der seriell, d. h. Schritt für Schritt, jeden Befehl eines Programms abarbeitet. John von Neumann, als Mathematiker gemeinsam mit Oskar Morgenstern auch einer der Begründer der Spieltheorie, stellte eine Äquivalenz von Daten und Programmen her. Damit können Daten und Programme in einen temporären Speicher abgelegt und Programme genauso wie die Daten, für die sie die Befehlsstrukturen liefern, verarbeitet werden. Diese Idee von Neumanns wurde grundlegend für die nach ihm benannte programmgesteuerte Computerarchitektur der nächsten Jahrzehnte.

Der erste vollelektronische Computer, der auf dieser Architektur aufbaute, der 1945 erstmals erfolgreich in Betrieb gehende und nachträglich zu einem programmgespeicherten Computer umgerüstete ENIAC, konnte pro Sekunde 5000 Additionen ausführen. Die Maschine beanspruchte einen Raum von 140 m^2, bestand aus 18.000 Elektronenröhren und hatte einen Stromverbrauch von 150 Kilowatt. Sie kostete damals den stolzen Betrag von etwa 6 Millionen Euro heutiger Kaufkraft. Heute ist jeder um rund 800 Euro angeschaffter Personalcomputer wesentlich leistungsstärker, schneller und vor allem auch benutzerfreundlicher. Wie viele andere Technologien der Nachkriegsära waren die ersten digitalen Großcomputer für militärische Zwecke bestimmt. Aber erst deren Adaption auf den kommerziellen Gebrauch führte aufgrund der von Joseph A. Schumpeter als „Prozess schöpferischer Zerstörung“ beschriebenen Dynamik der Märkte zu benutzerfreundlichen Lösungen und machte den Computer zu einem standardisierten industriellen Massengut. Für den größten Fortschritt sorgte dabei die Mikroelektronik, die mit zu den Leitsektoren des so genannten „postindustriellen Kondratieff-Zyklus“ zählt: Mechanische Rechner waren schwerfällig und ungenau, Elektronenröhrencomputer verbrauchten viel Energie und entwickelten große Hitze, und die Röhren hatten eine geringe Lebensdauer. Den kommerziellen Durchbruch brachte erst die Erfindung des Transistors, der billig herstellbar, energiesparend und verlässlich war. Einzeltransistoren bestanden zunächst aus dotiertem Halbleitermaterial in p-n-p-Kombination,[5] wurden aber sehr bald durch so genannte integrierte Schaltkreise und Mikrochips ersetzt.

[5] p-n-p steht für elektrischen Positiv-negativ-positiv-Ladungszustand.

Integrierte Schaltkreise und Mikrominiaturisierung sind in erster Linie dafür verantwortlich, dass sich einerseits Kosten und Energieverbrauch drastisch verringerten und andererseits Rechengeschwindigkeit und Speicherkapazität laufend erhöhten. Historisch unterscheidet man mittlerweile fünf Generationen der Von-Neumann-Maschinen: 1. Elektronenröhrencomputer (bis etwa Ende der 1950er Jahre), 2. Transistorencomputer (bis etwa Ende der 1960er Jahre), 3. Computer mit teilweise integrierten Schaltkreisen (seit Mitte der 1960er Jahre), 4. Computer mit hochintegrierten Schaltkreisen (seit Anfang der 1970er Jahre), und schließlich die 5. Generation seit den 1980er Jahren, welche die traditionellen Von-Neumann-Maschinen mit ihren neuen Parallelarchitekturen, wesentlich größeren Speicherkapazitäten, neuen Programmiersprachen und neuen symbolverarbeitenden Verfahren, wie sie für wissensbasierte Systeme charakteristisch sind, schließlich ablösen sollte. Dabei stehen wir erst am Beginn dieser Entwicklung, und wenn wir etwa die Geschichte der mechanischen Rechenmaschinen studieren, dann wird deutlich, wie lange es in der Regel dauert, bis eine innovative Idee tatsächlich zu ihrer vollen technischen Reife gelangt.

In den 1950er Jahren wurde die Geschwindigkeit der Computer in Millisekunden, d. h. Tausendstel (10^{-3} s) Sekunden, dann in Mikrosekunden, d. h. Millionstel (10^{-6} s) Sekunden, gemessen. Heutige auf der Halbleitertechnologie beruhenden Mikrochips erreichen bereits Elektronenübertragungsgeschwindigkeiten in Bruchteilen von Nanosekunden, d. h. Milliardstel (10^{-9} s) Sekunden. Man rechnet damit, dass mit dem Einsatz von Lasertechnologie vielleicht in einigen Jahren der Bereich von Femtosekunden (d. h. 10^{-15} s) erreichbar wäre. Je schneller die Übertragungsgeschwindigkeiten, desto kleiner müssen auch die Mikrochips werden, da sonst selbst die Lichtgeschwindigkeit nicht schnell genug wäre, um den entsprechenden elektronischen Impuls zu geben.[6] Dies war auch ein Grund dafür, dass man schon sehr früh an die Entwicklung „biologischer Computer“ dachte: Bereits in den 1950er Jahren unternahm man in Großbritannien verschiedentlich Versuche, lebende Zellen von Mikroorganismen als „integrierte Schaltkreise“ zu verwenden. Ein auf dieser Technologie aufbauender „Computer“ benötigte allerdings

[6] Das Licht legt in einer Femtosekunde 0,3 Nanometer zurück.

für die Lösung einer einfachen Gleichung vier Stunden, für eine Aufgabe, die ein halbwegs begabter Schüler in etwa vier Minuten hätte lösen können. Mit den Fortschritten in Mikrobiologie und im „Genetic Engineering" seit der Entschlüsselung der DNA ist es allerdings nur eine Frage der Zeit, bis auch hier neue technische Standards erreicht werden können.[7]

Der Prozess ist also keineswegs abgeschlossen; in mancher Weise befinden wir uns erst am Anfang eines neuen Stadiums der kulturellen Evolution: „Computer und Informationstechnologie verändern zunehmend Forschung und Kultur. Sie lassen den Erdball in einem dichter werdenden Kommunikationsnetz zusammenwachsen, bewältigen komplexe Probleme in immer kürzeren Rechenzeiten, simulieren wirkliche und erzeugen imaginäre Welten in Wissenschaft, Technik, Kunst und Science-Fiction. Computergestützte Forschung und Kultur sind ein Entwicklungsstadium des menschlichen Geistes, der sich auf neuen Emergenzstufen durch technische Innovationsschübe realisiert."[8]

Diese Darstellung beansprucht keineswegs, wesentlich Neues zum Thema „Geschichte des Computers" beitragen zu können. Es gibt dazu vor allem im angloamerikanischen Raum und im Internet selbst, wenngleich oftmals an vielen Stellen verstreut und nur wenig systematisch zusammengefasst, bereits recht umfangreiche Studien. In der Referenzliste wird auf solche Links und jene Literatur verwiesen, die zum weiteren Studium empfohlen wird. Auch dürfte es angesichts der Komplexität des Themas nahezu unmöglich sein, eine komplette Übersicht zu erstellen, was hier auch gar nicht beabsichtigt wird; es wurden die aus meiner Sicht jeweils innovativsten Lösungen, die einen bestimmten technologischen Entwicklungsstand markieren, ausgewählt. Ich glaube, dass die vorliegende Studie durchaus manche neue Aspekte bietet, die bisher nicht hinreichend gewürdigt wurden. Ich habe mich bemüht, technische und mathematische Details nach Möglichkeit auf das Nötigste zu beschränken. Die vorliegende unterscheidet sich von anderen Darstellungen auch

7 Leonard Adleman von der University of Southern California gelang es 1996, biologische Reaktionen in Form von DNA-Nukleotiden und Polymerase-Kettenreaktionen zur Lösung eines komplexen mathematischen Entscheidungsproblems, das als „Hamiltons Pfad-Problem" bekannt ist, einzusetzen.

8 Mainzer, Computer (1995) 1.

dadurch, dass sie versucht, die Meilensteine in der Entwicklung zum heutigen Computer jeweils in einen allgemeineren historischen Kontext zu stellen. Nicht ganz vermeiden konnte ich die aus dem Amerikanischen übernommenen Begriffe, die sich heute auch in der deutschen Sprache für viele technische Bezeichnungen eingebürgert haben und sich teilweise auch gar nicht adäquat übersetzen lassen.

Ich möchte an dieser Stelle vor allem der Harvard-Universität danken, deren großartig bestückte Widener Library und Cabot Science Library ich im Sommersemester 2001 als Senior Schumpeter Fellow am Minda de Gunzburg Center for European Studies benutzen durfte. Danken möchte ich auch den Museen, in deren Sammlungen Einblick genommen werden konnte: dem Science Museum in London, dem (derzeit im Umbau befindlichen) Computer Museum in Boston, dem Deutschen Museum in München, dem Musée des Art et Métiers in Paris, dem Kunsthistorischen und dem Technischen Museum in Wien, dem Istituto e Museo di Storia della Scienza in Florenz und der von Franz Pichler betreuten Rechnersammlung der Johannes-Kepler-Universität Linz. Dank schulde ich auch allen Personen und Institutionen,[9] die mir die Nutzungsrechte für Bilddarstellungen einräumten, darunter insbesondere den Sammlern alter Rechenmaschinen. Von diesen Rechnern geht wie bei alten Uhren bis heute eine gewisse Faszination aus. Weiter möchte allen jenen danken, die sich der Aufgabe unterzogen haben, diesen Text kritisch durchzusehen und mir mit Rat und Hilfe zur Seite standen; es waren dies in alphabetischer Reihenfolge: Peter Berger, Wolfgang Janko, Inge Matis, Andreas Resch, Peter Wobrauschek und Heinz Zema-

9 Namentlich hervorheben möchte ich von den Personen, die mir bei den Bildrecherchen halfen, besonders: Franz Pichler, Begründer der Rechnersammlung der Österreichischen Gesellschaft für Informatikgeschichte, von der Johannes-Kepler-Universität Linz. Dank schulde ich auch Hilary Kahn vom Department of Computer Science der Universität Manchester, D. Stanford von IBM Corporate Archives in Somers und Georg Haberl von IBM-Österreich, Peter Thorne vom Computer Science Center der Universität Melbourne, Alan M. Shoemaker von The MITRE Corporation in Bedford, Tracy Kugelman vom Xerox Palo Alto Research Center, Lisa Coats vom Institute for Advanced Studies in Princeton, Ken T. Statham von Intel Corporation, Horst Zuse von der Technischen Universität Berlin, Curt Herzstark Jr. in Wien, Margaret Jones vom National Physical Laboratory UK, Ulla Fischer vom Bildarchiv der Österreichischen Nationalbibliothek, Vera Bigdan vom Computermuseum Kiew sowie Helmut Lackner vom Technischen Museum in Wien.

nek. Das Lektorat für den Verlag besorgte in gewohnt gründlicher Weise Kurt Bauer. Für sämtliche verbliebenen Irrtümer, die bei einem derartigen Spezialgebiet der Technik- und Wissenschaftsgeschichte leicht möglich sind, trägt selbstverständlich der Autor die alleinige Verantwortung.

Herbert Matis — Wien, im Juni 2002

Ausgewählte Literatur und Links

W. **Aspray** (Hrsg.), Computing before Computers (Ames, 1990).

S. **Augarten,** Bit by bit: An illustrated History of Computers (New York, 1984).

H. **Blohm,** S. **Beer** und D. **Suzuki,** Pebbles to Computers. The Thread (Toronto, 1986).

M. **Campbell-Kelly** und W. **Aspray,** Computer: A History of the Information Machine (New York, 1996).

P. E. **Ceruzzi,** A History of Modern Computing (Cambridge, MA, 2000).

P. E. **Ceruzzi,** Reckoners. The Prehistory of the Digital Computer. From Relays to the Stored Program Concept, 1935–1945 (Westport, 1983).

J. W. **Cortada,** A bibliographic Guide to the History of Computer Applications, 1950–1990 (New York, 1996).

B. **Heintz,** Die Herrschaft der Regel. Zur Grundlagengeschichte des Computers (Frankfurt, New York, 1993).

International Research Conference on the History of Computing. Ed.: Los Alamos Scientific Laboratory 1976 (New York, 1980).

M. R. **Williams,** A History of Computing Technology, 4. Aufl. (Los Alamitos, Washington, Brüssel, Tokio, 2000).

H. **Wulforst,** Breakthrough to the Computer Age (New York, 1982).

H. **Zemanek,** Weltmacht Computer. Geschichte – Strukturen – Medien (Wien, München, 1991).

http://www.cyberstreet.com/hcs/museum/chron.htm

http://home.t-online.de/home/jan.meyer/linklist.htm

http://www.computingmuseum.com

http://www.8bit-museum.de

http://ed-thelen.org/comp-hist/1981Catalog.html

http://www.cs.nyu.edu/courses/spring00/V22.0004-002/history/

http://www.cs.virginia.edu/brochure/museum.html

http://www.digitalcentury.com/encyclo/update/comp_hd.html

http://www.isoc.org/guest/zakon/Internet/History/HIT.html

http://www.isoc.org/internet/history/brief.html

http://www.turing.org.uk/turing/
http://www.museums.reading.ac.uk/vmoc/
http://www.microsoft.com/mscorp/museum/home.asp
http://www.pbs.org/wgbh/aso/databank/entries/dt45en.html
http://www.computerhistory.org/
http://www.computerhalloffame.org/no_flash/index.html
http://www.tcptx.com/pcmuseum/
http://www.applemuseum.seastar.net/
http://www.apple-history.com
http://ftp.arl.mil/~mike/comphist/
http://ei.cs.vt.edu/~history/index.html
http://www.digitalcentury.com/encyclo/update/comp_hd.html
http://www.man.ac.uk/Science_Engineering/CHSTM/nahc.htm
http://csep1.phy.ornl.gov/ov/node10.html
http://www.zakon.org/robert/internet/timeline/
http://www.cs.princeton.edu/~kguinee/thesis.html

1. Zahlensysteme und frühe Rechenhilfen

1.1. Der Weg zum indisch-arabischen Zahlensystem

Das Rechnen gehört wohl zu den wichtigsten Kenntnissen, die der moderne *Homo sapiens* entwickelte, ohne dass man genau angeben könnte, wann er diese Fertigkeit in seiner Evolutionsgeschichte erworben hat. Weitgehend gesichert ist das Faktum, dass parallel zur „neolithischen Revolution", d. h. rund 10.000 bis 8000 v. Chr., mit dem Übergang zur Agrarwirtschaft und Viehzucht auch das Bedürfnis nach genaueren Mess- und Rechenmethoden wuchs: Viehzüchter und Hirten müssen ihre Herde zählen, Landwirte den Ernteertrag bestimmen, ihre Felder abgrenzen und immer wieder neu vermessen, Baumeister müssen die Grundlagen der Geometrie verstehen usw. Es ist sicher kein Zufall, dass die ersten Zahlensysteme, die Grundlagen der Arithmetik und Geometrie – wie übrigens auch die ersten Schriftsysteme –, in jenen historischen Regionen entstanden sind, wo dieser Übergang zur Sesshaftwerdung bereits relativ früh einsetzte, nämlich in Mesopotamien, in Ägypten und im Vorderen Orient, in Indien und China, wo auch die ersten urbanen Agglomerationen und frühen städtischen Hochkulturen entstehen sollten. Wir müssen uns allerdings vor Augen führen, dass die reine Mathematik, etwa in Form der Geometrie und Zahlentheorie, bei den alten Kulturvölkern in hohem Ansehen stand und ihr ein hoher Erkenntniswert beigemessen wurde. Das galt aber nicht für das alltägliche mechanische Rechnen, das man zwar als notwendige, ansonsten aber vulgäre Kunstfertigkeit einschätzte.

Ohne gleich ontogenetische Aspekte überstrapazieren zu wollen, legt doch der Vergleich mit heranwachsenden Kindern es nahe, dass man in der menschlichen Evolution wohl ebenfalls zunächst mit den Fingern zu zählen begann, später Striche in den Sand zeichnete und jeweils nach vier Strichen mit einem diagonalen Strich die Fünf darstellte. Auf diese Weise konnte man fünf, zehn, vielleicht auch ein Mehrfaches von zehn zählen, darüber hinaus war alles andere bloß „viel". Sowohl die attische als auch die römische Schreibweise für die Zahl 5, nämlich das Penta-Zeichen Γ und die römische Zahl V, stehen als Symbol für die ausgestreckte Hand, wie die römischen

Zahlzeichen wohl überhaupt den Fingern der Hand nachgebildet sein dürften. Das lateinische Verbum *computare*, von dem sich unser heutiger Begriff „Computer" ableitet, bedeutete ursprünglich „zusammenrechnen, an den Fingern abzählen" – im Unterschied zu *numerare*, d. h. „zuteilen, zählen"; das Substantivum *computatio* besetzte später, wie auch *calculatio*, ein relativ breites Wortfeld. Dieses reichte von mathematischer Berechnung über ökonomische Schätzung bis hin zu sozialer Zurechnung und sittlicher Bewertung. Der Terminus *computus* war demgegenüber etwa seit dem 4. Jahrhundert astronomischen und astrologischen Berechnungen und der exakten Bestimmung des Ostertermins im Kirchenjahr vorbehalten.

Babylonische Zahlendarstellung auf einer Tontafel, ca. 3000 v. Chr.
Die verschieden großen Symbole repräsentieren unterschiedliche Zahlenwerte. Berlin, Pergamon-Museum.
Mit freundlicher Genehmigung von Benjamin Wrightson.

Vom „Sandschreiben", dem Notieren von Zahlen im Sand, kommt vermutlich auch die Bezeichnung für eine der ältesten Rechenhilfen: Das Wort Abakus leitet sich wahrscheinlich von der phönizischen Bezeichnung *abak* für Sand bzw. vom semitischen *abaq* ab. Andere Erklärungsvarianten stellen einen Bezug zum griechischen 'άβαξ *(abax* oder *avax)*, d. h. flache Oberfläche oder Tisch, her. Wie gebräuchlich es in einer Zeit ohne Papier war, im Sand zu schreiben und zu rechnen, geht auch daraus hervor, dass Archimedes von Syrakus ein eigenes Werk über das Sandrechnen, den ψαμμήτες *(Psammites)*, verfasst hat.[10] Dieser bedeutendste Mathematiker und Ingenieurwissenschaftler des Altertums soll bei der Belagerung von Syrakus

10 Auch zeigte Archimedes in dieser Arbeit, wie es mit der damals üblichen ionischen Schreibweise dennoch möglich war, auch sehr große Zahlen zu verarbeiten; u. a. „berechnete" er, wie viele Sandkörner notwendig sind, um das Universum auszufüllen.

durch die Römer bei dieser Beschäftigung von der feindlichen Soldateska umgebracht worden sein. Die Herkunft anderer Zählhilfen – wie Knotenstricke und Kerben auf Hölzern oder Knochen – verliert sich im Dunkel der historischen Überlieferung, wenngleich deren Verwendung in vielen Kulturen verbürgt ist.

Die ersten vollständigen Zahlensysteme dürften etwa um 3500 v. Chr. entstanden sein. Sumerer und Ägypter verwendeten zum Zählen ein Zehnersystem, die Inder hingegen ein Zwanzigersystem. Sumerer und Babylonier kannten auch ein Sechzigersystem, das seinen Ursprung vermutlich in der hoch entwickelten Astronomie der Mesopotamier mit ihrer Einteilung des Jahres in 360 Tage hatte und heute noch von uns bei der Zeiteinteilung und als Winkelmaß verwendet wird. Noch im 18. Jahrhundert benutzten unsere mitteleuropäischen Vorfahren ein Sechsersystem, als Längenmaß z. B. den Klafter zu 6 Fuß, wobei letzterer wiederum 12 Zoll entsprach. Viele alte Währungen wurden nach einem Zwölfer- oder Sechzigersystem unterteilt. Es gab Kulturen, etwa die der Maya in Mittelamerika, die demgegenüber andere Basiszahlen verwendeten. Eine „anthropologische Prädisposition" zum dekadischen System erscheint daher trotz des nahe liegenden Bezugs zu den zehn Fingern keineswegs von Natur aus gegeben. In manchen indoeuropäischen Sprachen lassen gewisse Zahlwörter einen Bezug zur Zahl 20 erkennen: So wird die Zahl 80 im Französischen als *quatre-vingt* (vier-zwanzig), oder 90 als *quatre-vingt-dix* (vier-zwanzig-zehn) bezeichnet. Bis ins 13. Jahrhundert gab es noch andere Zahlwörter im Französischen, Dänischen und Englischen, die derartige Konnexe viel deutlicher erkennen lassen.

Anhand der Zahlensysteme wird deutlich, dass es Zusammenhänge zwischen der technischen Realisierung eines Rechengeräts (der *Hardware*) und dem zugrunde gelegten operativen Konzept (der *Software*) gibt. So basieren heutige Rechner zumeist auf dem Binärzahlensystem. Umgekehrt ist offenkundig, dass die im Alltag verwendeten Schreibgeräte und Schreibmaterialien auf die Entwicklung der Zahlensysteme sowie die Notierung der Zahlen, und damit in der Folge auch auf die Entfaltungsmöglichkeiten bestimmter Rechentechniken und Rechengeräte, einen großen Einfluss hatten. Die assyrischen und babylonischen Texte und Zahlen wurden z. B. mit einem Schreibgriffel in Tontafeln gedrückt, die dann durch Brennen haltbar

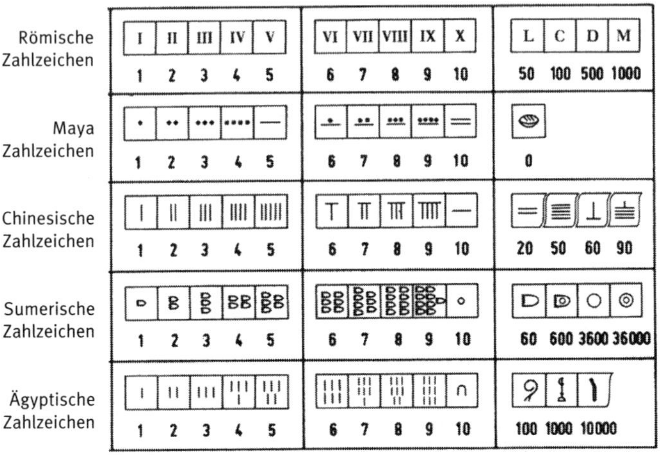

Unterschiedliche Zahlennotierungen in den alten Kulturen.
Nach E. P. Vorndran, Entwicklungsgeschichte des Computers (Berlin, Offenbach, 2. Aufl. 1986) 13.

gemacht wurden, wenn dies notwendig war. Zahlen wurden dabei durch senkrechte und waagrechte Schriftzeichen dargestellt. Durch die Benützung eines dreikantigen Schreibgriffels entstand die charakteristische Form der Keilschrift.

Die Ägypter erfanden hingegen den Papyrus und konnten mit Tinte und Rohrfeder relativ einfach schreiben. Indem man später die ursprüngliche aus Bildzeichen bestehende Hieroglyphenschrift in der hieratischen und demotischen Schrift immer mehr stilisierte, wurde das Schreiben und damit auch das Darstellen von Zahlen sehr erleichtert. Die alten Ägypter verwendeten recht unterschiedliche Zahlensymbole für Einer-, Zehner-, Hunderter- und Tausender-, Zehntausender-, Hunderttausender- und Millionenstellen (Strich, Fessel, Strick, Lotuspflanze, stehender Finger, Kaulquappe, Gottheit). In späterer Zeit wurden große Zahlen auch in Form von Produkten kleinerer Zahlen dargestellt. Römer und Griechen schrieben hingegen auf gewachsten Tafeln, so dass sie es im Allgemeinen vorzogen, Zahlen und Buchstaben in Form von Strichen darzustellen. Beide mediterranen Völker verwendeten Numeralien, indem sie den Buchstaben des Alphabets eine Zahlenbedeutung zuschrieben: Die ursprünglichen attischen Zahlwörter wurden ähnlich notiert wie die späteren römischen additiven Numeralien. Später, d. h. etwa zwi-

Darius-Vase, ca. 300 v. Chr.
Aus: A. Furtwängler, K. Reichold, E. Buscher, Griech. Vasenmalerei, München 1904–1932.

schen 800 bis 500 v. Chr., ging man zu alphabetischen Numeralien über, wo jede einzelne Ziffer von eins bis neun sowie jede Zehner- und jede Hunderterstelle mit einem eigenen Buchstaben in alphabetischer Reihenfolge bezeichnet wurde. Geschrieben wurde dabei auf Rechentischen, einem Hilfsmittel, das in Europa noch bis ins 16. Jahrhundert in Verwendung stand. Die so genannte Darius-Vase aus der Antikensammlung des Nationalmuseums in Neapel zeigt eine Darstellung, in der ein Rechentisch und eine kleinere Rechentafel abgebildet werden. Es wird dabei übrigens die rechnerische Erfassung von Tributzahlungen durch den Schatzmeister des Großkönigs Darius III dargestellt. Der griechische Ausdruck Avax bezeichnet den Rechentisch bzw. das Rechenbrett. Es handelt sich bei dieser Darstellung, entgegen landläufiger Ansicht, daher nicht um einen Abakus im eigentlichen Sinn.

Die Buchstaben-Zahlen-Schreibweise der Römer war auch gut geeignet, um in Stein gemeißelt zu werden. Dies und der archaisch ehrwürdige Charakter, der ihr anhaftet, ist mit ein Grund, weshalb sie heute noch für Denkmäler oder offizielle Bauwerke mitunter zur Datumsbezeichnung, aber auch auf Uhrzifferblättern oder zur Unterteilung von Buchkapiteln Anwendung findet. Sie war für die der lateinischen Sprache Kundigen auch relativ leicht abzulesen, da die Buchstaben ja als Kürzel für die jeweiligen Zahlen stehen. Für jemand, der es gewohnt war, z. B. auf einer Inschrift die Abkürzung COLL(egium). FAB(rorum). als Zimmerleutezunft zu lesen, bereitete es auch keine Schwierigkeit, MCXIV als Mille-Centum-Quattuordecim, somit als Eintausend-einhundert-und-vierzehn zu entziffern. Für das Rechnen ist diese Notierung in alphabetischen Ziffern oder Zahlwörtern aber völlig ungeeignet, schon das Addieren und Subtrahieren bereitet Mühe, und Multiplikation sowie Division verlangen besondere Kenntnisse oder Verfahrenserleichterungen in Form von Rechentafeln und Abakus.[11] Hinzu kommt noch, dass die Zahl Null in den antiken Hochkulturen unbekannt war, wenngleich bereits die Babylonier in ihrem Positionalzahlensystem ein Symbol für die Anzeige einer Leerstelle innerhalb einer mehrstelligen Zahl benützten. Auch sie kannten jedoch kein Stellenwertprinzip; bei einer Zahlenangabe Eins blieb es daher dem Leser überlassen, ob er dies als Eins, Zehn, Hundert, Tausend usw. entzifferte.

Man nimmt an, dass das dekadische Positionalzahlensystem und die Ziffer Null erstmals im 9. Jahrhundert n. Chr. in Indien zur Anwendung kam und sich von hier ausgehend gemeinsam mit der indischen Zahlenschreibweise auch im arabischen Raum durchsetzte. Die Araber nahmen begierig die kulturellen Erzeugnisse der von ihnen unterworfenen Völker auf, ihre gelehrten Schulen übersetzten die Schriften der Griechen, Römer, Perser, Inder und Kopten ins Arabische, und erst auf diesem Umweg sind uns viele der alten Schriften überliefert geblieben. Medizin, Musik, Astronomie und Mathematik standen in den frühen islamischen Kulturen in hohem Ansehen. Im heutigen Irak war es vor allem das Kalifat Bagdad, das als eines der Zentren des islamischen Wissens auch eine eigene Mathematikerschule hervorbrachte. Der führende Mathematiker des 9. Jahrhunderts war der am Hofe des Kalifen Al-Mahmun lehrende und aus der Krim stammende Mohammed Ibn Musa Al-Khowarizmi (783–850 n. Chr.). Er verfasste mehrere Lehrbücher für Arithmetik und Algebra sowie zahlreiche astronomische Tabellen. Vor allem sein Buch „Arithmetica“, das über Abschriften und Übersetzungen eine weite Verbreitung fand, machte erstmals den Vorteil des indisch-arabischen Zahlensystems offenkundig.

Am Ende des 10. Jahrhunderts gelangte das indisch-arabische Zahlensystem über die spanischen Mauren nach Europa; eine erste Übersetzung der „Arithmetica“ ins Lateinische nahm der englische Scholastiker Adelard von Bath (1075–1160) um das Jahr 1120 vor. Er latinisierte den Namen des arabischen Autors Al-Khowarizmi mit *Algorismi*, wovon sich übrigens der Ausdruck Algorithmus ableitet.

[11] Williams, History of Computing (2000) 9–19, gibt anschauliche Beispiele, wie z. B. Ägypter, Griechen und Römer diverse Rechenoperationen durchführten.

Adam Ries.
Zeitgenössischer Holzschnitt.

Leonardo Fibonacci.
Zeitgenössische Darstellung.

Es dauerte jedoch bis ins 13. Jahrhundert, ehe sich das neue System – trotz der offensichtlichen Vorteile – unter den Gelehrten und teilweise auch unter den Kaufleuten allmählich durchzusetzen begann. In einer Zeit, in der sämtliche Bücher noch händisch abgeschrieben werden mussten, war die Verbreitung neuer Erkenntnisse mühsam und langwierig. Das indisch-arabische Zahlensystem wurde vor allem vom Mathematiker Leonardo Fibonacci, der dieses als Sohn eines Pisaner Kaufmanns in Algier kennen gelernt hatte, in seinem Lehrbuch „Liber Abaci“ (1202) propagiert. Weitere Lehrbücher, die den Vorzug des neuen Zahlensystems hervorhoben, waren das in Hexametern geschriebene „Carmen de Algorismo“ (um 1220) des Franzosen Alexandre de Villedieu sowie der „Algorismus Vulgaris“ (um 1250) des an der Pariser Sorbonne-Universität lehrenden Engländers John of Hollywood (1195–1256), besser bekannt unter seinem latinisierten Namen Iohannes de Sacrobosco.

In Italien, dessen Stadtstaaten damals geistige und merkantile Zentren darstellten, erfolgte der Durchbruch der neuen Zahlenschreibweise im 15. Jahrhundert. In Zentraleuropa setzte sich das schriftliche dezimale Ziffernrechnen „auf den Linien“, wie es z. B. die beiden „Rechenmeister“ Adam Ries (1492–1559) und Michael Stifel (1487–1567) in ihren populären Büchern verbreiteten, hingegen erst im 16. Jahrhundert gegenüber dem vertrauten Rechentisch durch. Der 1454 durch Johannes Gutenberg erfundene Buchdruck mit beweglichen Lettern beförderte auch nachhaltig die Durchsetzung der neuen „Rechenkunst“. Die Einführung der doppelten Buchhaltung gegen Beginn des 16. Jahrhunderts und auch die Anwendung dieser Grundsätze auf den Staatshaushalt, wie sie Simon Stevin (1548–1620), ein Buchhalter und Steuerverwalter in Brügge, erstmals beschrieb, waren nur auf Basis der neuen Zahlenschreibweise denkbar. Die Anforderungen der Wirtschaft und des frühmodernen Staates förderten in gleichem Maße die Durchsetzung des schriftlichen dezimalen Ziffernrechnens.

1.2. Kerbhölzer und Fingerrechner

Die Finger der menschlichen Hand wurden nicht nur zum Zählen verwendet, sondern in einer Zeit, in der viele Menschen weder des Schreibens noch des Rechnens kundig waren, auch benützt, um mit verschiedenen Fingerpositionen Zahlen anzuzeigen. Man entwickelte eigene Methoden, um mit Hilfe der Finger einfache Rechenoperationen auszuführen. Dies erwies sich nicht zuletzt im Handel als Vorteil, wenn man mit fremdsprachigen Partnern handelseins werden wollte. Schon der griechische Geschichtsschreiber Herodot berichtet, dass dieses System im 5. vorchristlichen Jahrhundert benützt worden sei, auch der römische Schriftsteller Marcus Tullius Cicero (106–43 v. Chr.), der Kirchenvater Aurelius Augustinus (354–430 n. Chr.) sowie der Kirchenlehrer Beda Venerabilis (672–735) sind Zeugen dafür, dass Fingerrechnen über Jahrhunderte hindurch verwendet wurde. Abbildungen, wie man auf diese Weise Zahlen darstellt und rechnet, findet man z. B. in der bekannten „Summa de Aritmetica, Geometria, Proportioni & Proportinonalità“ (1494) von Fra Luca Pacioli.[12] In diesem Werk wurden erstmals auch die Grundsätze der *Scrittura doppia*, der doppelten Buchführung, wie sie in Venedig wahrscheinlich schon seit Ende des 14. Jahrhunderts bekannt war, dargestellt. Mit Hilfe der beiden Hände kann man relativ leicht Multiplikationen innerhalb des kleinen Einmaleins durchführen. Im Bostoner Isabella Stewart-Gardner Museum findet sich beispielsweise ein spätmittelalterlicher geschnitzter Altaraufsatz aus Süddeutschland, bezeichnet mit „Die heilige Sippe“, auf dem inmitten einer Gruppe anderer Personen auch ein bärtiger älterer Mann beim Fingerrechnen zu sehen ist.

[12] Ein Exemplar dieses seltenen Buches ist in der Bibliothek der Wirtschaftsuniversität Wien. Die Abbildung, die das Fingerrechnen zeigt, befindet sich auf der Rückseite von Blatt 36 des Werkes von Pacioli.

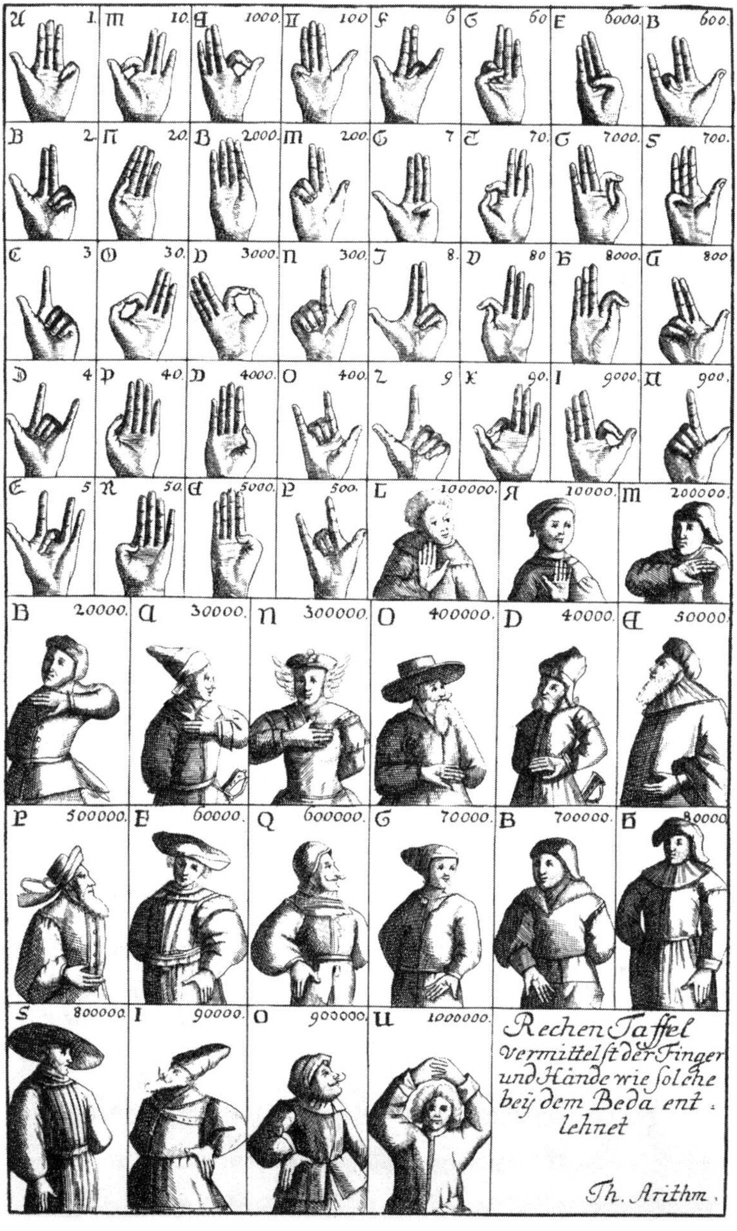

FINGERRECHNEN.
Nach: Jacob Leupold, Theatrum arithmetico-geometricum,Leipzig 1727, Kap. 2: Manuloquio, oder Sprache mit den Händen.

Die Tierhaut „Pergament“ wurde in Europa erst ab 400 n. Chr. in größerem Umfang als Schriftträger verwendet und war auch danach noch so kostbar, dass sie im Mittelalter, um neu beschrieben werden zu können, mehrfach mit Federmessern „radiert“ (Palimpsest) wurde. Das Hadernpapier kam erst gegen Ende des 14. Jahrhunderts auf und das Holzschliffpapier gar erst im 19. Jahrhundert. Daher war es nicht leicht, Rechenergebnisse und Zwischenresultate von Rechnungen aufzuzeichnen. Um Ergebnisse dauerhaft zu „speichern“, wurden deshalb verschiedene Methoden entwickelt, die indirekt auch auf die Entwicklung der Rechenhilfen Einfluss genommen haben. Wenn es etwa darum ging, Steuerpflichten oder Schulden aufzuzeichnen, benötigte man dauerhafte „Speichermedien“. Die Mesopotamier hielten Aufzeichnungen auf gebrannten Tontafeln fest; bei den Römern wurden Zahlenritzungen auf Kupferplatten ausgeführt. Es ist klar, dass nur wichtige Dinge auf solche Weise aufgezeichnet wurden. Eine weitere Möglichkeit war die Verwendung von gekerbten Stäben, die in verschiedenen Kulturen verbreitet waren. Sie waren vor allem beliebt, um Schulden aufzuzeichnen; das Sprichwort „Etwas auf dem Kerbholz haben“ bezeichnet noch heute den Umstand, dass jemand eine Schuld auf sich geladen hat.

In England waren Kerbhölzer vom 13. bis zum 19. Jahrhundert in Verwendung. Im Britischen Schatzamt *(The Exchequer)* wurden Schulden in Form eines Kerbholzes *(tally stick)* dokumentiert, das der Länge nach geteilt wurde, wobei die beim Schatzamt verbleibende Hälfte als *foil,* die andere Hälfte als *stock* bezeichnet wurde. Beim Ausgleich der Schuld wurden beide Teile wieder zusammengefügt, um die Echtheit zu bestätigen, und dann im Archiv aufbewahrt. Die Bezeichnung *stockholder* für Aktionär sowie *counterfoil* und *to tally up a bill* erinnern noch an diesen Brauch. Als eine Kuriosität, die auch Charles Dickens aufzeichnete, sei vermerkt: Als die Briten 1834 von diesem liebgewonnenen Brauch abgingen, verbrannte man die im Lauf der Jahrhunderte gesammelten Kerbhölzer im Kamin des House of Lords. Allerdings brach wegen Überhitzung ein Feuer aus, das das Gebäude und auch das angrenzende House of Commons bis auf die Grundmauern niederbrennen ließ. Das heutige, aus dem 19. Jahrhundert stammende House of Parliament im neogotischen Stil, das als eines der charakteristischen Wahrzeichen Londons und des ehemaligen britischen Empires gilt, ist somit indirekt den Kerbhölzern „geschuldet". Das Londoner Science Museum in Kensington bewahrt noch einige der wenigen erhalten gebliebenen Kerbhölzer auf.

1.3. Abakus und Rechenbretter

Für den Alltagsgebrauch benötigte man Möglichkeiten, Rechenergebnisse „zwischenzuspeichern" und Rechenhilfen, auf denen man das Ergebnis einfach ablesen konnte. Ein sehr frühes Hilfsmittel dazu war der Abakus, der sich in verschiedenen Kulturen in variierter Form findet. Zunächst benützte man kleine Rechensteine, die man auf Rechenbrettern oder Rechentischen entlang von parallel gezogenen Linien je nach ihrem Stellenwert positionierte. Die Steinchen wurden bei den Römern als *calculi* bezeichnet, wovon sich „Kalkül" und „kalkulieren" ableiten. Später wurden diese Steine auch fix auf Drähten oder Stäbchen montiert, wodurch der Abakus in der uns bekannten Form entstand. Die Römer stellten als praktisch veranlagte Menschen auch den ersten Abakus im Taschenrechnerformat aus Bronze her: Indem man die Knöpfe zur Mitte schiebt, wird eine Zahl angegeben. Den ersten acht Schlitzen werden acht Dezimalstellen der ganzen Zahlen im Zehnersystem zugeordnet. Jeder einzelne Knopf stellt in den langen Schlitzen eine Dezimaleinheit dar, während ein Knopf in den kleinen Schlitzen oberhalb je fünf Dezimaleinheiten entspricht. Auf dem rechten äußeren, neunten Schlitz werden Brüche dargestellt. Das der Sopraintendenza Archeologica di Roma unterstehende Museo Nazionale Romano im Palazzo Massimo alle Terme in Rom bewahrt einen Nachbau eines derartigen römischen Abakus auf.

Obwohl es unterschiedlichste Formen des Abakus gibt, bleibt das Grundprinzip immer gleich: Es handelt sich um Rahmen mit darin senkrecht eingebauten Achsen, an denen durchbohrte Kugeln auf- und abgeschoben werden können. Die Russen verwenden den *Stschoty*, bei dem auf jeder Achse zehn Kugeln befestigt sind, von denen die jeweils fünften und sechsten Kugeln farblich herausgehoben wurden, um die Übersichtlichkeit beim Rechnen zu erhöhen. Der chinesische *Suan-pan* [Rechenbrett], dem auch die meisten im Westen gebräuchlichen Abaki nachempfunden sind, unterscheidet sich vom europäischen Abakus dadurch, dass er zwei durch einen Querbalken getrennte Abteile aufweist. Im unteren Abteil (der Erde) befinden sich auf jeder der Achsen fünf bewegliche Kugeln und im oberen Abteil (dem Himmel) zwei Kugeln. Der japanische *Soroban* besteht hingegen aus vier Kugeln im unteren und einer Kugel im oberen Abteil, die jeweils die Zahl Fünf repräsentiert. Mit dem Abakus können sämtliche Grundrechnungsarten relativ rasch und einfach durchgeführt werden. Bei Dezimalbrüchen muss man sich allerdings merken, wo das Komma gesetzt wurde, was bei Addition und Subtraktion relativ leicht ist, bei der Multiplikation von Dezimalbrüchen oder bei der Division, wenn als Quotient ein Dezimalbruch entsteht, aber schon viel Übung voraussetzt.

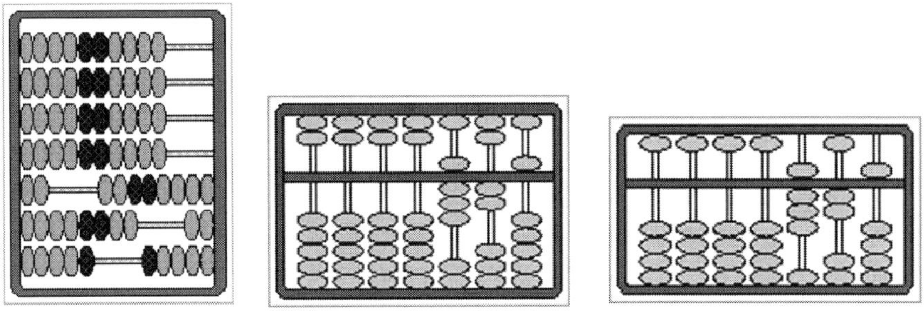

STSCHOTY **SUAN-PAN** **SOROBAN**
Verschiedene Typen des Abakus. Auf allen drei wird jeweils die Zahl 825 dargestellt.
Mit freundlicher Genehmigung von Benjamin Wrightson.

Die zuvor dargestellte römische Form des Abakus überdauerte erstaunlicherweise die Wirren der Völkerwanderungszeit nicht. Das Mittelalter griff anstelle der fixierten beweglichen Knöpfe oder Kugeln wiederum auf das antike Rechenbrett zurück, auf dem entlang von Linien Rechenmarken verschoben wurden, was aber vom Prinzip her keinen Unterschied machte. Das Rechenbrett und der Rechentisch blieben bis zum Ende des 18. Jahrhunderts in Verwendung und wurden im Schulunterricht z. B. in Frankreich erst im Zuge der Revolution abgeschafft. Der französische Mathematiker Jean-Victor Poncelet lernte als Kriegsgefangener während der napoleonischen Kriege 1812/14 in Russland den Stschoty kennen und machte ihn später in seiner Heimat bekannt. Auf diesem Umweg kehrte der Abakus wiederum nach Europa zurück, wo er seither vor allem als Kinderspielzeug Verwendung findet.

Brett- und Ziffernrechnen.
Aus: Gregor Reisch, Margarita Philosophica cum Additionibus Novis, Basel 1517.

In Asien und Teilen Russlands blieb der Abakus aber weiter im Gebrauch. China ging zur Zeit der Ming-Dynastie (1368–1646) sogar einen gegenteiligen Weg als Europa und ersetzte das schriftliche System des Rechnens auf dem Papier durch die Verwendung des *Suan-pan*. Der Abakus findet in seiner modernen Version in Japan und China bis heute im Alltag Verwendung, und man sieht selbst in Kaufhäusern die Kassiere damit rechnen. Die Rechenmöglichkeiten auf dem Abakus sind vielfältiger, als man es auf den ersten Blick von einem so einfachen Gerät erwarten würde. Sie reichen von Addition und Subtraktion über Multiplikation und Division bis hin zum Ziehen von Quadrat- und Kubikwurzeln. Für jede Rechenoperation gibt es mehrere Wege, diese auf dem Abakus durchzuführen. Man schreibt die mathematische Begabung mancher asiatischen Völker nicht zuletzt der Vertrautheit mit dem Abakus zu, der u. a. auch die Fertigkeit des Schätzens fördert. Bei einem in den 1960er Jahren in Japan durchgeführten Wettrechnen konnte ein Rechenmeister mit dem Abakus einen elektronischen Taschenrechner noch besiegen, was allerdings heute angesichts des Fortschritts in der Elektronik wohl nicht mehr möglich wäre.[13]

Ein westlicher Experte des Abakusrechnens, Benjamin Wrightson,[14] der in seiner Darstellung auch zahlreiche konkrete Beispiele für das Rechnen mit dem chinesischen *Suan-pan* zeigt, bringt die Vorteile, die der Abakus selbst im Zeitalter des elektronischen Taschenrechners aufweist, auf den Punkt: „Zusammenfassend lässt sich sagen, dass das Rechnen mit dem Abakus nicht so sehr aus Rechnen, sondern eher aus der Aufgliederung eines Problems in mehrere kleinere und leichter lösbare Probleme besteht, wie man z. B. an den Hilfskonstruktionen bei Addition und Subtraktion oder an der Quadratwurzel sehen kann. Diese Zerlegung eines Problems und die kleinen Umwege, die zur Lösung einer Aufgabe führen, machen erst aus einem einfachen Holzinstrument das vielseitige Werkzeug, das es ist. Seine Stärke liegt in seiner Unabhängigkeit von elektrischer Energie; und dadurch, dass er weder Tinte noch frisches Papier benötigt, hat er auch unserer schriftlichen Rechenmethode gegenüber einen Vorteil. Seine Herstellung ist nicht teuer, und da lediglich ‚nachwachsende Rohstoffe' (sprich Holz) bei der Produktion benutzt werden, ist er auch umweltverträglicher als Plastiktaschenrechner. Zugegebenermaßen können keine höheren Funktionen (sin, cos, e^n etc.) auf ihm berechnet werden, für den Alltagsgebrauch dürften seine Grundfunktionen aber gut ausreichen. Er findet in unserer heutigen hochtechnisierten Welt vielleicht gerade durch seine Unkompliziertheit und Anspruchslosigkeit seine Existenzberechtigung."

[13] Dieser Wettkampf fand am 12. November 1946 zwischen dem Amerikaner T. N. Wood und dem Japaner Kiyoshi Matsuzaki statt.

[14] http://home.t-online.de/home/benjamin.wrightson/abakus/abakus.htm.

Ausgewählte Literatur und Links

I. **Asimov,** Asimov on Numbers (New York, 1977).

E. T. **Bell,** The Magic of Numbers (New York, 1974).

F. **Cajori,** A History of mathematical Notations [1929] (New York, 1993).

F. **Crosby,** The Measure of Reality. Quantification and Western Society, 1250–1600 (Cambridge, 1997).

J. **Dilson,** The Abacus: A pocket computer, 6. Aufl. (New York, 1968).

M. **Gazalé,** Number (Princeton, 1999).

G. **Ifrah,** Die Zahlen. Die Geschichte einer großen Erfindung (Frankfurt a. M., New York, 1992).

G. **Ifrah,** The universal History of Numbers (New York, Toronto, 2000).

H. **Kaiser** und W. **Nöbauer,** Geschichte der Mathematik (Wien, München, 1984).

T. **Kojima,** Advanced Abacus. Japanese Theory and Practice, 8. Aufl. (Tokio, 1991).

K. **Menninger,** Number Words and Number Symbols: A Cultural History of Numbers (Cambridge, MA, 1969).

A. **Rieche,** Computatio Romana. Fingerzählen auf provinzialrömischen Reliefs, in: Bonner Jahrbücher (1986), 165–192, zit. bei A. Borst, Computus. Zeit und Zahl in der Geschichte Europas, 2. Aufl. (München, 1999) 184.

http://home.t-online.de/home/benjamin.wrightson/abakus/abakus.htm

http://www.uni-karlsruhe.de/~za235/gk_inf/daten/abakus.htm

http://home.t-online.de/home/jan.meyer/proportz.htm

http://www.soroban.com/

http://educeth.ethz.ch/informatik/Werkstatt/Abakus/Abakus.html

http://www.ee.ryerson.ca:8080/~elf/abacus/

1.4. Tabellen, Proportionalzirkel, Rechenschieber

Die im Folgenden beschriebenen Rechenhilfen hatten indirekt einen Einfluss auf die Entwicklung der mechanischen Rechenmaschinen und sollen daher kurz beleuchtet werden. Sie hatten daneben als Rechenhilfen auch alltagspraktische Bedeutung und wurden im Grunde genommen erst durch die elektronischen Rechenmaschinen ersetzt.

Seit der Erfindung des Buchdrucks um die Mitte des 15. Jahrhunderts war es möglich, das Rechnen mit Hilfe von Tabellenwerken wesentlich zu erleichtern, in denen man einfach das gesuchte Ergebnis verschiedener Rechenoperationen ablesen konnte. Noch heute erlernen wir das Einmaleins in der Schule mit Einmaleinstafeln und benützen später für komplexere Rechenoperationen manchmal noch die Logarithmentafeln. Bereits die Antike kannte trigonometrische Tafelwerke im Sexagesimalsystem, d. h. auf die Basis 60 bezogen, die für astronomische und geodätische Berechnungen und zur Kalenderberechnung benötigt wurden. Gerade der Kalender hat bis heute seine Funktion als Nachschlagwerk bewahrt, wobei es uns kaum bewusst ist, dass er auf einer vorausberechneten Tabelle beruht. Besonderer Beliebtheit erfreuten sich Tableaus für die Umrechnung von Längen- und Flächenmaßeinheiten sowie Währungs-, Gewichts-, und Volumenseinheiten. Besonders wichtig wurden trigonometrische und logarithmische Tafeln, wie sie für die Lösung von nautischen und ballistischen Aufgaben sowie zur Erleichterung von Multiplikationen und Divisionen oder für die Berechnung von Exponentialfunktionen benötigt wurden. Derartige Tafeln waren noch in den späten 1960er Jahren in den Schulen allgemein in Gebrauch und sind erst später dem elektronischen Taschenrechner gewichen.

Für die immer umfangreicheren wissenschaftlichen Berechnungen, wie sie etwa in der Astronomie erforderlich waren, erkannte man bald die großen Vorteile, die sich aus dem Rechnen mit Potenzen und Logarithmen ergeben. Wenn man nämlich Potenzen mit gleicher Basis b verwendet, so lassen sich Multiplikationen auf eine Addition ($b^n \times b^m = b^{n+m}$), Divisionen auf eine Subtraktion ($b^n : b^m = b^{n-m}$) und Potenzieren auf eine Multiplikation der Exponenten ($[b^n]^m = b^{n \times m}$) zurückführen. Die Umkehrung der Potenzfunktion führt uns zu einer neuen Art von Funktionen, nämlich zu den Logarithmen. Der Logarithmus einer Zahl ist jener Exponent einer Basis, deren Potenz die zugehörige Zahl bildet.[15] Durch den Logarithmus kann man jede Zahl somit durch den Exponenten einer gewählten Basis ausdrücken. Eine der wichtigsten Zahlen ist der natürliche Logarithmus einer positiven realen Zahl, auch definiert als Logarithmus zur Basis *e*. Wobei die so genannte Eulersche Zahl *e* eine irrationale Zahl mit dem Wert $e \approx 2{,}718281828459 \ldots$ darstellt, die als Basis für verschiedene exponentielle und logarithmische Funktionen Anwendung findet.

[15] Mathematisch ausgedrückt ist der Logarithmus eine Zahl *x*, die angibt, wie oft eine (Basis-)Zahl *b* potenziert (d. h. mit sich selbst multipliziert) werden muss, um eine Zahl *a* zu erhalten.

Bis zum Aufkommen der elektronischen Taschenrechner waren Logarithmentafeln für die immer umfangreicheren Berechnungen in den Naturwissenschaften und der Technik eine unentbehrliche Hilfe. Schon der deutsche „Rechenmeister" Michael Stifel (1487–1567) wies auf die Bedeutung des Logarithmus hin. Der in Kassel und in Prag am Hofe Kaiser Rudolfs II. wirkende Schweizer Mathematiker und Uhrmacher Jobst Bürgi (1552–1632) berechnete erstmals eine Logarithmentafel, von der dann Johannes Kepler bei seinen astronomischen Berechnungen Gebrauch machte. Es war aber vor allem der Schotte John Napier, der im Zusammenhang mit der Entwicklung der Rechenstäbchen noch näher gewürdigt werden wird, der mit seiner Berechnung der natürlichen Logarithmen (zur Basis *e*) die erste in relativ großer Zahl gedruckte Logarithmentafel in Umlauf brachte.

Für alltagspraktische Aufgaben entwickelt man auch mechanische Hilfsinstrumente. Nachdem viele mathematische Funktionen auf Verhältnissen beruhen, machte man sich dies beim Proportionalwinkel zunutze, indem man auf beiden Schenkeln eines beweglichen Winkels aus Metall, Elfenbein oder Holz eine Skalierung vornahm, ab dem zweiten Viertel des 17. Jahrhunderts auch mit logarithmischer Teilung. Das Prinzip lässt sich auf einfache Weise folgendermaßen darstellen:

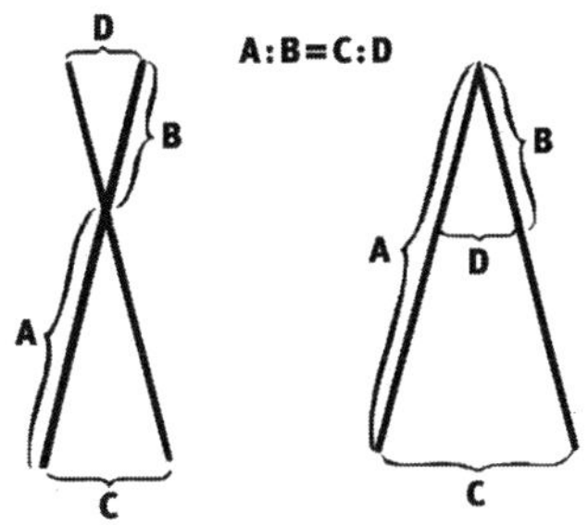

Das Prinzip des Proportionalwinkels.

Der in Italien vom Physiker und Astronomen Galileo Galilei als *compasso di reduzione* bezeichnete „Proportionalwinkel" und der gleichzeitig in England von Thomas Hood entwickelte *sector* hatte in seiner einfachsten Form einen fixen, später einen verstellbaren Drehpunkt. Der Proportionalwinkel war vor allem ein Hilfsmittel für Geometer, Seeleute, Artilleristen und auch für Architekten, die damit in einem bestimmten Maßstab vergrößern bzw. verkleinern (Reduktionszirkel) konnten. Spätere Versionen hatten komplexere Skalen,

Proportionalwinkel.
Nach: Balthesaris Capra, Usus et Fabrica Circini, Padua 1606.

die auch Flächen- und Volumenberechnungen gestatteten. Ein vergleichbares Gerät wurde in Form des so genannten „Storchenschnabels“ für Aufgabenstellungen in der dynamischen Geometrie entwickelt.

Der englische Mathematiker William Oughtred (1574–1660) hatte die geniale Idee, zwei Rechenstäbe mit linearen Skalen nebeneinander zu legen, mit deren Hilfe es recht einfach ist, auf arithmetische Weise Additionen und Subtraktionen durchzuführen. Er machte sich dabei das Prinzip zugute, mit dem wir auch heute noch

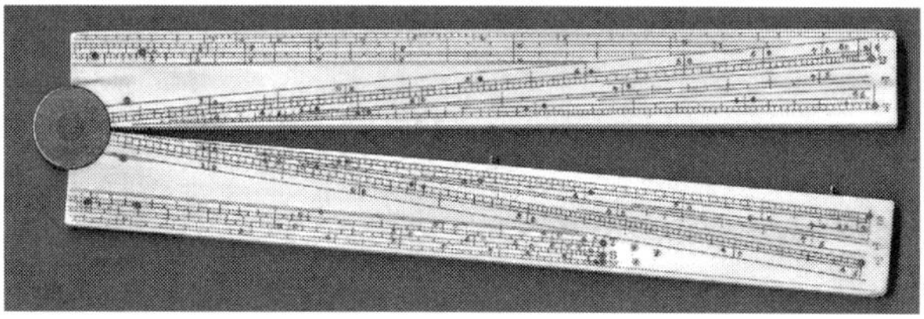

Sektor, 17. Jahrhundert.
Rechnersammlung der Universität Linz.

Schulkindern die Addition nahe bringen, indem wir zwei Strecken aneinanderfügen und dann das Ergebnis ablesen. Bei der Subtraktion schiebt man die gleitende Skala in die Gegenrichtung und liest dann das Ergebnis, nötigenfalls auch als negative Zahl, einfach ab. Dargestellt wird am folgenden Beispiel die Addition 3 + 2, deren Ergebnis sofort auf dem auf den Summanden gesetzten Strich am durchsichtigen Schuber abgelesen wird.

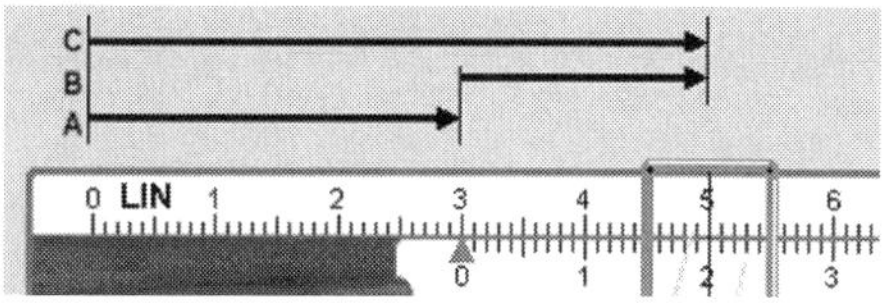

Addition mittels Rechenschieber.
Mit freundlicher Genehmigung von Jan Meyer.

Um das Jahr 1623 erfand Edmund Gunter (1581–1626), Pfarrer in Southwark und Astronom am Gresham College in London, den modernen Vierspezies-Rechenschieber. Gunter verband die Napierschen Logarithmen mit dem Rechenstab von Oughtred und schuf damit die Grundlagen für den logarithmischen Rechenschieber, dessen Technik bis in die 1960er Jahre als Standardwerkzeug im Mathematikunterricht gelehrt wurde. Sein Landsmann Robert Bissaker führte dann 1654 als erster die gleitendende Skala innerhalb des als Basis dienenden Rechenstabs ein und gelangte damit zu jener Grundkonstruktion, die wir heute mit dem Rechenschieber assoziieren.

Um die Multiplikation a × b zu rechnen, wird dabei das logarithmische Rechengesetz log(a × b) = log(a) + log(b) ausgenützt, und es werden die beiden logarithmischen Streckenabschnitte log(a) und log(b) wie bei einer normalen Addition aneinandergefügt. Durch Darstellung der Zahl π auf der logarithmischen Skala können auch Berechnungen für Kreisumfang und Kreisfläche durchgeführt werden. Bei der Division a : b wird hingegen das logarithmische Gesetz log(a : b) = log(a) – log(b) angewendet, indem beim Rechenschieber die logarithmischen Streckenabschnitte entsprechend aneinandergelegt werden. Am unteren Beispiel wird die Multiplikation 2 × 2,5 dargestellt, die in eine Addition log(2) + log(2,5) umgewandelt wird, wobei unter dem durchsichtigen Schuber das Ergebnis 5 direkt abgelesen werden kann. Zusätzlich zu den logarithmischen Skalen enthielten sie meist noch quadratische, kubische, trigonometrische und Exponentialfunktionen und waren somit universelle wissenschaftliche Rechenhilfsmittel.

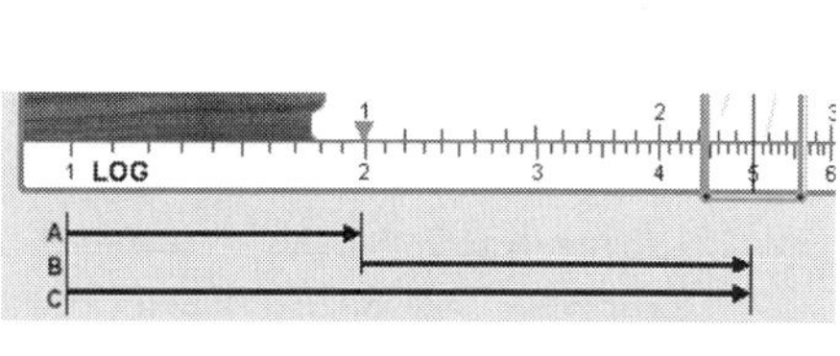

Multiplikation mittels Rechenschiebers.
Mit freundlicher Genehmigung von Jan Meyer.

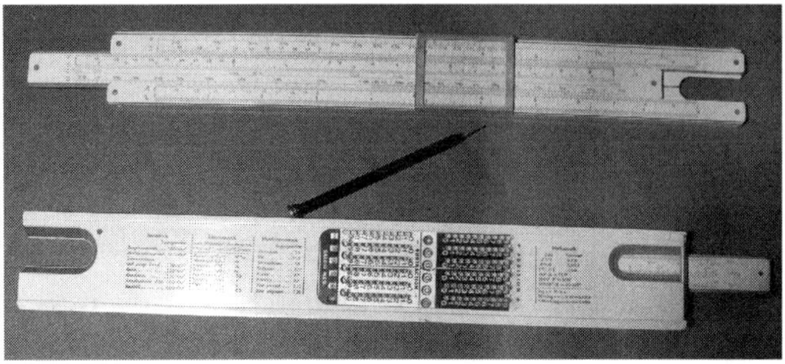

Rechenschieber mit eingebautem Addiator, ca 1935.
Rechnersammlung der Universität Linz.

Je länger der Rechenschieber, desto größer seine Genauigkeit. Aber natürlich waren der Länge der Handlichkeit wegen Grenzen gesetzt. So kam die Idee der Rechenwalze auf, deren Rechengenauigkeit der eines Rechenschiebers von mehreren Metern Länge entspricht (siehe Farbteil, S. 201). Eine Sonderform stellen die Rechenscheiben dar, bei denen die Skalen kreisförmig angeordnet sind.

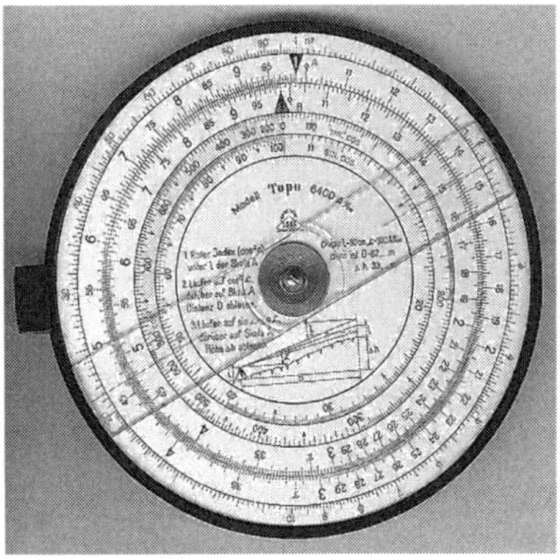

Rechenscheibe, ca. 1940.
Rechnersammlung der Universität Linz.

Ausgewählte Literatur und Links

E. T. **Bell,** The Development of Mathematics (New York, 1945).

F. **Cajori,** A History of Mathematics (New York, 1931).

E. S. **Kennedy** (Ed.), Studies in the Islamic Exact Sciences (Beirut, 1983).

K. **Menninger,** Zahlwort und Ziffer (Göttingen, 1958).

H. **Meyer** und R. **Suntrup,** Lexikon der mittelalterliche Zahlenbedeutung, in: Münstersche Mittelalter-Schriften (München, 1987).

S. Hossein **Nasr,** Islamic Science: An Illustrated Survey (London, 1976).

M. R. **Williams,** A History of Computing Technology, 4. Aufl. (Washington, Brüssel, Tokio, 2000) 46–112.

http://home.t-online.de/home/jan.meyer/proportz.htm

1.5. John Napier und seine Rechenstäbchen, 1617

Der schottische Landedelmann John Napier [latinisiert auch: Ioannes Neperus], 8th Laird of Merchiston, wurde 1550 bei Edinburgh geboren; sein Vater war einer der führenden Köpfe der protestantischen Bewegung in Schottland und erzog seinen Sohn in diesem Geiste. Er besuchte die Universität in St. Andrews, wo er eine gute Ausbildung in Latein und Theologie erhielt. Im Jahre 1593 veröffentlichte John Napier ein auf Bibelinterpretationen der so genannten Johannes-Apokalypse beruhendes theologisches Buch, in dem er vor allem die katholische Kirche und das Papsttum scharf angriff. Dieses Werk wurde mehrfach aufgelegt, ins Französische, Holländische und Deutsche übersetzt. Es sicherte ihm in protestantischen Kreisen einen nachhaltigen Ruf, was ihn später übrigens auch davor bewahrte, wegen Magie und Hexerei angeklagt zu werden. Napier sah sich selbst eher als seine Güter verwaltender Landadeliger bzw. als Theologe denn als Mathematiker. Aber gerade seine Entdeckungen auf diesem Gebiet sicherten ihm den Ruf in der Nachwelt, nämlich sein Beitrag zur Entwicklung der Logarithmentafeln sowie seine Multiplikationsstäbchen (auch bekannt als *Napier's bones*), die später in einer ganzen Reihe von mechanischen Rechenmaschinen verwendet wurden.

Im Jahre 1614 veröffentlichte Napier ein schmales Büchlein unter dem Titel „Mirifici Logarithmorum Canonis Descriptio" [Beschreibung der wunderbaren Logarithmen-Regeln], mit 56 Seiten Text und 90 Tafeln, in dem er erstmals natürliche Logarithmen (zur Basis *e*) berechnete. Es war diese erste Logarithmentafel – auch diese Bezeichnung geht auf Napier zurück – eine neue Methode, die das Rechnen revolutionierte, weil man damit schwierige und zeitaufwendige Multiplikationen auf die Addition von Tabelleneinträgen

John Napier, 1550–1617.
Zeitgenössischer Kupferstich.

reduzieren konnte. Das Rechnen mit Potenzen bietet insofern erhebliche Vorteile, als bei gleichen Grundzahlen eine Multiplikation auf eine Addition der Exponenten und eine Division auf eine Subtraktion der Exponenten zurückgeführt werden kann. Wenn sich nun jede Zahl in exponentieller Schreibweise mit einer bestimmten Grundzahl oder Basis darstellen lässt, so brauchen bei Multiplikationen mit komplizierten Zahlen nur noch die Exponenten zusammengezählt werden. Hier kommt nun der Logarithmus ins Spiel, die Bezeichnung für jene Zahl, mit der man eine bestimmte Basis potenzieren muss, um eine gegebene Zahl zu erhalten. Ist der Exponent eine negative Zahl, dann kommt man auf diese Weise zu Dezimalbrüchen. Zur Ausführung einer solchen Rechnung bedient man sich der Logarithmentafeln, die in einer äußerst mühseligen Rechenarbeit zusammengestellt werden müssen.

Eine Reihe von Wissenschaftlern schlug sich im 16. Jahrhundert mit Problemen der Navigation und Astronomie herum, die nun mit Hilfe der Logarithmentafel gelöst werden konnten. Der Logarithmus erleichterte besonders die Berechnung der Sinusfunktion, was einem dringenden Bedürfnis der Praxis, vor allem der Seefahrt, entgegenkam. Napiers Leistung wurde u. a. von Johannes Kepler, dem der Schweizer Mathematiker Jobst Bürgi für seine astronomischen Beobachtungen eine Logarithmentafel berechnete, und dem damals führenden englischen Mathematiker Henry Briggs gewürdigt, der Tabellen der dekadischen Logarithmen von 1 bis 20.000 und von 90.000 bis 100.000 aufstellte und dabei die Logarithmen auf 14 Stellen genau berechnete. Die Logarithmentafeln wurden in der Folge verbessert und erweitert. Es war aber erst Charles Babbage, der im 19. Jahrhundert eine korrekte Logarithmentafel zu einem Preis her-

MIRIFICI

Logarithmorum
Canonis deſcriptio,

Ejuſque uſus, in utraque
Trigonometria; ut etiam in
omni Logiſtica Mathematica,
Amplißimi, Facillimi, &
expeditißimi explicatio.

Authore ac Inventore,
IOANNE NEPERO,
Barone Merchiſtonii,
&c. Scoto.

EDINBURGI,
Ex officinâ ANDREÆ HART
Bibliopolæ, CIƆ. ƆC. XIV.

Titelblatt von Napiers Logarithmentafel, 1614.

ausbringen konnte, dass diese auch außerhalb des Kreises der Mathematiker und Naturwissenschaftler eine breitere Verwendung fand. Logarithmentafeln wurden bis zum Aufkommen der elektronischen Taschenrechner als das Hauptwerkzeug für arithmetische Berechnungen verwendet, ohne sie wären die großen Entdeckungen in den Naturwissenschaften nicht möglich gewesen.

Napier bediente sich bei seiner Berechnung der Logarithmen einer von ihm selbst entwickelten einfachen Rechenhilfe. Drei Jahre nach der Publikation der ersten Logarithmentafel, d. h. im Jahre 1617, veröffentlichte Napier sein Werk „Rabdologiae“ [wohl von griech. *Rhabdos* und *Logos,* wörtlich also „Stablehre“], ein Werk, in dem er Rechenstäbchen als Hilfsmittel zur Ausführung der Multiplikation und Division, aber auch für das Potenzieren und Wurzelziehen einführte. Diese Rechenhilfe wurde als *Napier's bones* bekannt, weil man teurere Rechenstäbchen oftmals aus Elfenbein,

„Napier's Bones".
Aus: Jacob Leupold, Theatrum arithmetico-geometricum, Leipzig 1727. Kapitel 7: Addition und Subtraction nach Schottus Organo Mathematico.

Horn oder Bein ausführte. Im Vorwort zu seinem Werk führte John Napier die Motive für seine Entwicklung an: „Da nichts in der praktischen Mathematik so beschwerlich ist und das Rechnen mehr aufhält und hemmt, als die Multiplikationen und Divisionen großer Zahlen sowie das Quadrat- und Kubikwurzelziehen aus ihnen, gegen die man wegen ihrer Umständlichkeit eine starke Abneigung hat und bei denen sich sehr leicht Rechenfehler einschleichen, so begann ich zu überlegen, durch welchen zuverlässigen und leichten Kunstgriff man diesen Hindernissen begegnen könne. Nachdem ich hierüber verschiedentlich hin- und hergedacht, habe ich endlich einige besonders einfache Abkürzungen gefunden, über die ich vielleicht später berichten werde. Aber unter all diesen ist keine nützlicher als diejenige, welche zugleich mit den Multiplikationen, Divisionen und den so lästigen und umständlichen Wurzelziehungen von den zu multiplizierenden, zu dividierenden oder in Wurzel aufzulösenden Zahlen selbst Abstand nimmt und andere Zahlen einführt, die allein durch Additionen, Subtraktionen und Zwei- bzw. Dreiteilung die Stelle der ersteren vertreten."[16]

16 J. Napier, Rabdologiae, 1617, Vorwort.

Napier notierte auf die vier Seiten der Rechensteine das „kleine Einmaleins" für die Zahlen Eins bis Neun. Für die Multiplikation mehrstelliger Zahlen werden die entsprechenden Stäbchen einfach aneinander gelegt, wie das folgende Beispiel für die Zahl 423 × 6 demonstriert.

Jedes Rechenstäbchen ist als eine kleine Einmaleins-Multiplikationstafel für jeweils eine einzelne Ziffer, die am Kopfende des Stäbchens notiert ist, ausgelegt. Eine Diagonale trennt die Einer- von der Zehnerstelle, d. h., das Ergebnis von 7 × 4 = 28 wird als 2/8 notiert. Das Ermitteln des Produkts geschieht durch Addieren der Teilprodukte, entsprechend folgendem Beispiel, in dem die Zahl 423 mit 6 multipliziert wird.

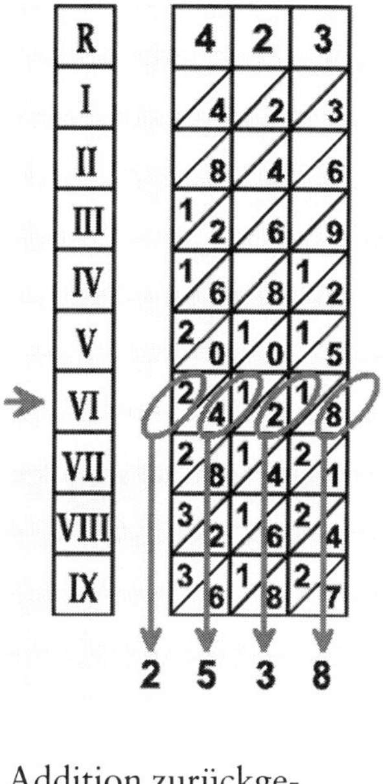

Multiplikation mit Rechenstäbchen.
Mit freundlicher Genehmigung von Jan Meyer.

Die Multiplikation wird somit auf eine einfache Addition zurückgeführt; es war dies eine enorme Vereinfachung, was den großen Erfolg erklärt. Um z. B. 46.732 × 23 zu berechnen, legt man die fünf Stäbchen 4, 6, 7, 3, 2 vertikal nebeneinander. Dann multipliziert man mit 2 und erhält von links nach rechts notiert folgende Teilprodukte: 0/8, 1/2, 1/4, 2/1, 0/6. Dann multipliziert man mit 3 und erhält darunter das Ergebnis: 1/2, 1/8, 2/1, 0/9, 0/6. Das Endprodukt wird durch Addition der diagonalen Ziffern (und Zehnervortrag) von rechts nach links ermittelt: 10 (= 1 + 8 + 1) 6 (= 2 + 1 + 2 + 1) 14 (= 8 + 2 + 4 + 0) 7 (= 1 + 0 + 6 + 0) 13 (= 9 + 0 + 4) 6. Nach Zehnervortrag erhält man folgendes Ergebnis: 467.432 × 23 = 1.074.836. Um Quadrieren und Kubieren bzw. Wurzelziehen zu können, entwickelte Napier ebenfalls entsprechende Rechenstäbchen.

Der Umgang mit den Rechenstäbchen mag im Zeitalter der elektronischen Rechner kompliziert und aufwendig erscheinen, in einer Zeit, in der die meisten Menschen kaum das kleine Einmaleins beherrschten, waren sie bei einiger Übung eine gute Rechenhilfe; sie wurden vor allem auch in den ersten mechanischen Rechenmaschinen des 17. und frühen 18. Jahrhunderts gemeinsam mit einem Addierwerk eingesetzt, um damit auf mechanischem Weg Vierspeziesrechnungen ausführen zu können. Aber auch im Alltagsgebrauch wurden die Rechenstäbchen häufig genutzt, vor allem in Frankreich entwickelten u. a. die Mathematiker Genaille und Lucas mehrere Varianten von derartigen Rechenhilfen (Genaillesche Stäbe). Ein kleiner Beitrag zur Benützerfreundlichkeit der Rechenstäbchen stammt auch von einem Österreicher: Pater Ägydius Eberhard von Reittenau (1605–1674), der im Stiftsgymnasium in Kremsmünster im zweiten Drittel des 17. Jahrhunderts Mathematik

Rabdologie-Gerät, 1670.
Kloster Kremsmünster.

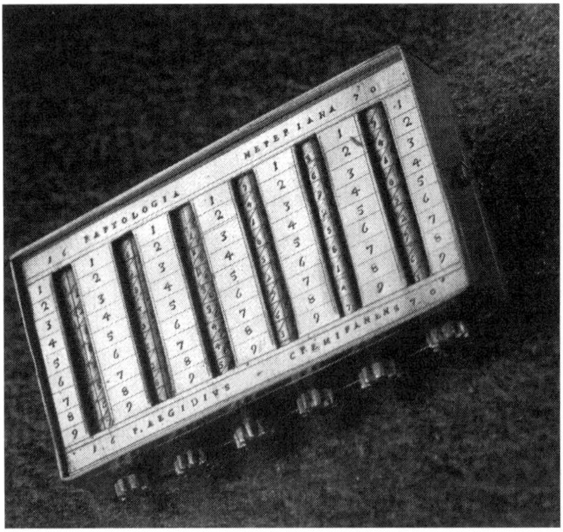

unterrichtete, übertrug die Napierschen Zahlenkolonnen auf sechs Walzen, die sich mittels Drehknöpfen entsprechend einstellen lassen. Die Walzen sind in einem Metallrahmen eingespannt, auf dessen Rückseite noch eine kleine Additions- bzw. Subtraktionstabelle angebracht ist. Eine ähnliche, ebenfalls auf den Napierschen Stäbchen beruhende Konstruktion stammt auch von dem deutschen Jesuitenpater Kaspar Schott (1608–1666), einem Schüler des Ordensprovinzials und Universalgelehrten Athanasius Kircher. Die erstmals in dem Buch „Organum Mathematicum" (1668) dargestellte Rechenmaschine gelangte im Zuge der Missionstätigkeit des Jesuitenordens auch in die außereuropäische Welt.

Der Schotte Napier, dem u. a. auch die „Erfindung" des Dezimalpunkts zugeschrieben wird, glich in seinen zukunftsweisenden Gedankenexperimenten in mancher Weise dem Italiener Leonardo da Vinci; so ersann er, als sich das Elisabethanische Britannien gegen eine mögliche spanische Invasion durch Philipp II. wappnete, einen gepanzerten runden Wagen, aus dem Gewehrfeuer abgegeben werden konnte, und er machte Skizzen für ein Unterwasserfahrzeug und

Schotts Version der Napierschen Rechenstäbchen.
Aus: Jacob Leupold, Theatrum arithmetico-geometricum, Leipzig 1727. Kapitel 7: Addition und Subtraction nach Schottus Organo Mathematico.

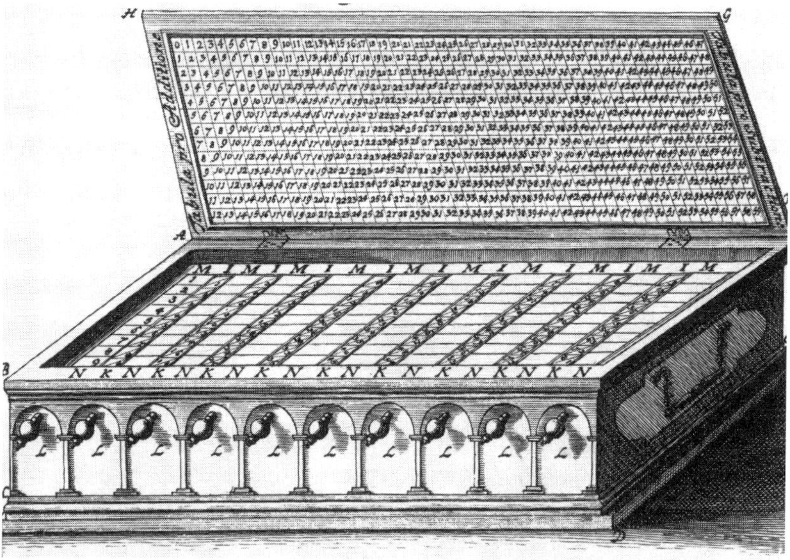

ein aus mehreren Läufen bestehendes Gewehr. Ab 1572 lebte Napier mit seiner zweiten Frau in Gartness in Stirlingshire. Er starb 1617 und wurde in der St. Cuthbert's Kirche in Edinburgh bestattet. Zwei seiner Nachkommen waren britische Generäle in den napoleonischen Kriegen, ein späterer Nachkomme, Mark Napier, veröffentlichte aufgrund von hinterlassenen Aufzeichnungen des bedeutenden Mathematikers die „Memoires of John Napier of Merchiston" (Edinburgh, 1834).

Ausgewählte Literatur und Links

J. L. **Coolidge,** The Number e, in: American Mathematics Monthly 57 (1950) 591–602.

H. **Eves,** Great Moments in Mathematics Before 1650 (Boston, 1983).

M. **Gardner,** Knotted Doughnuts (New York, 1986).

N. T. **Gridman,** John Napier and the History of Logarithms, in: Scriptae Mathematicae 29 (1973) 49–85.

E. W. **Hobson,** John Napier and the Invention of Logarithms (Cambridge, 1914).

G. **Knott** (Ed.), Napier Tercentenary Memorial Volume, ed. for the Royal Society of Edinburgh (London, 1915)

K. **Menninger,** Number Words and Number Symbols: A Cultural History of Numbers (Cambridge, MA, 1969).

M. R. **Williams,** A History of Computing Technology, 4. Aufl. (Washington, Brüssel, Tokio, 2000) 83–89.

http://www.uni-greifswald.de/fakul/mathematics/RTS/node8a.html

http://www.idv.uni-linz.ac.at/bueroaut/napier/fnapier.htm

http://www.geo.tudelft.nl/mgp/people/gerold/gbaddiat.htm

http://home.t-online.de/home/jan.meyer/homepage.htm

http://www.napier.ac.uk/About/jnapier.htm

2. Das Zeitalter der mechanischen Rechenmaschinen

2.1. Maschinenparadigma und mechanistisches Weltbild

Wenn wir über Computer sprechen, so gehen wir dabei im Allgemeinen von den technischen Grundlagen, also von Hard- und Softwarekonfigurationen aus. Deren Entwicklung ist jedoch jeweils eingebettet in ein allgemeines soziokulturelles Umfeld. Es mag überraschen, dass ein so materialistisches Gerät wie ein Rechenautomat letztlich in Denkmodellen und Vorstellungen von Philosophen wurzelt, deren Überlegungen eine ganze Epoche geprägt haben. Der Computer ist zur Gänze ein Produkt der „Moderne", ein Erzeugnis menschlichen Geistes, das nur aus dem im Laufe von rund drei Jahrhunderten geformten mechanistischen Weltbild verständlich zu machen ist, ein Weltbild, das auch das Industriezeitalter entscheidend geprägt und überhaupt erst ermöglicht hat. Hier ist auf das vor allem ab dem 17. Jahrhundert vorherrschende Maschinenparadigma hinzuweisen, mit seiner Analogievorstellung von Automat und belebter Natur, einschließlich des Menschen. Ohne diese geistige Konzeption, die ihren Niederschlag in der Philosophie eines Thomas Hobbes, Pierre Laplace, Isaac Newton, Gottfried Wilhelm Leibniz, Athanasius Kircher, bis hin zu Francis Hutcheson, Adam Smith und Jeremy Bentham gefunden hat, sind weder die industrielle Revolution noch die Entwicklung der modernen Informationstechnologie denkbar.

Die zahlreichen Automaten des 17. und 18. Jahrhunderts, die eine Simulation menschlicher Fähigkeiten anstreben, sind somit nicht nur Vorläufer der Roboter, Musik- und Rechenautomaten von heute, sondern in Wahrheit ein in Mechanik umgesetztes philosophisches Weltbild. Zwar entwickelte bereits Heron von Alexandria in der Antike mechanische Automaten, sie dienten jedoch primär der Förderung des Wunderglaubens und waren Beweis der technischen Erfindungskraft ihres Schöpfers. Erst die im 17. und 18. Jahrhundert in großer Zahl hergestellten Automaten aller Art wurden als ein Abbild der göttlichen Schöpfung schlechthin aufgefasst. Pascal, selbst Erfinder einer Rechenmaschine, war übrigens einer der wenigen, die sich gegen die vorherrschende rationalistische Mode wendeten, auch den Menschen als einen berechenbaren Leib-Seele-Mechanismus zu sehen.

Allen diesen Konstrukten liegt der cartesianische Rationalismus zugrunde, ein mechanistisches Denkschema und eine von den Naturwissenschaften her bestimmte „physikalistische" Weltsicht. René Descartes und Isaac Newton sind die beiden wichtigsten Repräsentanten, die das mechanistische Zeitalter prägten. Vom mechanistischen Paradigma abgeleitet wurde auch die Art und Weise, wie man komplexe Zusammenhänge und Aggregatszustände analysier- und beherrschbar machte, nämlich das Prinzip des Zerlegens, Messens und modellhaften Abbildens, was aber auf der Methode des wissenschaftlichen Reduktionismus basierte. Darauf beruht z. B. die Analyse komplexer Naturphänomene durch die Naturwissenschaftler, die Konstruktion von Maschinen seitens der Techniker, das Sezieren der Anatomen, aber auch in den Sozialwissenschaften das Erstellen von ökonomischen „Modellen", die tayloristische Zerlegung des Arbeitsprozesses usw. Dabei ist aus der Vorstellung dieser „atomistischen" Sichtweise das jeweilige Ganze solange zu zerlegen, bis man an das „nicht weiter Teilbare" gelangt: Auf die Sphäre der Gesellschaft bezogen, ist dies das Individuum, das mit anderen Individuen Vertragszustände eingeht und auf diese Weise zu gesellschaftlichen Aggregatzuständen[17] gelangt. In der Ökonomie nimmt dieses Individuum die Gestalt des *homo oeconomicus* an, in der philosophischen Erkenntnistheorie sind es die Leibnizschen Monaden, von denen es heißt: „Die *Monaden*, wovon wir allhier reden werden, sind nichts anderes als *einfache* Substanzen, woraus die zusammengesetzten Dinge oder *composita* bestehen. Unter dem Wort *einfach* verstehet man dasjenige, welches keine Teile hat." Und in der Naturwissenschaft ist es nach damaligem Erkenntnisstand die einzelne Zelle bzw. das Atom, aus dem sich alle komplexeren Gebilde zusammensetzen.

Das Ideal der Zeit fand in Julien Offray de La Mettries „L'homme machine" (1748) seinen adäquaten Ausdruck – in der Vorstellung, jeder Organismus sei auf eine mechanische Puppe, also auf einen Automaten, zu reduzieren: „Der menschliche Körper ist eine Ma-

[17] Vgl. etwa Jean-Jacques Rousseaus Schrift über den *contrat social*, der den Gesellschaftsvertrag ebenfalls auf eine freie Vereinbarung von Individuen zurückführt.

schine, die ihre (Antriebs)Federn selbst spannt." Die berühmten menschenähnlichen Automaten – vom („getürkten") Schachspielautomaten des Freiherrn von Kempelen,[18] über die musizierenden und schreibenden Androiden des Pariser Uhrmachers Pierre Jacquet-Droz, bis hin zur tanzenden Olympia aus E. T. A. Hoffmanns Erzählungen – waren allerdings nicht bloß Abbild des lebenden Organismus und zugleich eine Metapher, die für die Erklärung des Funktionierens komplexer Gebilde herangezogen wurde, sondern diese Automaten waren nach Ansicht von Michel Foucault zugleich auch „politische Puppen", nämlich verkleinerte Modelle der gegebenen Machtstrukturen.[19] Aus dieser Perspektive erlangen Algorithmen die Bedeutung eines generell herrschenden Prinzips, und maschinenmäßig ist alles, was nach einer klaren Vorschrift abläuft: Bettina Heintz weist darauf hin, dass im selben Jahr 1937, als Alan M. Turing seine Maschinendefinition des Algorithmusbegriffs entwickelte, der deutsch-amerikanische Mathematiker Emil Post zu einem ähnlichen Modell eines rein mechanisch ausführbaren Algorithmus gelangte. In seinem Modell war der Ausführende allerdings nicht eine „Maschine", sondern ein „Fließbandarbeiter", der völlig mechanisch seinen durch das Management vorgegebenen Instruktionen folgt: „Beide Präzisierungen des Algorithmusbegriffs erwiesen sich als äquivalent ... Das Befolgen eines Algorithmus ist ein Prozess, dessen Ausführung keine Abweichung, keinen Spielraum erlaubt."[20]

Tatsächlich wurde im Newton-Leibnizschen Weltbild die ganze Welt, ja der ganze Kosmos, als ein riesiges mechanisches Gebilde aufgefasst, gleich einem Uhrwerk, in dem Gott wie ein Uhrmacher lediglich diskretionäre Eingriffe zu tätigen hat, wenn die Mechanik einmal nicht richtig funktioniert. Leibniz führte alles Seiende in der evolutionären Stufenleiter der Natur auf Automatenaggregationen

18 Kempelens schachspielender Türke verfügte selbstverständlich noch nicht über die Fähigkeiten heutiger Schachcomputer; in Wahrheit befand sich im Inneren der Maschine ein Liliputaner, der den Mechanismus bediente. Der im Deutschen gebräuchliche Ausdruck „getürkt" für „etwas vortäuschend" leitet sich davon ab. Der erste echte Schachautomat wurde 1912 von Leonardo Torres y Quevedo (1852–1936) gebaut, ein zweiter dann 1914.

19 M. Foucault, Überwachen und Strafen. Die Geburt des Gefängnisses (Frankfurt a. M., 1977) 175.

20 Heintz, Herrschaft der Regel (1993) 234.

mit wachsender Komplexität zurück. Seine Forderung nach einem universalen und mechanisch simulierbaren Entscheidungsverfahren für die *wahren* Sätze einer Theorie, die er schon 1666 in seiner „Dissertatio de arte combinatoria" entwickelte, erinnert bereits an die später entwickelte Algorithmentheorie. Bei Gottfried Wilhelm Leibniz und bei Baruch Spinoza wurde schließlich sogar etwas Immaterielles wie die Seele als ein (wenngleich *unendlicher*) Automat aufgefasst.

Der vorausschauende Satiriker Jonathan Swift ironisierte 1726 in Zusammenhang mit dem Besuch des Reisenden Lemuel Gulliver an der großen Akademie in Lagado bereits einige charakteristische Merkmale des Wissenschaftsbetriebes *à la mode*. Er stellte dabei einen *very skillful computer* – in heutiger Diktion einen Computer zur Verarbeitung nicht-numerischer Daten – vor, der Sprache als ein reines Zeichensystem auffasst: „Der erste Professor ... befand sich in einem sehr großen Zimmer und war von vierzig Schülern umgeben ... Er sagte, dass durch seine Erfindung auch die unwissendste Person mit mäßigem Kostenaufwand und ein bisschen körperlicher Arbeit ... ohne Begabung oder Studium Bücher über Philosophie ... Politik, Recht, Mathematik ... schreiben (könne). Dann führte er mich zu dem Rahmen, um dessen Seiten all seine Schüler in Reihen standen. Dieser war zwanzig Fuß im Quadrat ... Die Oberfläche setzte sich aus verschiedenen Holzstücken von etwa der Größe eines Würfels zusammen ... Sie waren alle durch dünne Drähte miteinander verbunden. Diese Holzstücke waren an jeder Seite mit Papier beklebt, und auf diese Papiere waren alle Wörter ihrer Sprache in ihren ... Modi, Tempora, Deklinationen beschrieben, aber ohne Ordnung. Auf Befehl wurden die auf der Kante des Rahmens angebrachten Kurbeln von den Studenten gedreht, so dass die Anordnung der Wörter sich völlig veränderte ... Wo diese drei oder vier Wörter zusammenfanden, die einen Teil des Satzes bildeten, diktierten sie diese den Schreibern. Sechs Stunden am Tag waren die jungen Studenten mit dieser Arbeit beschäftigt, und der Professor zeigte mir mehrere Bände in großem Folioformat mit unvollständigen Sätzen, die sie bereits gesammelt hatten. Er hatte die Absicht, sie zusammenzusetzen und der Welt ... ein vollständiges System aller Geistes- und Naturwissenschaften zu liefern ... Freilich ginge es noch viel schneller, würde die Öffentlichkeit genügend Mittel zur Verfügung stellen, auf dass man fünfhundert solcher Rahmen – natürlich in Lagado – in Betrieb nehmen könne."[21]

Mechanische Rechenmaschinen, wie sie im Folgenden dargestellt werden, sind damit nicht bloß als Rechenhilfen zu sehen, sondern sie stellen in Wahrheit programmgesteuerte mechanistische Abbilder menschlicher Fähigkeiten dar. Sie sind zugleich auch Symbol einer sich von den durch die Natur vorgezeichneten Grenzen emanzipierenden Schöpfung des menschlichen Geistes. Bereits aus Leibnizens Prototyp der mechanischen Rechenmaschine kann – rund 300 Jahre vor den diesbezüglichen gedanklichen Überlegungen eines Alan M. Turing – durch Abstraktion der allgemeine Begriff einer mathematischen Maschine gewonnen werden.[22] Der Mensch selbst schafft sich seine eigene Welt nach dem im *L'homme machine* skizzierten mechanistischen Ebenbild.

Seit dem 19. Jahrhundert, das von dem englischen Historiker Edmund Burke vorweg als eine *Era of Calculators* bezeichnet worden war, wobei er primär auf den „berechnenden Menschen" abgezielt hatte, wurden die mechanischen Rechenmaschinen nicht mehr als handwerkliche Einzelexemplare, sondern als standardisierte industrielle Massenartikel erzeugt, zunehmend als Markenartikel beworben und weltweit vertrieben. Der Begriff *Computer*, der bisher für den die Rechenoperationen ausführenden Menschen vorbehalten war, wurde 1897 in einer englischen Ingenieurzeitschrift erstmals zur Bezeichnung einer neu erfundenen „Rechenmaschine nach Art eines runden Rechenschiebers" angewandt; wenig später taufte Herman Hollerith seine *Tabulating Machines* in *Statistical Computers* um und bezeichnete seine Firma ab 1911 als „Computing, Tabulating and Recording Company".[23] Das „Zeitalter des Computers" be-

[21] Vgl. J. Swift, Reisen zu mehreren entlegenen Völkern der Erde, in vier Teilen von Lemuel Gulliver, erst Wundarzt, später Kapitän mehrerer Schiffe. Ausgewählte Werke, Bd. 3 (München, 1972) 264 f.

[22] Mainzer, Computer (1995) 37; H. Heckmann, Die andere Schöpfung. Geschichte der frühen Automaten in Wirklichkeit und Dichtung (1982), bes. 165–209 u. 235–280.

[23] Zit. bei Borst, Computus (1999) 132 ff. Dieser verweist auch darauf, dass ebenfalls im Jahre 1897 die Astronomen Papst Leo XIII. dafür gewinnen können, einen festen Termin für das Osterfest in der Kirche einzuführen, was den über Jahrhunderte betriebenen *Computus* zur Berechnung von Ostern obsolet macht: „... In der Geschichte der Wörter hat der Computer den Computus ums Leben gebracht" (Borst, Computus, 135).

ginnt somit – zumindest was die Etymologie anbelangt – bereits mit der Ära der mechanischen Rechenautomaten.

2.2. Grundelemente des mechanischen Rechners

Man benötigt für das Funktionieren einer mechanischen Rechenmaschine folgende Grundelemente: Das *Einstellwerk* zur Eingabe der Ziffern (früher oft eins mit dem Resultatwerk). Den *Auswahlmechanismus,* um die entsprechenden Rechenoperationen, z. B. Addition oder Subtraktion, auszuwählen. Den *Register- oder Speichermechanismus,* der aus einer Serie von ineinander greifenden Zahnrädern, Scheiben oder Walzen besteht, die so positioniert werden müssen, dass die einzelnen Zahlenwerte in die Maschine eingespeichert werden. Der *Übertragmechanismus* lässt nach der Ziffer Neun das Ergebnisregister auf null weiterspringen, wobei gleichzeitig der Mechanismus jeweils um eine Stelle vorrückt. Der *Kontrollmechanismus* sorgt dafür, dass das Getriebe nach Beendigung einer Rechenoperation wieder in die richtige Ausgangsstellung rückt. Der *Löschmechanismus* versetzt den *Registermechanismus* wieder in die Nullstellung. Die eingegebenen Ziffern und das Ergebnis können am *Resultatwerk* abgelesen werden, wobei bei den mechanischen Rechnern zumeist auf sechs oder acht Stellen berechnet wurde.

Bei den mechanischen Rechnern ist, je nach den möglichen Rechenoperationen, zwischen einfachen Additionsmaschinen (so genannte Zweispeziesmaschinen) und „echten" Rechenmaschinen (so genannte Vierspeziesmaschinen) zu unterscheiden. Erstere werden für Additionen und Subtraktionen eingesetzt und sind relativ unkompliziert zu bedienen, letztere beherrschen hingegen bereits alle vier Grundrechnungsarten, also Addition, Subtraktion, Multiplikation und Division, und setzen sowohl im Bau als auch in der Handhabung größere Geschicklichkeit voraus. Um die Multiplikation mit einer großen Zahl durchführen zu können, muss (im Gegensatz zu den einfachen Additionsmaschinen) der Multiplikand gespeichert werden können und das Einstellwerk gegenüber dem Resultatwerk verschiebbar sein, um die mehrfache stellenrichtige Addition zu ermöglichen. Die Division beruht dabei auf einer Umkehrung der Multiplikation.

Technisch setzten sich folgende Prinzipien durch:

- die Staffelwalze,
- das Sprossenrad,
- der Proportionalhebel und
- der Multiplikationskörper.

Weitere Abwandlungen wie Stellsegmente, Proportionalrollen und Schaltklinken fanden demgegenüber nur geringe Verbreitung.

Bis zur Entwicklung der Elektronik in der zweiten Hälfte des 20. Jahrhunderts war der Bau von Rechnern, einmal abgesehen von der gedanklichen Leistung der Erfinder, in erster Linie ein feinmechanisches Problem. Denn die mechanischen Rechenwerke bestanden aus einer Kombination von ineinander greifenden Zahnrädern, gezähnten Staffelwalzen, Sprossenrädern und anderen Metallbauteilen, die erst mit der Weiterentwicklung der Feinmechanik in entsprechender Präzision ausgeführt werden konnten. Wenn man weiß, dass etwa bei den mechanischen Rechenmaschinen, die noch bis Mitte der 1950er Jahre verwendet wurden, bei Bohrungen mit einem Durchmesser von 10 mm nur 0,015 mm, also fünfzehntausendstel Millimeter, und bei einem Durchmesser von 4 mm nur zwölftausendstel Millimeter Abweichung geduldet wurden, so wird klar, woran der Bau derartiger Maschinen lange Zeit scheitern musste.

2.3. Die Zeit der Pioniere

Das instrumentale Rechnen hat eine mathematische und eine technische Seite. Schon in der Antike brachte man eine der wichtigsten technischen Entwicklungen, nämlich das Rad, mit Zählen und Rechnen in Verbindung. Es handelte sich dabei um relativ komplexe Rechenmaschinen zur Lösung astronomischer Aufgaben. Bereits Archimedes hatte im 3. vorchristlichen Jahrhundert ein Planetarium konstruiert. Ein derartiges, mehr als 2000 Jahre altes Gerät, das eine relativ komplizierte Differentialübersetzung aufweist, wurde z. B. 1901 aus einem Schiffswrack bei Antikythera nahe bei Kreta in der Ägäis geborgen; erst durch eine spätere Röntgenaufnahme wurde das erstaunlichste antike Meisterstück der Mechanik sichtbar gemacht. Der antike *Hodometer*, den der Architekt Vitruvius (24

v. Chr.) beschreibt, war hingegen nichts anderes als ein mit einem Zählwerk kombiniertes Rad zur Streckenmessung; die Turm- und Standuhren der frühen Neuzeit waren Zählmaschinen für die nunmehr linear aufgefasste und damit exakt messbare Zeit.

Es war nahe liegend, mit dem Fortschreiten der technischen Fähigkeiten die neuen mathematischen und feinmechanischen Erkenntnisse auch für den Bau von mehr oder minder komplexen Zähl- und Rechenmaschinen einzusetzen. Der Bedarf an derartigen Maschinen hing nicht zuletzt mit dem Aufkommen des absolutistischen Zentralstaats zusammen, der Berechnungen aller Art im Zusammenhang mit Steuereinhebung, militärischen und nautischen Aufgabenstellungen, statistischen Erhebungen usw. anstellte. Die Funktion des Hofes als Zentralisationskern des neuen, anfänglich noch in der Person des Landesfürsten verkörperten Territorialstaats, die Entstehung und Funktionsweise der modernen Bürokratie, die Erringung des Monopols der Gewaltausübung und Steuereinhebung mittels Armee und *Polizey* wurden von Autoren wie Norbert Elias, Joseph A. Schumpeter, Gerhard Oestreich und anderen eindringlich beschrieben. In diesem Zusammenhang ist es sicher kein Zufall, dass die Erfindung der Rechenmaschinen von Leonardo, Leibniz und Morland durchaus im Zusammenhang mit deren Tätigkeit als „Fürstendiener“ im besten Sinne des Wortes gesehen werden kann: Sie waren Erfinder, die ihre Entdeckungen in den Dienst des im Fürstenstaat verkörperten frühmodernen Souveräns stellten.

Die Additionsmaschine von Leonardo da Vinci, ca. 1495

Es überrascht wohl nicht, dass sich Leonardo da Vinci, der *uomo universale* der italienischen Renaissance, dem wir – neben seinen leider nur in wenigen Exemplaren erhaltenen Gemälden und Zeichnungen – viele detaillierte anatomische Skizzen und technischen Entwürfe mit darin enthaltenen zukunftsweisenden Ideen verdanken, möglicherweise auch mit dem Problem eines mechanischen Kalkulators auseinander gesetzt hat. Ein Entwurf einer Additionsmaschine ist wahrscheinlich im so genannten „Codex Madrid I“ der spanischen Nationalbibliothek dargestellt und in der für den toskanischen Künstleringenieur typischen Spiegelschrift erläutert.

Die Additionsmaschine – wenn es sich tatsächlich um eine solche

Leonardo da Vinci (1452–1519).
Selbstporträt.

handelte, was von mancher Seite allerdings angezweifelt wurde – blieb jedenfalls eine Ideenskizze und wurde weder von Leonardo selbst noch von einem seiner technisch begabten Zeitgenossen realisiert. Die Idee als solche war zukunftsweisend, aber es sollte noch rund ein Jahrhundert dauern, ehe eine funktionstüchtige Additionsmaschine tatsächlich gebaut werden konnte.

Für Roberto Guatelli, einen international anerkannten Leonardo-Forscher, der seit 1951 im Auftrag der Firma IBM auch eine Reihe funktionstüchtiger Repliken von Leonardos zahlreichen technischen Erfindungen hergestellt hat, die seither in vielen internationalen Ausstellungen und Museen gezeigt wurden, war dieser Plan eine besondere Herausforderung. Gemeinsam mit seinem Stiefsohn Joseph Mirabella und unter Einbeziehung einer zweiten vergleichbaren Entwurfzeichnung Leonardos im „Codex Atlanticus“ gelang es Guatelli schließlich, 1968 einen Nachbau anzufertigen, der in der von IBM auf eine Weltreise geschickten Ausstellung der wichtigsten Erfindungen Leonardo da Vincis gezeigt wurde.

Die Maschine besteht aus 13 großen Zahnrädern, die miteinander durch kleinere Zahnräder verbunden sind und mittels Kurbeln gedreht werden. Eine volle Umdrehung des ersten Zahnrades bis zurück auf die Stellung null, also zehn Schritten entsprechend, bewegt das zweite Zahnrad um eine Stelle, d. h. auf eins weiter, was dann der Zahl Zehn entspricht usw. Die folgenden Zahnräder stehen dann für 100, 1000 usw. Durch gewichtbeschwerte Seilzüge, die um das Kurbelgestänge gewickelt werden, wird der aufzuwendende Kräfteeinsatz verringert. Auf diese Weise können Additionen und Subtraktionen mechanisch ausgeführt werden.

Die Replik der Maschine blieb nicht unwidersprochen; andere führende Leonardo-Forscher vertraten die Ansicht, es handle sich bei Leonardos Entwurf nicht um eine Additionsmaschine, sondern vielmehr um eine Maschine, um Getriebeübersetzungen zu simulieren. Die Replik wurde daraufhin aus der IBM-Ausstellung zurückgezogen und landete in einem Depot.

Ausgewählte Literatur und Links

The Montreal Museum of Fine Arts (Hrsg.), Leonardo da Vinci: Engineer and Architect (Montreal, 1987).

Erez Kaplan: http://www.webcom.com/calc/#Leonardo

http://www.leonet.it/comuni/vincimus/inp1fram.html

Die Rechenuhr von Wilhelm Schickard, 1623

Der am 22. April 1592 im Württembergischen Herrenberg in der Nähe von Tübingen geborene Wilhelm Schickard wurde wegen seiner weitgefächerten Begabungen und Interessen mitunter mit Leonardo da Vinci verglichen. Schickard studierte in Tübingen zunächst Theologie und orientalische Sprachen, erwarb 1609 das Bakkalaureat und 1611 das Magisterium, trat 1613 eine Stelle als lutherischer Pfarrer an und wirkte als solcher in verschiedenen Gemeinden rund um Tübingen. Er erhielt schließlich 1619 eine Professur für Hebräisch und Aramäisch in Tübingen angeboten.

Schickard war nicht nur ein humanistisch gebildeter Gelehrter, sondern auch ein geschickter Mechaniker, begabter Kupferstecher und Grafiker. Er befasste sich intensiv mit Problemstellungen der Mathematik, Mechanik, Kartographie („Kurze Anweisung, wie künstliche Landtafeln auß rechtem Grund zu machen“, 1629) und Astronomie und wurde an seiner Stammuniversität schließlich 1631

Wilhelm Schickard (1592–1635). *Professorenporträt von 1632, Universität Tübingen.*

auf den Lehrstuhl für Astronomie berufen. Schickard kam über astronomische Berechnungsaufgaben zur Konstruktion einer Rechenmaschine. Er soll u. a. auch eine Maschine für hebräische Grammatik und ein „Handplanetarium“ gebaut haben. Er wollte seinen Freund Johannes Kepler davon überzeugen, die Berechnung der Ephemeriden auf mechanischem Weg vorzunehmen. Derartige Kombinationen von wissenschaftlichen Interessen und Theologie waren um diese Zeit nicht selten, denn die Geistlichen beider christlichen Konfessionen entwickelten oft erstaunliche naturwissenschaftliche Begabungen und Kenntnisse. Man denke etwa an das im oberösterreichischen Kloster Kremsmünster eingerichtete astronomische und physikalische Labor, das ebenfalls aus dieser Epoche stammt, oder an die zahlreichen wissenschaftlich-technischen Beiträge des Jesuitenprovinzials Athanasius Kircher.

Schickard, der mit vielen Wissenschaftlern seiner Zeit, darunter auch mit den Mathematikern Brengger, Bouileau und Gassendi, korrespondierte, war seit 1617 mit Johannes Kepler befreundet und hat für dessen großes Werk „Harmonices mundi“ [Weltharmonie] auch einzelne Kupferstiche beigesteuert. Er ersann bereits 1623, also fast 20 Jahre vor Pascal und 30 Jahre vor Leibniz eine Rechenmaschine, die er als „Rechenuhr" bezeichnete und von der er zwei Prototypen gebaut haben soll. Keiner ist erhalten geblieben. Die Maschine war eine so genannte Vierspeziesmaschine, d. h., sie beherrschte (allerdings auf indirektem Weg) alle vier Grundrechenarten bis auf sechs Stellen, wobei der Erfinder anmerkte, dass die eingegebenen Zahlen augenblicklich automatisch berechnet würden: „datos numeros statim automatos computet".[24] Dabei war allerdings die Multiplikation und Division nur so möglich, dass die Teilprodukte mit Hilfe der Napierschen Rechenstäbchen bestimmt und dann zur Addition in die Maschine eingegeben werden mussten. Er beschrieb die Maschine in einem lateinisch abgefassten Brief an Johannes Kepler: „Ferner habe ich dasselbe, was Du rechnerisch gemacht hast, kürzlich auf mechanischem Wege versucht und eine aus elf vollständigen und sechs verstümmelten Rädchen bestehende Maschine konstruiert, welche gegebene Zahlen augenblicklich automatisch zusammenrechnet: addiert, subtrahiert, multipliziert und dividiert. Du würdest hellauf lachen, wenn Du da wärest und erlebtest, wie sie die Stellen links, wenn einer über einen Zehner oder Hunderter weggeht, ganz von selbst erhöht bzw. beim Abstrahieren [Subtrahieren, d. Verf.] ihnen etwas wegnimmt."[25]

Aufgrund von in den 1930er Jahren zufällig durch den Kepler-Forscher Franz Hammer aufgefundenen kleinen Skizzen aus Schickards Korrespondenz mit Johannes Kepler war es dem Tübinger Professor Bruno Freiherr von Freytag-Löringhoff möglich, die Maschine zu rekonstruieren und erfolgreich zum Rechnen zu bringen. Sie wurde übrigens 1973 durch eine anlässlich der 350-Jahrfeier der Schickardschen Erfindung herausgegebenen deutschen 40-Pfennig-Briefmarke auch einer größeren Öffentlichkeit bekannt. Die nachgebaute Maschine ist heute im Theodor-Häring-Haus in Tübingen zu besichtigen, weitere Nachbauten befinden sich im Deutschen Museum in München, im Technischen Museum in Wien

[24] Zit. n. B. von Freytag-Löringhoff, Wilhelm Schickard und seine Rechenmaschine von 1623, in: Dreihundertfünfzig Jahre Rechenmaschinen, hg. v. M. Graef (Tübingen, 1973) 11 f.

[25] Ebd.; vgl. auch Borst, Computus (1999) 116 f.

(siehe Farbteil, S. 193) und in der Sammlung von Rechenmaschinen an der Johannes-Kepler-Universität Linz.

Die Maschine ist größtenteils aus Holz gefertigt, die beweglichen mechanischen Teile bestehen aus Messing. Im oberen Teil befindet sich das Multiplizier- und Dividierwerk, im abgesetzten Mittelteil eine Zweispezies-Rechenmaschine zur Ausführung von Additionen und Subtraktionen, ganz unten sind sechs Merkscheiben mit Anzeigefeldern angebracht, um Zwischenergebnisse festzuhalten. Man kann über die an der Oberseite der Maschine befindlichen sechs Drehknöpfe eine bis zu sechsstellige Zahl zur Multiplikation oder Division eingeben, denn über die Drehknöpfe werden jeweils Zylinder verdreht, auf denen das Einmaleins senkrecht nach unten geschrieben steht. Es handelt sich um eine Adaption der bekannten Napierschen Multiplikationsspalten, deren Zahlen hier auf senkrecht angeordneten drehbaren Zylindern, einen Zylinder pro Dezimalstelle, aufgezeichnet sind. Über die seitlichen Schuber wird der Multiplikator bzw. Divisor gesetzt. Durch Umdrehung der großen Wählscheiben im unteren Teil wird dann mittels einer Getriebeübersetzung das angezeigte Resultat im Speicher zu bereits früher eingespeicherten Resultaten hinzugefügt. Die Maschine kennt bereits den automatischen Zehnerübertrag mittels Zahnrädern und

Originalskizze der Schickard-Maschine.
Aus einem Brief Schickards an Kepler, 1623.

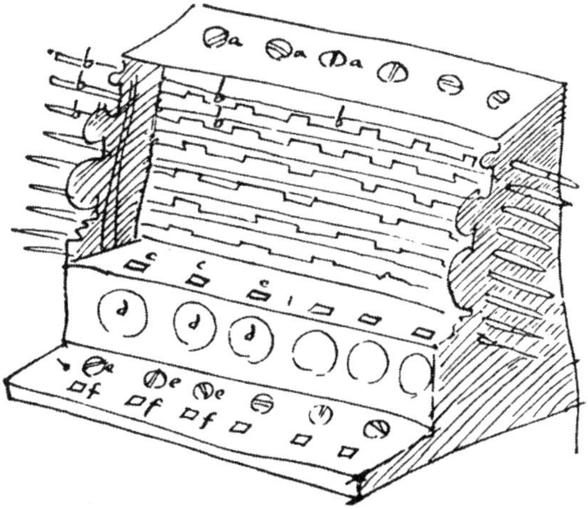

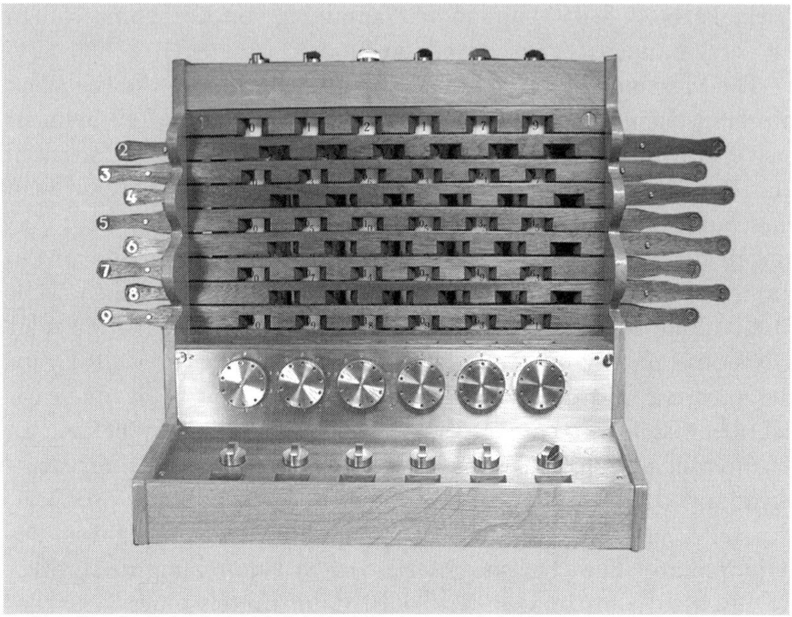

Rekonstruktion der Schickard-Maschine von 1623.
Rechnersammlung der Universität Linz.

einzähnigen Zwischenrädern, die in beiden Drehrichtungen und über alle sechs Stellen hinweg funktionieren. Das jeweilige Zwischenresultat wird in den kleinen Fenstern im unteren Teil der Maschine angezeigt. Die kleinen Wählscheiben und die Fenster dienen bloß als Gedächtnisstütze, da man damit Zwischenresultate durch einfache Eingabe festhalten kann. Wenn man will, könnte man diese Merkscheiben auch als erste Form des Datenspeichers ansehen.

Da keines der beiden Originale der Maschine erhalten blieb – sie überdauerten offenbar die Wirren des Dreißigjährigen Krieges nicht –, wurde Pascal lange Zeit als der Erfinder der ersten Rechenmaschine angesehen. Dieser konnte aber in jedem Fall für sich beanspruchen, die erste in größeren Stückzahlen gebaute Additionsmaschine gebaut zu haben. Wilhelm Schickard starb am 23. Oktober 1635 in Tübingen im Alter von 43 Jahren an der damals in Deutschland grassierenden Pest.

Ausgewählte Literatur und Links

F. L. **Bauer,** Ries und Schickard, in: Informatik Spektrum 15 (1995), 225–228.

B. von **Freytag-Löringhoff,** Wilhelm Schickard und seine Rechenmaschine von 1623 (Tübingen, 1987).

B. von **Freytag-Löringhoff,** Die Rechenmaschine, in: F. Seck (Hrsg.), Wilhelm Schickard (Tübingen, 1987).

F. W. **Kistermann,** War die Rechenmaschine von Wilhelm Schickard praktisch brauchbar?, in: Technikgeschichte 51 (2) (1984), 77–85.

F. **Seck** (Hrsg.), Wilhelm Schickard (Tübingen, 1987).

F. **Seck,** Wissenschaftsgeschichte um Wilhelm Schickard: Vorträge bei dem Symposium der Universität Tübingen im 500. Jahr ihres Bestehens am 24. und 25. Juni 1977, in: Beiträge zur Geschichte der Eberhard-Karls-Universität Tübingen, 3 (Tübingen, 1981).

M. R. **Williams,** A History of Computing Technology, 4. Aufl. (Washington, Brüssel, Tokio, 2000) 119–124.

http://www.gris.uni-tuebingen.de/projects/schickard/gallery.html

http://www.uni-greifswald.de/fakul/mathematics/RTS/node8a.html

http://www.computer.org/annals/an2001/pdf/a1080.pdf

Die Pascaline, 1642

Die erste mechanische Additionsmaschine, die eine größere Verbreitung erfuhr, war der von Blaise Pascal in den Jahren 1642–45 konstruierte Rechner, dem er selbst den Namen „Pascaline“ gab. Pascal wurde am 19. Juni 1623 in Clermont, westlich von Lyon, damals ein Zentrum der Seidenwarenerzeugung, als drittes Kind und einziger Sohn geboren. Seine Mutter starb, als er erst drei Jahre alt war. Die Familie gehörte der so genannten *Noblesse de robe*, also dem Beamtenadel, an und lebte seit mehreren Generationen in Südfrankreich. 1632 übersiedelte der Vater, Etienne Pascal, samt seinen vier Kindern nach Paris. Blaise Pascal wurde, wie seine ebenfalls begabten drei Schwestern, von seinem Vater unterrichtet, der nicht nur über eine reichhaltige Bibliothek verfügte, sondern selbst auch als begabter Mathematiker galt. Der Vater vertrat eher ungewöhnliche Erziehungsansichten: Da er der Ansicht war, dass sein Sohn auf diesem Gebiet nicht reüssieren werde, bestimmte er, dass mathematische Bücher von ihm fernzuhalten seien. Wie alles Verbotene übte daher gerade die Mathematik auf Blaise Pascal einen besonderen Reiz aus, wobei er sich das meiste im Selbststudium beibrachte. Als

Blaise Pascal (1623–1662).
Stich von Honoré Coussin. Bildarchiv der Österreichischen Nationalbibliothek, Wien.

er 15 Jahre alt war, musste auch der Vater die große mathematische Begabung seines Sohnes anerkennen; fortan gab er ihm Unterricht und förderte ihn in jeder Weise. Auch führte er ihn in die akademischen Kreise in Paris ein, wo Blaise Pascal bereits als 17-Jähriger eine Abhandlung über ein komplexes Problem der Sphärischen Geometrie präsentierte.

Da ein Großteil des in Staatspapieren angelegten Familienvermögens während der durch die Kriege Ludwigs XIV. ausgelösten Finanzkrise verloren ging, musste Etienne Pascal schließlich froh sein, 1639 in Rouen das einträgliche Amt eines Steuerpächters in der Oberen Normandie angeboten zu bekommen.[26] Es war hier in Rouen, wo Blaise Pascal ab 1640 jene Schriften verfasste und großen Entdeckungen machte, die seinen Ruhm als Schriftsteller, Philosoph, Physiker und Mathematiker begründeten.

Um seinem Vater, dem rund 1500 Steuereinheber unterstanden, die mühselige Routinearbeit bei der Steuerberechnung zu ersparen,

[26] Der frühmoderne absolutistische Staat war damals noch nicht in der Lage, seine Besteuerungspolitik mittels zentralstaatlicher Organe durchzusetzen, sondern bediente sich dazu der so genannten Steuerpächter, die dem Staat die erforderlichen Mittel quasi bevorschussten und dafür die Steuereinhebung selbst vornehmen durften.

ersann der damals erst 19-Jährige – ohne irgendwelche Vorbilder dabei vor Augen zu haben, denn er kannte die Schickardsche Maschine sicher nicht, die im Übrigen einem gänzlich anderen Konzept folgte – eine Additionsmaschine. Er heuerte dazu eine Gruppe von Handwerkern an, die seine Ideenskizze umsetzen sollten. Da das Ergebnis aber in jeder Hinsicht unbefriedigend ausfiel, bildete er sich selbst zum Feinmechaniker aus: „Die Kenntnisse in Geometrie, Physik und Mechanik lieferten mir den Plan dazu und gaben mir die Gewissheit, dass der Gebrauch einer solchen Maschine unfehlbar sein müsste, wenn nur ein Handwerker das Instrument so ausführen könnte, wie ich mir das Modell ausgedacht habe."[27]

Die Maschine, die mit den Abmessungen 28,80 × 12,80 × 9,00 cm klein genug war, um auf jedem Tisch Platz zu finden, weist an ihrer Oberfläche sechs Zahnräderwerke auf. Darüber sind zur Anzeige der Resultate übereinander sechs kleine Fenster parallel zueinander angebracht. Um eine beliebige Zahl zu addieren, muss man die kleinen Zeiger, die als Hemmung ausgeführt sind, auf diese Zahl einstellen und dann das Zahnrad im Uhrzeigersinn solange drehen, bis es durch den Zeiger aufgehalten und diese Zahl in das Speicherwerk eingegeben wird. Die kleinen Fenster, an denen die Resultate abgelesen werden, sind in zwei Reihen angelegt, wobei durch ein verschiebbares Lineal, das gleichzeitig auch den Stellenwert der einzelnen Ziffern anzeigt, jeweils eine Reihe abgedeckt wird. Der Zehnerübertrag wird durch einen Hebel mit einer federnden Klinke geleistet. Da die Additionsmaschine nach dem französischen Münzsystem ausgelegt war, gab es auch Zwölfer- und Zwanzigerübertragungen. Die obere Reihe zeigt die Resultate von Additionen, die Fenster in der unteren Reihe zeigen als Ergebnis einer Subtraktion jeweils die Differenz der eingegebenen Zahl von der Ziffer Neun an, die Subtraktion wird also durch Addition des Komplements vorgenommen.[28] Es ist dies deshalb notwendig, weil die Konstruktion es nicht erlaubt, die Zahnräder gegen den Uhrzeigersinn zu drehen.

[27] Zit. n. B. Pascal, Oevres complètes, ed. J. Chevalier (Paris, 1954) 349 ff.

[28] Die Methode mit dem Neunerkomplement ist relativ umständlich; die abzuziehende Zahl wird von der Neunerreihe subtrahiert, wofür die Maschine vorprogrammiert ist, dann wird dieses Komplement dazu addiert und die höchste Ziffer zur letzten Stelle dazugezählt.

Die Maschine, die in der von Denis Diderot herausgegebenen französischen Encyclopédie beschrieben wurde, gestattete es somit zu addieren und mit Hilfe des Neunerkomplements auch zu subtrahieren. Wie schon bei der Schickard-Maschine gab es mechanische Probleme im Getriebe, wenn man auf mehrere Stellen berechnen musste, weil dann beim Drehen der Zahnräder ein zu großer Widerstand zu überwinden war. Blaise Pascal löste dieses Problem mit Hilfe eines äußerst komplizierten Übertragungsmechanismus, der sich (übrigens wie auch bei Leonardos Entwurf) die Schwerkraft zunutze machte. Sein Versuch, die Erfindung kommerziell zu verwerten, blieb allerdings ohne Erfolg. Die Grundkonzeption war aber so brauchbar, dass man noch bis ins 20. Jahrhundert hinein Additionsmaschinen baute, die den Pascalschen Prinzipien folgten. Mehr als 50 der Pascalschen Rechenmaschinen sind bis heute original erhalten geblieben und finden sich in den führenden technisch-naturwissenschaftlichen Museen.

Das Jahr 1646 markierte eine Wende im Leben Pascals: Als sein Vater bei einem Unfall fast das Leben verlor und von zwei Mönchen anschließend aufopferungsvoll betreut wurde, wandte Blaise Pascal sich verstärkt der Religion zu. Gleichzeitig entwickelte er ein spezifisches Interesse an der Physik. Er begann sich mit physikalischen Experimente zu beschäftigen, u. a. mit dem atmosphärischen Druck, wobei ihm der Nachweis des Vakuums gelang. 1647, also sieben Jahre bevor Otto von Guericke in Magdeburg sein berühmtes Experiment mit den Halbkugeln ausführte, beschrieb er erstmals die Druckgesetze in einer wissenschaftlichen Abhandlung und diskutier-

Pascals Additionsmaschine.
Abbildung aus dem 19. Jahrhundert.

„Pascaline".
Mit freundlicher Genehmigung von IBM Corporate Archives, Somers, NY.

te diese mit René Descartes, der ihn eigens in Rouen aufsuchte.[29] Weitere Abhandlungen galten der Hydrostatik. Auch löste er Aufgaben der Geometrie, wobei er das nach ihm benannte so genannte „arithmetische Dreieck" zur Berechnung der Binomialkoeffizienten veröffentlichte. Weiter legte er in seiner Korrespondenz mit dem Mathematiker Pierre de Fermat wichtige Grundlagen der Wahrscheinlichkeitstheorie nieder.

Als er Ende 1654 in Neuilly bei einem Unfall mit einer Pferdekutsche beinahe das Leben verlor und nur durch ein Wunder gerettet wurde, verstärkten sich seine zuletzt bekundeten religiösen Neigungen, und er beschäftigte sich, mit einer kurzen Unterbrechung von drei Jahren, in denen er sich nochmals der Mathematik und vor allem der Berechnung von Zykloiden zuwandte, zunehmend mit philosophischen und theologischen Fragen. Er nahm dazu Kontakt mit dem Jansenistenkloster Port-Royal des Champs bei Paris auf. Seine religiösen Ansichten hielt er 1656/57 in seinem philosophischen Hauptwerk, den „Pensées" [Gedanken], fest. Darin findet sich auch die bekannte „Pascalsche Wette" – aus seiner Perspektive eine Art rationalistischer „Gottesbeweis", den er mit Argumenten der von ihm mitentwickelten Wahrscheinlichkeitsrechnung führt: „Wenn Gott nicht existiert, wird man nichts verlieren, wenn man an ihn glaubt,

[29] Pascal zu Ehren lautet seit 1969 die gesetzliche Bezeichnung im Messwesen für die aus Kraft- und Flächeneinheiten zusammengesetzte Druckeinheit *Pascal* (Pa).

doch wenn er existiert, würde man alles verlieren, wenn man nicht an ihn glaubt.“ Am 19. August 1662 starb Pascal im Alter von erst 39 Jahren an Magenkrebs; ein Jahr vor seinem Tode hatte der Philanthrop noch seine Bibliothek und einen Großteil seiner persönlichen Habe zugunsten der Armenspitäler in Paris und Rouen veräußert.

Ausgewählte Literatur und Links

D. **Adamson,** Blaise Pascal: Mathematician, Physicist and Thinker about God (Basingstoke, 1995).

W. **Arnold,** Pascal, in: H. Wussing und W. Arnold, Biographien bedeutender Mathematiker (Berlin, 1983).

F. X. J. **Coleman,** Neither angel nor beast: the life and work of Blaise Pascal (New York, 1986).

J. P. **Flad,** Les trois premières machines à calculer. Schickard (1623), Pascal (1642), Leibniz (1673) (Paris, 1963).

P. **Humbert,** L'oeuvre scientific de Pascal (Paris, 1964).

E. **Kaplan:** http://www.webcom.com/calc/

J. **Krailsheimer,** Pascal (1980).

H. **Loeffel,** Blaise Pascal 1623–1662 (Basel, 1987).

J. **Marguin,** Histoire des instruments et machines a calculer. Trois siècles de mécanique pensante, 1642–1942 (Paris, 2000).

J. **Mesnard,** Pascal: His Life and Works (1952).

E. **Mortimer,** Blaise Pascal: the life and work of a realist (London, 1959).

M. R. **Williams,** A History of Computing Technology, 4. Aufl. (Washington, Brüssel, Tokio, 2000) 124–129.

Die Rechner von Samuel Morland, 1673, und René Grillet, 1678

Samuel Morland wurde 1625 als Sohn eines protestantischen Geistlichen in Sulhamstead Banister, Grafschaft Berkshire, geboren. Bereits im Alter von 14 Jahren begann er Mathematik zu studieren. Morland wurde es durch ein Stipendium ermöglicht, 1639–44 das Winchester College zu besuchen und danach das Magdalene College in Cambridge, wo er 1648 das Bakkalaureat und 1652 den Magistertitel erwarb. An diesem renommierten College wurde er 1649 zum Fellow ernannt. Er wurde ein enger Freund von Sir Samuel Pepys, der 1650 ebenfalls an das Magdalene College berufen wurde und in seinem berühmten Tagebuch, das eine der wichtigsten historischen

Sir Samuel Morland (1625–1695).
Zeitgenössischer Stich.

Quellen aus der Cromwell-Ära darstellt, wiederholt auf Morland hinweist.

Morland nahm für die Cromwell-Regierung an einer Vielzahl diplomatischer Missionen teil; so ging er 1653 mit einer Abordnung unter Führung des Parlamentariers Bulstrode Whitelocke nach Schweden, wo ein Handelsabkommen abgeschlossen werden sollte. Königin Christina von Schweden stand der Wissenschaft sehr aufgeschlossen gegenüber und förderte diese auf mannigfaltige Weise; an ihrem Hofe traf man daher führende Gelehrte aus ganz Europa. Morland suchte den Diskurs, der in lateinischer Sprache geführt wurde, und lernte in Stockholm offenbar auch ein Modell der Pascalschen Rechenmaschine kennen, das Pascal 1652 der Königin zum Geschenk gemacht hatte. Morland begann, angeregt durch diese Begegnung, in der Folge selbst mit großem Geschick verschiedenste mechanische Aufgaben zu lösen.

Eine weitere Mission führte ihn 1655 als außerordentlichen Gesandten des englischen Lordprotektors über Paris nach Turin an den Hof des Herzogs von Savoyen. Er sammelte hier Material über die protestantische Sekte der Waldenser in Piemont. Das 1658 in London erschienene Buch „History of the Evangelical Churches in the Valleys of Piedmont“, das die Ergebnisse seiner Nachforschungen zusammenfasste, widmete er Oliver Cromwell. Der Lordprotektor, der am Schicksal der von der katholischen Kirche verfolgten Sekte besonderen Anteil nahm, ernannte Morland daraufhin zum Siegelbewahrer, was diesem neben einem fixen Gehalt von 150 Pfund noch laufende Gebühren für alle zu beurkundenden Dokumente eintrug. Neben dieser einträglichen Pfründe wurde er zum Mitglied der „Privy Chamber“ ernannt. Morland reiste in der Folge wiederholt nach Frankreich, wo er 1657 auch seine zukünftige Frau Susanne de Milleville, die Tochter des Barons de Boissay, kennen lernte.

Morland dürfte, obwohl er ein Vertrauter Cromwells war, insgeheim mit den Royalisten in Verbindung gestanden sein, denn er warnte den exilierten Monarchen Charles II. vor einem gegen diesen geplanten Mordkomplott. Dies führte dazu, dass er in der Phase der politischen Restauration, obwohl er ja öffentlich als Anhänger der „Roundheads“ galt, nicht nur politisch pardoniert wurde, sondern in der Folge sogar eine noch steilere Karriere erlebte. Er übernahm eine Reihe öffentlicher Funktionen, bezog zahlreiche Gratifikationen und bis ans Lebensende zwei Pensionen. Auch wurde er geadelt und erhielt schließlich sogar die Baronie verliehen. Die oft geäußerte Ansicht, er sei zum Fellow der Royal Society ernannt worden, muss aufgrund der Aufzeichnungen dieser gelehrten Gesellschaft ins Reich der Fabel verwiesen werden.

Morland betätigte sich neben seinen öffentlichen Funktionen vor allem als Mathematiker und publizierte u. a. Kalkulationstabellen, wie sie für nautische und ballistische Aufgaben benötigt wurden. In seinen Memoiren schreibt er selbst, dass er sich, um die Gunst des Königs zu gewinnen, aber lieber mit „Experimenten“ beschäftigte, worunter er vor allem den Bau von hydraulischen Pumpen, Messinstrumenten, und schließlich auch mehreren Rechenhilfen verstand. Er war ein geschickter Ingenieur und entwickelte u. a. ein Barometer, das zum Messen des atmosphärischen Drucks und als präzises Höhenmessgerät verwendet werden konnte. Eine für die damalige Zeit spektakuläre Erfindung war seine „sprechende Trompete“. Es war dies nichts anderes als ein Megaphon, mit dem er Sprache über eine Entfernung von einer Viertelmeile übertrug. Er veröffentlichte diese Erfindung in einem 1671 bei William Godbid in London erschienenen und reich illustrierten Buch unter dem Titel „Tuba stentoro-phonica, an instrument of excellent use, as well at sea as at land“. Dies bewog den deutschen Universalgelehrten und Jesuitenprovinzial Athanasius Kircher, der u. a. auch eine eigene Rechenmaschine entworfen hat, seinerseits dazu, selbst Anspruch auf die Erfindung einer derartigen „Sprechtrompete“ zu erheben. In seinem Werk „Phonurgia Nova“ (1673) setzte sich Kircher tatsächlich erstmals systematisch mit dem Schall und anderen Phänomenen der Akustik auseinander.

Morland beschäftigte sich daneben mit der Entwicklung einer Dampfmaschine, mit deren Hilfe er Pumpen antreiben wollte, und versuchte darüber hinaus Schießpulver als Antriebskraft für Raketen einzusetzen. Studien über militärische Befestigungen, verbesserte Ankervorrichtungen für Schiffe und Kanonenlafetten beschäftigten ebenfalls sein Interesse. Ein besonderes Geschick bewies er bei der Lösung hydraulischer Probleme, die im Zeitalter des höfischen Absolutismus vor allem für fürstliche Vergnügungen und Machtdemonstrationen herhalten mussten. So richtete er auf Schloss Windsor die Wasserspiele für den englischen König ein, indem er Wasser aus der Themse pumpte. Der Herrscher war so begeistert, dass Morland daraufhin zum *Master of Mechanicks* ernannt wurde. Er wurde schließlich 1681 durch den französischen König Ludwig XIV. zum Verantwortlichen für die Wasserspiele in Versailles bestellt, worauf er diesem ein in französischer Sprache geschriebenes Buch „Élévation des Eaux“ (1685) widmete. Da René Grillet, der ebenfalls an einer Rechenmaschine arbeitete, als Uhrmacher in Versailles angestellt war, ist es sehr wahrscheinlich, dass die beiden Erfinder von mechanischen Rechenmaschinen sich in Paris bei dieser Gelegenheit kennen gelernt haben.

Grillet hatte im Jahre 1678 eine aus Holz und Karton bestehende mechanische Rechenmaschine konstruiert, die einerseits auf dem Prinzip der Napierschen Rechenstäbe beruhte, wobei die Zahlen auf neun Rollen notiert waren. Die Maschine mit den Ausmaßen 6,50 × 14,50 × 3,30 cm übernahm andererseits auch einige Elemente der Pascaline, denn die obere Sektion wies darüber hinaus weitere 27 Einstellscheiben auf. Die Maschine, die heute in Paris im Musée des Arts et Métiers ausgestellt ist, erlaubte die Addition von bis zu achtstelligen Zahlen.

Am 30. Dezember 1695 starb Samuel Morland in Hammersmith, Middlesex, im Alter von 70 Jahren. Morlands Nachkommen wandten sich eher künstlerischen Berufen zu: zwei von ihnen gelten als bedeutende englische Maler des 18. Jahrhunderts.

Rechenmaschine von Réne Grillet, 1678.
Foto: I. Matis.

Morland baute seine beiden Maschinen für arithmetische Berechungen bereits um die Mitte der 1660er Jahre, veröffentlichte darüber aber erst 1673 eine Publikation: „The Description and Use of Two Arithmetic Instruments". Seine Additionsmaschine besteht aus einer einfachen Anordnung von Rädern, die mit kleinen Stiften bewegt werden, die man in dafür vorgesehene Löcher stecken und dann im Uhrzeigersinn drehen kann. Das Resultat jeder Rechenoperation kann man in einem kleinen Fenster oberhalb ablesen. Es gibt keinen Übertragmechanismus, sondern eine kleine Wählscheibe wird jedes Mal, wenn das Hauptrad von neun auf null geht, mit einem kleinen Stift um eine Stelle weitergerückt. Am Ende der Addition zeigen diese kleinen Hilfsräder an, wie viele Umdrehungen man an das nächstfolgende Hauptrad händisch weiter eingeben muss. Morland legte die unteren Scheiben für Währungsberechnungen im Nichtdezimalsystem aus und erhoffte sich damit einen Profit bei Kaufleuten, weshalb er die Maschine auch in der „London Gazette" vom 16. April 1668 bewarb. Dennoch wurden nur wenige Maschinen verkauft. In einem zweiten Konstruktionsentwurf für eine Additionsmaschine, der aber nicht zur Umsetzung kam, versucht er auch das Problem des Übertragmechanismus besser zu lösen.

Seine zweite Maschine ist als Multiplikations- und Divisionshilfe ausgelegt und basiert auf dem Prinzip der Napierschen Rechenstäbchen, die hier auf insgesamt 30 auf Vorder- und Rückseite beschrifteten Messingscheibchen notiert sind und immer wieder umgesteckt werden müssen. Auf der Oberseite der Scheibe sind ober- und unterhalb der Achse zwei größer geschriebene Ziffern notiert. Die obere repräsentiert den aktuellen Multiplikanden, die untere ist bloß ein Hinweis darauf, welche Ziffer auf der Kehrseite den Multiplikanden darstellt. Am Rand der Scheibe sind die Napierschen Rechenstäbchen so notiert, dass die Produkte (in der Napierschen Notierung z. B. der Zahl 3: 0/3, 0/6, 0/9, 1/2, 1/5 ... usw.) jeweils diagonal abgelesen werden können. Die Ziffernscheiben werden dann auf den unteren halbmondförmigen Nocken aufgesetzt und der Mechanismus mit Hilfe des rechts unten befindlichen Schlüssels solange gedreht, bis der über dem Schlüssel befindliche Zeiger auf der Skala jene Stellung erreicht, die den Multiplikator repräsentiert. Gleichzeitig wird das im Gehäuse befindliche Rechenwerk weiter bewegt. In den darunter liegenden Fenstern kann dann das Ergebnis abgelesen werden, indem man in jedem Fenster die beiden angezeigten Zahlen einfach addiert und entweder niederschreibt oder in die Additionsmaschine eingibt.

In Verbindung mit der oben beschriebenen Additionsmaschine kann Morland somit alle vier Grundrechenarten durchführen. Darüber hinaus erlauben es weitere fünf spezielle Scheiben, auch Quadrat- und Kubikwurzeln zu ziehen. Das Problem liegt auch bei Morlands Maschine eher in der mechanischen Umsetzung seiner Idee als bei der geistigen Konzeption. Je ein Exemplar seiner beiden Maschinen schickte Morland an den toskanischen Herzog Cosimo III. aus dem Hause Medici, und diese sind heute in Florenz im Istituto e Museo di Storia della Scienza zu sehen (siehe Farbteil, S. 194).

Im selben Jahr als Morland seine beiden Rechenmaschinen der Öffentlichkeit vorstellte, präsentierte allerdings auch Gottfried Wilhelm Leibniz seinen zukunftsweisenden Entwurf einer Rechenmaschine vor der Royal Society in London. Es war dies eine Maschine, die von der Konzeption her weitaus anspruchsvoller und als Vierspeziesmaschine ausgelegt war; durch die Erfindung der Staffelwalze wurde damit auch das leidige Problem des Zehnerübertrags elegant gelöst.

Ausgewählte Literatur

H. W. **Dickinson,** Sir Samuel Morland: Diplomat and Inventor, 1625–1695 (Cambridge, 1976).

J. O. **Halliwell,** A Brief Account of the Life, Writings and Inventions of Sir Samuel Morland, (Cambridge, 1838).

M. **Hunter,** The Royal Society and its Fellows, 1660–1700. The Monopoly of an Early Scientific Institution (London, 1982) 9.

M. R. **Williams,** A History of Computing Technology, 4. Aufl. (Los Alamitos, Washington, Brüssel, Tokio, 2000) 136–142.

Die Rechenmaschine von Leibniz, 1673

Leibniz galt als ein „Universalgenie“. Er vereinigte nicht nur das Wissen seiner Zeit in sich, sondern bereicherte dieses auch in vielfältiger Weise. Seine bahnbrechenden Gedanken hielt er in Deutsch, Latein und Französisch auf über 70.000 losen, eng und nahezu unleserlich bekritzelten Zetteln fest, die er in verschiedenen Schubladen aufbewahrte. Er breitete darin ein so umfassendes Wissen aus, dass Experten noch heute damit beschäftigt sind, die gigantische Sammlung von Aufzeichnungen nach wissenschaftlichen Grundsätzen zu editieren. Der letzte Band der siebzigbändigen Gesamtausgabe seiner Werke soll erst im Jahr 2050 erscheinen.

Der in Leipzig geborene Gelehrte war nicht nur ein Polyhistor im Bereich der Geisteswissenschaften – Philosoph, Jurist, Historiker, Sprachwissenschaftler und Theologe, alles in einer Person –, sondern auch ein begabter Mathematiker, Physiker und Geologe. Er lieferte zu all diesen Disziplinen wichtige Beiträge und fand darüber hinaus noch Zeit, diplomatische Aufgaben für seinen Landesfürsten zu übernehmen. Er entwickelte Projekte zur Gründung von wissenschaftlichen Akademien im Heiligen Römischen Reich und in Russland nach dem Vorbild der Royal Society und der Académie française, deren korrespondierendes Mitglied er jeweils war. Unter anderem versuchte er, Prinz Eugen von Savoyen, der nicht nur ein bekannter Feldherr in den Türkenkriegen, sondern auch ein Förderer der Wissenschaften war, die Einrichtung einer kaiserlichen Akademie der Wissenschaften in Wien nahe zu bringen. Er korrespondierte mit den bedeutendsten Naturwissenschaftlern und Gelehrten seiner Zeit. Darunter befanden sich u. a. der Ökonom Philipp Wilhelm von Hörnigk, die Mathematiker Johann und Jakob Bernoulli, Antoine

Gottfried Wilhelm Leibniz, 1646–1716.
Stich von Étienne Ficquet. Bildarchiv der Österreichischen Nationalbibliothek, Wien.

Arnauld und Nicolas Malebranche sowie die Physiker Sir Isaac Newton, Christiaan Huygens, Robert Hooke, Robert Boyle und der Astronom und Architekt Sir Christopher Wren, der Erbauer der Londoner St.-Pauls-Kathedrale und des Observatoriums in Greenwich. Als Mathematiker entwickelte Leibniz rund 200 Jahre vor George Boole die Grundlagen der binären Arithmetik, auf der die heutige Informatik aufbaut, und parallel zu Newton auch diejenigen der Infinitesimalrechnung. Als Philosoph beschäftigte er sich vor allem mit Problemen der formalen Logik und Erkenntnistheorie. In unserem Zusammenhang ist auf seine Bedeutung für die Entwicklung der mechanischen Rechenmaschinen hinzuweisen.

Gottfried Wilhelm Leibniz wurde am 1. Juli 1646 in Leipzig als Sohn eines königlich-sächsischen Professors der Moralphilosophie geboren. Sein Vater, Friedrich Leibniz, starb allerdings bereits, als sein Sohn erst sechs Jahre alt war. Die Hauptlast der Erziehung ruhte somit auf der Mutter, Katharina Schmuck. Sie war die dritte Frau des Leipziger Gelehrten und Tochter eines Rechtsanwalts und lebte in streng protestantischen ethischen und religiösen Vorstellungen. Diese Haltung vermittelte sie auch ihrem Sohn, was Zeit seines Lebens auf ihn Einfluss ausüben sollte. Im Alter von sieben Jahren trat Leibniz in die Leipziger Nikolai-Schule ein; neben Latein erlernte er, dem auch die reichhaltige Bibliothek seines Vaters zur Verfügung stand, selbständig Altgriechisch und setzte sich bereits als Zwölfjähriger kritisch mit der Aristotelischen Logik auseinander. Die Kritik am großen Stagyriten, dessen Werk die Wissenschaftsgeschichte über Jahrhunderte so nachhaltig beeinflusst hatte, motivierte ihn dazu, sich selbst mit philosophischen Fragen zu beschäftigen. Dabei setzte er sich vor allem mit der Logik auseinander, die er auf strenge mathematische Sätze reduzieren wollte. Daneben galt sein Interesse der Metaphysik, wozu er die Schriften protestantischer und katholischer Theologen rezipierte, was ihn später dazu führte, für eine Wiederzusammenführung der beiden christlichen Religionen einzutreten.

Bereits mit 14 Jahren – was aber zu seiner Zeit nichts Außergewöhnliches war – immatrikulierte er an der Leipziger Universität, um Mathematik und Philosophie zu studieren. Entsprechend dem damaligen *Studium generale* belegte er auch Rhetorik, die alten Sprachen und Hebräisch. 1663 erwarb er aufgrund seiner Prüfungsarbeit „De Principio Individui“, in der er bereits manche Überlegungen seiner späteren Monadenlehre vorwegnahm, das Bakkalaureat der Philosophie. Er übersiedelte nach Jena, wo er bei Erhard Weigel Mathematik und Philosophie belegte; dieser machte Leibniz mit den Methoden strenger mathematischer Beweisführung vertraut, die er auch auf Probleme der Logik anwandte. Leibniz setzte seine Studien in Leipzig fort und erwarb den Magister der Philosophie mit einer Arbeit, die philosophische und rechtswissenschaftliche Problemstellungen mit mathematischen Aspekten verknüpfte. 1666 publizierte er sein Werk „Dissertatio de arte combinatoria“, in dem er jede Art der Erkenntnis auf eine Kombination verschiedener Basiselemente (etwa Zahlen, Buchstaben, Töne, Farben und Wörter) – heute würden wir sagen, auf semiotische „Zeichen“ – zurückführte. Leibniz trug somit entscheidend zu Entwicklung der Informations- und Zeichentheorie bei.

Nachdem ihm die Universität Leipzig verschiedene formale Schwierigkeiten wegen seiner Promotion in den Weg legte, ging Leibniz, dem damals bereits der Ruf vorauseilte, ein außergewöhnliches Talent zu sein, an die Universität Altdorf bei Nürnberg, wo er

1667 das Doktorat der Rechte unter Vorlage einer juridischen Dissertation mit dem Titel „De Casibus Perplexis“ erwarb. Eine in Aussicht gestellte Berufung nach Altdorf schlug er zugunsten einer Beschäftigung als Sekretär bei der Nürnberger Alchemistischen Gesellschaft und einer Anstellung bei dem ihm fortan in Freundschaft verbundenen Freiherrn Johann Christian von Boyneburg aus. Letzterer war Berater und erster Minister des Mainzer Kurfürsten und Kardinalerzbischofs Graf Johann Philipp von Schönborn (1605–1673). Dieser katholische Kirchenfürst, wie Boyneburg ein protestantischer Konvertit, war einer der herausragenden Politiker seiner Zeit, der für Kaiser Leopold I. und den in Regensburg in Permanenz tagenden Reichstag immer wieder diplomatische Aufgaben übernahm.

In den folgenden Jahren, in denen Leibniz sich hauptsächlich in Frankfurt am Main aufhielt, wenngleich er daneben immer wieder größere Reisen absolvierte, beschäftigten ihn verschiedene wissenschaftliche Projekte. Auch betätigte er sich als Jurist im Auftrag des Mainzer Kurfürsten, für den er an einer Neufassung des Römischen Zivilrechtskodex arbeitete. Er war ein „Fürstendiener“ im besten Sinn und seinem Landesfürsten loyal ergeben. Daneben betrieb er physikalische Bewegungsstudien, legte Pläne für die Gründung wissenschaftlicher Akademien in Berlin, Dresden, Wien und St. Petersburg vor und publizierte 1671 seine „Hypothesis Physica Nova“, in der er seine bisherigen physikalischen Studien zusammenfasste. Andere physikalische Arbeiten widmeten sich den Grundgesetzen der Mechanik.

Zugleich begann er mit der Entwicklung einer Rechenmaschine, mit der er die Gunst des *Roi Soleil* zu gewinnen hoffte. Denn 1672 befand er sich gemeinsam mit Boyneburg in einer allerdings vergeblichen diplomatischen Mission des Mainzer Kurfürsten in Paris, um den französischen König von seiner „Reunionspolitik“ und seiner gegen das Heilige Römische Reich gerichteten Bündnispolitik mit der Hohen Pforte abzubringen. Er schlug dem französischen König stattdessen eine Art Kreuzzug nach Ägypten vor, fand jedoch nicht das geneigte Ohr des Monarchen. In Paris traf Leibniz mit führenden Gelehrten, Mathematikern und Philosophen zusammen. Als er im folgenden Jahr in ähnlicher Mission nach England reiste, konnte er 1673 seine damals noch unfertige Rechenmaschine vor der britischen Royal Society demonstrieren, ohne jedoch deren Mitglieder von der Nützlichkeit seiner Erfindung zu überzeugen. Immerhin wurde er 1673 zum Fellow dieser hochgeachteten wissenschaftlichen Gesellschaft gewählt, die damals die führenden Naturwissenschaftler der Zeit zu ihren Mitgliedern zählte.

Im Jahre 1674 nach Paris zurückgekehrt, beschäftigte sich Leibniz u. a. mit der Entwicklung der Infinitesimal- und Differentialrechnung. 1675 wandte er zum ersten Mal die bekannte Notation für das Integral $\int f(x)dx$ an und gab die Produktregel für die Differenzierung an. Im Herbst 1676 entwickelte er die Formel für die Differenzierung von Potenzen $d(x^n) = nx^{n-1}dx$. Leibniz fand in den nächsten Jahren Lösungen für eine Reihe weiterer mathematischer Probleme. 1676 übersiedelte er nach Hannover; und drei Jahre später formulierte er die Gesetze der binären Arithmetik – wie gesagt fast 200 Jahre bevor George Boole 1847 seine Gedanken zur formalen Logik, insbesondere zur binären Logik und Arithmetik, niederlegte.

In dieser Zeit veröffentlichte Leibniz viele wichtige mathematische Schriften, darunter „Nova Methodus pro Maximis et Minimis, itemque Tangentibus" (1686). Da Newton unabhängig von Leibniz gleichzeitig die Infinitesimalrechnung entwickelt hatte, entspann sich in der Folge eine wissenschaftliche Kontroverse, die Leibniz erst durch eine an Newton gesandte detaillierte Beschreibung seiner Kalkulationen beenden konnte. Ein anderer wichtiger Beitrag zur Mathematik war, wie erwähnt, seine Entwicklung des binären Systems der Arithmetik, die er zwar schon 1679 ausgearbeitet, aber erst 1701 im „Essay d'une nouvelle science des nombres" anlässlich seiner Wahl in die Pariser Akademie veröffentlicht hat. Im Zusammenhang mit seinen Forschungen zur Lösung linearer Gleichungen arbeitete er auch über Determinanten, ohne dass diese Studien zu seinen Lebzeiten zur Veröffentlichung gelangten.

Seit 1676 stand Leibniz im Dienste des Herzogs von Hannover-Braunschweig-Lüneburg, für den er verschiedenste Aufgaben übernahm. Dazu zählten etwa Verbesserungen von Bergbautechnik, Uhren, Pumpen, Lampen, hydraulischen Pressen usw., aber auch diplomatische Missionen. Geologische Forschungen im Harzgebirge führten ihn u. a. zu der damals neuen Ansicht, die Erde sei einst ein feuriger Ball gewesen. Im Auftrag des Herzogs verfasste er eine historische Abhandlung über das Welfen-Geschlecht, aus dem der

Mechanische Rechenmaschine von G. W. Leibniz, 1673–1694.
Abbildung aus dem 19. Jahrhundert.

Herzog stammte, für die er ausgedehnte Archivstudien betrieb. 1691 wurde er daraufhin zum Bibliothekar in Wolfenbüttel bestellt, was ihm einen bescheidenen Lebensunterhalt sicherte. Es folgten umfangreichere philosophische Beiträge, darunter die „Meditationes de Cognitione“, und „Veritate et Ideis“ sowie der „Discours de métaphysique“. Im Jahre 1710 publizierte er seine „Théodicée“, ein philosophisches Werk, in dem er sich mit dem widersprüchlichen Problem des Bösen in einer aus Gottes Vollkommenheit geschaffenen Welt auseinander setzte. 1714 folgte sein philosophisches Hauptwerk, die „Monadologia“, die vor allem erkenntnistheoretische Probleme behandelt. Am 14. November 1716 starb Leibniz in Hannover.

Die Idee zu seiner Rechenmaschine – der ersten, die im Prinzip alle vier Grundrechnungsarten auf direktem Wege beherrschte – dürfte Anfang der 1670er Jahre entstanden sein. Nachdem Leibniz seinen auf acht Stellen ausgelegten mechanischen Rechner erstmals 1673 vor der Royal Society vorgestellt hatte, verbesserte er ihn in den folgenden 20 Jahren laufend weiter, wofür er auch viel Geld investierte. Einwandfrei funktioniert hat das Gerät zu seinen Lebzeiten wohl nie, und er arbeitete bis fast an sein Lebensende an seiner Perfektionierung. Im Jahre 1694 vollendete Leibniz die Konstruktion: Die beiden wesentlichen Elemente des Rechners sind das unbewegliche zwölfstellige Zähl- bzw. Resultatwerk *(pars immobilis)* und das bewegliche achtstellige Einstellwerk *(pars mobilis)*, das über acht Einstellräder bedient wird und über eine Handkurbel nach rechts und links verschoben werden kann. Hinzu kommt am Einstellwerk noch ein größeres Rad, das bei der Multiplikation als Umdrehungszähler und bei der Division als Quotientenanzeiger dient. Der Antrieb für die Rechenmaschine erfolgt über das Haupttriebrad *(magna rota),* das mittels einer Kurbel bedient wird.

Wichtigstes und innovatives Bauelement ist die so genannte Staffelwalze, eine in der Länge abgestufte gezahnte Walze mit neun achsenparallelen Zähnen, die in ein feststehendes gezahntes Zählrad eingreift und dieses je nach der eingestellten Ziffer um entsprechend viele Zähne weiterdreht. Dabei wird die Staffelwalze über Zahnräder und Zahnstangen in ihrer Achsenrichtung mit Zahnstangen derart verschoben, dass bei der Ziffer Eins nur der längste achsenparallele Zahn in das Zählrad eingreift, bei der Ziffer Zwei zwei Zähne usw., bei der Ziffer Neun hingegen sämtliche Zähne, vom längsten bis zum kürzesten Zahn mitwirken. Mit Hilfe der Staffelwalze und des verstellbaren Schlittens ist es möglich, eine mehrfache stellenrichtige Addition auszuführen. Für jede Stelle im Einstellwerk gibt es eine solche Staffelwalze. Es ist von dieser Konstruktion her verständlich, dass vor allem der automatische Zehnerübertrag große Schwierigkeiten bereitete. Die Staffelwalzenmaschine ist eine echte Rechenmaschine, die vom Prinzip her alle vier Grundrechenarten auf acht Stellen beherrscht.

Die Maschine, die mehr als 100 Jahre später durch Jakob Leupold in seiner Schrift „Theatrum arithmetico-geometrico" (1724–1727) im zehnten Kapitel: „Figur und kurtze Beschreibung der curieusen Rechen-Machine des Herrn von Leibnitz" auch einer größeren Öffentlichkeit vorgestellt wurde, war ohne Zweifel richtig konzipiert. Ihr Erfinder scheiterte nicht zuletzt daran, dass zu seiner Zeit noch nicht die nötigen feinmechanischen Möglichkeiten gegeben waren, um sämtliche Teile in der nötigen Präzision innerhalb der notwendigen engen Toleranzen anfertigen zu können. Der Zehnerübertrag über mehrere Stellen war das größte Problem. Erst 1894, rund 200 Jahre später, gelang es, eines der wenigen erhaltenen Originale zur einwandfreien Funktion zu bringen. Daneben entwickelte Leibniz als Alternative zur Staffelwalze auch das Sprossenrad, das bis in die 1950er Jahre in vielen mechanischen Rechenmaschinen Anwendung finden sollte. Das Original seiner Rechenmaschine wurde 1879 in einem Magazin auf dem Dachboden der Universität

Göttingen wiederaufgefunden. Es ist heute im Landesmuseum in Hannover aufgestellt, verschiedene Nachbauten stehen u. a. im Deutschen Museum in München (siehe Abbildung, S. 194), im Nixdorf-Museum in Paderborn sowie im IBM-Computermuseum.

Leibniz war auch der erste, der sich um eine Umsetzung des von ihm eingeführten binären Zahlensystems bemühte. In seinem Manuskript „Machina arithmetica dyadicae“ skizzierte er bereits eine Maschine, die anstelle der Dezimalzahlen das Dualzahlensystem mit null und eins verwendet. Am Einstellwerk können entsprechend seinem Konzept Dualzahlen eingestellt werden, die dann mit einer Handkurbel auf das Resultatwerk übertragen werden, wobei jeweils bei der Ziffer Eins eine Nocke greift und das Resultatwerk um eine Stelle weiterdreht. Diese einfach Übertragung mittels einer Nocke ersetzte die Staffelwalze in der Dezimalmaschine. Obwohl die „Dualmaschine“ nicht ausgeführt wurde und die Zeit wohl auch noch nicht reif dafür war, gilt Leibniz schon wegen des von ihm entwickelten Binärzahlensystems zurecht als einer der Ahnherren der modernen Informatik.

Ausgewählte Literatur und Links

E. J. **Aiton,** Leibniz: A biography (Bristol, Boston, 1984).

D. **Bertoloni Meli,** Equivalence and priority: Newton versus Leibniz (New York, 1993).

A. D. **Broad** and C. **Lewy,** Leibniz: An Introduction (1975).

G. **Castelnuovo,** Le origini del calcolo infinitesimale nell'era moderna, con scritti di Newton, Leibniz, Torricelli (Mailand, 1962).

M. **Dascal,** Leibniz: Language, signs and thought (Amsterdam, 1987).

F. **Duchesneau,** La dynamique de Leibniz, Mathesis (Paris, 1994).

J. P. **Flad,** Les trois premières machines à calculer: Schickard (1623), Pascal (1642), Leibniz (1673) (Paris, 1963).

R. **Hall,** Philosophers at war: The quarrel between Newton and Leibniz (Cambridge, 1980).

H. **Hecht,** Gottfried Wilhelm Leibniz: Mathematik und Naturwissenschaften im Paradigma der Metaphysik, in: Teubner-Archiv zur Mathematik (Stuttgart, 1992).

J. E. **Hofmann,** Leibniz in Paris, 1672–1676 (Cambridge, 1974).

K. **Hübner,** Leibniz (München, 1951).

H. **Ishiguro,** Leibniz's philosophy of logic and language (Cambridge, 1990).

J. T. **Mertz,** Leibniz (1948).

K. **Müller** und S. **Krönert** (Hrsg.), Leben und Werk von Gottfried Wilhelm Leibniz: Eine Chronik (Frankfurt a. M., 1969).

G. M. **Ross,** Leibniz (Oxford, 1984).
Rutherford, Leibniz and the rational order of nature (Cambridge, 1995).
Swoyer, Leibniz's Calculus of Real Addition, in: Studia Leibnitiana XXVI/1 (1994) 1–30.
R. S. **Woolhouse** (Ed.), Leibniz: metaphysics and philosophy of science (London, 1981).

http://www.uni-greifswald.de/fakul/mathematics/RTS/node8a.html
http://www.idv.uni-linz.ac.at/bueroaut/rech/ftechn.htm

Die Rechenmaschinen von Giovanni Poleni, Anton Braun und Philipp Matthäus Hahn, 1709–1778

In den folgenden Jahrzehnten gab es eine ganze Reihe von weiteren Entwicklungen bei der Mechanisierung des Rechnens. Ein ganz neuer Grundtyp beruht etwa auf dem so genannten „Sprossenrad". Ein Sprossenrad ist ein Zahnrad mit beweglichen Zähnen, die sich durch Verdrehen einer Kurvenscheibe im Inneren mit einer Nocke herausschieben lassen. Je nach Hebelstellung sind also zwischen null und neun Zähne im Eingriff mit dem Zählrad, die dieses um entsprechend viele Stufen weiterdrehen. Wird beispielsweise mit der Kurvenscheibe die Ziffer Sieben eingestellt, so schieben sich sieben Zähne nach außen, greifen in das normale Zählrad des mechanischen Getriebes ein und drehen es um sieben Stufen weiter.

Bereits Leibniz hatte Vorarbeiten für eine solche technische Lösung geleistet. Das Sprossenrad nimmt zwar weniger Platz ein als die verschiebbare Staffelwalze, vom Prinzip her ist es aber bloß eine Weiterentwicklung der Leibnizschen Erfindung.

Der erste, der eine solche Sprossenradmaschine gebaut haben soll, war der italienische Marchese Giovanni Poleni, ein Professor für Astronomie und Mathematik an der altehrwürdigen Universität Padua. Er veröffentlichte in seinen unter dem etwas umständlichen Titel „Miscellanea, hoc est I° Dissertatio de Barometris, & Thermometris, II° Machinae Aritmeticae, eiusque usus Descriptio, III° De Sectionibus Conicis Parallelorum in Horologiis Solaribus Tractatus" in Venedig 1709 herausgegebenen vermischten Schriften neben detaillierten Beschreibungen von Barometern, Thermometern und nautischen Instrumenten auch die Darstellung einer Rechenmaschine. Diese ist zum Großteil aus Holz gefertigt, lediglich die beweglichen Teile bestehen aus Messing und Stahl. Poleni konnte das

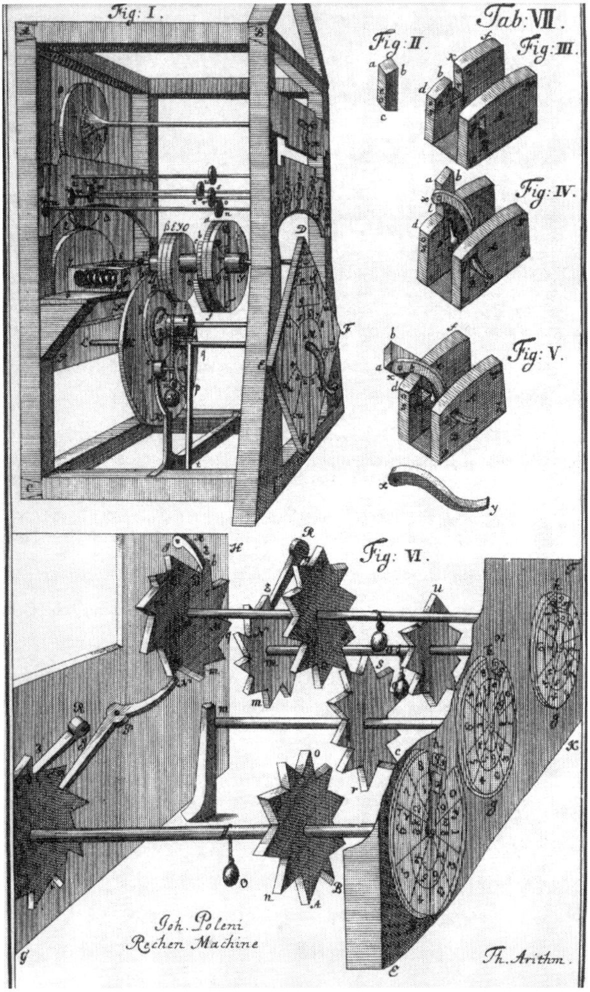

POLENIS „RECHENUHR".
Nach: Jacob Leupold, Theatrum arithmetico-geometricum, Leipzig 1727, Kapitel 9: Rechen-Machine Johannis Poleni.

Toleranzproblem wegen seiner geringen feinmechanischen Kenntnisse nicht befriedigend lösen. Als Poleni erfuhr, dass der Hofuhrmacher Anton Braun in Wien eine funktionierende Sprossenradmaschine gebaut habe, vernichtete er außerdem eigenhändig seinen Rechenautomaten. Damit blieb sein Buch samt den Konstruktionsskizzen der einzige Hinweis darauf. Immerhin konnte IBM Italia aufgrund dieser Unterlagen einen funktionierenden Nachbau herstellen lassen, der im Technischen Museum in Mailand ausgestellt ist; der Sockel der wie ein Uhrkasten wirkenden Rechenmaschine ist mit einem Bild des Erfinders geschmückt.

Auf den 1727 veröffentlichten Entwurf einer Sprossenradmaschine von Anton Braun (1685–1728) wurde bereits hingewiesen. Braun war ein aus Möhringen in Schwaben stammender Uhrmacher, Optiker und Mechaniker. Er war am kaiserlichen Hof in Wien beschäftigt und widmete die Maschine auch seinem habsburgischen Dienstgeber Kaiser Karl VI. Er wies u. a. darauf hin, es handle sich dabei um eine „Arithmetische Maschine, mittels der die Addition, die Subtraktion, die Multiplikation und die Division auch von ungelernten Rechnern mit Leichtigkeit ausgeführt wird“. Seine Vierspezies-Rechenmaschine hat die Form einer runden, seitlich offenen Dose, gleicht damit äußerlich eher der Maschine von Hahn, ist aber nicht als Staffelwalzen-, sondern als Sprossenradmaschine ausgelegt (siehe Farbteil, S. 195). Sie war in erster Linie als Hilfe für Berechnungen bei der Landvermessung gedacht, die im Zuge der durch den Herrscher angeordneten Landesaufnahmen durchgeführt wurden. Eine ähnliche Maschine konstruierte im selben Jahr 1727 der deutsche Mechaniker Jakob Leupold.

Sprossenräder wurden dann im 19. Jahrhundert von Baldwin und Odhner in ihren industriell hergestellten Rechenmaschinen verwendet. Auch die später weit verbreitete Brunsviga-Rechenmaschine verwendete dieses Prinzip.

Eine dosenförmige Maschine, diesmal wieder auf dem Prinzip der Leibnizschen Staffelwalzen beruhend, wurde rund 40 Jahre später für die vier Grundrechenarten von dem evangelischen Pfarrer und genialen Feinmechaniker Philipp Matthäus Hahn (1739–1790) gebaut. Hahn, der als Begründer der württembergischen feinmechanischen Industrie gilt, war ein Hobbyastronom, der bei seinen schwierigen Berechnungen, wie er selbst sagte, „beinahe stumpf im Denken“ geworden war und deshalb den Bau einer Rechenmaschine ausführte. Hahns Konstruktion von 1769 ist eine voll funktionsfähige Staffelwalzenmaschine mit kreisförmiger Anordnung der Zählwerke um die zentrale Antriebskurbel. Rechen- und Resultatwerk sind auf elf Stellen ausgelegt. Die Produktion wurde ab 1792 von

Philipp Matthäus Hahn, 1739–1790.
Stich von Johann Christoph Nabholz, 1776.

Hahns Schwager Johann Christian Schuster in Uffenheim übernommen. Die Maschine war jedoch von der Bauweise her sehr aufwendig und kostete daher auch den für die damalige Zeit ungeheuren Betrag von rund 20.000 Gulden Konventionsmünze (siehe Farbteil, S. 196). Eine weitere auf dem Staffelwalzenprinzip beruhende dosenförmige Rechenmaschine stammt von Johann Heinrich Müller aus dem Jahre 1784 und wird heute im Hessischen Landesmuseum in Darmstadt aufbewahrt.

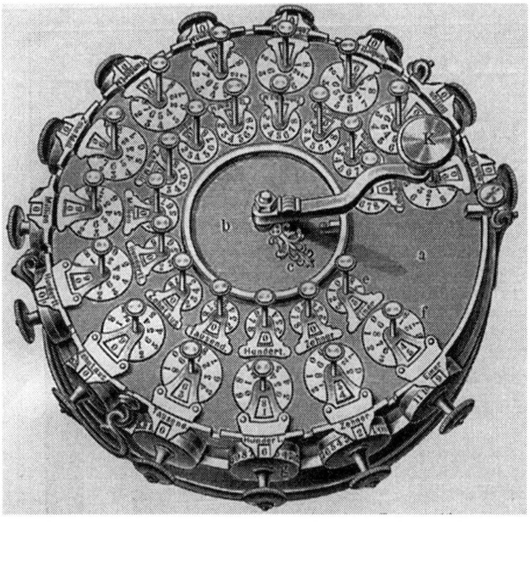

Rechenmaschine von Johann H. Müller, 1784.
Stich aus dem 19. Jahrhundert.

Der eigentliche Fortschritt bei den mechanischen Rechnern lag darin, dass es im Gefolge der Industrialisierung gelang, die feinmechanischen Kenntnisse zu perfektionieren, auch größere Stückzahlen zu erzeugen, damit das Produkt zu verbilligen und für einen größeren kommerziellen und wissenschaftlichen Einsatz tauglich zu machen. Dennoch waren Rechenmaschinen damals im Allgemeinen schon aufgrund der relativ hohen Anschaffungskosten lediglich Begüterten zugänglich.

Ausgewählte Literatur und Links

J. **Böddeker,** Die Entwicklung der Rechenmaschinen von 1700–1880, in: A. Brennecke, U. Hashagen, R. Keil-Slavik (Hrsg.): Seminarband: Geschichte des Computers (Paderborn, 1996) 138–172.

F. **Paulus,** Philipp Matthäus Hahn und die mechanische Rechenmaschine, in: Technikgeschichte 40/1, hrsg. v. VDI (München, 1973), 58–73.

H. **Janetschek,** Die Mechaniker- und Uhrmacherfamilie Braun und die Braunschen Rechenmaschinen, in: Blätter für Technikgeschichte 50 (Wien, 1988) 165–179.

E. P. **Vorndran,** Entwicklungsgeschichte des Computers, 2. Aufl. (Berlin, 1986) 50–56.

http://www.idv.uni-linz.ac.at/bueroaut/rech/ftechn.htm

2.4. Industriell gefertigte Rechenmaschinen, 1820–1940

Die Zukunft gehörte den industriell hergestellten Rechenmaschinen. Die in relativ großer Stückzahl bis in die 1960er Jahre in verschiedensten Versionen produzierten mechanischen Rechner erlebten ihre Blütezeit allerdings erst in der ersten Hälfte des 20. Jahrhunderts. Die ersten industriell hergestellten Rechner basierten noch auf dem Prinzip der Staffelwalze, während die späteren Rechner vor allem das Sprossenrad anwendeten. Durch die immense Verbesserung der feinmechanischen Grundlagen, die Produktion in größeren Serien und immer ausgereifteren Konstruktionen erreichten diese Maschinen nicht nur eine größere Rechengeschwindigkeit, sondern auch eine relativ dichte Verbreitung.

Aus der Vielzahl der Produkte können an dieser Stelle nur einige wenige herausragende Exemplare vorgestellt werden. Zwei unterschiedliche Technologien beherrschten den Markt – zum einen jene

Maschinen, die dem Vorbild des Colmarschen Arithmometer, zum anderen jene, die den durch Odhner vorgezeichneten Spuren folgten. Wobei sich letzteres Prinzip am längsten behaupten konnte. Als letzte mechanische Rechenmaschine und gewissermaßen als deren Höhepunkt wird schließlich die legendäre „Curta" des Österreichers Curt Herzstark vorgestellt; es war dies eine Staffelwalzenmaschine, die gewissermaßen den „Taschenrechner" des Mitte des 20. Jahrhunderts zu Ende gehenden „mechanischen Zeitalters" repräsentierte.

Der Arithmometer, 1820

In der Nachfolge von Pascal und Leibniz wurden im letzten Drittel des 18. und am Beginn des 19. Jahrhunderts verschiedene Maschinen gebaut. Man schätzt, dass bis in die 1820er Jahre rund 25 verschiedene derartige Prototypen angefertigt wurden, die dem Prinzip der älteren Additionsmaschinen folgten. Bereits die von Charles, dem dritten Earl of Stanhope, im Jahre 1775 nach dem Prinzip der Leibnizschen Staffelwalze konstruierte und auf acht Stellen ausgelegte Rechenmaschine hätte aufgrund ihrer simplen Grundkonstruktion alle Voraussetzungen für eine Massenproduktion gehabt. Der echte Schritt zur Massenproduktion, wie sie zeitlich parallel im Zuge der industriellen Revolution etwa in der Textil- und Eisenindustrie vollzogen wurde, erfolgte auf dem Sektor der Rechenmaschinen allerdings erst ab 1820. Diese Entwicklung ist eng mit dem Namen des Franzosen Charles Xavier Thomas de Colmar (1785–1870) verbunden.

Als Chef eines Pariser Versicherungsunternehmens war der aus dem Elsass stammende Colmar vor allem aus wirtschaftlichen Gründen an leistungsfähigeren Rechenmaschinen interessiert. Mit Hilfe der von ihm weiterentwickelten Maschine können zwei achtstellige Zahlen in bloß 18 Sekunden multipliziert, und eine sechzehnstellige Zahl durch eine achtstellige Zahl kann in bloß 24 Sekunden dividiert werden. Im Jahre 1820 erhielt Thomas de Colmar ein Patent auf seine Rechenmaschine. Es war dies der so genannte „Arithmometer", der (wie bei Leibniz) miteinander verbundene Staffelwalzen verwendete. Mittels Schubern wird die Eingabe der Zahlen zunächst bis auf fünf Stellen vorgenommen, und dann werden die Walzen

Charles Xavier Thomas de Colmar, 1785–1870.
Science Museum, London.

durch eine Kurbel gedreht; für Subtraktionen muss das Getriebe umgestellt werden. Die Maschine wurde laufend verbessert und vor allem Speicherkapazität und Rechengeschwindigkeit sukzessive erhöht. Man erweiterte das Einstellwerk bis auf acht Stellen, wobei das Resultatwerk immer die doppelte Stellenanzahl, in diesem Fall 16 Stellen, enthält.

Immerhin wurden über 18.000 Stück davon erzeugt; der Rechner war sehr robust und erfuhr zahlreiche Nachbauten. Derartige Arithmometer wurden über nahezu 100 Jahre in nur leicht modifizierter Form hergestellt; man kann daher vom ersten massenhaft gefertigten Rechner sprechen. Colmar gilt damit als der Pionier der industriellen Produktion von mechanischen Rechnern, seine Verdienste wurden u. a. in Frankreich durch die Verleihung der Insignien der Ehrenlegion und die Erhebung in den Adelsstand gewürdigt.

Vorgestellt wird – stellvertretend für eine ganze Reihe derartiger verbesserter Nachbauten – ein Arithmometer vom Typ Madas, ein Name, der für die Abkürzung der Rechenarten **M**ultiplikation, automatische **D**ivision, **A**ddition und **S**ubtraktion steht. Der dargestellte

Vierspeziesrechner wurde von der Schweizer Firma Hans W. Egli noch am Beginn des 20. Jahrhunderts produziert (siehe Farbteil, S. 197).

Die Odhner- und Baldwin-Rechenmaschinen, 1870er Jahre

Fast zeitgleich entwickelten in den 1870er Jahren der Amerikaner Frank Stephen Baldwin in Saint Louis und Willgodt T. Odhner, ein Russe mit schwedischer Abstammung, in St. Petersburg die nächste Generation von Rechenmaschinen. Die Sprossenradmaschinen wurden deshalb in Europa als Odhner-Maschinen und in den USA als Baldwin-Maschinen bezeichnet. Möglich war diese Entwicklung durch die mittlerweile ungeheuer verbesserten feinmechanischen Möglichkeiten und besseren Materialien.

Die beiden Maschinen verwenden variable Zahnradgetriebe. Die Zahlen werden direkt mittels kleinen Schubern eingegeben, welche über eine Nocke im Getriebe die zur entsprechenden Zahl gehörende Anzahl von Zähnen nach oben bewegen. Durch eine Kurbeldrehung um 360 Grad wird dann die Rechenoperation in Gang gesetzt und das Resultatwerk auf jeder einzelnen Stelle um so viel weitergedreht, als an dieser Stelle Zähne hervorstehen. Damit konnten die Maschinen wesentlich kleiner als bisher ausgeführt werden. Der Mechanismus erwies sich als äußerst robust und verdrängte bald die bis dahin führenden Arithmometer. Rechenmaschinen dieser Art wurden in verschiedensten Varianten vielfach verwendet und eigentlich erst durch die elektrischen Rechenmaschinen ab den 1960er Jahren ersetzt.

Odhner, der seinen Rechner seit 1886 weltweit vertrieb, starb 1905; sein Sohn setzte das Unternehmen fort, musste aber während der russischen Oktoberrevolution St. Petersburg verlassen. Er flüchtete 1917 nach Schweden und errichtete dort 1920 eine neue Fabrik. Die deutsche Firma Grimme-Natalis in Braunschweig hatte sich Ende der 1880er Jahre die Patentrechte für Deutschland gesichert und die Maschine in der Folge auch verbessert. Unter der Markenbezeichnung „Brunsviga“ wurde diese Rechenmaschine, die in mehreren Modellvarianten hergestellt wurde, ein Welterfolg. Baldwin hingegen, der 1875 ein Patent auf seine Maschine erhalten hatte, gründete in Philadelphia eine kleine Fabrik, ohne jedoch sonderlich

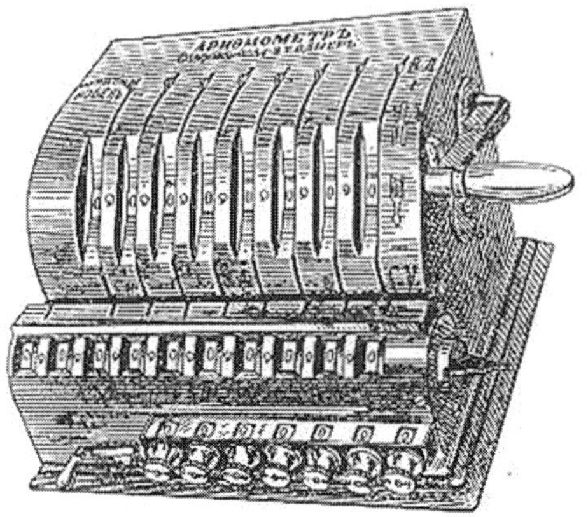

Рис. 3. Арифмометр В. Т. Однера, первого выпуска 1876 г.

Odhners Rechenmaschine, 1876.
Zeitgenössische Darstellung.

erfolgreich zu sein. Dies änderte sich erst 1912 mit dem Eintritt von Jay R. Monroe in die Firma, aus der dann die recht erfolgreiche Monroe Calculating Machine Company hervorgehen sollte.

Der Vergleich mit einem späteren Modell eines Odhner-Rechners aus dem Jahre 1922 zeigt, dass dieses im Prinzip gleich aufgebaut ist wie die Odhner-Maschine von 1874 oder die davon abgeleitete Brunsviga von 1894, die selbst noch in der zweiten Hälfte des 20. Jahrhunderts Verwendung fand (siehe Farbteil, S. 198).

Die größte Verbreitung erlebte der ab 1927 in Braunschweig erzeugte Typ Brunsviga 13 RK, eine mechanische Rechenmaschine

Brunsviga, 1894.
Zeitgenössische Darstellung.

Brunsviga 13 RK.
Rechnersammlung der Universität Linz.

mit zehn Stellen im Einstellwerk, acht Stellen im durch eine Kurbel angetriebenen Zählwerk und 13 Stellen im Resultatwerk. Die Maschine verfügte über Zehnerübertrag, Generallöschung und Rückübertragung. Die Rückübertragung war mit einer zwangsläufigen Löschung des Einstellwerkes und des Zählwerkes verbunden, so dass Fehler beim Fortgang der Rechenarbeiten unmöglich waren. Allein von ihr wurden bis in die 1950er Jahre rund 40.000 Stück erzeugt.

Eine seltsame Zwitterstellung nimmt die von dem Dresdner Mechaniker Otto Büttner 1888 entwickelte Vierspezies-Rechenmaschine ein, die eher ein Kuriosum darstellt. Sie verbindet nämlich die traditionelle Kastenform der Staffelwalzenmaschine mit der Technik des Baldwin-Odhnerschen Sprossenrades. Die Maschine funktionierte zwar recht gut, jedoch sollte es dem Erfinder nicht gelingen, sie in eine Serienproduktion zu bringen.

Ausgewählte Literatur und Links

J. von **Platen:** Die Brunsviga-Rechenmaschinen, in: Vermessungstechnische Rundschau, 1955.

http://home.t-online.de/home/Peter.Kernwein/

http://www.geo.tudelft.nl/mgp/people/gerold/gbaddiat.htm

http://home.t-online.de/home/jan.meyer/ende.htm
http://www.webcom.com/calc/
http://www.uni-greifswald.de/fakul/mathematics/RTS/node8a.html
http://www.idv.uni-linz.ac.at/bueroaut/rech/ftechn.htm
http://www.computer-museum.org

Der Comptometer, 1885

Eine weitere Erleichterung bei der Bedienung der Rechenmaschinen brachte die Einführung der (von den damals erstmals industriell hergestellten Schreibmaschinen her bekannten) Tastatur durch den Amerikaner Dorr Eugene Felt (1862–1930). Dieser gründete zur Verwertung seiner Erfindung eine Fabrik, in der die als „Comptometer" bekannten Rechenmaschinen, mit einem Drucker verbunden, in großen Stückzahlen bis in die 1950er Jahre industriell hergestellt wurden (siehe Farbteil, S. 197).

In der 1885 als Prototyp hergestellten und 1886 patentierten Maschine wird die Zahl mit einer Taste eingegeben und gleichzeitig unmittelbar in das Registerwerk aufaddiert. Der rechte Hebel an der Seite betätigt den Löschmechanismus und dient bloß zum Nullstellen. Damit kann die Rechengeschwindigkeit wesentlich erhöht werden. Die mechanischen Tischrechner haben mit dem Compto-

Burroughs Rechner, ca. 1890.
Zeitgenössischer Stich.

meter technisch mehr oder weniger ihren letzten Entwicklungsstand erreicht. Verbesserungen erfolgten nur insofern, als die Ergebnisse aus dem Resultatwerk nunmehr auch auf Papierrollen ausgedruckt und damit leichter auf Fehler kontrolliert werden konnten.

Dorr E. Felt gründete 1889 mit seinem Partner Robert Tarrant, einem Geschäftsmann aus Chicago, eine recht erfolgreiche Firma, deren Rechner gemeinsam mit denjenigen von Monroe und Burroughs den amerikanischen Markt dominierten. Sein Hauptkonkurrent, William S. Burroughs, ein Bankbeamter aus New York, kannte die Vorteile der mechanischen Rechner unmittelbar aus seinem Berufsleben und begründete 1887 gemeinsam mit drei finanzstarken Partnern in Saint Louis eine eigene Fabrik, die American Arithmometer Company, aus der nach ihrer Übersiedlung nach Detroit die mit 2500 Beschäftigten damals größte amerikanische Erzeugungsstätte für mechanische Rechner mit Schreibmaschinentastatur hervorgehen sollte. Von allen vor dem Ersten Weltkrieg gegründeten amerikanischen Firmen zu Herstellung mechanischer Rechenmaschinen schaffte allein Burroughs den Übergang ins Computerzeitalter (siehe Farbteil, S. 199).

Vollautomatische Rechner, ab 1913

Weitere Verbesserungen erlebten die mechanischen Rechenmaschinen durch die von Christian Hamann getätigte Erfindung des Proportionalhebels, bei dem die für den Zehnerübertrag wichtigen Zahnstangen in Form eines Parallelogramms angeordnet wurden, was den Übertrag wesentlich erleichterte. Im Jahre 1913 entstand nach diesem Prinzip mit der „Mercedes Euklid" der erste vollautomatische Rechner, der auf bloßen Tastendruck reagierte.

Statt die Multiplikation mit einer einstelligen Zahl durch mehrfache Addition zu bewerkstelligen, kam der Franzose Léon Bollée bereits 1888 auf die Idee, dies mit Hilfe eines „Multiplikationskörpers" in einer einzigen Operation zu erledigen. Der aus Le Mans stammende Bollée (1870–1933), der sich als vielseitiger Erfinder betätigte und u. a. ein Dreirad, ein Automobil und eine Flugmaschine konstruierte, ließ sich 1889 auch eine Rechenmaschine patentieren, die es unter Benützung eines von ihm konstruierten „Multiplikationskörpers" gestattete, Multiplikationen auf direktem

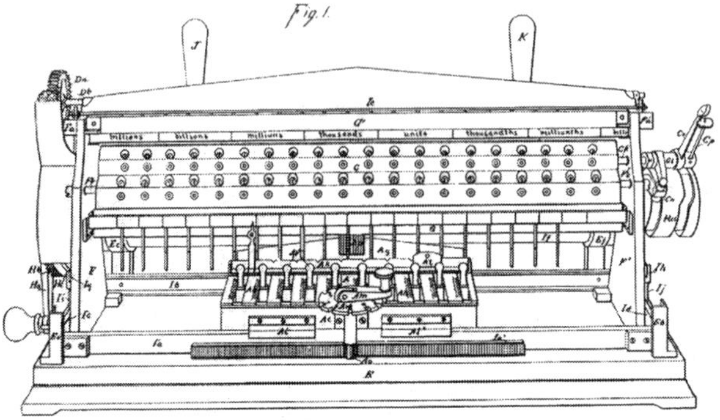

Bollée-Konstruktionszeichnung, 1888.
Aus der amerikanischen Patentschrift.

Wege auszuführen. Obwohl auf der Pariser Weltausstellung mit einer Goldmedaille ausgezeichnet, gelangte die Maschine niemals zur technischen Serienreife.

Der Schweizer Otto Steiger erhielt 1892 ein Patent auf einen in Metall gegossenen Multiplikationskörper für das kleine Einmaleins. Der Multiplikationskörper besteht aus neun mit Zungen versehenen Platten, wovon die erste die Produkte von 1 bis 9 × 1, die zweite die Produkte von 1 bis 9 × 2 usw. enthält, wodurch das gesamte Einmaleins mechanisch dargestellt werden konnte. Jedes der Produkte wird

Bollée-Rechenmaschine.
Foto. I. Matis.

durch zwei Zahnstangen ausgedrückt, wovon eine den Zehner- und die andere den Einerwert repräsentiert. Es war damit möglich, zwei Zahlen mittels einer einzigen Kurbeldrehung zu multiplizieren. Obwohl die Maschine rund 60 kg wiegt und für Divisionen eine Hilfstabelle benötigt, die im Deckel affichiert ist, wurden auf Basis dieses Patents durch die bereits im Zusammenhang mit dem Bau von Arithmometern erwähnte Firma Hans W. Egli in Zürich im Zeitraum 1899–1935 insgesamt 4.655 derartige Rechenmaschinen hergestellt und unter der Markenbezeichnung „Millionaire“ weltweit vertrieben (siehe Farbteil, S. 200).[30]

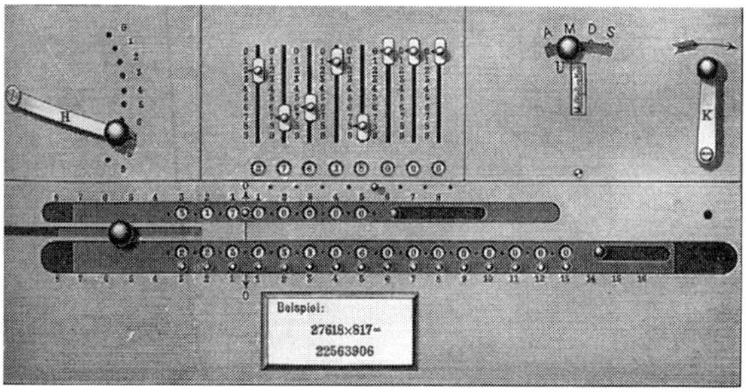

Millionaire, 1892.
Zeitgenössischer Stich.

Einfache industriell angefertigte Additionsmaschinen, ca. 1920

In der Tradition der Pascaline steht eine Reihe anderer Additionsrechner. Ihnen allen ist gemeinsam, dass sie pro Stelle über ein eigenes Eingabewerk verfügen, das über Stangen, Scheiben, Ketten etc. bedient wird. Das Aufaddieren erfolgt entweder in einem Zählwerk (z. B. beim „Comptator“ und bei der „Golden GEM“) oder wird über die Position der Einstellelemente direkt gespeichert (z. B. beim „Addometer“ und der „Arithma“). Der Zehnerübertrag wird meist automatisch und nur bei einigen Typen, wie z. B. der Arithma, halbautomatisch vorgenommen. Ein Beispiel dafür ist etwa die in den Vereinigten Staaten gebaute Serie der „Lightning“-Additions-

[30] Vier dieser heute bereits extrem seltenen Maschinen besitzt allein die Sammlung historischer wissenschaftlicher Instrumente am Cabot Science Center der Harvard-Universität; ein Exemplar befindet sich auch in der Rechnersammlung der Universität Linz.

Addometer, 1918.
Rechnersammlung der Universität Linz.

maschine; der dem Rechner beigegebene Metallstift dient zum händischen Weiterdrehen der Einstellscheiben.

Eine Weiterentwicklung der Pascaline, der „Addometer“, war ein ab 1918 gebauter Scheibenaddierer, bei dem mit einem Metallstift die Scheiben gedreht werden können, wodurch es möglich ist, durch Rechts- bzw. Linksdrehungen Additionen und Subtraktionen direkt durchzuführen. Über Zahnräder wird der Zehnerübertrag vorgenommen.

Der „Comptator“ war hingegen als Stangenaddierer konzipiert und wurde ab 1920 in Deutschland produziert. Ein Stift wird dabei in die entsprechende Kerbe der Stange eingesetzt und nach unten gezogen. Dabei wird der entsprechende Wert im Addierwerk hinzugefügt. Subtrahieren erfolgt mittels der Komplementmethode. Die entsprechenden Zahlen des Neuner-Komplements sind am Rand neben den Stangen notiert.

Arithma, ca. 1920.
Technisches Museum Wien.

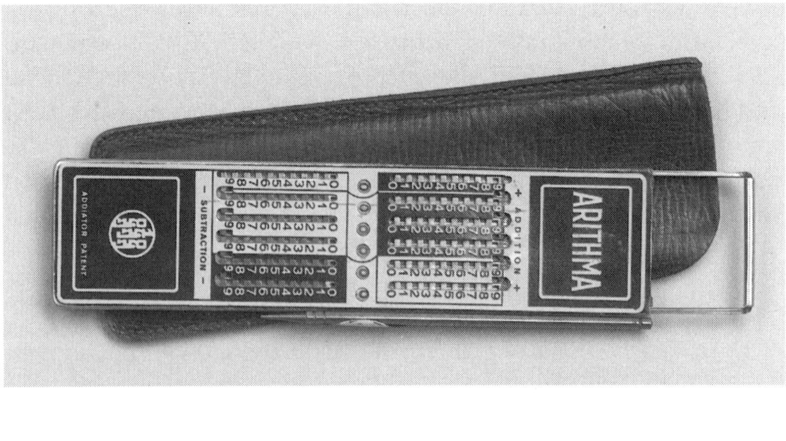

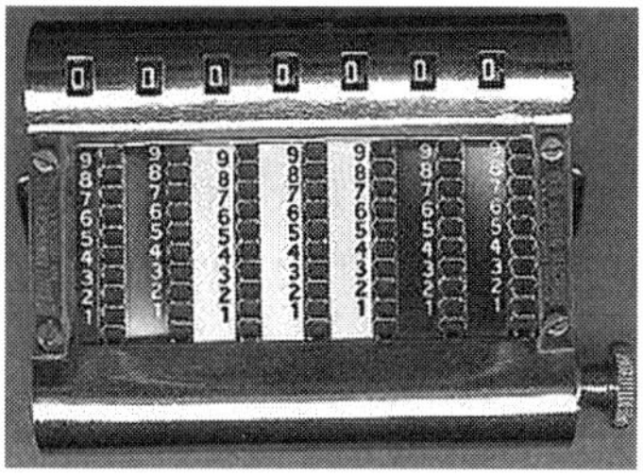

Golden GEM, ca. 1930.
Foto: H. Matis.

Die Golden GEM Adding Machine war eine in den USA produzierte und recht handliche Kettenaddiermaschine, die auf sieben Stellen ausgelegt war. Sie benützt Ketten als Übertragwerk, ist aber ansonst ähnlich konzipiert wie die Stangenaddiermaschine. Der Löschmechanismus zum Nullstellen befindet sich bei beiden Maschinen auf der rechten Seite.

Der „Addiator“ war hingegen ein einfacher Addierer aus Blech, wie er vom ausgehenden 19. Jahrhundert bis in die zweite Hälfte des 20. Jahrhunderts in großen Stückzahlen zu günstigen Preisen produziert wurde. Die Eingabefelder für Addieren und Subtrahieren sind entweder untereinander oder auf Vorder- und Rückseite angebracht. Der Zehnerübertrag muss mit einem Griffel von Hand aus vorgenommen werden. Derartige Rechner waren recht populär, denn sie waren billig und einfach zu bedienen. Zusammen mit dem Addiator wurde eine Rechentabelle geliefert, mit deren Hilfe große Zahlen in Einzelmultiplikationen zerlegt wurden; die Teilergebnisse wurden dann in der Maschine addiert.

Ausgewählte Literatur und Links

H. **Blohm,** S. **Beer** and D. **Suzuki,** Pebbles to Computers. The Thread (Toronto, 1986).

J. **Marguin**, Histoire des Instruments et Machines à Calculer (Paris, 1994).

http://www.uni-greifswald.de/fakul/mathematics/RTS

http://www.webcom.com/calc/main.html

Die Curta-Taschenrechenmaschine, 1942

Die „Curta", ein trommelförmiger mechanischer Taschenrechner mit 6 cm Durchmesser, war ein Wunderwerk der Technik und erfreut sich bis heute bei allen Sammlern von Rechengeräten zurecht einer ungeheuren Beliebtheit. Ihr Konstrukteur war der Österreicher Curt Herzstark (1902–1988). Bereits der Vater Samuel Jakob Herzstark (1867–1937) gründete 1905 in Wien eine Fabrik zur Erzeugung von mechanischen Rechenmaschinen und hatte mit dem Modell „Austria", das nach dem Staffelwalzenprinzip ausgelegt war, im rund 53 Millionen Einwohner zählenden Wirtschaftsgebiet der damaligen Habsburgermonarchie einigen Absatzerfolg aufzuweisen.

Der 1902 geborene Sohn, Curt Herzstark, absolvierte während des Ersten Weltkriegs eine Lehre als Feinmechaniker und Werkzeugmacher und besuchte anschließend die vierjährige Höhere Staatsgewerbeschule für Maschinenbau in Wien. Von 1925 bis zum Frühjahr 1943 war Herzstark im elterlichen Betrieb tätig. Die Konkurrenz auf dem Markt für Rechenmaschinen war groß, vor allem die amerikanischen Firmen Monroe, Marchent und Friden drängten mit ihren in großen Serien hergestellten Produkten auch auf den europäischen Markt, auf dem sich nur wenige europäische Firmen wie Odhner, Brunsviga, Rheinmetall und Mercedes behaupten konnten. Die Firma Herzstark & Co., die 1922 auch den Alleinvertrieb für die Rechenmaschinen der Chemnitzer Astrawerke in den Nachfolgestaaten der ehemaligen Habsburgermonarchie übernommen hatte, erzeugte demgegenüber mit dem Modell „Multisummator", der ersten automatisch abrechnenden Vielzählwerkmaschine, ein relativ teures Nischenprodukt. Als Nichtjüdin konnte Maria Herzstark den rund 100 Mitarbeiter zählenden Betrieb ihres 1937 verstorbenen Mannes auch nach dem am 12. März 1938 erfolgten „Anschluss" Österreichs an das Deutsche Reich fortführen. Die Rechenmaschinenproduktion wurde jedoch Ende 1939 aus kriegswirtschaftlichen Gründen zugunsten der Erzeugung von anderen feinmechanischen Produkten eingestellt.

Bereits im Jahre 1938 stellte Curt Herzstark unter Verwendung der von ihm patentierten Komplementärstufenwalze ein erstes funktionstüchtiges Modell einer mechanischen Taschenrechenmaschine fertig: Herzstark kehrte das Prinzip der Staffelwalzen-Rechenma-

Curt Herzstark.
Mit freundlicher Genehmigung von Curt Herzstark jun., Wien.

schinen um und brachte auf einer einzigen Walze mehrere Zahnringe an, immer abwechselnd einen für die Addition mit einer wachsenden Anzahl und einen für die Subtraktion mit einer abnehmenden Anzahl von Zähnen. Die Einstellschieber ordnete er dagegen im Außenzylinder und das Umdrehungs- und Resultatwerk auf der Oberseite an. Durch feinmechanische Präzision und Miniaturisierung gelang es Herzstark auf diese Weise, eine Vierspeziesmaschine herzustellen, die in einer Hand Platz findet.

Weitere Entwicklungsarbeiten unterblieben aber, weil Curt Herzstark im Herbst 1938 verhaftet und ins Konzentrationslager Buchenwald gebracht wurde. Die SS versuchte jedoch, die Kenntnisse von Herzstark im Rahmen des Rüstungswirtschaftsbetriebes der Wilhelm-Gustloff-Werke einzusetzen. Man gestattete daher auch die

Schnittmodell der Curta I. Curta-Übertragmechanismus.
Mit freundlicher Genehmigung von Curt Herzstark jun., Wien.

Weiterentwicklung der Rechenmaschine, die 1942 zur Serienreife gediehen war. Als die Amerikaner am 11. April 1945 das Lager Buchenwald befreiten, nahm Herzstark zunächst im nahen Weimar Verbindung mit den dortigen Astra- und Rheinmetallwerken auf, die an seiner Erfindung sehr interessiert waren und mit denen die Firma Herzstark schon seit langem in Geschäftsbeziehungen gestanden war. Die Besetzung Sachsens durch die Sowjets im Juli 1945 veranlasste Herzstark allerdings, in seine Heimatstadt Wien zurückzukehren.

Im Jahre 1946 nahm der regierende Fürst von Liechtenstein mit Herzstark Kontakt auf und lud diesen ein, in Vaduz eine Firma zur Verwertung seiner Taschenrechenmaschine, die nach dem Vornamen des Erfinders „Curta" genannt wurde, aufzubauen. Herzstark, der über sämtliche Patente verfügte, leitete den Betrieb als technischer Direktor. Die Curta kam 1948 auf den Markt und erwies sich rasch als voller Erfolg. Bis Ende 1951 wurde die Curta in zwei Modellvarianten mehr als hunderttausendfach durch die Contina AG gebaut. Die letzte Curta verließ 1970 die Fabrik in Liechtenstein.

Um etwa die Subtraktion 9524 – 4368 auszuführen, stellt man zunächst das Resultatwerk mit dem Löschring auf 0. Dann gibt man mit Hilfe der seitlichen Einstellschieber zunächst 9524 ein und überträgt die Zahl durch eine Kurbeldrehung in das Resultatwerk. Anschließend wird der Subtrahend 4368 wieder mittels der Einstellschieber eingegeben. Zur Subtraktion wird die Kurbel um zwei Stellungen herausgezogen und die Zahl durch Kurbeldrehung ins Resultatwerk übertragen. An der Ergebnisanzeige kann man dann

Curta I und Curta II.
Rechnersammlung der Universität Linz. Foto: H. Matis.

das Ergebnis 5156 ablesen. Bei einer Multiplikation, etwa 4335 × 248, wird zunächst der Multiplikand 4335 mit den Einstellschiebern eingestellt, dann die erste Stelle des Multiplikators 8 durch achtmaliges Drehen der Kurbel eingegeben, anschließend der Wagen leicht angehoben und um eine Stelle verstellt. Genauso verfährt man mit der 4, die durch viermaliges Kurbeldrehen und Weiterrücken um eine Stelle, und dann mit der 2, die durch zweimaliges Kurbeldrehen eingegeben wird. Das Produkt kann man wieder an der Ergebnisanzeige ablesen. Bei den inversen Rechenoperationen wird die Kurbel entgegen dem Uhrzeigersinn gedreht (siehe Farbteil, S. 202).

Die Curta war sicher der abschließende Höhepunkt der mechanischen Rechnerentwicklung. Sie repräsentierte eine bislang unerreichte feinmechanische Höchstleistung. Durch die billigen elektronischen Rechner auf Basis der integrierten Schaltkreise wurde allerdings ab den späten 1960er Jahren auch dieser Rechner im Alltagsgebrauch faktisch obsolet, denn die Zukunft gehörte der Elektronik.

Ausgewählte Links

http://www.teleport.com/~gregsa/curta/

http://ei.cs.vt.edu/~history/

http://www.webcom.com/calc/

3. Differenzenmaschinen

3.1. Differenzenmaschine, 1833, und Analytical Engine, 1864

Der englische Mathematiker Charles Babbage nimmt mit seiner Differenzenmaschine und seiner analytischen Rechenmaschine in der Vorgeschichte des Computers eine besondere Stellung ein, war er doch der erste, der sich einen universellen Rechner mit vielen Funktionen ausdachte, und damit ein Pionier jener Konzeption, der ein heutiger Computer folgt.

Babbage wurde am 26. Dezember 1791 im kleinen südenglischen Seehafen Teignmouth in Devonshire geboren. Sein Vater, Benjamin Babbage, war ein Bankier in London. Über Charles' Jugend ist wenig bekannt, außer dass er eher von schwacher Gesundheit war und während der Erziehung in einer Privatschule und an einem College in Devonshire schon frühzeitig eine Neigung zur Mathematik an den Tag legte, während er sich mit den klassischen Sprachen oder mit der Musik weniger anfreunden konnte. Im Oktober 1810 wurde Babbage im Trinity College in Cambridge aufgenommen, wo er noch

Der Mathematiker Charles Babbage, 1791–1871.
Zeitgenössischer Stich, ca. 1865.

als Student 1812 eine eigene wissenschaftliche Gesellschaft, die so genannte Analytical Society gründete, der viele später berühmte Mathematiker wie John Herschel und George Peacock angehörten. Sie übersetzten u. a. das Werk von Lacroix „Sur le calcul différentiel et intégral“ (1816) ins Englische. Babbage wechselte dann ins Peterhouse College, wo er 1814 graduierte. Babbage heiratete im selben Jahr, verließ Cambridge und lebte seit 1815 in London, wo er zwei wichtige Arbeiten über funktionale Gleichungen veröffentlichte. Dies führte dazu, dass der damals erst in der Mitte des zweiten Lebensjahrzehnts stehende Mathematiker 1816 zum Fellow der Royal Society und vier Jahre später auch der Royal Society of Edinburgh gewählt wurde. Er war wesentlich an der Gründung der Royal Astronomical Society beteiligt, zu deren Sekretär und späterem Vizepräsidenten man ihn bestellte.

Seit Beginn der 1820er Jahre arbeitete der Mathematiker an der Konstruktion einer Rechenmaschine. Er war vor allem davon besessen, die eintönigen aber notwendigen Rechenoperationen, wie sie z. B. bei der Berechnung von Logarithmentafeln notwendig waren, durch eine Maschine durchführen zu lassen. Er wählte dazu das Konzept einer Differenzenmaschine und machte sich dabei zunutze, dass zahlreiche mathematischen Funktionen die Eigenschaft besitzen, dass die Differenzen der Differenzen schließlich konstant werden. Die Differenzenrechnung ist ein Teilgebiet der Mathematik, das u. a. der Differential- und Integralrechnung vorausgeht. Wenn wir etwa die Kuben der ganzen Zahlen zum Ausgangspunkt nehmen und die Differenzen bilden, so sieht man, dass man auf diese Weise eine Tabelle der Kuben herstellen kann, ohne Potenzieren und ohne Multiplikation, durch bloßes fortgesetztes Addieren. Man kann also Polynome durch Addition immer gleicher Differenzen berechnen.

x	0	1	2	3	4	5	6	7	8	9	10
x^3	0	1	8	27	64	125	216	343	512	729	1000
Δ_1	1	7	19	37	61	91	127	169	217	271	331
Δ_2	6	12	18	24	30	36	42	48	54	60	
Δ_3	6	6	6	6	6	6	6	6	6	6	

Babbage erkannte den Nutzen dieser Eigenschaft für die automatische Berechnung derartiger Funktionen mit einer Rechenmaschine,

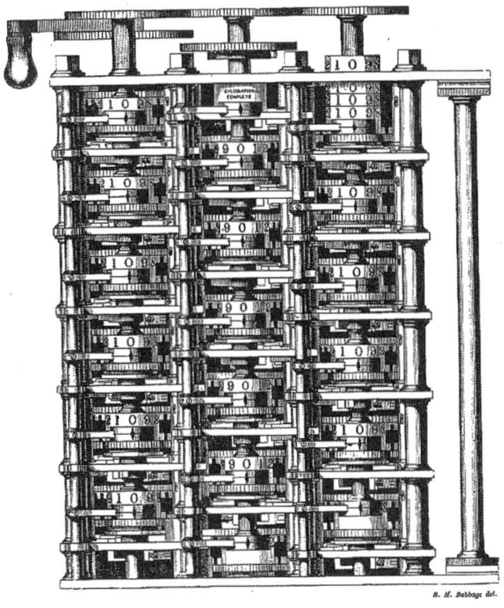

Element der ersten Differenzenmaschine, 1833.
Aus: H. P. Babbage, Babbage's Calculation Engines, London 1889.

die außer einer Anzahl von Speichern nur über ein Addierwerk verfügen musste. Eine derartige Maschine würde somit imstande sein, komplizierte Rechenoperationen nur mittels Addition auszuführen. Babbage verwendete Jahre seines Lebens darauf und wurde dabei ab 1821 auch mit Regierungsgeldern gefördert, um eine solche Differenzenmaschine geistig zu konzipieren und tatsächlich zu bauen. Er ging zunächst an den Bau eines Prototyps, der bis 1822 fertiggestellt und im folgenden Jahr mit einer Goldmedaille der Royal Astronomical Society ausgezeichnet wurde.

Babbage wurde durch ein von der französischen Regierung unterstütztes Unternehmen des Pariser Mathematikers Gaspard Riche Baron de Prony (1755–1839) herausgefordert, einem der Mitbegründer der Pariser École Polytechnique, der mit Hilfe einer arbeitsteilig organisierten Gruppe von Mathematikern neue trigonometrische Tabellen und Logarithmen händisch berechnete. Mit Hilfe eines Regierungsstipendiums begann Babbage in der Folge an einer größeren, auch mit einem Drucker verbundenen Maschine zu arbeiten, von der er annahm, diese in drei Jahren fertig stellen zu können. Die Arbeit zog sich allerdings länger hin, als er geplant hatte. Im Jahre 1827 publizierte Babbage eine Logarithmentafel der Zahlen 1 bis 108.000. Im selben Jahr wurde er zum Lucasian Professor für

Mathematik in Cambridge ernannt, eine Position, die einstmals der berühmte Gelehrte Isaac Newton eingenommen hatte und die heute vom Physiker Stephen Hawking wahrgenommen wird. Während der zwölf Jahre, die Babbage diesen Lehrstuhl innehatte, hielt er allerdings kein einziges Mal Vorlesungen ab. Bereits damals nahm ihn die Entwicklung seiner Rechenmaschine dermaßen gefangen, dass er seiner Lehrverpflichtung nicht entsprechend nachkam. Im Jahr 1827 ging ihm allerdings nicht nur das Geld aus, sondern er wurde auch von privaten Schicksalsschlägen getroffen: Sein Vater, seine Frau und zwei seiner Kinder starben in ein und demselben Jahr. Es gelang ihm aber, mit Unterstützung des Herzogs von Wellington, des Schatzkanzlers und verschiedener anderer Regierungsmitglieder neuerlich Mittel aufzutreiben, die ihm die Weiterarbeit an der Maschine ermöglichten.

Daneben betätigte er sich auch als Autor, publizierte 1830 eine wissenschaftskritische Studie „Reflections on the Decline of Science in England“, was ihm natürlich nicht nur Freundschaft in der „Scientific Community“ eintrug; 1831 begründete er die „British Association for the Advancement of Science“. 1834 veröffentlichte er ein Werk ökonomischen Inhalts: „On the Economy of Machinery and Manufactures“, in dem er u. a. eine frühe Version von dem entwickelte, was wir heute als „Operations Research“ bezeichnen. Ein weiterer Aspekt, den er darin behandelte, war eine Erkenntnis, die Adam Smith in seinem Buch „An Inquiry into the Nature and Causes of the Wealth of Nations“ (1776) übersehen hatte – nämlich, dass es ein wichtiger Vorteil der Arbeitsteilung war, Arbeit auch selektiv, d. h. abgestuft nach ihren einzelnen Qualifikationsmerkmalen, einkaufen zu können. Politisch äußerst interessiert, kandidierte er zweimal vergeblich für die Whigs bei den Parlamentswahlen; in seinem späteren Leben galt er als konservativer Utilitarist. Zu seinen Bekannten zählten u. a. der Biologe Charles Darwin, die Mathematiker Sir John Herschel und Pierre Laplace und der deutsche Naturforscher Alexander von Humboldt.

Babbage hatte mittlerweile 17.000 Pfund Sterling an Regierungsgeldern und 6000 Pfund an eigenen Mitteln in seine Rechenmaschine investiert, allerdings strich die Regierung ihm 1842 weitere Unterstützungen. Seine Arbeit an der Differenzenmaschine führte Babbage zu einer Idee, die ihn noch mehr fesseln sollte, denn er begann gleichzeitig an einer universellen programmgesteuerten *Analytical Engine,* wie er sie nannte, zu arbeiten: „The Analytical Engine ... is not merely adapted for tabulating the results of one particular function and of no other, but for developing and tabulating any function whatever. In fact the engine may be described as being the material expression of any indefinite function of any degree of generality and complexity ...“ Das Gerät, dessen Programm somit vom Anwender bestimmt werden konnte und nicht wie bei der Differenzenmaschine fix vorgegeben war, sollte ein gemeinsames Rechen- und Speicherwerk, einen Kontrollmechanismus und ein Eingabe- sowie ein Ausgabewerk besitzen. Zunächst dachte er daran, zur Steuerung des Rechners eine Stiftenwalze mit beweglichen Stiften zu verwenden, wie sie in vielen bisherigen Automaten verwendet wurden. Als Babbage aber um 1835 auf die Lochkartensteuerung des Jacquard-Webstuhl hingewiesen wurde, entschloss er sich, das Programm mittels Lochkarten zu steuern und das Ganze mit Hilfe von Dampfkraft anzutreiben. Seine *Analytical Engine* war von ihrer Grundkonfiguration her bereits wie ein echter Computer aufgebaut und für viele mathematische und logische Probleme programmierbar. Wenngleich die Maschine über detaillierte Zeichnungen nicht hinauskam, so ist es doch bemerkenswert, dass dieser Entwurf bereits alle logischen Komponenten, über die auch ein heutiger Computer verfügt, inkludiert.

Babbage verzettelte sich allerdings in immer neuen Ideen, entwarf unentwegt neue mechanische Übertragsmechanismen, änderte laufend die Pläne, von denen insgesamt 30 Entwürfe erhalten sind, und versuchte auch neue Methoden der Metallverarbeitung anzuwenden. Er entwickelte daneben u. a. einen Dynamometer, Reflektoren für Leuchttürme, ein Ophtalmoskop für Augenärzte usw. Im persönlichen Umgang war er kein einfacher Mensch, er gebärdete sich mitunter skurril und hatte die Manie, alles quantifizieren zu wollen. Er focht u. a. einen von vielen belächelten publizistischen Kampf gegen die überhand nehmenden Straßenmusikanten in London aus, was dazu führte, dass von diesen vor seinem Haus regelmäßig eine „Katzenmusik“ veranstaltet wurde. Auch überwarf er sich mit dem Ingenieur Joseph Clement, der die mechanische Umsetzung seiner Maschine durchführen sollte, weil sich dieser weigerte, außerhalb seiner Werkstätte zu arbeiten.

Babbage stellte wohl auch zu hohe Ansprüche und nahm sich Dinge vor, die zu seiner Zeit einfach illusionär waren. So beabsichtigte er, seine Maschine, um Rundungsfehler zu vermeiden, auf die Berechnung von 50 Dezimalen auszulegen. Der Speicher, der zunächst auf 1000 Zahlen konzipiert wurde, war prinzipiell so geplant, dass seine Kapazität nach oben hin offen war, denn die verarbeiteten Daten wurden wiederum auf Lochkarten gestanzt. Diese bildeten gewissermaßen eine Bibliothek und konnten dann in einem späteren Stadium der Berechnungen neu eingegeben werden. Wirklich zur Ausführung gelangten zwei Speicherwerke für 25 Dezimalen sowie eine Übertragseinrichtung und das Druckwerk. Ab 1848 arbeitete er einen neuen Entwurf für eine Differenzenmaschine mit Hilfe der für die Analytische Maschine entwickelten Technik aus und legte diesen einer Regierungskommission zur Förderung vor. Sein Angebot, diese Maschine zu bauen, wurde jedoch abgelehnt.

Babbage wurde bei seinen Arbeiten laufend von seiner Freundin Lady Augusta Ada Byron (1815–1852), Tochter des Dichters Lord Byron und spätere Countess of Lovelace, die selbst eine begabte Mathematikerin war, sowie von seinen beiden Söhnen unterstützt. Ada Byron wurde von manchen als die erste „Programmiererin" in der Geschichte bezeichnet; ihr wird u. a. die Idee des Sprungbefehls und der Schleife in der Programmierung zugeschrieben. Tatsache ist, dass Babbage bereits eine der wichtigsten Eigenschaften moderner Computer, die Fähigkeit, „bedingte Sprünge" auszuführen, in seine Konzeption mit einbezogen hatte: Befehle in einem Programm werden nur dann ausgeführt, wenn die Bedingung dafür gegeben ist, sonst führt der Sprungbefehl zur Fortführung des Programm an einer anderen Stelle, wobei der Sprung eine Schleife ergibt, die auch mehrfach durchlaufen werden kann.[31]

[31] Der Computer empfängt einen *bedingten Befehl*, der entweder ausgeführt wird, wenn die Bedingungen erfüllt sind, oder sonst übersprungen wird. In letzterem Fall handelt es sich um einen so genannten *Sprungbefehl*, der zur Fortführung des Programms an einer anderen Stelle oder auch zurück zu einem bereits früher ausgeführten Befehl führt. Der Sprungbefehl führt in eine Schleife, die auch mehrfach durchlaufen werden kann; aufgrund der Erreichung der richtigen Speicheradresse wird das Programm dann weiter fortgeführt. Die *Speicheradresse* bringt den Computer dazu, dass der Sprungbefehl sein Ziel erreicht. (Zemanek, Weltmacht Computer, 1991, 33.)

AUGUSTA ADA BYRON, COUNTESS OF LOVELACE.
Zeitgenössischer Stich, Foto H. Matis.

Babbage scheiterte technisch an der für ihn nicht lösbaren Aufgabe, geeignete Feinmechaniker zu finden und weil ihm das Geld für die weitere Entwicklung fehlte. Er selbst schrieb 1851: „Die Zeichnungen der Analytischen Maschine sind gänzlich auf meine eigenen Kosten gemacht worden: Ich stellte eine lange Versuchsserie auf die Beine, um die Konstruktionskosten soweit zu reduzieren, dass ich mit den vorhandenen eigenen Mitteln auskommen würde. Ich habe mich jedoch mittlerweile damit abgefunden, ihre Konstruktion aufzuschieben ..." Aber er setzte zumindest noch 1864 Hoffnungen auf den Abschluss seiner Arbeit: „Wenn ich noch einige Jahre durchhalte, wird die Analytische Maschine existieren ..." Im Jahre 1864 publizierte er, gewissermaßen als sein geistiges Vermächtnis, seine Memoiren „Passages from the Life of a Philosopher".

Charles Babbage gelang es zwar nicht, eine funktionstüchtige analytische Rechenmaschine zu bauen, dennoch war – wie sich später herausstellen sollte, als in den 1990er Jahren ein Nachbau erfolgreich zum Rechnen gebracht wurde – sein Konzept vom Prinzip her richtig. Er hatte einen programmierbaren Digitalrechner konzipiert. Dieses Konzept bestand aus einem Vierspezies-Rechenwerk, aus einem Zahlenspeicher für 1000 Zahlen, aus einer Lochkartensteuereinheit für Programmablauf und Datentransport und aus Geräten

Nachbau der Analytical Engine.
Science Museum, London.

zur Datenein- und -ausgabe sowie einem Drucker. Obwohl Charles Babbage bahnbrechende Ideen in der Regelungstechnik entwickelte und die geistigen Grundlagen zur späteren *Operations Research* legte, blieb sein Werk zu seiner Zeit weitgehend unbeachtet. Er starb einsam und verbittert im Alter von 80 Jahren am 18. Oktober 1871 in London, wo er am Kensal Green Cemetery begraben wurde.

Die *Analytical Engine* von Babbage stellt eine Verbindung zwischen den früheren mechanischen Rechenmaschinen und den Digitalcomputersystemen des 20. Jahrhunderts dar. Babbages Maschine ist in ihrer Architektur den späteren Computern sehr ähnlich und enthält bereits alle Komponenten, die in heutigen Rechnern ebenfalls vorhanden sind. In Kombination mit George Booles Formalisierung des algebraischen Systems erwies sich dies in der Folge von ungeheurem Wert für die spätere Entwicklung von elektronischen Datenverarbeitungssystemen.

Ausgewählte Literatur und Links

C. **Babbage,** Passages from the life of a philosopher (London, 1864).

H. P. **Babbage,** Babbage's calculating engines (London, 1889).

J. **Baum,** The calculating Passion of Ada Byron (Hamden, CT, 1986).

H. W. **Buxton,** Memoir of the life and labours of the late Charles Babbage Esq. F.R.S. (Los Angeles, CA, 1988).

J. M. **Dubbey,** The mathematical work of Charles Babbage (Cambridge, 1978).

A. **Hyman,** Charles Babbage: Pioneer of the computer (Oxford, 1982).

R. A. **Hyman** (Hrsg.), Science and Reform: Selected Works of Charles Babbage (Cambridge, 1989).

D. L. **Moore,** Ada, Countess of Lovelace, Byron's legitimate daughter (London, 1977).

P. **Morrison** and E. **Morrison,** Charles Babbage and his calculating engines (New York, 1961).

J. **Palfreman** and D. **Swade,** The Dream Machine (London, 1991).

D. **Swade,** Charles Babbage and his Calculating Engines, Science Museum (London, 1991).

http://www.sciencemuseum.org.uk/

http://www-groups.dcs.st-andrews.ac.uk/~history/Mathematicians/Babbage.html

http://www.ex.ac.uk/BABBAGE/

http://ei.cs.vt.edu/~history/Babbage.html

http://www.jps.net/ethelen/bab-intro.html

http://www.fourmilab.ch/babbage/contents.html

http://exile.ne.mediaone.net/lucas/babbage.html

http://www.museums.reading.ac.uk/vmoc/babbage/

3.2. Die Scheutz-Differenzenmaschine, 1854

Aufgrund eines populärwissenschaftlichen Artikels in der Zeitschrift „Edinburgh Review", in dem relativ vage die Differenzenmaschine von Babbage beschrieben wurde, erkannte der Schwede Pehr Georg Scheutz (1785–1873), Herausgeber einer technischen Zeitschrift in Stockholm, sofort die Vorteile, die sich aus dem Vorhandensein einer derartigen Maschine ergeben würden. Er beschloss daraufhin, selbst eine eigene Differenzenmaschine zu bauen, obwohl aus dem Artikel keine weiteren technischen Details hervorgingen. Gemeinsam mit seinem Sohn Edvard Scheutz (1821–1881), der damals noch als Student das Stockholmer Königliche Technologische Institut [*Kungl Tekniska Högskolan*] besuchte, machte er sich daran, zunächst einen Prototyp herzustellen. 1840 hatten die beiden Scheutz, obwohl ihnen die schwedische Regierung die gewünschte finanzielle Unterstützung verweigerte, bereits eine kleine Maschine entworfen. Bis 1842 konnte die Maschine bereits Differenzen der dritten Ordnung berechnen; 1842 fügten die beiden Scheutz noch einen mechanischen Drucker

Pehr Georg Scheutz, 1785–1873.
Science Museum, London.

hinzu und stellten danach den Prototyp der Schwedischen Akademie der Wissenschaften vor. Obwohl sich diese sehr lobend über die Maschine aussprach, hatte dies zunächst wenig Konsequenzen, was die gesuchte staatliche Unterstützung anbelangt. Erst 1851 begannen die beiden Scheutz mit der Arbeit an einer größeren, auf 15 Stellen ausgelegten Maschine. Sie erhielten nunmehr gegen Übernahme einer Bürgschaft durch die Freunde der Familie und auf Intervention des schwedischen Königs finanzielle Unterstützung durch die Regierung gewährt. Bereits 1854 konnten sie ihre Maschine der Öffentlichkeit präsentieren.

Während Babbage lediglich Prototypen einer Differenzenmaschine herstellte, gelang es den beiden Scheutz einen tatsächlich funktionierenden Rechner mit Druckereinheit zu entwickeln. Die Maschine konnte in der Stunde 120 Zeilen einer Logarithmentafel generieren, sie berechnete u. a. bei einem Versuch in knapp 80 Stunden die Logarithmen der Zahlen von 1 bis 10.000. Die beiden Erfinder reisten beide nach London, wo sie ihre Differenzenmaschine nicht nur der *Scientific Community* vorstellen, sondern auch potentielle Abnehmer finden wollten. Auch Charles Babbage lernte die Maschine dabei kennen und bekundete seine Hochachtung für die technische Leistung, wie auch umgekehrt die beiden Scheutz mit ihrer Bewunderung von Babbages Genius nicht zurückhielten. Auf

DIFFERENZENMASCHINE VON P. G. UND E. SCHEUTZ, 1854.
Zeitgenössische Abbildung.

der Pariser Weltausstellung wurde die Maschine mit einer Goldmedaille ausgezeichnet und in der Folge für astronomische Berechnungen vom Dudley-Observatorium in Albany im amerikanischen Bundesstaat New York um 5000 Dollar erworben. Später wurde die Rechenmaschine an den Erfinder des Comptometers, den Amerikaner Dorr Eugene Felt, verkauft, und gelangte schließlich an das National Museum of American History der Smithsonian Institution in Washington. Eine zweite Maschine wurde auf Bestellung der britischen Regierung angekauft und diente für statistische und astronomische Berechnungen;[32] dieses Exemplar befindet sich heute im Londoner Science Museum in Kensington.

32 So wurden damit u. a. für verschiedene englische Versicherungsgesellschaften Lebenserwartungstabellen berechnet. Vgl. Herman H. Goldstine, The Computer from Pascal to von Neumann (Princeton, 1993) 123.

4. Lochkarten-Tabulierungsmaschinen

4.1. Automatische Prozesssteuerung

Menschen empfangen Informationen, verarbeiten sie, tauschen sie aus und zeichnen sie auf. Es wurden dazu verschiedene Sprachen, Schriften und Zahlensysteme entwickelt; wobei die Mathematik bloß die abstrakteste Form der Information ist und sich letztlich alle anderen Informationen in mathematischen Funktionen darstellen lassen. Menschen rechneten im Kopf oder auf Papier, sie benützten dazu technische Hilfsmittel wie Hände, Rechenstab oder Abakus, sie legten schriftliche Aufzeichnungen bis hin zu den kompliziertesten Tableaus an, wie sie etwa zur Berechnung von Winkelfunktionen und Logarithmen für nautische, geodätische und astronomische Aufgaben benötigt wurden.

Der Computer ist nichts anderes als ein Informationen verarbeitender Automat. Er ist bloß ein neues Werkzeug, das wir für die Bewältigung derartiger mehr oder weniger routinemäßiger Aufgaben einsetzen, wie sie oben beschrieben worden sind. Was ihn darüber hinaus auszeichnet, ist sein Automatencharakter, nämlich dass er die ihm aufgetragenen Aufgaben aufgrund des ihm eingegebenen Programms „automatisch" ausführt: „Ein Automat ist eine technische Einrichtung, welche eine Aufgabe – oder ein ganzes Bündel von Aufgaben – nach einer Auslösung selbsttätig ausführt."[33] Wir kennen heute verschiedene Automaten, etwa solche zur Ausgabe von Fahrscheinen, Banknoten, Zigaretten, Süßigkeiten, Briefmarken, Brieflosen usw. Verschiedenste routinemäßige Dienstleistungen wurden auf solche Weise „automatisiert" und stehen – sobald man die nötigen Informationen (bzw. Geldmünzen) eingegeben hat und vorausgesetzt, die Geräte sind gut gewartet und betreut und die Programme funktionieren – rund um die Uhr zur Verfügung.

Dabei ist auch die Vorstellung des Automaten keineswegs neu. Denn Automaten haben seit jeher den Menschen fasziniert und seine Arbeit erleichtert. Schon der frühe *Homo sapiens* verwendete Automaten, wenn er z. B. Wildfallen anlegte, bei denen das Opfer selbst

[33] Definition nach Zemanek, Weltmacht Computer (1991) 24.

den Automatismus auslöste. Über eine Information (Köder) wird das Opfer dazu veranlasst, die Falle selbst auszulösen, die aktivierte Falle enthält gespeicherte Energie, die bei einem bestimmten Impuls den Mechanismus in Gang setzt, wobei die Falle wiederholt verwendet werden kann. Eine einfache Mausefalle ist somit bereits ein Automat. In früheren Zeiten wurden Automaten ersonnen, die unter Ausnützung einfacher physikalischer Gesetze über einen ausgeklügelten Mechanismus auch der Wundergläubigkeit der Menschen genügend Anregungsstoff boten. So konstruierte der griechische Ingenieur Heron von Alexandria sich automatisch öffnende Tempeltore; der deutsche Jesuitenprovinzial und Privatgelehrte Athanasius Kircher ersann Spielautomaten; im Barockzeitalter wurden zur Unterhaltung der höfischen Gesellschaft Automaten konstruiert, wahre Wunderwerke der Mechanik,[34] die selbst den menschlichen und tierischen Organismus simulierten.

Automaten lassen sich programmieren, d. h. über eine Kette von Befehlen steuern, und nehmen damit bereits den modernen Computer in vielem vorweg. Eine einfache Form der Programmsteuerung enthielten schon die erwähnten Spielautomaten; es wurden dabei vor allem Stiftwalzen verwendet, bei denen kleine Stifte auf einer sich drehenden Walze z. B. in verschiedenen Tonhöhen gestimmte Metallkämme zum Klingen brachten. Durch Umsetzen der Stifte oder das Auswechseln ganzer Walzen können verschiedene Melodien abgespielt werden. Derartige Musikautomaten waren sehr beliebt, und selbst große Komponisten wie Gluck, Haydn und Mozart fanden es nicht unter ihrer Würde, dafür eigene Kompositionen zu schreiben. Schon die ersten technischen Anwendungen, in denen die

[34] Bis ins 19. Jahrhundert hinein wurden zahlreiche Musikautomaten, Flötenuhren und mechanische Puppen gebaut. Der Hofmechaniker Friedrich Ludwig Knaus aus Württemberg konstruierte um 1720 u. a. eine Ritterspieluhr mit einer dem Programm angepassten, über ein Federwerk angetriebenen Dynamik: Einzelne Turnierszenen werden dabei plastisch dargestellt. Die Uhr befindet sich heute in den Amtsräumen des österreichischen Bundespräsidenten in der Wiener Hofburg. Daneben baute Knaus auch einen Schreibautomaten. Der französische Mechaniker Jacques de Vaucanson entwickelte um 1736/38 drei Musikautomaten und eine künstliche Ente, die nicht nur die Flügel bewegt und herumgeht, sondern auch Körner aufpickt und sogar deren Verdauung und Ausscheidung simuliert. Vgl. Heinz Zemanek, Weltmacht Computer (1991) 98 f., sowie Helmut Kowar, Die Wiener Flötenuhr. Mit einem Anhang von H. Zemanek (Wien, 2001).

Informationsverarbeitung als zentrale Funktion des Automaten eingesetzt wird, sind so gesehen als Vorläufer des Computers zu betrachten. Im Unterschied zu einem Lebewesen, das selbständig seine Entscheidungen trifft, sind Automaten aber stets auf einen ganz bestimmten Zweck hin ausgerichtet, eben auf dieses Ziel hin programmiert. Es war dabei der Ehrgeiz der Erfinder, ihre Automaten möglichst wie belebte Wesen erscheinen zu lassen.[35]

Eine erste kommerzielle Anwendung automatisch gesteuerter Maschinen findet man bereits in der ersten Phase der Industrialisierung, die bekanntlich durch den Leitsektor Textilindustrie getragen war. Eine relativ primitive Steuerungsmethode mit auf Leinenstreifen in unterschiedlichen Abständen aufgeklebten Hölzern war die vermutlich bereits um 1690 erfundene „Bröselmaschine“, ein vollautomatischer Musterwebstuhl, den der österreichische Computerpionier Heinz Zemanek im oberösterreichischen Haslach aufgespürt und in seinem Buch „Weltmacht Computer“ veröffentlicht hat.[36] Eine ähnliche Maschine baute in Frankreich der Mechaniker Jean Philippe Falcon bereits 1728. Auch der berühmte französische Automatenbauer Jacques de Vaucanson hatte sich schon im Jahre 1748 mit dem Problem der Steuerung von Textilmaschinen auseinander gesetzt.

Für den mechanischen Webstuhl entwickelte der französische Seidenweber Joseph-Marie Jacquard (1752–1834) im Jahre 1801 eine Lochstreifensteuerung als *Software*. Es war dies ein gespeichertes Programm, bei dem in einem durch aus einzelnen Segmenten bestehenden Lochstreifen gesteuerten Rhythmus die in Längsrichtung des Gewebes laufende Kette angehoben oder gesenkt wird, ehe der Schussfaden mittels des Weberschiffchens durchgeschossen wird. Durch die gestanzten Löcher heben Stifte mit Haken die Kettfäden an, während dort, wo kein Loch ausgestanzt ist, der Faden unten bleibt. Damit kann man recht komplizierte Webmuster ausführen, und die auf diese Weise gewebten Stoffe erfreuen sich noch heute als *Jacquards* großer Beliebtheit. Charles Babbage hatte für seine, allerdings im Entwurfstadium steckengebliebene, *Analytical*

35 Vgl. Peter Nathanael Sprengel, Handwerke und Künste in Tabellen und Kupfern, Tafel und Artikel: Spieluhren (Berlin, 1771 u. 1778).

36 Zemanek, Weltmacht Computer (1991) 194.

„Programmierung" der Jacquard-Lochstreifen.
Zeitgenössische Darstellung.

Engine ebenfalls eine Jacquard-Lochkartensteuerung vorgesehen. Auch der Harvard-Mark-I-Rechner von Howard H. Aiken verwendete 1944 Lochstreifen als Steuerungselemente. Von den Lyoner Seidenwebern wurden die automatischen Jacquard-Webstühle übrigens nicht sehr positiv aufgenommen, und sie verbrannten die ersten Exemplare unter dem Jubel der schaulustigen Menge.

4.2. Hollerith und seine Lochkartenmaschinen, 1884–1889

Volkszählungen gibt es, seit es staatliche Organisationen gibt. Schon das Neue Testament erwähnt im Zusammenhang mit der Geburt Jesu den römischen Zensus. Der neuzeitliche europäische Territorialstaat entwickelte seit dem ausgehenden 17. Jahrhundert zur statistischen Erfassung seiner Bürger bereits eine recht effiziente Organisation und Erhebungsverfahren. Die so genannten „politischen Arithmetiker", dazu zählten u. a. John Gaunt, Gregory King und William Petty in England und Johann Peter Süßmilch in Deutschland, hatten im Zusammenhang mit der „Peuplierungspolitik" des frühmodernen Staates erstmals auch die „Bevölkerungsgesetze", d. h. die generativen Verhaltensweisen der Menschen erfasst. Der amtliche Zensus war schon aus fiskalischen, politischen und militärischen Gründen interessant: Steuereinhebung, Finanzausgleich, Rekrutierung, politischer Vertretungsanspruch usw. richteten sich nicht zuletzt nach der Bevölkerungszahl, die üblicherweise alle zehn Jahre erhoben wurde. Aufgrund von Sterbetafeln errechneten die Statistiker unter Anwendung der u. a. von Jakob Bernoulli entwickelten Wahrscheinlichkeitsrechnung *(ars coniectandi)* verschiedene Versicherungsmodelle.

Im Zuge der industriellen Revolution und mit dem wachsenden Wettbewerb der einzelnen Nationalstaaten wuchs das Interesse an statistischem Zahlenmaterial weiter an, und Handels- und Industriestatistiken ergänzten die schon seit langem erhobenen Bevölkerungs-, Agrar- und Steuerstatistiken. Es entstand in der Folge eine wahre Statistikeuphorie, die in der Vorstellung des „mittleren Menschen" gipfelte, wie sie der französische Mathematiker und Leiter des „Bureau officiel de la statistique générale" Adolphe Quételet in seinem vielbeachteten Buch „Physique sociale" beschrieb: Er berechnete auhand der Daten der Bevölkerungsstatistik einen statistischen *Homme moyen* – nicht nur aufgrund von gemittelter Größe und Gewicht, sondern er versuchte auch intellektuelle Fähigkeiten und sogar moralische Einstellungen zu (er)mitteln, um darauf ein ganzes soziales System aufbauen zu können. Es wird nicht verwundern, dass spätere diktatorische Regimes, die z. B. auf eine „reinrassige Volksgemeinschaft" rekurrierten, von derartigen Vorstellungen fasziniert waren. Der Statistik oder den dabei eingesetzten Tabulierungsmaschinen ist wohl daraus kein Vorwurf zu machen, sie sind bloß Werkzeuge in den Händen derjenigen, die ihren Einsatz politisch und moralisch zu verantworten haben.

In den Vereinigten Staaten war im Jahre 1790 der erste Zensus durchgeführt worden; die amerikanische Bevölkerungszahl wuchs dann im 19. Jahrhundert rapid an. Die Bevölkerung stieg nicht zuletzt aufgrund der massiven Einwanderung. Infolge des Zugs nach dem Westen, der zunehmenden Urbanisierung im Osten und der großen Mobilität veränderte sich aber auch die Zusammensetzung und Verteilung der Bevölkerung. Als 1880 die elfte Volkszählung durchgeführt wurde, dauerte die Auswertung der erhobenen Daten

Herman Hollerith (1860–1929).
Zeitgenössische Abbildung.

durch das United State Census Bureau daher bereits mehr als sieben Jahre. Es war offenkundig, dass mit händischen Verfahren eine derart große und komplexe Datenmenge nicht mehr zu bewältigen war. Mit ähnlichen Problemen waren auch andere Länder konfrontiert. Das amerikanische Zensusbüro entschloss sich daher, einen Bewerb auszuschreiben, um eine neue und effizientere Methode zur Bevölkerungszählung zu finden. Dieser Wettbewerb wurde durch Herman Hollerith gewonnen, einem seinerzeit mit der Auswertung der 1880er Daten befassten ehemaligen Vertragsbediensteten des Zensusbüros und nunmehrigen Patentanwalt, der zur Lösung des Erfassungs- und Auszählungsproblems die Verwendung von Lochkarten als Datenträger vorschlug.

Herman Hollerith entstammte einer deutschen Familie, die im Revolutionsjahr 1848 nach den Vereinigten Staaten ausgewandert war, und wurde am 29. Februar 1860 in Buffalo, Bundesstaat New York, geboren. Er hatte anfangs große Probleme mit der englischen Sprache, weil in der Familie ausschließlich Deutsch gesprochen und er zu Hause erzogen wurde. Er erwies sich jedoch als äußerst intelligent und wurde in der Folge auf das City College in New York und anschließend auf die Columbia School of Mining geschickt, wo er das Ingenieursdiplom erwarb und man ihn zum wissenschaftlichen Assistenten bestellte. Als sein damaliger Chef bald darauf zum Leiter des Zensusbüros ernannt wurde, folgte ihm Hollerith als Vertragsbediensteter in dieses Amt, wo er mit der Auswertung der 1880er

Erste Hollerithmaschine, 1889.
Mit freundlicher Genehmigung von IBM Corporate Archives, Somers, NY.

Daten befasst war. 1882 wechselte Hollerith an das bekannte Massachusetts Institute of Technology (MIT), wo er Ingenieurswissenschaften unterrichtete. Hier begann er auch mit ersten Experimenten, die dann später zu dem nach ihm benannten Verfahren führten. 1883 wurde er Prüfer am Patentamt in Washington, begann aber schon im folgenden Jahr ein eigenes Unternehmen als Patentanwalt und Sachverständiger und betätigte sich daneben selbst als Erfinder. Als solcher meldete er z. B. ein Patent auf magnetisch betriebene Luftbremsen für Eisenbahnen an.

Anregungen, eine Lochkarte als Speichermedium zu benützen, erhielt Hollerith einerseits durch die Lochkartensteuerung an den vollautomatischen Jacquard-Webstühlen, die die kompliziertesten Muster ausführen konnten, andererseits durch die damals von den amerikanischen Eisenbahnen benützten Fahrkarten. Diese wurden vom Schaffner nach bestimmten Merkmalen gelocht, um eine Weitergabe und Mehrfachverwendung durch andere Personen zu verhindern. Indem Hollerith die Merkmale beider Datenträger miteinander kombinierte, gelangte er zur Idee der Lochkarte, die 1884 patentiert wurde. Die Hauptpatente wurden 1889 gemeinsam mit der von ihm entwickelten Hardware, bestehend aus Locher, Zählmaschine und Sortierer, erteilt. In der Patentschrift beschreibt er seine Erfindung folgendermaßen: „The object of my invention is to provide an apparatus or system which will reduce the labor necessary in the compilation of such statistics, which will increase the rapidity of making complicated tallies, and which will insure accuracy."[37] Die Hollerithmaschine beinhaltete erstmals ein Lesegerät, das über elektrische Kontakte verfügte, und an den gelochten Stellen in der Karte ansonst offene Stromkreise schloss. Dadurch war es erstmals möglich, elektrische Impulsgeber in den Rechenmaschinen einzusetzen, indem binär notierte Bits in Form von Löchern gestanzt wurden. Die erste Lochstanzmaschine wurde von der Firma Pratt & Whitney hergestellt, die sich später auf die Erzeugung von Flugmotoren spezialisierte; die Zähleinrichtung bestand aus einer Konstruktion, die von Western Electric hergestellt wurde (siehe Farbteil, S. 200).

Die spätere Standardlochkarte, wie sie auch bei den ersten Computern als Speichermedium benützt wurde, wies eine Größe von 187,3 × 82,5 mm auf und enthielt zwölf Reihen mit jeweils 80 Lochpositionen. Die linke obere Kante war abgeschrägt, um eine falsche Stapelung zu vermeiden. Die ersten Lochkarten verfügten nur über zehn (von null bis neun nummerierte) Reihen, die erst später noch oben um die Reihen Elf und Zwölf ergänzt wurden. Daher wiesen Lochkarten seither in ihrem oberen Bereich einen „Zonenbereich" Elf und Zwölf auf, an den sich nach unten der „Ziffernbereich" in Form der Reihen Null bis Neun anschloss. Während Ziffern durch je eine Lochung in der entsprechenden Reihe markiert wurden, stellte man Buchstaben durch eine Kombination von jeweils zwei Löchern, davon je eines im Ziffern- bzw. Zonenbereich, dar. Für Sonderzeichen verwendete man bis zu drei Lochungen.

Hollerith, der sich zeitlebens eine gewisse Affinität zur akademischen Welt bewahrte, verfasste 1890 an der Columbia School of

[37] U.S. Patent Office, H. Hollerith, Apparatus for compiling statistics, no. 395,783 Patented Jan. 8, 1889.

Mining auch eine Dissertation über sein Verfahren und erhielt später wegen seiner zahlreichen technischen Entwicklungen, die in mehr als 30 Patenten einen Niederschlag fanden, den „Elliot Cresson Award of recognized outstanding Achievement in Science and Technology“ durch das renommierte Benjamin Franklin Institute in Philadelphia verliehen. Auch wurde seine Erfindung der Lochkarten-Tabulierungsmaschine durch die Verleihung der Goldmedaille auf der Pariser Weltausstellung 1901 gewürdigt. Verschiedene gelehrte Gesellschaften, darunter die Royal Statistical Society in London, luden ihn ein, seine Erfindung vorzustellen.

Im Jahre 1890 heiratete Herman Hollerith Lucia Beverly Talcott. Die Hochzeitsreise führte ihn u. a. nach Österreich, wo die Auswertung des damaligen Zensus ebenfalls bereits mit seiner neuen Methode durchgeführt wurde. Am 3. Dezember 1896 gründete Hollerith zur Auswertung seiner Erfindung eine eigene Firma, die Tabulation Machine Corporation, 1911 verschmolz diese Firma mit zwei anderen, nämlich der in Ohio angesiedelten Computing Sale Company of Dayton und der International Time Recording Company of Endicott in New York, zur Computing, Tabulating and Recording Company. Hollerith, dessen Gesundheit zunehmend angegriffen war, verkaufte 1911 seine Firmenanteile, blieb aber bis 1914 im Vorstand der Firma und bis 1921 in einer beratenden Funktion als Konsulent. Thomas J. Watson Sr. (1874–1956), der sich im Außendienst der Firma große Meriten erworben hatte, wurde 1915 zu deren Präsidenten bestellt und wandelte 1924 die Firma in die International Business Machines Corporation (IBM) um.[38] Watson, ein wahres Verkaufsgenie und charismatischer Unternehmertyp, konzentrierte sich vor allem auf Versicherungen und Eisenbahngesellschaften als kommerzielle Abnehmer und vermietete seine Geräte an andere Firmen. IBM machte die Lochkartentechnologie dann zum *Business Standard* der 1950er und 1960er Jahre; die Firma erzielte schon allein aus dem Verkauf der Standardlochkarten erhebliche Gewinne. Herman Hollerith selbst starb am 17. November 1929 in Washington an einem Herzanfall.

[38] Der charismatische Firmengründer von IBM, Thomas Watson, der auf einer Farm in East Campbell im amerikanischen Bundesstaat New York aufgewachsen war, hatte von 1895 bis 1913 für die National Cash Register Corporation gearbeitet und war dann zur Computing, Tabulating and Recording Company übergewechselt. (Spencer, Great Men, 1999, 116.)

Firmenlogos von Computing, Tabulating and Recording Company und International Business Machines.
Mit freundlicher Genehmigung von IBM Corporate Archives, Somers, NY.

Hollerith hatte sein Verfahren, das einerseits die Daten schneller auswerten und andererseits auch mehr Daten erfassen konnte, erstmals 1889 anhand der Sterbetafeln von Baltimore und New York City getestet und sich dabei gegen zwei konkurrierende Systeme durchgesetzt. Die amerikanische Volkszählungen von 1890 und 1900 wurden bereits mit den Hollerithmaschinen durchgeführt; die nächsten Zensuserhebungen allerdings aus Kostengründen an Konkurrenzfirmen vergeben. Die Auszählung war unter Verwendung von 43 Maschinen und 500 Personen als Bedienungspersonal in der Rekordzeit von drei Monaten fertig, nachdem man noch für die vorherige Zählung sieben Jahre benötigt hatte. Sie brachte insofern ein überraschendes Ergebnis, als die Zahlen geringer als ursprünglich von den Demographen geschätzt ausfielen, so dass man die Auszählung wiederholte und die Ergebnisse erst drei Monate später publizierte.

Es ist interessant, dass auch das österreichische Statistische Zentralamt, dessen führende Statistiker Karl Th. von Inama-Sternegg und Heinrich Rauchberg damals über internationales Renommee verfügten, seine Volkszählung 1890 als erster Staat Europas bereits mit den neuen Hollerithmaschinen durchführte. Letztere wurden von Otto Schäffler leicht modifiziert und mit einer neuen Programmiereinrichtung versehen. Schäffler ließ sich 1895 seinen so genannten „Generalumschalter“ patentieren, mit dem man ähnlich wie bei den Telefonvermittlungen über Steckverbindungen Kombinationen der Daten programmieren konnte.[39] Eine wichtige Weiterentwicklung bestand darin, dass Hollerith 1917 auch einen Drucker für die Tabulierungsmaschine entwickelte, so dass die Auswertungen der Lochkarten auf Papier ausgedruckt werden konnten.

In den 1930er Jahren wurden vor allem staatliche Stellen zu wichtigen Abnehmern; der von Präsident Franklin D. Roosevelt eingeleitete New Deal und die damit in Verbindung stehende Einführung eines Sozialversicherungssystems in den USA sicherte IBM volle Auftragsbücher. Dies setzte sich mit dem Anlaufen der Kriegswirtschaft fort, in deren Rahmen gewaltige Datenmengen zu manipulieren waren. Die deutsche Kriegswirtschaft setzte Hollerithmaschinen bereits bei der logistischen Planung im Ersten Weltkrieg ein. Denn die statistischen Ämter, die zentralen Bewirtschaftungsstellen und die Rohstoffzentralen hatten im Zusammenhang mit den Versorgungsengpässen bei Munition, Ausrüstung und Lebensmitteln eine riesige Datenmenge zu administrieren, und IBM lieferte dazu (zumindest bis zum Kriegseintritt der USA im Jahre 1917) Lochkarten und Locher, Sortiermaschinen, Tabulatoren und Buchungsmaschinen in großer Stückzahl. Auch der deutschen kriegswirtschaftlichen Logistik im Zweiten Weltkrieg diente das so genannte „maschinelle Berichtswesen“ und wurde dem Reichsministerium für Rüstungs- und Kriegsproduktion von Albert Speer unterstellt. Ein klassisches Einsatzgebiet in den Büros waren Buchhaltung und Lohnverrechnung. Eine unrühmliche Verwendung erlangte die Maschine durch die Verwendung bei der durch die Nationalsozialisten veranlassten Volkszählung, bei der u. a. auch nach rassischen Kriterien aufgrund der so genannten Nürnberger Rassengesetze differenziert wurde, was die Registrierung, Verfolgung und Ermordung

[39] Zemanek, Weltmacht Computer (1991) 195. Schäffler (1838–1928), ein schwäbischer Pfarrerssohn, war ein gelernter Mechaniker, der sich seit 1863 auf Dauer in Wien niedergelassen hatte. Er übernahm im Auftrag der Österreichischen Post- und Telegraphenverwaltung einen Servicevertrag und errichtete für diese auch Telefonzentralen. Für das Statistische Zentralamt machte er sich an die Herstellung von zwölf Maschinen nach dem Patent von Hollerith, wobei Schäffler aus der Telefontechnik den Gedanken der Schnurvermittlung für die logischen Kombinationen übernahm und auf diese Weise die Zählmaschinen „programmierbar“ machte. Er verkaufte seine Firma 1896 an die Czeija & Nißl AG, woraus später die ITT Austria bzw. die Alcatel Austria hervorgehen sollte.

der Juden erleichtern sollte. Dabei verwendete man D11-Hollerith-Tabulierungsmaschinen der deutschen IBM-Tochter Dehomag; eine davon ist heute im United States Holocaust Memorial in Washington ausgestellt.[40]

Mit Hollerith setzte sich, wie bereits gesagt, die 80-stellige Lochkarte durch, d. h., die einzelne Karte verfügte über 80 Spalten mit je zwölf Lochpositionen; innerhalb einer Stelle wurde ein Zeichen durch ein Loch oder eine Lochkombination markiert. Das Standardformat in der Größe einer 20-Dollar-Note[41] wurde bis in die 1980er Jahre hinein verwendet und erst dann durch magnetische und optische Speichermedien verdrängt. Die Daten wurden beim Hollerithverfahren halbautomatisch sortiert und automatisch tabuliert. Als Ein- und Ausgabegerät diente ein Lochkartenleser, mit dessen Hilfe es möglich war, Zehntausende Karten zu sortieren, zu zählen und nach bestimmten Gesichtspunkten zusammenzurechnen. Abtastfedern im Kartenleser fühlten die gelochten Werte ab und stellten einen elektrischen Kontakt zu einer Messingplatte her. Die Daten wurden „eingelesen", indem das elektrische Signal ein mechanisches Zählwerk aktivierte. Das ganze Hollerithsche „Tabulatorsystem" bestand aus den Lochkarten, dem Kartenlocher, dem Kartenleser, den elektromagnetischen Zähluhren und der Sortiereinrichtung. Später verwendete man anstelle der elektrischen Kontakte mit Leiterplatten magnetische Impulse und schließlich auch Lichtimpulse mit Photozellen. Die Informationen wurden dann an die Zentraleinheit des Rechners weitergegeben.

Die Lochkarte *(Punched Card)* blieb bis zu ihrer Ersetzung durch Magnetschichtträger der wichtigste Datenspeicher; in den 1950er und 1960er Jahren war die Lochkarte für alle Verwendungen im *Data Processing,* bei denen Massendaten ausgewertet werden mussten, eine unentbehrliche Hilfe. Selbst als die ersten Computer aufka-

[40] Die Firmenbezeichnung Dehomag ist eine Abkürzung von Deutsche Hollerithmaschinen AG. Der Firma IBM daraus einen Vorwurf machen zu wollen, dass ihre Maschinen auch in Deutschland für die Volkszählung eingesetzt wurden, wie dies z. B. der amerikanische Autor E. Black unternimmt, erscheint allerdings wenig überzeugend.

[41] Der sparsame Hollerith verwendete zum Sortieren der Lochkarten bereits vorgefertigte Holzfächer, die in den Banken zum Sortieren von Geldnoten verwendet wurden, daher erhielten die Lochkarten das Format der Dollar-Noten.

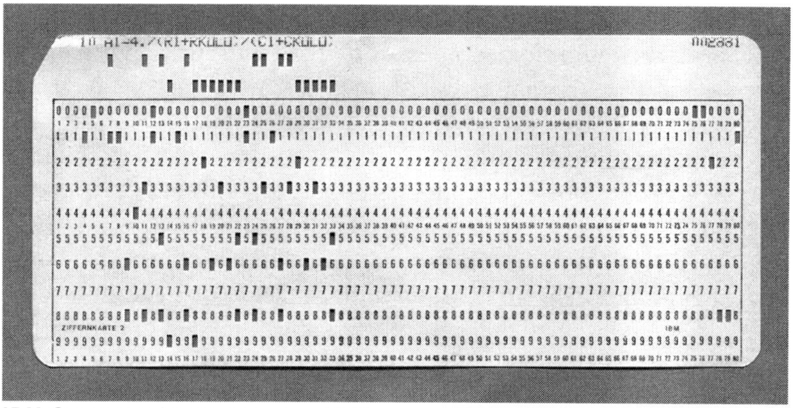

IBM-STANDARD-LOCHKARTE, UM 1960.
Foto: H. Matis.

men, ging die Entwicklung von Buchungsmaschinen und Lochkartenrechnern weiter und verlief bis in die sechziger Jahre parallel dazu. Im Gegensatz zu den damaligen Computern waren die Hollerithmaschinen technisch ausgereift, zuverlässig, platzsparend und vor allem erschwinglich. Ihre Stärken lagen insbesondere in der Verarbeitung vieler gleichartiger Daten mit wenigen Operationen, wie sie z. B. bei Kontenbewegungen, Lohnabrechnungen und bei der Lagerverwaltung anfielen. Neben Hollerith wurden Tabulierungsmaschinen auch von der amerikanischen Firma Powers Accounting Machinery in größeren Stückzahlen erzeugt; der Firmengründer James Powers, war ein Ingenieur, der gemeinsam mit Hollerith im Zensusbureau gearbeitet und ebenfalls ein Tabulierungssystem patentiert hatte, bei dem die gestanzten Löcher auf mechanischem Wege abgelesen wurden.[42]

Einen Eindruck vom Einsatz der Hollerithmaschinen gibt der Kultursoziologe Siegfried Kracauer in seiner bekannten sozialwissenschaftlichen Studie „Die Angestellten" (1930): „Eine Menge von Mädchen ist gleichmäßig im Saal der Powers-Maschinen verteilt, locht Karten und schreibt. Die Powers- (oder die Hollerith-)Maschinerie, die zu Buchungen und allen möglichen statistischen Zwecken verwandt wird, vollbringt auf mechanischem Wege

42 Hollerith verwendete hingegen elektrische Kontakte.

Leistungen, zu deren Bewältigung es früher der nie mit automatischer Sicherheit funktionierenden Kopfarbeit und einer ungleich längeren Dauer bedurft hätte. Der Träger der maschinellen Verarbeitung ist die mit einer Ziffernreihe bedeckte Lochkarte, auf der sich die betriebswichtigen Positionen in Zahlen darstellen lassen. Jede Karte wird mit Hilfe der Lochmaschine gelocht und enthält dann den Buchungsvorgang in Lochschrift. Die fertigen Karten wandern in den Nachbarraum zu den Sortier- und Tabelliermaschinen. Jene ordnen im Handumdrehen das Material nach den verschiedenen Positionen, diese schreiben die gelochten Zahlen in der gewünschten Tabellenform nieder und addieren selbsttätig die Kolonnen. Herren bedienen die schweren Ungetüme, deren Radau das eintönige Geklapper der lochenden Mädchen gewaltig übertrifft."[43]

Ausgewählte Literatur und Links

G. **Aly,** K. H. **Roth,** Die restlose Erfassung. Volkszählen, Identifizieren, Aussondern im Nationalsozialismus (Frankfurt a. M., 2000).

G. **Austrian,** Herman Hollerith. Forgotten Giant of Information Processing (Columbia, 1984).

E. **Black,** IBM and the Holocaust. The Strategic Alliance Between Nazi Germany and America's Most Powerful Corporation (New York, 2001).

W. J. **Eckert,** Punched Card Methods in Scientific Computation (Cambridge, MA, 1984).

Th. **Irlbeck,** Computer-Lexikon, 3. Aufl. (München, 1995) 488.

R. **Lindner**, B. **Wohak** und H. **Zeltwanger**, Planen, Entscheiden, Herrschen. Vom Rechnen zur elektronischen Datenverarbeitung (Reinbek, 1988) 74 ff.

H. **Zemanek,** Weltmacht Computer (München, 1991) 194 ff.

http://www.history.rochester.edu/steam/hollerith/index.htm

http://www.computer-museum.org/index.html

http://www-stz.dfki.uni-sb.de/~winter/papers/hollerith-ibm/index.html#abstract

http://www.uni-karlsruhe.de/~za235/gk_inf/daten/hollerit.htm

http://www.eingang.org/Lecture/

http://encarta.msn.com/find/Concise.asp?z=1&pg=2&ti=761576953

http://www-1.ibm.com/ibm/history/

http://www.invent.org/book/book-text/57.html

[43] S. Kracauer, Die Angestellten (Frankfurt a. M., Neuaufl. 1980) 27 f.

5. Analogrechner

Die Analogrechentechnik erscheint heute nur mehr als eine weit zurückliegende historische Wurzel der Entwicklung des Computers. Analogrechner fristen ein Schattendasein. Analoge Messverfahren werden vielfach über ADCs *(Analog-Digital-Converters)* in digitaler Form umgesetzt, denken wir etwa an Uhren, Fieberthermometer, Volt- und Amperemeter usw. Analogverfahren sind dadurch gekennzeichnet, dass sie eine Größe auf eine andere abbilden – so bilden etwa die Uhrzeiger die Zeit auf Winkel ab, beim Thermometer wird die Temperatur auf eine Länge abgebildet, Astrolabien bilden die Position von Gestirnen auf Winkel ab, gleichzeitig sind sie ein Analog-Rechengerät, das dem Rechenschieber eng verwandt erscheint.

Analogrechner beruhen darauf, dass sie entweder über mechanische Bewegungen oder auch über Stromimpulse Zahlen abbilden. Durch Aneinanderreihen zweier Strecken kann man z. B. diese addieren bzw. in der inversen Operation subtrahieren. Durch Addition und Subtraktion der Logarithmen können Multiplikationen und Divisionen ausgeführt werden. Auf diesem Analogprinzip beruhen z. B. die Rechenschieber und Rechenscheiben, während etwa die in den Rechenmaschinen von Pascal und Morland verwendeten rotierenden Scheiben und Trommeln, auf denen das Resultat abgelesen werden konnte, auf dem Digitalprinzip aufbauen. Andere Typen von Analogrechnern umfassen Apparate, die zum Zeichnen, Messen und Berechnen von Integralen verwendet wurden, wie z. B. Pantographen, Gezeitenmesser und Planimeter. Tatsächlich reicht die Geschichte der Analogrechner weiter in die Vergangenheit zurück als diejenige der Digitalrechner. Was auch verständlich ist, denn es ist z. B. einfacher, ein Analogmodell der Bewegungen der Himmelskörper zu konstruieren, als etwa die grundlegenden mathematischen Gleichungen für die Gravitation und Bewegung in eine digitale Form zu bringen.

Das mechanische Analogverfahren fand Anwendung u. a. im Harmonischen Analysator, bei dem periodische Schwingungen durch Aufsummieren von harmonischen Sinus- und Kosinuslinien dargestellt werden, was vor allem für die Berechnung bzw. Voraussage der Gezeiten in der Seefahrt Anwendung finden sollte. Der be-

Lord Kelvin (1824–1907).
Zeitgenössische Abbildung.

rühmteste Gezeitenmesser stammt von dem Iren William Thomas Lord Kelvin (1824–1907); ähnlichen Bekanntheitsgrad erreichte ein 1914 in den Vereinigten Staaten entwickeltes Gerät, das den anschaulichen Namen *Brass Brain* erhielt und beim U.S. Coast and Geodetic Survey von 1911 bis Mitte der 1960er Jahre in Verwendung stand, ehe es durch einen IBM-7094-Computer ersetzt wurde. Der größte analoge Gezeitenmesser wurde 1938 in Deutschland gebaut und konnte im Auftrag der deutschen Marine in wenigen Stunden Gezeitentabellen für ein ganzes Jahr berechnen.

Beruhten all diese Maschinen noch auf mechanischen Grundlagen, so verband 1930 der Amerikaner Vannevar Bush (1890–1974) am MIT in seinem *Differential Analyzer,* der bei der Berechnung von Differentialgleichungen bis zu 18 unabhängige Variablen berücksichtigen konnte, mechanische und elektrische Elemente, um damit komplexe Differentialgleichungssysteme und Integrale zu berechnen.[44] Mit Hilfe dieser Maschine wurden u. a. ballistische Berech-

[44] Die Maschine basierte auf dem Grundprinzip des Planimeters, bestand aus einer Scheibe und einer auf dieser exzentrisch befestigten Sphäre, die beide mit je einem an einem Hebel befestigten Stift verbunden waren. Der mit der Scheibe verbundene Stift wurde auf der X-Achse bewegt, während gleichzeitig der zweite mit der Sphäre verbundene Stift die Kurvenwerte auf der Y-Achse nachzog und die abgelesenen Werte auf ein zylinderförmiges Zählwerk übertrug.

KELVINS GEZEITENMESSER.
Zeitgenössische Abbildung.

nungen durch das amerikanische Ordnance Ballistic Research Laboratory in Aberdeen, Maryland, für die Armee durchgeführt. Bush, der am Tufts College und am MIT Ingenieurswissenschaften lehrte, war ein begabter Erfinder, der schon in den 1920er Jahren den *Product Integraph* entwickelt hatte, mit dem er mit Hilfe von Gleitscheiben und Elektromotoren und unter Anwendung der Rückkoppelung recht komplexe Rechenverfahren in einem Bruchteil der dafür bisher aufzuwendenden Zeit löste. Er gilt auch als einer der geistigen Väter des *Hypertext*-Konzepts, da er bereits 1945 in einem Artikel „As we may think" die Grundzüge eines netzwerkartig aufgebauten Denkmodells skizzierte, das er *Memex* nannte. In diesem gedanklichen Modell wurde menschliches Gedächtnis durch organisierte assoziative Informationsketten zwischen einzelnen gespeicherten Daten erweitert.

Das anfälligste Moment im *Differential Analyzer* waren die mechanischen Bauteile, insbesondere der von Bush eingesetzte mechanische Drehmomentverstärker, weshalb man an der Moore School of Engineering, einer der führenden technischen Hochschulen der USA,

Bush-Analogrechner.
Bildarchiv MIT.

an einen elektronischen Verstärker dachte. Mit der Entwicklung der Elektronenröhre war es nahe liegend, die Rechenstruktur des Differential Analyzer unter Zugrundelegung eines Baukastenprinzips mit rückgekoppelten Röhrenverstärkern als Basiselement einzusetzen; über einen einfachen Umschalter konnte der Rechner entweder als Addierer oder als Integrator für die Berechnung von Integralen verwendet werden. Als Anzeige wurde ein Kathodenstrahl-Oszillograph oder ein Kurvenzeichengerät eingesetzt. Wie alle Analogrechner bot der Differential Analyzer den Vorteil großer Anschaulichkeit, war allerdings aufgrund der verwendeten Spannungsquelle relativ ungenau. Es wurden bis zum Ausbruch des Zweiten Weltkriegs insgesamt fünf Exemplare des Differential Analyzer hergestellt, davon eine für die Moore School of Engineering in Philadelphia. Die Maschine, die vor allem für ballistische Berechnungen eingesetzt wurde, fand ab 1941 auf englischer Seite auch für die Berechnung der Flugbahnen der deutschen V2-Raketen Verwendung. Bush war eine zentrale Figur bei der Koordinierung der amerikanischen Forschungen im Zusammenhang mit der Entwicklung militärischer Waffen im Zweiten Weltkrieg; er wurde 1939 Präsident des Carnegie Instituts in Washington und des National Advisory Committee for Aeronautics, 1940 Vorsitzender des National Defense Research Committee, und im folgenden Jahr Direktor des neu gegründeten Office of Scientific Research and Development.

Weil heutige Digitalcomputer durch Simulation auf dem Bildschirm die gleiche Anschaulichkeit erreichen, jedoch wesentlich genauere Berechnungen gestatten, haben sie den elektronischen Analogrechner seit den 1960er Jahren sukzessive verdrängt. Eine bemerkenswerte Ausnahme stellte der für Netzwerkberechnungen eingesetzte ANACOMP (ein Akronym für Analogcomputer) dar. Er wurde 1948 von E. L. Harder für die Firma Westinghouse Electric entwickelt und bis in die 1990er Jahre für Berechnungen über das Verhalten großer Leitungsnetzwerke und deren Leistungsfähigkeit bei Ausfall einzelner Netzwerkkomponenten (etwa bei Blitzschlag) eingesetzt.

Über als Analog-Digital-Wandler konzipierte Mikrochips ist es heute möglich, analoge in digitale Signale umzuwandeln, wobei das kontinuierliche analoge Signal einfach in kürzere Intervalle zerlegt wird. Jedem wird jeweils ein digitaler Zustand zugeordnet, der mit Hilfe des Computers weiterverarbeitet werden kann. Dies ist etwa auch zur Digitalisierung von Bild- und Toninformationen wichtig. In die umgekehrte Richtung wirken Digital-Analog-Wandler, die digitale in analoge Signale umwandeln können.

Ausgewählte Links

http://www.cs.nyu.edu/courses/spring00/V22.0004-002/history/kelvin.html

http://www.ruku.com/vannevar.html

http://www.ausbcomp.com/~bbott/wik/bushref.htm

6. Grundkonfigurationen des Computers

Man unterscheidet mitunter in der Geschichte des Computers verschiedene Generationen von Computern, wobei man sich dabei vor allem auf charakteristische Leistungsmerkmale bezieht, wie sie sich aus der jeweils zugrunde gelegten Basistechnologie ergeben. Auf diese Weise gelangt man zur Unterscheidung von vier bis fünf Rechnergenerationen: Demnach wäre die erste Generation durch Relais- und Röhrenrechner geprägt, die zweite Generation durch die Transistorenrechner, die dritte Generation durch integrierte Schaltkreise. Die vierte Generation ist hingegen niemals allgemein spezifiziert worden, sie steht jedoch einerseits mit der Entwicklung des Mikrochips im Zusammenhang, andererseits mit der übergreifenden Einführung von Betriebssystemen. Als fünfte Generation bezeichnet man mitunter parallel arbeitende Computersysteme vom Typ des Superrechners. Mit Absicht wurde davon Abstand genommen, dieser Generationenfolge als Einteilungsprinzip bei diesem historischen Überblick zu folgen. Aus meiner Sicht wirkt eine solche Einteilung nur wenig überzeugend, denn die Übergänge sind durchaus fließend und die Abgrenzungen zu willkürlich, auch bezieht man sich bei einer derartigen Generationenabfolge zu einseitig auf die Hardwarekomponenten und übersieht den komplexen Zusammenhang mit der Software; beide stehen jedoch in einem engen Konnex.

Die *Hardware* verkörpert gewissermaßen die physische, materielle Seite des Rechners, während unter *Software* die auf der Hardware laufenden Betriebssysteme und Programme verstanden werden. Die Hardwareseite des Computers beruht in ihrer Grundkonfiguration auf den drei Einheiten Rechen-/Steuerwerk (Prozessor), Speicherwerk sowie Eingabe- und Ausgabeeinheit. In den 1950er Jahren setzte sich die so genannte Von-Neumann-Rechnerarchitektur durch. Diese besteht aus fünf Hauptkomponenten: Steuerwerk, Rechenwerk, Speicher, Ein- und Ausgabe. Es handelt sich dabei um eine Architektur für universelle Rechner, „bei der die Struktur des Rechners unabhängig von der zu bearbeitenden Aufgabe erst über das Programm konkretisiert wird. Eng damit verbunden ist die Speicherprogrammierung, also die Ablage des Programms in dem Speicher, der auch für die Daten verwendet wird (Äquivalenz von Daten und Programm). Jedem Speicherplatz ist eine Nummer zugeordnet, die die Adresse des Speicherplatzes repräsentiert, und die Daten sind über diese Nummern abrufbar (Adressspeicherung). Konsequent ist die Abarbeitung sequentiell, und um Sequenzen zu wiederholen ist es nötig, bedingte bzw. unbedingte Sprungbefehle zu haben."[44]

Über das Programm, das aus einer Reihe von Befehlen besteht, wobei sich jeder Befehl wiederum aus Operation und Adresse zusammensetzt, werden die Vorgänge im Computer gesteuert. Die Informationsverarbeitung lässt sich auf ganz wenige Grundoperationen zurückführen: Im Grunde genommen bildet die Addition den Kern jeder Informationsverarbeitung, und der Computer ist aus ihr heraus entwickelt worden. Der Computer verdankt seine Entstehung dem Versuch, die Abläufe, wie wir sie bereits bei den mechanischen Rechenmaschinen vorfinden, durch den Einsatz der Elektronik zu beschleunigen. Es ist daher irreführend von Elektronengehirn zu sprechen, denn der Computer denkt nicht, sondern er sortiert; seine Erfindung ist keine Simulation des Gehirns, des Denkens oder gar des Bewusstseins.

Die erste Generation von Programmiercodes waren reine Maschinencodes. Denn die einzige „Sprache", um sich mit dem Computer zu „verständigen", stellt die aus einer Abfolge von binär 0 und 1 zusammengesetzte Maschinensprache dar, die über die Steuereinheit des Computers in Befehle „übersetzt" wird. Später entwickelte man Assemblersprachen, wobei direkte Befehlsworte wie etwa „add" oder „go to" mit Hilfe eines Assembler in Maschinensprache übertragen werden. Sämtliche Programmiersprachen müssen für den Computer in Maschinencodes übersetzt werden, damit dieser die darin enthaltenen Instruktionen ausführen kann.

Die erste hoch entwickelte Programmiersprache wurde von John Backus am Watson Scientific Laboratory bereits 1954 bis 1959 für den IBM-701-Rechner geschrieben, nämlich das auch heute noch für mathematische Anwendungen häufig verwendete FORTRAN (d. h. *Formula Translation)*. FORTRAN, das vielfache Weiterentwicklungen erfuhr, wurde auch verwendet, um den Computer etwa für so unterschiedliche Dinge wie Videospiele, Lohnlisten, Kontroll-

44 Fröschl u. a., Symbolverarbeitende Maschinen (1993) 98.

systeme, sowie vielfältige wissenschaftliche Aufgaben zu programmieren. Andere derartige hoch entwickelte Programmiersprachen mit unterschiedlichen Programmierparadigmen (z. B. logik-, funktions-, prozedural-, objektorientiert, mengenbasiert) waren dann in weiterer Folge ADA, ALGOL, BASIC (1964), COBOL (1959), C, LISP (1959), PASCAL, PROLOG und SNOBOL (1962) etc. IBM stellte 1961 mit PL/1 eine neue Sprache vor, die eine Kombination von ALGOL, FORTRAN und COBOL darstellte und für umfangreiche Anwendungen gedacht war. Später folgten *High Level Programming Languages*, die weitgehend der menschlichen Sprache und Syntax entsprechen, und über einen Compiler entweder in Assemblersprache oder gleich direkt in Maschinencode übersetzt werden müssen.

Ein wichtiger Schritt zur größeren Benützerzugänglichkeit erfolgte mit der 1964 durch die beiden amerikanischen Mathematiker John G. Kemeny und Thomas E. Kurtz an der Dartmouth Universität geschriebenen und leicht erlernbaren Programmiersprache BASIC (d. h. *Beginner's All-purpose Symbolic Instruction Code)*, die auch ohne tiefere Mathematikkenntnisse erlernbar sein sollte und bei der die Programme mit einem Interpreter übersetzt wurden. Gleichzeitig ersetzten sie das bisher übliche Stapelverfahren und Lochkartensystem – bei dem die Benützer aufgrund der in einem Durchgang erfolgenden Verarbeitung ihre Ergebnisse zumeist erst nach 24 Stunden erhielten – durch ein Timesharing-Verfahren, bei dem die Benützer über mehrere Terminals auf den Computer direkt zugreifen konnten. Im Jahre 1975 entwickelten William Gates und Paul Allen eine Version einer Programmsprache für den Altair-Computer, die später als Microsoft BASIC bekannt wurde. MS BASIC, das in den 1980er Jahren wesentlich umstrukturiert wurde, war universell anwendbar und wurde im Laufe der Zeit zur meist verwendeten Programmiersprache überhaupt und fester Bestandteil des von Microsoft weiterentwickelten Betriebssystems DOS *(Disc Operating System)*.

Das Prinzip der Programmsteuerung ist an sich uralt; bereits die Automaten des 16. und 17. Jahrhunderts waren z. B. über Stiftenwalzen jeweils für eine bestimmte Aufgabe oder etwa ein bestimmtes Musikstück programmgesteuert. Der französische Seidenweber Jacquard benützte für die Steuerung seiner mechanischen Webstühle

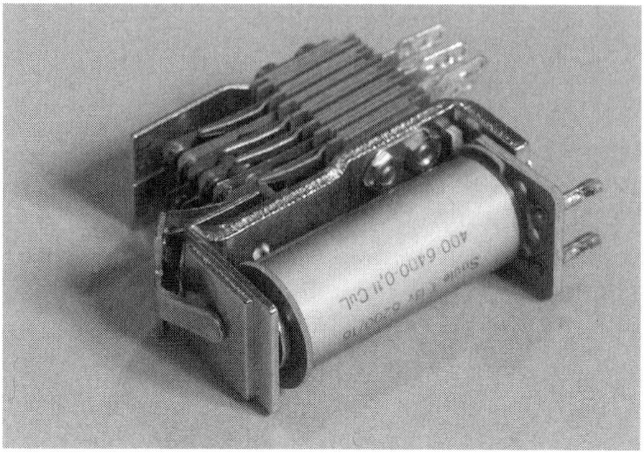

Relaistechnologie.
Technisches Museum Wien.

Lochstreifen, später verwendete man auch bei Rechnern zur Programmsteuerung Lochkarten. Mit dem Aufkommen der elektronischen Rechner entstand dann für die Darstellung logischer Funktionen eine eigene Schaltalgebra mit Hilfe von Stromkreisläufen. Die weiteren Entwicklungsschritte markierten diverse Relaiskontakt-Addierwerke, über Kabelverbindungen „programmierte" Elektronenröhren und später integrierte Schaltkreise.

Die Verwendung von Elektronenröhren als logisches Element brachte gegenüber dem elektromechanischen Relais bereits eine Erhöhung der Datenübertragungsgeschwindigkeit um einen Faktor 10^3. Von der Industrie entwickelte Standard-Elektronenröhren, wie sie etwa auch in damaligen Radios verwendet wurden, dienten als Bausteine, die mit Hilfe einer komplizierten Verkabelung organisiert und dann programmiert wurden. Es wurde für die Darstellung eines *Bit* jeweils eine Röhre verwendet, so dass einige tausend Röhren notwendig waren, um eine entsprechende Rechnerkapazität zu erreichen. Elektronenröhren verwenden als Elektronenspender eine glühende Wendel. Daraus resultierte jedoch eines der großen Probleme der Röhrentechnologie, nämlich eine übermäßige Wärmeabgabe, was wiederum die Notwendigkeit einer aufwendigen Klimatisierung nach sich zog. Die Bewegung von Informationseinheiten erfordert stets gewisse Energiemengen, was sich aber bei der Menge von Zei-

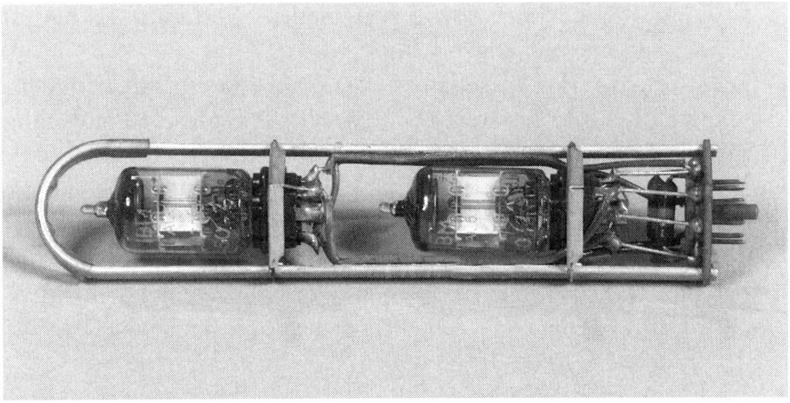

RÖHRENTECHNOLOGIE.
Technisches Museum Wien.

chen, die in einem Computer verarbeitet werden, in Form von Wärmeentwicklung niederschlägt. Da die zumeist in Form von elektrischen Impulsen[45] eingehenden Signale aus dem Rechen-, Steuer- und Speicherwerk häufig sehr viel schwächer herauskommen als sie hineingehen, benötigten sowohl logische Elemente als auch Speicher zur Erhaltung der Wellenlänge und Signalform Signalverstärker, Pulsformer und Regeneratoren. Sowohl Elektronenröhren als auch Transistoren besitzen neben ihrer Eigenschaft als Schaltelemente auch einen Verstärkereffekt, wobei der Transistor den Vorteil hat, dass bei ihm der Energieverbrauch auf ein Minimum herabgesetzt ist.

- Die **Zentraleinheit** des Computers *(Central Unit)* umfasst als Funktionseinheit einen oder mehrere Prozessoren sowie den Zentralspeicher.
- Der **Zentralprozessor** (CPU, d. h. *Central Processing Unit)* steuert über die jeweiligen Programme den Gesamtverlauf der Informationsverarbeitung und stellt gewissermaßen das „Herz" des Rechners dar. Er umfasst die Schaltelemente, in denen die an den Computer ergangenen Befehle dekodiert und ausgeführt werden. Der Prozessor vereinigt in den heutigen Computern das Re-

[45] Teilweise wurden aber auch Impulse mit anderer Wellenlänge verwendet, so etwa Schall, Ultraschall und Licht.

chen- und Steuerwerk sowie verschiedene Verbindungskomponenten auf einem einzigen Chip.

- Das **Rechenwerk** *(Arithmetic Logic Unit)*, die für die arithmetische Logik des Computers verantwortliche Einheit, ist zuständig für alle Rechenoperationen.
- Das **Leit- oder Steuerwerk** *(Control Unit)* ist zuständig für die Durchführung der einzelnen Programmbefehle; sie steuert dabei über einen festen Satz an Befehlen (arithmetische und logische Befehle, Transportbefehle, Ein- und Ausgabebefehle) den Datenaustausch zwischen dem Arbeitsspeicher, dem Rechenwerk sowie den anderen Systemkomponenten.
- Ein **Ein-Ausgabe-Prozessor** *(I/O-Processing Unit)* steuert im Auftrag des Zentralprozessors selbständig Ein- und Ausgabegeräte und externe Speichergeräte.
- Der **Taktgeber** *(Clock)* des Prozessors, in der Regel ein regelmäßige Impulse abgebender piezoelektrischer Schwingungskristall,[46] synchronisiert die einzelnen Komponenten des Computers. Er arbeitet mit einer bestimmten, üblicherweise in Hertz (das ist die Anzahl der Schwingungen pro Sekunde) angegebenen Taktfrequenz, die heute bei PC-Prozessoren üblicherweise im Bereich von 60 MHz bis 400 MHz und bei Desktop-Computern mit Intel-Pentium-IV-Prozessor etwa bei 2 GHz liegt.

[46] Der piezoelektrische Effekt wurde 1883 durch den französischen Physiker Pierre Curie entdeckt. Wenn man bestimmte Festkörperkristalle unter elektrische Spannung setzt, ergeben sich an deren Oberfläche mechanische Deformationen. Man kann auf diese Weise elektrische Schwingungen in mechanische Bewegung transformieren, und umgekehrt mechanische Bewegungen in elektrische Schwingungen. Dies wird bei Schwingkristallen genützt; so lässt sich z. B. bei einem Quarzkristall durch Anlegen eines hochfrequenten elektrischen Wechselfelds bestimmter Frequenzen erreichen, dass dieser mechanische Resonanzschwingungen mit hoher Konstanz ausführt. Piezoelektrische Kristalle schwingen in einer eng definierten Frequenzbreite, was sich bei elektrischen Schaltkreisen für Filter bzw. Oszillatoren nützen lässt.

6.1. Zur Entwicklung des Prozessors

Die Erfindung des Mikroprozessors im Jahre 1975 ermöglichte es, den CPU auf einem einzigen integrierten Schaltkreis unterzubringen. Dies hat seither im Zuge des technischen Fortschritts eine rasante Miniaturisierung bei gleichzeitiger Leistungssteigerung bewirkt. Man unterscheidet heute, je nach dem Umfang des Befehlssatzes, zwischen RISC- (z. B. in Sun-Workstations, Apple PowerPC) und CISC- (z. B. Intel-80x86- und Motorola-680x0-Serie) Mikroprozessoren. Moderne CPUs verfügen üblicherweise über ein so genanntes *Cache Memory*, d. h. eine auf dem Prozessor selbst befindliche oder mittels *Bus* angedockte Speichermöglichkeit,[47] der die Zugriffe des Prozessors auf den Arbeitsspeicher bzw. auf die anderen Datenträger beschleunigt. Mikroprozessoren sind heute überall dort anzutreffen, wo intelligente und komplexe Steuerungen verlangt werden. Je nach der internen Verarbeitungsbreite unterscheidet man 8-Bit-, 16-Bit-, 32-Bit-, 64-Bit- und 128-Bit-Prozessoren, ein 8-Bit-Prozessor verfügt

Platine mit Chips, Kondensatoren und Verstärkern.
Atominstitut der Österreichischen Universitäten, Wien. Foto: H. Matis.

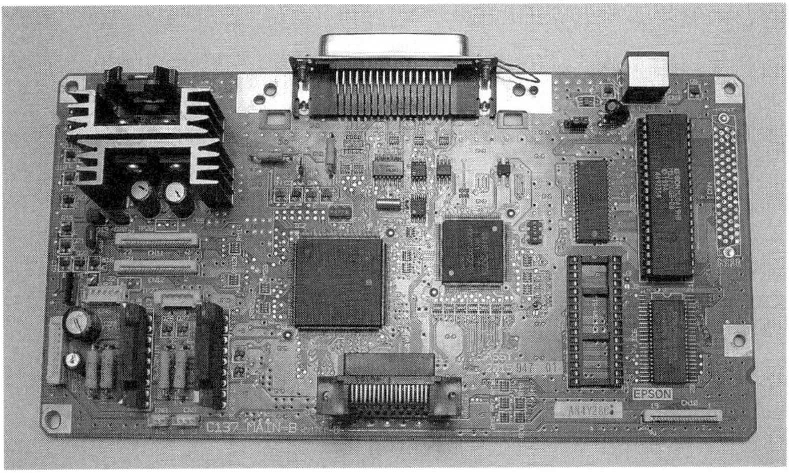

[47] Als *Bus* wird ganz allgemein ein Leitungssystem zur Datenübertragung zwischen Prozessor, Arbeitsspeicher und den über die Steckplätze angebundenen Geräten bezeichnet. Die Anzahl der Übertragungsleitungen (Busbreite) bestimmt, wie viele Bits parallel übertragen werden können.

z. B. über einen 8 Bit breiten Datenbus, so dass pro Takt 1 Byte übertragen werden kann.

Heutige Prozessoren basieren auf der Technologie der integrierten Schaltkreise. Solche integrierten Schaltkreise werden in immer kleineren Dimensionen auf einem *Chip* untergebracht; wenn mehrere derartige Chips kombiniert und in einem einzigen Arbeitsgang hergestellt werden, spricht man auch von einem *Wafer* (wörtlich: Waffel). Der englische Ingenieur G. W. A. Dummer, ein Elektronikexperte bei Royal Radar Establishment, beschrieb 1957 in einer wissenschaftlichen Veröffentlichung erstmals die mögliche Integration und Miniaturisierung von Widerständen, Dioden, Transistoren und anderen Bauteilen in einem mehrschichtigen Siliziumplättchen *(Chip)* in Form eines integrierten Schaltkreises. Allerdings erkannte seine Forschungsstelle nicht die Bedeutung dieser Entwicklung und unterließ eine technische Umsetzung. Daher durften sich Jack Kilby bei Texas Instruments und Robert Noyce bei der Firma Fairchild Semiconductor 1958/59 den Ruhm teilen, den ersten brauchbaren Chip entwickelt zu haben. Im Jahr 1971 glückte es dann den beiden

Verschiedene Transistoren der ersten Generation.
Atominstitut der Österreichischen Universitäten, Wien. Foto: H. Matis.

Amerikanern Gilbert Hyatt von Micro Computer Inc. und Marcian E. (Ted) Hoff von der Firma Intel unabhängig voneinander, eine vollständige Recheneinheit auf einem einzigen Chip unterzubringen – der *Mikroprozessor* war damit geboren. Dies eröffnete den Weg zur Entwicklung des Mikro- und Personalcomputers und damit für eine allgemeine Verbreitung des Computings.

Integrierte Schaltkreise werden seither nicht nur in Mikroprozessoren, sondern auch in vielen anderen Hardware-Komponenten verwendet. Zusätzlich finden sie in Kreditkarten, Audio- und Videogeräten, Autos, Waschmaschinen, Taschenrechnern usw. Verwendung. Je nach der Anzahl an Transistoren und anderen elektronischen Bauteilen, die sie pro Chip enthalten, unterscheidet man zwischen SSI *(Small Scale Integration)* mit bis zu 100, MSI *(Medium Scale Integration)* mit 110 bis 3000, LSI *(Large Scale Integration)* mit 3000 bis 100.000, VLSI *(Very Large Scale Integration)* mit 100.000 bis 1 Million, und ULSI *(Ultra Large Scale Integration)* mit mehr als 1 Million elektronischen Bauteilen pro Chip. Die Mikrochips enthalten Logik-, Speicher- und Kontrollschaltkreise auf einem einzigen Chip.

Die 1969 gegründete amerikanische Firma Intel entwickelte 1971 den ersten funktionstüchtigen kommerziell vertriebenen Chip-

Innenleben des Intel-4004-Mikroprozessors (1971).
Mit freundlicher Genehmigung von Intel Corporation.

prozessor mit der Bezeichnung 4004. Intel hatte von der japanischen Firma Nippon Calculating Machine Corporation den Auftrag erhalten, für eine elektronische Rechenmaschine einen Satz von zwölf auf die Grundrechnungsarten vorprogrammierten Chips zu entwickeln. Weil dazu aber die Produktionskapazität fehlte, schlugen Marcian Ted Hoff und Stanley Mazor statt dessen vor, einen universell einsetzbaren programmierbaren „Minicomputer" in Form eines Mikrochips zu bauen. Ein Team unter Federico Faggin entwarf daraufhin eine Anordnung, die auf einem einzigen Chip sämtliche Komponenten eines Rechners unterbrachte: zentralen Prozessor (CPU), Arbeitsspeicher (RAM), Festwertspeicher (ROM) und Ein- und Ausgabeeinheit. Das Ergebnis war der erste Mikroprozessor, der als 4004 zur Markteinführung gelangte.[48] Bereits in den folgenden Jahren 1972–1978 brachte Intel mit den Modellen 8008, 8080 und 8086 immer funktionstüchtigere Prozessoren auf den Markt. Alle späteren Modelle wurden dabei aufwärts kompatibel gestaltet, d. h., dass auch auf einem heutigen Pentium-IV-Prozessor noch die vor rund 20 Jahren geschriebenen Programme laufen.

Als größter Konkurrent von Intel etablierte sich die ebenfalls 1969 gegründete Firma AMD *(Advanced Micro Devices)*, die mit den Serien 8080, 8086 und 8088 in den folgenden Jahren Mikroprozessoren in Form von *Second-Source*-Lizenzen von Intel nachbaute. Dies hing mit dem Wunsch der Computerhersteller zusammen, nicht von einem einzigen Lieferanten abhängig zu sein, so dass die Hersteller von Elektronikbauteilen nolens volens einer Zweitproduktion zustimmen mussten.[49] Die Firma Motorola stellte 1974 ihren 6800-Prozessor vor, es folgte 1976 der Z80 der Firma Zilog. Intel entwickelte später für Mikrocomputer und Workstations eine Reihe von leistungsfähigen Prozessoren. Dazu zählen die Serie

[48] Zum Glück für Intel forderte der japanische Erzeuger einen Preisnachlass, den Intel auch gegen Abänderung des Lizenzvertrages gewährte; Intel wurde zugestanden, den Chip auch an andere Kunden zu verkaufen, was sich als grundlegend für die weitere Entwicklung der Firma, die seither unangefochtener Marktführer bei Mikrochips wurde, erweisen sollte.

[49] Die Idee der Zweitproduktion war eigentlich eine Erfindung des amerikanischen Verteidigungsministers Robert McNamara, der während des Vietnamkriegs die Rüstungsindustrie veranlasste, Lizenzen an Konkurrenzfirmen weiterzugeben, um mögliche Engpässe in der Produktion strategischer Rüstungsgüter zu vermeiden.

Pentium I bis IV, Pentium Pro und zuletzt Itanium.[50] Ein zum Pentium II kompatibler Prozessor war der 1997 von der Firma Cyrix, die später von National Semiconductor aufgekauft wurde, entwickelte 6x86MX. Motorola wiederum stellte zwischen 1979 und 1994 eine Serie von Prozessoren unter den Bezeichnungen 68000, 68020, 68030, 68040, und 68060 vor. Die Firmen Motorola, IBM und Apple entwickelten 1992 unter der Bezeichnung PowerPC 601 eine gemeinsame Familie von RISC-Prozessoren mit 2,8 Millionen Transistoren und einer Taktfrequenz bis zu 120 MHz. Die gemeinsame Prozessorentwicklung ist seither weiter vorangeschritten, inzwischen hält man bereits beim PowerPC 750.

Die Firma Digital Equipment stellte 1992 ihren Alpha-Chip vor, den ersten 64-Bit-RISC-Prozessor der Welt, der in Workstations und Servern von DEC und anderen Herstellern eingesetzt wird. Im November 1994 übertrug ein Alpha-Rechner erstmals live über das Internet die amerikanischen Wahlergebnisse und im Juli 1997 auch die Marslandung einer unbemannten Raumsonde mit Hilfe von *Webcast*. Alpha bildete auch jene Plattform, über die das *Human-Genom*-Projekt, die Entschlüsselung der menschlichen Gen-Sequenzen, bis zu seinem Abschluss im Juni 2000 lief. Ebenso basierte die erste vollelektronische Börse, die *International Securities Exchange*, auf der Plattform dieses Prozessors. Die Computerfirma Compaq, die kurz zuvor den bisherigen Konkurrenten Digital Equipment erwerben konnte, verfügte ab dem Jahr 2000 sowohl über den Alpha-Chip als auch die von Tandem bereits früher übernommenen noch leistungsfähigeren Non-Stop-Himalaya-Systeme.

Compaq und Intel, der eine damals Weltmarktführer bei Personalcomputern und der andere bei Mikroprozessoren, vereinbarten im Juni 2001, ihr Hochleistungs-Computing unter dem gemeinsamen Dach von Intel zusammenzuführen. Der von Intel entwickelte Itanium-Prozessor sollte auf diese Weise die bisherigen Konkurrenten in einer gemeinsamen Anstrengung vereinen. Bisher hat sich das 1968 vom damaligen Intel-Geschäftsführer Gordon Moore aufgestellte so genannte „Moorsche Gesetz“, wonach sich die Zahl der Transistoren auf einem Prozessor etwa alle eineinhalb bis zwei Jahre verdoppelt, durchaus bewahrheitet.

[50] Heutige Prozessoren wie der Itanium zeigen eine Tendenz, die Wortlänge, die heute zumeist 32 Bit beträgt, zu erhöhen.

Jahr	Prozessor	Zahl der Transistoren
1971	4004	2.300
1972	8008	3.500
1974	8080	6.000
1978	8086	29.000
1982	286	134.000
1985	386	275.000
1989	486 DX	1.200.000
1993	Pentium I	3.100.000
1995	Pentium Pro	5.500.000
1998	Pentium II	7.500.000
1999	Pentium III	9.500.000
2000	Pentium IV	42.000.000

Das „Gesetz von Moore“.
Quelle: Intel Corporation.

Im Jahr 2000 wurden weltweit Chips im Wert von rund 222 Milliarden Dollar abgesetzt. Allerdings werden Halbleiter mittlerweile nicht nur in Computern, sondern auch in vielen anderen elektronischen Geräten eingesetzt. Den Markt für Halbleiter, der in den letzten Jahren weiter stürmisch gewachsen ist, teilen sich heute im Wesentlichen zehn Firmen: die Nummer eins ist Intel mit einem Jahresumsatz von rund 29,8 Milliarden Dollar, gefolgt von den japanischen Erzeugern Toshiba, NEC und Samsung mit jeweils knapp um 11 Milliarden Dollar. Infineon, der größte europäische Halbleiterproduzent, liegt mit 6,7 Milliarden Dollar Umsatz pro Jahr demgegenüber erst an zehnter Stelle.

Man rechnet damit, dass die heutige Chiptechnologie, die auf Siliziumträgern basiert, in etwa zehn bis fünfzehn Jahren aus physikalischen Gründen durch alternative Technologien abgelöst werden wird. Relativ weit gediehen ist die Entwicklung von Transistoren auf Basis von Kohlenstoffverbindungen. Physiker der Bell Laboratories haben bereits Mini-Transistoren mit organischen, d. h. auf Kohlenstoffverbindungen aufbauenden Materialien vorgestellt. Teile dieser Transistoren sind bis zu hundertmal kleiner als entsprechende Komponenten auf Siliziumbasis.

Die amerikanische National Science Foundation finanziert gemeinsam mit der NASA und einer Reihe führender Universitäten Arbeiten zur Entwicklung eines Petaflop-Computers, der mehr eine

Hersteller	Umsatz in Mrd. Dollar
Intel	29,8
Toshiba	11,2
NEC	11,1
Samsung	10,8
Texas Instruments	9,1
Motorola	8,0
STMicro	7,9
Hitachi	7,3
Hyundai	6,9
Infineon	6,7

DIE WELTGRÖSSTEN CHIPHERSTELLER, UMSATZ IM JAHR 2000.
Quelle: Dataquest.

Trillion Fließkomma-Operationen pro Sekunde ausführen können soll. Man greift dabei auf die Supraleitertechnologie und auf unkonventionelle integrierte Schaltkreise zurück. Ein anderer Ansatz wird im Prinzip des quantenmechanischen Transistors DELTT *(Double Electron Layer Tunneling Transistor)* gesehen. Dabei nutzen die Transistoren der so genannten Quantenchips einen quantenmechanischen Effekt (Tunneleffekt). In Albuquerque, New Mexico, führen die Sandia National Laboratories dazu zukunftsweisende Versuche durch. Auch der österreichische Physiker Anton Zeilinger hat weltweit beachtete Grundlagenforschung geleistet, die als Vorarbeit für das Quantencomputing anzusehen ist. Ein unter Leitung von Isaac Chuang stehendes Forschungsteam am IBM Research Center im kalifornischen San Jose soll schließlich im Frühjahr 2002 den ersten funktionstüchtigen Prototyp eines Quantencomputers auf Basis von speziell entwickelten Molekülen vorgestellt haben.[51]

[51] http://www.research.ibm.com/resources/news/20000815_quantum.shtml. Es bleibt allerdings offen, ob es sich dabei nicht bloß um das Beispiel einer (in der Vergangenheit mehrfach praktizierten) Ankündigungspolitik der Computerindustrie handelt, um die Konkurrenz zu schocken.

6.2. Speichermedien

Im **Speicher** *(Memory, Storage)*, der gewissermaßen das „Gedächtnis“ des Computers darstellt, werden Informationen abgelegt. Die Deutsche Industrie-Norm DIN definiert den Speicher als „eine Funktionseinheit eines Rechensystems, die Daten aufnimmt, aufbewahrt und abgibt“.[52] In der Informationstechnologie kommt noch eine Besonderheit dazu, nämlich dass man zugleich Informationen herausnehmen und im Speicher liegen lassen kann. Bits werden zur Darstellung der Zeichen verwendet, wobei verschiedene Codes (binhex, oktal etc.) benützt werden. Das Maß für Informationseinheiten sind Bytes; 1 Byte entspricht 8 Bit. Die Speicherkapazität heutiger Computers wird gemessen in Kilobyte (1 KB = 1024 oder 2^{10} Byte), Megabyte (1 MB = 1024 KB), Gigabyte (1 GB = 1024 MB) und Terabyte (1 TB = 1024 GB).[53] Wenn z. B. für einen Computer eine Speicherkapazität von 1 MB angegeben ist, so bedeutet dies, dass er 1.048.576 Byte an Information (Zeichen, *Characters)* halten kann, was etwa dem Inhalt eines Buches mit 350 Seiten entspricht.

Grundsätzlich unterscheidet man flüchtige und Permanentspeicher. Zu den flüchtigen Speichern zählt etwa der Haupt- oder Arbeitsspeicher des Computers. Diese können Informationseinheiten nur während des Betriebes, d. h. nur bei aktiver Stromzufuhr und somit bloß vorübergehend halten, wobei direkter Zugriff auf den Speicher besteht. Im Englischen wird dafür die Bezeichnung *Memory* verwendet.[54] Man könnte sich einen solchen Speicher auch als eine Reihe von Briefkästen vorstellen, in denen Informationen jeweils in Form von einem Byte abgelegt werden. Nichtflüchtige oder Permanentspeicher, im Englischen mit *Storage* bezeichnete Massenspeicher, sind demgegenüber nicht auf aktive Stromzufuhr angewiesen. Dazu zählen etwa Lochkarten und -streifen, magnetische Speichermedien (wie z. B. Magnetbänder, Floppy Disks, Mini Disks, Festplatten, Removable Cartridges), optische Speichermedien, die mittels Laser beschrieben und abgelesen werden (wie

[52] Gemäß DIN 44.300 definiert.

[53] Es sind dies genormte Größen: Kilo = 10^3, Mega=10^6, Giga=10^9, Tera=10^{12}.

[54] Dieser wird als RAM *(Random Access Memory)* bezeichnet, wofür sich im Deutschen die Bezeichnung Direktzugriffsspeicher durchgesetzt hat.

z. B. CD-ROM), magneto-optische Speichermedien (wie MO-Laufwerke) oder Speicherchips (*Flash Memory* usw.).

Alle Daten und Programme müssen, damit sie in der CPU *(Central Processing Unit)* manipuliert werden können, zuerst im **Hauptspeicher** *(Main Memory)* des Computers abgelegt werden, der gewissermaßen dessen „Kurzzeitgedächtnis" darstellt. Heutige Personalcomputer haben dafür zumindest eine Speicherkapazität von 32 MB, zumeist aber 64 MB oder 128 MB zur Verfügung.[55] Da die Kapazität des Hauptspeichers dennoch oft als unzureichend empfunden wird, bedient sich die Computertechnik der Methode des *Swapping,* wobei eine gewisse Datenmenge vom Hauptspeicher temporär in einen virtuellen Arbeitsspeicher auf der Festplatte ausgelagert wird, um einer anderen benötigten Datenmenge Platz zu machen.[56] Der Ausdruck *Memory* dient heute häufig auch als Kürzel für einen physischen Speicher in Form eines Mikrochips, der Daten speichern kann.

Man unterscheidet verschiedene Formen von Speicherchips (*Memory Chips*):

- RAM (*Random Access Memory*), was synonym für Schreib-/Lese-, Direktzugriffsspeicher oder Speicher mit wahlfreiem Zugriff steht. Man kann in den RAM, zu denen der Arbeitsspeicher mit den aktuell bearbeiteten Daten und Programmen zählt, die Daten sowohl schreiben als auch lesen. Die meisten RAMs sind flüchtige (oder volatile) Speicher, d. h., es ist ein ständiger Stromfluss notwendig, damit sie ihren Inhalt bewahren können, und beim Abschalten des Computers gehen auch die im RAM abgelegten Daten verloren. Der Computer kann nur solche Daten manipulieren, die im Hauptspeicher abgelegt sind. Man unterscheidet dynamische und statische RAMs, je nachdem auf welche Weise die Daten gehalten werden – erstere müssen die Daten immer wieder neu einspeichern, letztere halten sie bis zum Abschalten des Computers.
- ROM *(Read Only Memory),* d. h. Nur-Lesespeicher bzw. Festwertspeicher, ein Speicher, der ausschließlich lesbare Instruktio-

[55] Mitunter liegt die Speicherkapazität schon bei 256 oder 512 KB oder sogar bei 1 GB.

[56] Dies geschah erstmals 1962 beim Atlas Computer.

nen enthält, die zum Starten des Computers benötigt werden. Es ist dies ein nichtflüchtiger Direktzugriffsspeicher, die in ihm gespeicherten Informationen gehen beim Abschalten des Computers nicht verloren; sie sind entweder unveränderbar oder nur durch bestimmte Operationen zu manipulieren. Er dient zur Speicherung von Programmen, die beim Hochfahren des Betriebssystems und beim Reset sowie für die Fehlerdiagnose gebraucht werden.

- PROM *(Programmable Read Only Memory)*, der ebenfalls ein nicht-volatiler Chip ist, auf dem Programme mit Hilfe spezieller Programmiergeräte über elektrische Impulse fix gespeichert werden. Bei speziell ausgelegten PROMs, wie dem EPROM *(Erasable Programmable Read Only Memory)*, können die gespeicherten Informationen durch Bestrahlung mit ultraviolettem Licht bzw. beim EEPROM (*Electrically Erasable Programmable Read Only Memory*) durch eine elektrische Ladung gelöscht werden.

Die Entwicklung von verschiedenen, immer effizienteren Speichermedien ist einer der wichtigsten technischen Beiträge zur Entwicklung des modernen Computers. Während bei den Relaisrechnern der ersten Generation die Zugriffszeit auf den Speicher noch nicht so wichtig war, da auch die Rechner sehr langsam waren, änderte sich dies bereits bei den Elektronenröhrenrechnern. Vor allem seit der Erfindung des programmgespeicherten Computers bestimmte das Design des Hauptspeichers mehr oder weniger die gesamte Architektur des Rechners. Man stellte seither an einen Speicher folgende technische Forderungen: Es musste möglich sein, die Informationen im Speicher zu löschen und durch neue zu ersetzen, Daten sollten für eine längere Zeit aufbewahrt werden können. Der Zugang zu den Informationen (Zugriffszeit) musste möglichst schnell erfolgen können, gleichzeitig sollte das Ganze nicht allzu viel kosten. Erst der Magnetkernspeicher erfüllte die meisten dieser Kriterien. Mit dem Aufkommen der auf den großen integrierten Schaltkreisen beruhenden Speicher waren dann ab den siebziger Jahren sämtliche Anforderungen zu erfüllen.

Als die Firma Honeywell 1970 eine neue Computerserie auf den Markt bringen wollte, wurde Intel mit der Entwicklung eines auf Bipolartechnik aufgebauten Speicherchips beauftragt. Das Ergebnis war der Intel-1103-DRAM-Chip mit einer Speicherkapazität von 1 KB, der sehr bald den bisherigen Magnetkernspeicher verdrängte. Als Intel in kürzester Zeit über 10.000 Speicherchips an Honeywell liefern konnte, prägte der damalige Marketingleiter von Intel, Bob Graham, den noch heute verwendeten Firmenslogan: „Intel delivers!“

Im Vergleich zur potentiellen Arbeitsgeschwindigkeit der Elektronik in den logischen Elementen waren sämtliche früheren Speichermedien relativ langsam – ein Dilemma, das sich ebenfalls erst mit dem Aufkommen des Mikrochips endgültig lösen sollte. Bei den ersten elektronischen Rechnern verwendete man als flüchtige Speichermedien u. a. Relaisschalter, Elektronenröhren-Flip-Flops, Verzögerungsstreckenspeicher, Kathodenstrahlröhren, Trommelspeicher mit Kondensatoren, Magnettrommeln, Magnetscheiben und Magnetkernspeicher. Relais, bereits aus der Telefonie bekannt, waren robust und relativ billig herzustellen. Sie hielten die Information über längere Zeit, ließen aber als mechanische Bauteile nur relativ langsame Rechengeschwindigkeiten zu, indem sie ihren Status maximal bis zu 200-mal pro Sekunde ändern konnten. Sie wurden vor allem bei den großen elektromechanischen Rechnern (wie dem amerikanischen Harvard Mark I und II, dem englischen ARC und den ersten Zuse-Rechnern in Deutschland) eingesetzt.

Eine weitaus größere Speicherkapazität erreichten so genannte Verzögerungsstreckenspeicher (*Delay-Line*-Systeme), die auf Verzögerungseffekten von wenigen Millisekunden beruhten. Solche ergeben sich bei Signalen, wenn man diese durch ein bestimmtes Medium schickt, was man wiederum zur Darstellung von Bit-Folgen, d. h. für Ketten von Null/Eins-Informationen einsetzen kann. Die verzögerten Impulse werden am Ausgang des Systems in das Medium (z. B. eine mit Quecksilber gefüllte Röhre) zurückgepulst, wo sie verzögert, somit kurz zwischengespeichert werden. Damit die Impulsstärke erhalten bleibt, muss dabei am Ausgang ein Verstärker bzw. Regenerator eingesetzt werden. Eine wiederholte Abfolge solcher verzögerter Signalimpulse ergab einen brauchbaren flüchtigen Speicher.

Anfangs verwendete man akustische Signale, so etwa in den Großrechnern EDSAC, EDVAC, UNIVAC I, ACE, LEO I und noch vielen anderen Rechnern der 1950er Jahre. Man machte sich dabei

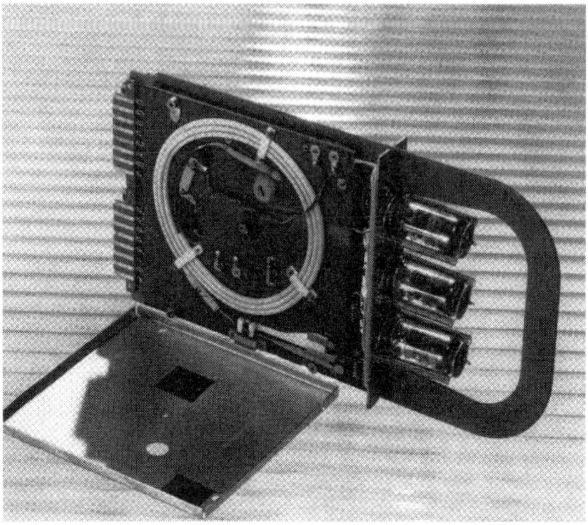

Verzögerungsstreckenspeicher.
Rechnersammlung der Universität Linz.

zunutze, dass Niederfrequenzwellen einen Verzögerungseffekt im Bereich von etwa 1 Millisekunde erfahren, wenn man sie z. B. durch eine Nickeldrahtspirale schickt, was man für die Zwischenspeicherung nützen kann.

Dann entwickelte William Shockley, der später an der Erfindung des Transistors wesentlich beteiligt war und auch das erste Unternehmen im legendären Silicon Valley gründete, den Quecksilber-Verzögerungsstreckenspeicher *(Mercury Delay Line Memory)*. Es war dies eine mit Quecksilber gefüllte Metallröhre, an deren beiden Enden sich jeweils ein piezoelektrischer Schwingquarz befand, der

Quecksilber-Verzögerungsstreckenspeicher, 1950er Jahre.
Mit freundlicher Genehmigung von CSIRAC History Project Department of Computer Science and Software Engineering, The University of Melbourne.

transversale elektrische Wellen in longitudinale Schallwellen umwandelte, wobei die in die Röhre geschickten Wellen nach einem minimalen Verzögerungseffekt am Ausgang der Metallröhre mit Hilfe eines Verstärkers regeneriert, also verstärkt und wieder zurückgesendet wurden. Eine ganze Anzahl dieser Metallröhren ergab einen brauchbaren Speicher. Ein Problem war es dabei, die Temperatur möglichst konstant zu halten, weil die Schallübertragungsrate im Quecksilbermedium sehr temperaturabhängig ist.

Als Speichermedium verwendete man ab Ende der 1940er Jahre auch Kathodenstrahlröhren. CRTs *(Cathode Ray Tubes)* fanden, ehe sie als Bildschirmröhren eingesetzt wurden, als flüchtige Speichermedien Verwendung. Dabei machte man sich deren Nachleuchteffekt zunutze. Dieser wird dadurch bewirkt, dass beim Aufprall der negativ geladenen Elektronen auf die innen mit einer phosphorisierenden Beschichtung versehene Oberfläche einer „Braunschen Röhre" der Großteil der transportierten kinetischen Energie in sichtbares Licht umgewandelt wird. Dabei leuchtet der Bildpunkt eines gebündelten Elektronenstrahls, auch wenn die Elektronen emittierende, am Ende der Röhre befindliche Kathode bereits wieder abgeschaltet ist, noch über eine kurze Zeit von etwa 0,2 Sekunden nach. Knapp vor dem Ende des Nachleuchtens muss neuerlich ein Elektronenstrahl von der Kathode emittiert werden, daher muss jede Information fünfmal pro Sekunde neu aufgezeichnet werden. CRTs waren ein teures, aber relativ schnelles Speichermedium, denn man erreichte damit eine Kapazität von mehreren tausend Bits und eine Zugriffsgeschwindigkeit im Bereich von Mikrosekunden.

Frederic C. Williams und sein Assistent Tom Kilburn, die dem englischen Team zum Bau des Manchester Mark I angehörten, entwickelten bereits 1947 an der Universität Manchester den Prototyp eines derartigen Kathodenstrahlröhrenspeichers. Im Vergleich zu anderen damaligen Speichermedien hatten CRTs den Vorteil, dass man auf industriell hergestellte Bauteile zurückgreifen konnte, wobei sich als Speichermedium lediglich völlig fehlerfreie Röhren eigneten. CRT-Speicher wurden z. B. im Manchester Mark I, im Ferranti Mark 1, im IAS-Rechner, aber auch in wesentlich später erzeugten Rechnern wie dem IBM 701 eingesetzt.

In den amerikanischen RCA-Labors entwickelte Jan Rajchman einen anderen Typ von elektrostatischen Speichern, das *Selectron.* Es

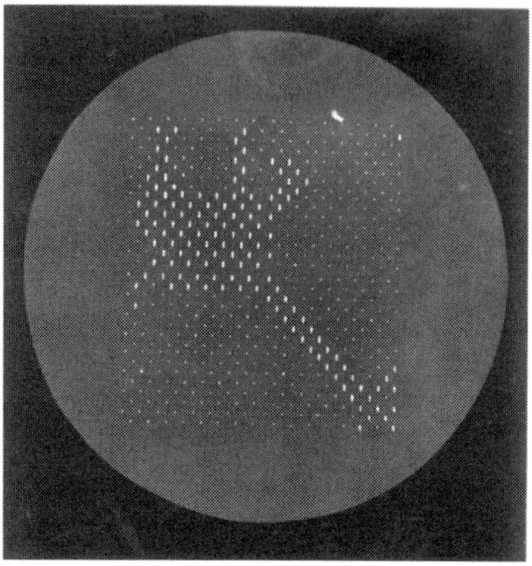

CRT-Speicher im Ferranti Mark I, 1947. Am Bildschirm werden 32 40-stellige Binärzahlen und oben extra eine 20-stellige Zeile dargestellt, die hellen Punkte stehen für binär 1.
Mit freundlicher Genehmigung von Manchester University, UK.

war dies eine digital-elektronische Speicherröhre, bei der ein Gitternetz mit winzigen nickelplattierten Stahlringen, die man jeweils zur Darstellung von binär 0 und 1 mit unterschiedlichen Stromspannungen auflud, in einem Glimmerplättchen eingebettet wurde. Je nach der angelegten Stromspannung wurden die Elektronen entweder durchgelassen oder nicht, was für die Darstellung und elektrostatische Speicherung von Bit-Folgen benützt wurde. Gegenüber den bereits beschriebenen Speichermedien war die Einsatzbreite des Selectrons aber gering.

Beim Magnettrommelspeicher, der wegen seiner geringen Herstellungskosten bis in die 1960er Jahre bei internen Direktzugriffsspeichern (RAM) oftmals Anwendung fand, wurde eine rotierende Trommel mit einer dünnen magnetischen Eisenoxydschicht überzogen, auf der Daten und Programme gespeichert werden konnten. Dabei machte man sich die Eigenschaft von Elektromagneten zunutze, dass sie nach dem Abschalten der Stromquelle ihren jeweiligen Magnetisierungszustand (Nord/Süd oder Süd/Nord) beibehalten. Eine derartige Magnettrommel wies etwa 200 aktive Spuren auf, die mittels eines Schreib- und Lesekopfs abgetastet wurden. In ihrem zukunftsweisenden ABC-Rechner verwendeten auch Atanasoff und Berry eine rotierende Trommelspeichereinheit. Diese war allerdings nicht mit einer Magnetschichtoberfläche versehen, sondern mit Kondensatoren bestückt, wobei ein Kondensator jeweils 1 Bit darstellte.

Bei dem in den 1960er Jahren entwickelten Magnetblasen-

MAGNETTROMMELSPEICHER, 1950ER JAHRE.
Mit freundlicher Genehmigung von CSIRAC History Project Department of Computer Science and Software Engineering, The University of Melbourne.

speicher konnten demgegenüber auf einer magnetisierten Schicht blasenförmige magnetische Felder entlang von festen Bahnen bewegt werden, wenn von außen her ein rotierendes Magnetfeld einwirkte. Die Bläschen wurden magnetisch polarisiert und stellten somit je 1 Bit dar, wobei die Informationen über ein Detektorfeld abgelesen wurden. Magnetblasenspeicher waren sehr zuverlässig, benötigten wenig Platz und konnten etwa 1,2 KB pro Quadratmillimeter speichern; allerdings war die Herstellung sehr aufwendig, weshalb sie sich nicht richtig durchsetzen konnten.

Ein anderes oft verwendetes Speichermedium war der 1956 von IBM erstmals zur Marktreife entwickelte Magnetplattenspeicher. Das aus bis zu 50 übereinander geschichteten rotierenden Stahlscheiben mit magnetisierter Oberfläche bestehende *Magnetic Disc Memory* wurde firmenintern als RAMAC 350 bezeichnet und hatte eine Speicherkapazität von 5 MB.

Einen echten Durchbruch beim Arbeitsspeicher brachte der von Jay Forrester auf der Basis von Vorarbeiten von An Wang am MIT entwickelte Magnetkernspeicher, auch Ferritkern- oder Ringkernspeicher genannt, der als Direktzugriffsspeicher konzipiert war und bei dem jede Position im Speicher direkt angesprochen werden konn-

Magnetplattenspeicher.
Mit freundlicher Genehmigung von IBM Corporate Archives, Somers, NY.

te. Magnetkernspeicher wurden zunächst in militärischen Großrechnern (z. B. im Whirlwind und SAGE-Computersystem) und später auch bei kommerziellen Rechnern (z. B. beim IBM 1401 und 360) verwendet und erreichten eine Speicherkapazität von bis zu 32 KB.

Der Magnetkernspeicher bestand aus einem Gitternetz aus stromleitenden Drähten, an dessen Kreuzungspunkten Ferritkerne aufgezogen wurden, die dadurch eindeutig adressiert werden konnten. Beim Durchfluss von Strom werden die Ferritringe magnetisiert, wobei je nach Stromrichtung eine unterschiedliche magnetische Polung entsteht, die auch nach dem Abschalten der Stromquelle erhalten bleibt. Dadurch wird es möglich, die Magnetisierungsrichtung für die Darstellung von Bit-Folgen zu verwenden. Eine Änderung der Magnetisierungsrichtung tritt erst bei einer bestimmten Stromstärke auf. Damit nur ein bestimmter Ferritring aktiviert wird, wird jeweils die halbe dazu notwendige Stromstärke durch einen senk- und einen waagrechten Draht geschickt, wobei sich die Stromstärke am Kreuzungspunkt, an dem der Ferritkern sitzt, verdoppelt und damit die Magnetisierungsrichtung ändert. Zum Ablesen der gespeicherten Informationseinheiten wird ein Lesedraht verwendet, der schlangenförmig diagonal durch alle Ferritkerne gefädelt ist. Man kann mit Hilfe des Lesedrahtes feststellen, welche Polung der jeweilige Ferritkern hat, je nachdem, ob im Lesedraht ein Stromstoß entsteht oder nicht. Die Zugriffzeit beim Magnetkernspeicher lag im Mikrosekundenbereich und war damit weitaus schneller als bei manchen späteren Chips der ersten Generation.

Die Erfindung des Transistors, der im Wesentlichen eine Weiterentwicklung des Kristalldetektors ist, beruht auf der Halbleitertechnik. Indem der Strom nur in einer Richtung fließen kann, aber in die

Magnetkernspeicher, 1953.
Mit freundlicher Genehmigung von MITS Corporation.

andere Richtung gesperrt ist, entsteht ein Gleichrichtereffekt. Hinzu kommt beim Transistor über die physikalischen Eigenschaften dünner Schichten ein Stromverstärkungseffekt. Gleichzeitig wirkt der Transistor durch Hin- und Hersteuerung zwischen seinen Grenzen als Schaltelement, und – was ihn auch als Speichermedium wichtig macht – trotz der an sich schnellen Reaktion des Transistors gibt es dennoch kleine, nur in Mikrosekunden messbare Verzögerungseffekte, die man zum Zwischenspeichern von Daten nützen kann.

Heutige Hauptspeicher beruhen auf der Chiptechnologie; den Durchbruch brachte auf diesem Sektor der bereits erwähnte Intel-1103-DRAM-Chip im Jahre 1970. Speicherchips können Daten und

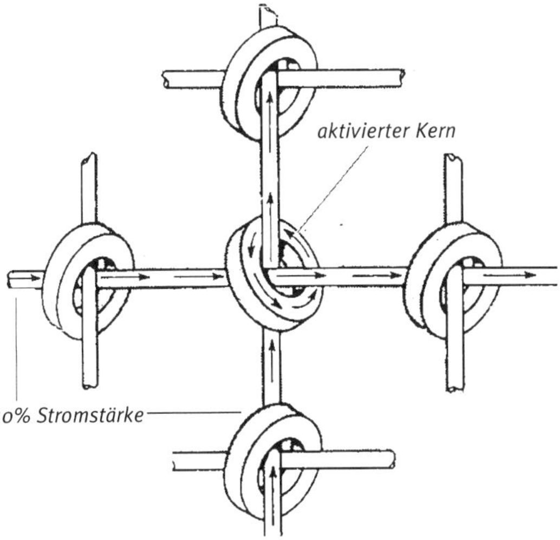

Prinzip des Magnetkern-speichers.

Programme speichern; daneben gibt es noch Logikchips, die logische bzw. arithmetische Operationen ausführen können. Auf den heute verwendeten Chips auf Siliziumbasis[57] befinden sich Tausende Transistoren, wobei man sich dank der Nanotechnologie bereits in Strukturen bewegt, die kleiner als 100 Nanometer sind, was noch vor wenigen Jahren undenkbar erschien. Dennoch lassen sich elektronische Bauteile im Rahmen der Silizium-Chiptechnologie nicht unbegrenzt verkleinern. So gesehen war es ein Durchbruch, als die Firmen IBM, Hewlett-Packard und Motorola im Juli 2001 eine neue Generation von Computerschaltkreisen ankündigten, die nur aus Molekülen bestehen, wobei die molekularen Abstände im Nanometerbereich liegen. Dies soll es erlauben, eine neue Generation von Molekularcomputern zu bauen, die wesentlich kleiner und billiger herzustellen sind als die derzeitigen Computer. Diese neueste Technologie beruht auf der Grundlagenforschung der Physik-Nobelpreisträger Richard Smalley und Robert Curl Jr., beide Wissenschaftler an der Rice University in Houston, Texas, und Sir Harold Kroto von der Universität Sussex in England.

Die wohl größten Fortschritte im Computing geschahen in den letzten Jahren wahrscheinlich beim zentralen Prozessor und beim Hauptspeicher; demgegenüber erscheinen die Fortschritte beim **Massenspeicher,** worunter ein Speicher zur dauerhaften Aufzeichnung von Daten verstanden wird, weniger spektakulär. Lange Zeit blieb die Lochkarte, die im Prinzip schon am Beginn des 19. Jahrhunderts (zunächst als Instrument der Steuerungstechnik) entwickelt worden war, in Verwendung. Massenspeicher werden mitunter unterteilt in sequentielle Speichermedien, bei denen man auf die Daten nur in der Reihenfolge ihrer Aufzeichnung zugreifen kann (z. B. Magnetbänder, Kassetten), und in Direktzugriffsspeicher, wo auf jeden beliebigen Bereich durch Angabe einer eindeutigen Speicheradresse zugegriffen werden kann.

[57] Chips beruhen auf der Siliziumtechnologie. Silizium (engl. *Silicon*) kommt in der Natur nur in gebundener Form als Siliziumdioxyd vor, woraus durch physikalische und chemische Verfahren polykristallines hochreines Silizium gewonnen wird. Da sich reproduzierbare Halbleitereigenschaften nur in einem Monokristall realisieren lassen, müssen derartige Einkristalle von 50 bis 200 mm Durchmesser „gezüchtet" werden. Diese Monokristalle werden in dünne Schichten (so genannte *Wafer*) aufgespaltet, auf die man durch photochemische Verfahren die integrierten Schaltkreise aufbringt.

Die wichtigste Art von Massenspeicher sind magnetische Speichermedien wie Festplatten und Disketten *(Floppy Disks)*. Letztere sind relativ langsam und weisen mit rund 700.000 Zeichen bzw. 400 KB bis 2,8 MB auf einer 3,5-Zoll-Diskette eine geringe Speicherkapazität auf. Sie haben aber den Vorteil, billig und transportabel zu sein, auch sind sie universell einsetzbar. Die früher verwendeten weichen 5,25-Zoll-Disketten konnten demgegenüber lediglich 360 KB bis 1,2 MB speichern. Als Kuriosum sei erwähnt, dass man früher auch 8,0-Zoll-Disketten auf Großrechnern bzw. 3,0-Zoll-Disketten auf manchen Heimcomputern (z. B. von Amstrad und Schneider) verwendete. Festplatten *(Hard Disks)* weisen demgegenüber eine wesentlich höhere Speicherkapazität auf, sie sind schneller aber auch teurer als die Disketten. Außer wenn es sich um so genannte *Removable Cartridges* handelt, sind sie überdies fest im Rechner eingebaut. Die wichtigsten Hersteller von Festplatten sind IBM, Quantum, Seagate, Western Digital und Conner. Heutige Festplatten von Personalcomputern haben zumindest 20 GB Speicherkapazität bei 5400 bis 7200 Umdrehungen pro Minute. Ältere externe Speichermedien wie Magnetbänder und Kassetten haben zwar eine relativ große Speicherkapazität, erlauben aber keinen direkten Zugriff auf die Daten, weil sie sequentielle Speichermedien darstellen.

Der Fortschritt bei der Entwicklung der Massenspeicher lässt sich am besten an einer marktwirtschaftlichen Komponente ablesen, nämlich wie sehr der Preis für die Speicherkapazität durch technische Entwicklung und wirtschaftliche Konkurrenz beeinflusst wurde: Noch Ende der 1980er Jahre kostete 1 GB Speicherkapazität umgerechnet mehr als 16.000 Euro, d. h., der Preis war ca. 4000-mal höher als zum Zeitpunkt der Abfassung dieses Buches, wo er bei rund 4 Euro liegt.

Während Magnetbänder, Disketten und Festplatten die Daten auf elektromagnetische Weise codieren, benützen optische Speichermedien *(Optical Disks)* einen Laserstrahl, um Daten schreiben und lesen zu können. Diese haben eine sehr große Speicherkapazität, sind jedoch langsamer als z. B. eine Festplatte; es gibt mittlerweile auch kostengünstige CD-Brenner, so dass *Compact Disks* nunmehr nicht nur gelesen, sondern auch selbst beschrieben werden können. Die von Sony, Time Warner, Philips und Toshiba entwickelte DVD *(Digital Versatile Disk)* bietet den derzeit höchsten Standard an optischen

Jahr	Preis pro 1 Gigabyte	Jahr	Preis pro 1 Gigabyte
1988	16.165	1996	251
1989	13.020	1997	132
1990	9.604	1998	60
1991	7.322	1999	32
1992	4.200	2000	18
1993	2.044	2001	8
1994	987	2002	4
1995	462		

Entwicklung der Preise für 1-GB-Festplatten-Speicherkapazität (in Euro).
Quelle: H. R. Hansen/G. Neumann: Wirtschaftsinformatik I (Stuttgart, 2001) 829.

Speichermedien mit höherer Speicherkapazität; die DVD findet im Unterschied zur CD-ROM, die vorrangig zur Speicherung großer Datenmengen eingesetzt wird, vor allem in der Unterhaltungselektronik (Musik, Video, Film) ihr Einsatzgebiet. Man entwickelte in letzter Zeit auch Holograph-Speichermedien, die große Datenmengen speichern können und wegen der hohen Zugriffsgeschwindigkeit vor allem für Multimedia-Anwendungen Verwendung finden sollen. Die wichtigsten Erzeuger sind die japanischen Firmen Matsushita-Panasonic, Mitsumi, Toshiba, Hitachi und Sony.

6.3. Ein- und Ausgabeeinheiten

Als **Ein- und Ausgabeeinheiten** *(Input/Output Devices)* wurden in den Anfangjahren des Computers zumeist Lochkartenlesegeräte und Lochkartenstanzer verwendet. Bei den Computern der späten 1950er Jahre wurden teilweise auch elektrische Schreibmaschinen als I/O-Einheiten eingesetzt. Das wichtigste Eingabegerät und damit Schnittstelle zwischen Mensch und Computer ist heute das *Keyboard,* eine zumeist ergonomisch gestaltete Tastatur, die entweder (wie bei Laptops und Notebooks) bereits in den Computer fest eingebaut oder als eine separate Peripherieeinheit mit Kabel- oder Infrarotsensor-Schnittstelle ausgeführt ist: Über vergoldete Metallzungen werden beim Drücken der Tasten elektrische Kontakte geschlossen und die entsprechenden Informationen über einen eigenen Prozessor an den Rechner übermittelt, wo sie in binäre maschinenlesbare Notierung umgewandelt werden. Über einen Tastaturtreiber können die Tastenbelegungen jeweils an sprachspezifische Eigenheiten angepasst werden.[58] Gegenüber normalen Schreibmaschinen unterscheidet sich die Tastatur des Computers durch mehrere zusätzliche Tasten zum Abrufen von verschiedenen Funktionen und Sonderfunktionen, vier Cursortasten und einen separaten Zahlenblock.

Bereits am Whirlwind-Computer experimentierte man mit einem optischen Eingabegerät in Form eines elektronischen Stiftes, der am Bildschirm bewegt wurde, um Operationen auszuführen. Im Jahre 1963 begann dann Douglas Engelbart am Stanford Research Institute mit einem neuartigen Eingabegerät zu experimentieren, das er wegen seiner Form als *Mouse* bezeichnete. Er demonstrierte diese erstmals 1968 auf einer Computerkonferenz in San Francisco. Über Bewegungen auf einer ebenen Fläche und Klicken oder Gedrückthalten der Maustasten können Befehle und Schaltflächen aktiviert, Texte und Textteile markiert und bestimmte Werkzeuge gesteuert werden. In Kombination mit der grafischen Benützeroberfläche ist die Maus heute eines der wichtigsten Eingabegeräte. Zu den Eingabegeräten gehören auch Joystick, Lichtstift, Digitalisiertablett, Datenhandschuh, Digital-Kameras, Camcorder und Scanner, Kartenleser sowie Mikrophone, die sprachgesteuerte Inputs liefern. Ein- und Ausgabegerät in einem sind berührungssensitive Displays sowie Datenmasken.

Zu den Ausgabegeräten zählen Bildschirme, Displays, Drucker (früher Nadel-, heute zumeist Laser- und Tintenstrahldrucker),[59] Plotter sowie Sprachausgabegeräte. Sie stellen eine Schnittstelle zwischen Computer und Benützer dar, um die im Computer gespeicherten Informationen visuell oder akustisch dem Anwender zugänglich zu machen. Die Basisausstattung von Computern umfasst mittlerweile auch Modems und Tuner. Als Bildschirm *(Screen, Monitor)* werden entweder CRT-Bildröhren oder strahlungsarme LCDs *(Liquid Crystal Displays)*[60] verwendet. Über deren Bildqualität ent-

[58] So sind z. B. im Deutschen die Buchstaben Z und Y gegenüber der angloamerikanischen Tastatur vertauscht.

[59] Der erste Laserprinter gelangte 1969 auf den Markt.

[60] Das erste Flüssigkristalldisplay wurde 1986 von Toshiba entwickelt. Es war dies ein 10 Zoll in der Diagonale messender aktiver Matrixbildschirm mit 640 x 480 Pixel. Heutige Farbdisplays weisen zumeist ein 15-Zoll-Format mit 1024 x 800 Bildpunkten (Pixel) auf und beruhen auf der Transistorfilmtechnologie (TFT).

GRAFISCHE BENÜTZEROBERFLÄCHE.

scheidet die Bildwiederholungsrate, die bei mindestens 75 Hz liegen muss, um ein störendes Flimmern zu vermeiden. Dabei werden über einen Bildschirmadapter, der entweder als mit Chips bestückte Steckkarte ausgeführt oder auch auf der Systemplatine integriert ist, die im Computer verarbeiteten Text- und Grafikinformationen aufbereitet.

Ausgewählte Literatur und Links

K. **Fröschl,** S. **Mattl** und H. **Werthner,** Symbolverarbeitende Maschinen – eine Archäologie. Katalog zur Ausstellung „Info. Eine Geschichte des Computers" des Vereins Museum Arbeitswelt in Steyr, (Steyr, 1993) 98 ff.

T. **Irlbeck,** Computer-Lexikon, 3. Aufl. (München, 1998) 82, 94 ff., 111, 266, 757.

T. **Jackson,** Inside Intel (München, 2000).

H. **Zemanek,** Weltmacht Computer. Geschichte – Strukturen – Medien (Wien, München, 1991) 96.

http://www.usa.samsungsemi.com/products/alpha/alpha-prodinfo.htm.

http://www.sandia.gov/media/quantran.htm.

http://www.pcwebopedia.com/

http://history.acusd.edu/gen/recording/computer1.html.

http://www.intel.com/intel/intelis/museum/index.htm.

7. Die Ära der digitalen „Rechenmonster“

Um die Mitte der 1930er Jahre arbeiteten verschiedene Gruppen von Wissenschaftlern und Ingenieuren in den Vereinigten Staaten, Großbritannien und Deutschland an einer neuen Generation von Rechnern. Diese folgten der bereits von Charles Babbage in seiner *Analytical Engine* fast ein Jahrhundert zuvor entwickelten, mittlerweile aber in Vergessenheit geratenen Rechnerarchitektur, bestehend aus Recheneinheit, Speicher, Kontrollmechanismus und Ein- und Ausgabeeinheit. Diese Gruppen arbeiteten weitgehend unabhängig voneinander, gelangten aber fast zur selben Zeit zu vergleichbaren Lösungen auf digitaler Basis. Zur Darstellung von Bit-Folgen setzte man im nächsten Entwicklungsschritt auf eine Kombination mechanischer Elemente mit elektromechanischen Bauteilen. Dabei verwendete man die aus der Telefonie bereits bekannte Relaistechnologie. Es gab darunter eine Reihe von durchaus bemerkenswerten Entwicklungen, die jedoch nicht in den „Mainstream“ der späteren Computerentwicklung mündeten. Es waren dies u. a. die vier unter dem Namen Z1 bis Z4 bekannten Zuse-Rechner in Deutschland, die während des Zweiten Weltkriegs eingesetzte britische Code-Entschlüsselungsmaschine mit dem Namen Colossus, die manche technischen Elemente späterer Rechnerarchitektur vorwegnahm, die vier von Howard Aiken in Harvard teilweise gemeinsam mit IBM entwickelten Relaisrechner sowie die IBM-601–605-Serie.

Abgesehen von den bereits erwähnten Sonderentwicklungen erwiesen sich Analogrechner als eine evolutionäre Sackgasse. Alle späteren Computer beruhen auf der Verarbeitung von digital vermittelten Informationen in Form von elektrischen Impulsen. Digitalrechner verarbeiten Daten, die nur zwei diskrete Zustände, nämlich 0 und 1, aufweisen. Allerdings können auch Analoginformationen über elektrische Impulse wiedergegeben werden, z. B. wandelt das Telefon im Mikrophon über eine Membran Schalldruck in elektrische Impulse um, die im Hörer in umgekehrter Richtung direkt wieder in Schallwellen umgewandelt werden. Demgegenüber verlangen Digitalinformationen immer eine Codierung, die in binärer Notation erfolgt. Digitale Rechner können entweder eine Dezimal- oder eine Binärzahlenarithmetik zugrunde gelegt haben. Arithmetik wird dabei als eine bestimmte Sprache für die Durchführung logischer Operationen verstanden. Die gewöhnliche Dezimalzahlenarithmetik basiert auf einem Modul von 10, was bedeutet, dass wir, wenn wir 1 zu 9 dazuzählen, an die Einerstelle 0 und dann an die Zehnerstelle 1 setzen, d. h. einen Zehnerübertrag vornehmen müssen.

Die binäre Arithmetik, die nur die Notierung 0 und 1 kennt, basiert hingegen auf einem Modul von 2: Wenn wir zu 1 nochmals 1 dazuzählen, so wird dies als 10 geschrieben, was für 2 steht, weil ja die erste Stelle bereits mit 1 besetzt ist usw. Immer wenn die Stelle leer ist, d. h. an ihr 0 steht, können wir 1 hinsetzen, ansonst rücken wir solange eine Stelle weiter, bis wir an eine unbesetzte Stelle kommen. Wir gelangen daher zu folgender Schreibweise:

binär 1 = $1 \times 2^0 = 1$		binär 10 = $1 \times 2^1 + 0 \times 2^0 = 2$	
binär 11 = $1 \times 2^1 + 1 \times 2^0 = 3$		binär 100 = $1 \times 2^2 + 1 \times 2^0 + 1 \times 2^0 = 4$	
binär 101 = 5	binär 110 = 6	binär 111 = 7	binär 1000 = 8
binär 1001 = 9	binär 1010 = 10	binär 1011 = 11	binär 1100 = 12
binär 1101 = 13	binär 1110 = 14	binär 1111 = 15	binär 10000 = 16
binär 10001 = 17	usw.		

Auch Buchstaben lassen sich in binärer Codierung in Form eines Byte darstellen:

A = 0010 0001	B = 0010 0010	C = 0010 0011	D = 0010 0100
E = 0010 0101	F = 0010 0110	G = 0010 0111	H = 0010 1000
I = 0010 1001	J = 0010 1010	K = 0010 1011	L = 0010 1100
M = 0010 1101	N = 0010 1110	O = 0010 1111	P = 0011 0000
Q = 0011 0001	R = 0011 0010	S = 0011 0011	T = 0011 0100
U = 0011 0101	V = 0011 0110	W = 0011 0111	X = 0011 1000
Y = 0011 1001	Z = 0011 1010		

Dezimalzahlensprache, wie übrigens auch die alphabetische Sprache, lässt sich somit unschwer in eine Binärzahlensprache umsetzen; die Ziffern sind lediglich eine sprachliche Konvention, nur die ihrer Manipulation zugrunde liegende Logik ist festgelegt. Binäre Zahlen sind länger als Dezimalzahlen, aber dafür ist die Information, welche Zahl (nämlich 0 oder 1) jeweils an einem Platz steht, gegenüber dem Dezimalsystem um ein Fünftel schneller zu erlangen. Der Computer als eine „analytische Maschine", wie sie Charles Babbage bereits um die Mitte des 19. Jahrhunderts in ihren Grundzügen skizzierte, ist daher für diese Art der Notierung geradezu prädestiniert.

Als *Bit* bezeichnet man die kleinste, nicht weiter teilbare Zähleinheit, jeweils notiert als Entscheidung zwischen zwei Möglichkeiten, nämlich 0 oder 1. Dies kann *nein* oder *ja,* logisch *falsch* oder *wahr,* im Hinblick auf elektrische Impulse *aus* oder *ein* bedeuten. Ein Bit benötigt eine fixierte Stelle in einem definierten Rahmen, denn seine Bedeutung hängt jeweils von seiner Position in diesem Rahmen ab. Im Computer werden alle Zeichen – das können Zahlen, Bilder, Töne, Buchstaben, Satzzeichen und Sonderzeichen sein – durch Bit-Folgen repräsentiert. Im Fall von Bit-Folgen fester Länge, z. B. 8 Bit, spricht man von *Byte,* 2^{10} Byte ergeben 1 Kilobyte und in weiterer Folge Megabyte, Gigabyte, Terabyte usw. Auch Wörter und Texte bestehen aus Zeichen, die durch bestimmte Bit-Folgen (Codes) repräsentiert werden; beim Computer versteht man unter Wörtern aber auch Bit-Gruppen, die unter einer bestimmten Adresse abgespeichert sind, das kann eine Binärkette, eine Zahl, ein Befehl, ein Name oder ein Textteil sein.[61]

Die Computer der vierziger und fünfziger Jahre, ausgestattet mit Relais und Elektronenröhren, arbeiteten bereits auf der Basis des binären Zahlensystems; sie waren „programmierbar", wenngleich nach heutigen Maßstäben nicht sehr leistungsfähig. Es handelte sich um zentrale Großrechner im wahrsten Sinne des Wortes. Sie waren nicht gerade billig, so dass die dafür erforderlichen Ausgaben eigentlich nur mit dem Argument der nationalen Sicherheit gegenüber dem Steuerzahler zu vertreten waren. War der Computer in den 1940er Jahren ein spezielles Instrument für komplexe wissenschaftlich-mathematische Aufgaben gewesen, so wandelte er sich erst im folgenden Jahrzehnt auch zu einem kommerziellen Produkt. Ab 1958 wurden Computer unter Heranziehung von Halbleiterelementen gebaut, vor allem von Dioden und Transistoren, außerdem schrumpften sowohl die Größe als auch der Strombedarf beträchtlich. Man kann nur Spekulationen darüber anstellen, ob die Entwicklung des Com-

[61] Zemanek, Weltmacht Computer (1991) 17. Ein Computer führt alle Aufgaben auf einfache Vorgänge zurück; komplexere Aufgaben werden daher nacheinander mit kleineren Einheiten aufgebaut. Am untersten Niveau befindet sich ein Schalter, der entweder *ein* (1) oder *aus* (0) ist. Das bedeutet, dass er zwei Zustände speichern kann, was man sich für die Darstellung von Bit-Folgen zunutzen machen kann. Den Ausdruck Bit für *Binary Digit* benutzte erstmals 1946 der Amerikaner John Tukey, um damit die Basisdateneinheit zu bezeichnen.

puters anders verlaufen wäre, wenn die Entwicklungslinie, die durch Zuse und Atanasoff vorgezeichnet war, weiterverfolgt worden wäre.

Allein die Anwendung der Röhrentechnologie erhöhte in den 1950er Jahren die Rechengeschwindigkeit gegenüber der Relaistechnologie um einen Faktor 10^3. Die ersten beiden Generation von zunächst elektromechanischen und dann elektronischen Digitalcomputern umfassen etwa die Zeit vom Beginn der vierziger bis zu den sechziger Jahren des 20. Jahrhundert. Die großen „Rechenmonster" dominierten jedenfalls zunächst die Computerszene. Elektronische digitale Computer wie ENIAC, EDVAC und SAGE waren in den 1950er und 1960er Jahren der technisch letzte Stand. Ab 1961 setzte man die Datenfernübertragung über Fernmeldeleitungen ein.

Nur größere staatliche Institutionen, wie Regierungsstellen und Militär, einzelne Universitäten und Forschungsinstitute und große Firmen, waren aufgrund der hohen Anschaffungs- und Wartungskosten überhaupt in der Lage, sich derartige Maschinen zu leisten. Die Großcomputer umgab eine Aura der zentralisierten Macht, sie repräsentierten eine allmächtige Bürokratie; sie waren nicht nur enorm teuer, schwierig zu warten und zu programmieren, sondern auch nur den Experten zugänglich. Denn mit dem Kauf eines Computers war es nicht getan: Computerfachleute und Programmierer verstanden sich häufig als Hüter einer Geheimwissenschaft; wer sich zur Durchführung schwieriger Rechenoperationen an das Rechenzentrum wenden musste, sah sich in der Situation eines Bittstellers bei einem bürokratisch organisierten Amt. Die Datenverarbeitung erfolgte im *Batch*-Betrieb („Stapelverarbeitung") und war umständlich, da man jeden Arbeitsschritt des Computers in Lochkarten zu stanzen hatte. Der *Operator* gab diese Karten als geschlossene Stapel zur Verarbeitung direkt in den Computer ein. Eine Gruppe des Massachusetts Institute of Technology entwickelte das so genannte *Time-Sharing*-Verfahren, das es erlaubte, dass mehrere Benutzer über verschiedene Terminals gleichzeitig Zugang zu einem Computersystem hatten und dabei in einen direkten Dialog mit dem Großrechner (engl. *Mainframe*) treten konnten. Neben dem besseren Ausnützen von freien Rechnerkapazitäten war die Nutzung von teuren Rechnern durch mehrere Anwender dabei der größte Vorteil.

Integrierte Schaltkreise, wie sie ab 1964 verwendet wurden, waren das wichtigste technische Merkmal der Computer der dritten

Generation. Damit war es möglich, auch kleinere Maschinen zu bauen; die ersten „Tischrechner“ – Vorläufer der späteren Personal- bzw. Mikrocomputer – wurden nunmehr entwickelt. Die neue Rechnergeneration zeichnete sich vor allem durch zunehmende Leistungsfähigkeit bei abnehmender Größe aus; folgerichtig tauchten ab 1971 die ersten elektronischen Taschenrechner in den USA (Texas Instruments, Hewlett-Packard) auf. Damals gelang es erstmals, die Zentraleinheit eines Computers auf einem einzigen Chip unterzubringen. Dieser fungierte technisch als „Mikroprozessor“, wobei die freie Programmierbarkeit der Schaltkreise das Hauptmerkmal darstellte. Die vierte Computergeneration war damit geboren.

Seither wurden zwar Leistung und Geschwindigkeit permanent gesteigert, aber an der Grundkonzeption hat sich in den letzten 20 Jahren im Grunde genommen nur mehr wenig geändert – offenkundig hatte der Computer bereits ein bestimmtes Reifestadium erreicht. Computer wurden seither immer billiger, kleiner, leistungsfähiger, energiesparender und schneller; parallel dazu entwickelte man entsprechende kommerzielle Anwendersoftware. Aber die Basisinnovationen liegen mittlerweile schon mehr als zwei Jahrzehnte zurück.

Erst ab den späten 1950er Jahren fand der Computer zunehmend kommerzielle Anwendung. Mit LEO, BINAC und UNIVAC hielt er allmählich in der privaten Wirtschaft seinen Einzug, die bisher mit Tabellierungsmaschinen nach dem Hollerithsystem und mechanischen Rechenmaschinen das Auslangen gefunden hatte. Erst als der führende Anbieter von solchen Büromaschinen, die Firma International Business Machines, sich dazu entschloss, seinerseits Computer für den Bürobedarf zu entwickeln, war der Bann gebrochen. Die Rechnerfamilien von IBM waren gegenüber den bisherigen Großrechnern, die meistens für einen genau definierten Zweck gebaute Unikate blieben, ein industriell gefertigtes standardisiertes Massenprodukt. Sie brachten erstmals einen wirtschaftlichen Erfolg und damit ein Interesse an einer immer rascheren Verbesserung und Leistungssteigerung des Computers. IBM dominierte die Computerindustrie von 1952 bis Mitte der 1980er Jahre, nicht zuletzt deshalb, weil die Firma es immer wieder verstand, erfolgreiche Start-up-Unternehmen an sich zu binden, wofür die Erfolgsstory von Microsoft wohl das beste Beispiel ist. Ein weiterer Grund war, dass

IBM aufgrund einer gegen die Firma angestrengten Klage wegen Verletzung des Antitrust-Gesetzes in der Folge den Nachbau von Klons zuließ, was dazu führte, dass IBM damit für die ganze Welt den Industriestandard bei Computern setzte: Jeder Erzeuger, der einen entsprechenden Absatz haben wollte, musste damit zwangsläufig kompatibel mit IBM-Rechnern und -Peripheriegeräten sein.

Die weitere Entwicklung ging in der ersten Hälfte der 1960er Jahre in Richtung Transistorengeräte; ab den späten 1960er Jahren folgten integrierte Schaltkreise (Chips), und in weiterer Folge ging die Entwicklung hin zur Miniaturisierung in Form von Mikrochips und zur *Large Scale Integration* und *Very Large Scale Integration* (LSI- bzw. VLSI-Technologie). Wenngleich zunehmende Kommerzialisierung und technologische Innovationen dazu beitrugen, dass ab Mitte der 1960er Jahre die Computer ein breiteres Anwendungsgebiet fanden, so hat erst die Entwicklung des *Personal Computers* auf technologischer Basis des Mikrochips in der zweiten Hälfte der 1970er Jahre die „Demokratisierung des Computings" eingeleitet, die in weiterer Folge zum Durchbruch des „Informationszeitalters" führen sollte.

Wie viele Entwicklungen in der Technik erhielt auch der Bau von Computern wichtige Impulse durch militärische Anforderungen. Klassische Anwendungsgebiete waren z. B. die Ver- und Entschlüsselung von Nachrichten, die Berechnung ballistischer Kurven, die Steuerung von Radarsystemen usw. Während des Zweiten Weltkrieges und der folgenden Ära des Kalten Krieges – die durch ein Wettrüsten zwischen den beiden globalen Führungsmächten, den Vereinigten Staaten und der Sowjetunion, gekennzeichnet war – unterstützte vor allem der amerikanische militärisch-industrielle Komplex diverse Projekte an Universitäten und Forschungseinrichtungen. Darunter befanden sich Harvard und MIT in Cambridge, Princeton, die Moore School of Engineering der Universität von Pennsylvania, AT&T Bell Laboratories in New York usw.

Die Vereinigten Staaten hatten bereits in der Endphase des Zweiten Weltkriegs im „Manhattan Project" in Zusammenhang mit der Entwicklung der Atombombe in Los Alamos, New Mexico, Erfahrungen mit der Durchführung von wissenschaftlichen Großprojekten gesammelt. Die Gegenseite, deren militärische Forschung vor allem durch die Akademien der Wissenschaften in Moskau und

Kiew unterstützt wurde, löste allerdings zunächst mit dem spektakulären Weltraumflug des ersten Satelliten Sputnik einen ungeheuren Schock in den Vereinigten Staaten aus. Dies führte zu einer neuerlichen Verstärkung der amerikanischen Rüstungs- und Weltraumanstrengungen, was auch in der Entwicklung und Finanzierung von großen Computersystemen und Netzwerken einen Niederschlag fand. Projekte wie SAGE und ARPA-Net waren nur die herausragendsten Ergebnisse dieser Anstrengungen, aber ohne das Interesse des Militärs wären auch die Großcomputer SSEC, ENIAC, Manchester Mark I, EDVAC, MESM, und wie sie alle sonst noch hießen, wohl nicht gebaut worden.

Die Notwendigkeit, militärische Szenarien in Form von *War Games* zu entwickeln, Aufgaben der Spionage und Gegenspionage, der Kryptologie, der Logistik und des *Operations Research,* aber auch diverse ballistische Berechnungen, Raketensteuerung und Luftraumüberwachung lieferten in der Ära des Kalten Krieges genügend Argumente für entsprechende nationale Finanzierungsanstrengungen. Militär und NASA waren nicht nur damals führend an der Finanzierung von Computerlösungen beteiligt, sondern es entfällt auch heute ein wesentlicher Teil der amerikanischen Forschungsfinanzierung auf den militärisch-industriellen Komplex. Nach wie vor zählen etwa das U.S. Defense Department oder die amerikanische Weltraumbehörde NASA zu den größten Arbeitgebern von Silicon Valley. Obwohl Europa manche Pionierleistungen bei der Entwicklung des Computers aufzuweisen hatte – denken wir etwa an Zuse, Turing, Wilkes, Nixdorf usw. –, ist offenkundig, dass die Entwicklung stark von den USA geprägt worden ist. Dies dürfte mit der ungleich geringeren Regierungsunterstützung und Zusammenarbeit zwischen Militär und Wissenschaft in Europa zusammenhängen.[62]

Auch bei den sowjetischen Computerlösungen der fünfziger Jahre war ein enger Zusammenhang mit militärischen Bedürfnissen gegeben. Hinzu kam, dass die zentralgelenkten Planwirtschaften im Rahmen von Gos-Plan und Comecon Bedarf an Großcomputern hatten, die in der Lage waren, die notwendigen statistischen Informationen

[62] K. Flamm, Creating the Computer: Government, Industry, and High Technology (Washington, DC, 1988) argumentiert in diese Richtung.

zur plangerechten Wirtschaftslenkung zur Verfügung zu stellen. Die großen Weltraumerfolge der UdSSR mit dem ersten Satelliten Sputnik, dem ersten bemannten Weltraumflug von Wostok I mit Juri Gagarin und der Raumstation Mir, die computermäßig entsprechend unterstützt wurden, zeigten, dass die UdSSR über lange Zeit technologisch mit den USA mithalten konnte. Die sowjetischen Großrechenanlagen MESM, BESM und CESM waren leistungsmäßig durchaus mit ENIAC oder IAS vergleichbar.

Erst mit dem Aufkommen des Mikroprozessors und der neuen Computergeneration in den 1970er und 1980er Jahren, die anstelle der Großcomputerlösungen den Einsatz von miteinander über Netzwerke verbundenen Personalcomputern und Workstations präferierten, verloren die sowjetischen Wissenschaftler den Anschluss an die neuesten Entwicklungen. Es besteht hier meines Erachtens ein innerer Zusammenhang mit dem herrschenden zentralistischen und wirtschaftsdirigistischen System, das sich auch auf diesem Gebiet gegenüber individualistisch-marktwirtschaftlich geprägten Systemen als weitaus weniger flexibel erwies. Die durch die neue Computergeneration ermöglichte „Demokratisierung" des Computings und die Netzwerkfähigkeit wurden in der UdSSR und deren Satellitenstaaten jedenfalls nicht nachhaltig mitvollzogen. Sie wurde allerdings auch durch das von den Vereinigten Staaten verhängte Embargo auf die Ausfuhr von Hightech-Produkten in bestimmte Länder behindert.

Indem der Computer zum standardisierten industriellen Massenprodukt wurde, war sein Siegeszug in Labors, Büros und Haushalten nicht mehr aufzuhalten: Apple entwickelte den ersten kommerziell erfolgreichen Personalcomputer um die Mitte der siebziger Jahre, 1981 kam der erste IBM-Personalcomputer in den Handel, und ab 1990 gelangten die ersten Laptop-Computer bzw. als nächste Miniaturisierungsstufe die Palmtop-Computer zum Einsatz. Gleichzeitig setzte ein gewaltiger Preisverfall ein. Die IBM-kompatiblen PCs und das von Microsoft ursprünglich als Erweiterung von DOS entwickelte Windows-Betriebssystem mit grafischer Benutzeroberfläche, wie sie erstmals bei der Xerox-Star-Workstation zum Einsatz gekommen war, setzten den zukünftigen Standard. Die Verbreitung von Personalcomputern und Workstations war zugleich seit Mitte der 1980er Jahre eine wichtige Voraussetzung für die Entstehung von Computernetzwerken. Dies mündete in weiterer Folge im Internet, das heute die ganze Welt zu einem *Global Village* werden lässt. Daneben kam es für spezielle Anwendungszwecke zum Bau von Supercomputern, die mit Rechengeschwindigkeiten im Teraflops-Bereich sämtliche bisher bekannten Leistungsgrenzen hinter sich ließen. Zwischen Mainframes, Personal- und Supercomputern positionierten sich Workstations, die zumeist unter dem Betriebssystem UNIX laufen.

Dass die großen „Rechenmonster“ keineswegs der Vergangenheit angehören und auch heute noch, wenngleich auf einer völlig anderen technologischen Basis beruhend, für spezielle Hochleistungsaufgaben unersetzbar sind, wird am Projekt des Supercomputers ASCI White *(Accelerated Strategic Computing Initiative)* ersichtlich: Dieser im Auftrag des amerikanischen Department of Energy durch IBM zusammengebaute, derzeit schnellste Rechner der Welt nimmt den Raum von zwei Basketballfeldern ein, er besteht aus 512 IBM-RS/6000-SP-Servern, wiegt 106 Tonnen, hat eine Speicherkapazität von 160 Terabyte (rund 16.000-mal mehr als ein durchschnittlicher Desktop-Computer).[63] Er verwendet 8192 Mikroprozessoren, und schafft 12,3 Billionen Berechnungen in der Sekunde. Sein Einsatzgebiet waren ursprünglich Kernmodellberechnungen und die dreidimensionale Modellierung und Simulation von Zerfallprozessen von Nuklearmaterial; mittlerweile gibt es für derartige Supercomputer eine Reihe verschiedenster komplexer Anwendungsbereiche in Medizin, Biologie, Physik, Raumfahrt und Wettervorhersage.

7.1. Elektromechanische Digitalrechner

IBM-Lochkartenrechner, 1935–1948

Die Verwendung von Hollerithkarten in Verbindung mit mechanischen Rechnern wurde Ende der 1920er Jahre in verschiedenen Ländern forciert. So wurden 1928 u. a. in Deutschland von der Berliner Firma Deutsche Telefonwerke AG Hollerith-Lochkartenleser mit tastaturgesteuerten mechanischen Astra-Rechnern bzw. mit Merce-

[63] Eine andere heute weit verbreitete Technologie sind so genannte Blade-Server, wie sie z. B. Compaq und Hewlett-Packard verwenden.

des-Euklid-Rechenmaschinen verbunden. In Großbritannien verwendete ebenfalls im Jahre 1928 das National Almanac Office in London unter Leitung des aus Neuseeland stammenden Astronomen Leslie J. Comrie verschiedene Hollerith-Lochkarten-Tabulierungsmaschinen, um die Umlaufbahnen des Mondes zu berechnen. Die weitaus umfangreichste Adaption von Lochkartenrechnern erfolgte aber in den Vereinigten Staaten selbst, wo sich die fünf Jahre zuvor gegründete Firma IBM, die indirekt ja eine Nachfolgerin von Holleriths Computing, Tabulating and Recording Company war, 1929 an der Gründung des Columbia University Statistical Bureau beteiligte. Wallace J. Eckert, ein Mathematiker und Astronom an der Columbia-Universität in New York wusste von den Anwendungen in London und konnte IBM-Präsident Thomas J. Watson Sr. davon überzeugen, dass sich Lochkartenrechner neben einfachen statistischen Berechnungen durchaus auch für komplexere Operationen eignen würden. Eine wichtige technische Verbesserung wurde 1932 erreicht, als man den Inhalt eines Speicherregisters über durch Drahtkontakte ermöglichte elektrische Impulse an andere mechanische Register übertragen und für weitere Berechnungen verwenden konnte.

Die Firma IBM hatte während des New Deal unter Präsident Franklin Delano Roosevelt vor allem im Zusammenhang mit der Einführung der Sozialversicherung den größten Buchhaltungsauftrag aller Zeiten an Land gezogen. Man verkaufte allein vier Milliarden Lochkarten im Wert von 4 Millionen Dollar. Ein zweites Standbein war die Vermietung von Tabellierungsmaschinen. IBM ging ab 1935 auch daran, einen primär auf Multiplikationen ausgelegten Lochkartenrechner zu entwickeln. Die als *Multiplying Punched Card Tabulator* bezeichnete Maschine, die unter der Bezeichnung IBM 601 lief und von der rund 1500 Stück produziert wurden, sollte vor allem in der Lage sein, auch kommerziellen Anforderungen zu genügen. Solche ergaben sich etwa auch aus der Berechnung von Gas-, Strom- oder Telefonrechnungen, wo man jeweils einen über ein Messgerät abgelesenen Betrag mit einer bestimmten Rate multiplizieren musste. Es handelte sich beim IBM 601 um eine relaisbasierte Einheit zur Lösung umfangreicher arithmetischer Berechnungen. IBM erzeugte in der Folge eine Reihe von verschiedenen verbesserten und erweiterten Nachfolgemodellen unter der Typenbezeichnung

Thomas J. Watson Sr., Gründer von IBM, im Jahr 1914.
Mit freundlicher Genehmigung von IBM Corporate Archives, Somers, NY.

602 und 602A. Der 603 (auch *Electronic Multiplier* genannt) verwendete bereits Elektronenröhren; ihm folgten der IBM 604 und 605.

Die IBM 604 von 1948 konnte bereits über zwei Steckkontaktmodule für verschiedene Operationen „programmiert“ werden, z. B. für 60 verschiedene arithmetische Schritte, für das Einlesen einer Karte und das Stanzen der Resultate auf dieselbe Karte im Locher. Dies geschah innerhalb von rund 80-tausendstel Sekunden, nachdem diese eingelesen worden war. Informationen konnten in den Registern zwischengespeichert werden, ehe die endgültigen Resultate dann auf der letzten Karte ausgedruckt wurden. Es war auch ein kommerzieller Erfolg, denn mehr als 4000 IBM-604-Maschinen wurden verkauft. IBM verband das Nachfolgemodell 605 mit auf jeweils zehn Stellen ausgelegten elektromechanischen Speicherregistern sowie einem IBM-407-Lochkartentabulator. Man nannte diese Kombination CPC, d. h. *Card Programmed Calculator,* weil Befehlsfolgen über Lochkarten eingelesen wurden, während die einzelnen Rechenoperationen nach wie vor über zwei jeweils nach Bedarf zu „programmierende“ Steckkontaktmodule gesteuert wurden.

Howard H. Aiken, 1900–1973.
U.S. Army Photo, Archives of ARL Technical Library.

Der Harvard-Mark-I-Rechner, 1944

An der Harvard Universität in Cambridge, Massachusetts, wurde seit 1937 unter der Leitung von Howard Hathaway Aiken,[64] der am Cabot Science Center angewandte Mathematik unterrichtete, an einem elektromechanischen Rechner gearbeitet. Aiken sah sich schon während seines Studiums der Elektrotechnik mit dem Problem der Berechnung nichtlinearer Differentialgleichungen konfrontiert, für deren Lösung er bei Anwendung numerischer Methoden einen unerhörten Zeitaufwand hätte einsetzen müssen. Er dachte daher daran, für diese routinisierbaren Aufgaben einen relaisgesteuerten Rechner zu konstruieren, der den Zeitaufwand dramatisch verkürzen würde.

Aiken, der an der University of Wisconsin in Madison zum Elektroingenieur ausgebildet worden war und anschließend für die Westinghouse Electrical Manufacturing Company gearbeitet hatte, entschied sich schließlich für eine Fortsetzung seiner akademischen Laufbahn, zunächst an der Universität Chicago und dann in Harvard, wo er 1939 promovierte und als Lehrbeauftragter für angewandte Mathematik eingestellt wurde.

Die Grundidee von Aiken bestand darin, Standard-Hollerith-Lochkartenrechner miteinander zu verbinden und daraus einen universal anwendbaren Rechner zu konstruieren. Als zentrales Schalt-

[64] Aiken wurde am 8. März 1900 in Hoboken bei New York geboren, studierte an der Universität von Wisconsin Elektrotechnik und graduierte 1923. Er promovierte 1939 in Harvard und unterrichtete ab 1940 als Professor an dieser Universität, der er bis 1961 angehörte. Er war dann bis zu seinem Tod am 14. März 1973 Senior Professor an der Universität von Miami. Seine Lebenserinnerungen sind in Form eines Interviews auf acht Tonbändern im Smithsonian Institute in Washington aufbewahrt.

Harvard Mark I, 1944.
Mit freundlicher Genehmigung von IBM Corporate Archives, Somers, NY.

element war ein elektromechanischer Drehwälzer, wie er in der Fernmeldetechnik verwendet wurde, vorgesehen. Aiken wandte sich zunächst an die Monroe Calculating Machine Corporation, wo er die Unterstützung von Chefingenieur George Chase fand, jedoch wollte die Firma Monroe das Projekt schließlich doch nicht fördern. 1939 gelang es Aiken, die Unterstützung von IBM zu gewinnen, die sich finanziell und mit ihrem Know-how an der Entwicklung beteiligte.

Die Firma IBM, bzw. deren legendärer Präsident Thomas J. Watson Sr., hatte 1934 ein Rechenzentrum an der Columbia-Universität eingerichtet, das den möglichen Einsatz von IBM-Maschinen für wissenschaftliche Aufgaben testen sollte. Obwohl sich die Firma davon keinen kommerziellen Gewinn versprach, wollte sie doch an vorderster Front der wissenschaftlichen Entwicklung mit engagiert sein. Aikens Vorschlag passte genau in dieses Konzept, und IBM ließ unter Aufsicht ihrer eigenen Ingenieure Claire Lake, Francis Hamilton und Benjamin Durfee das Aikensche Konzept in ihrer Zentrale in Endicott, New York, weiterentwickeln.

Der Rechner Mark I, dessen Prototyp einen erfolgreichen Probelauf bereits 1943 im IBM-Labor in Endicott absolviert hatte, wurde im Juli 1944 in Harvard aufgebaut. In der letzten Phase hatte Aikens Dissertant Robert Campbell die Arbeiten beaufsichtigt, weil Aiken selbst zum Militär einberufen worden war. Der Harvard Mark I wog rund 35 Tonnen und benötigte zum Betrieb 25 Kilowatt Leistung. Er war mit Drähten von insgesamt 850 Kilometer Länge über drei Millionen Steckverbindungen verdrahtet, war über 15,50 Meter lang, rund 1,80 Meter hoch und setzte sich aus mehr als 760.000 Einzelteilen (Relais, Schalter etc.) zusammen. Im Mai 1944 wurde er erstmals der Öffentlichkeit präsentiert. Auf Wunsch von Watson sollte der Rechner offiziell IBM-ASCC (für *Automatic Sequence Controlled Calculator)* benannt werden, es setzte sich jedoch bald die Bezeichnung Harvard Mark I durch. Nicht zuletzt deshalb und weil bei der öffentlichen Präsentation durch Aiken dieser die Verdienste von IBM nach Watsons Ansicht nicht genügend würdigte, kam es zum Bruch zwischen den bisherigen Partnern dieses Projekts, und die späteren Aikenschen Rechner wurden ohne IBM-Unterstützung gebaut.

Der ASCC-Rechner war zu diesem Zeitpunkt – vor allem, wenn man die in Amerika wegen des Krieges selbstverständlich noch nicht bekannten Zuse-Rechner berücksichtigt – eigentlich bereits ein lebender Anachronismus: Mark I war ein paralleler Synchronrechner und basierte auf dem Dezimalsystem. Er konnte noch keine Sprungbefehle ausführen und verwendete in erster Linie mechanische Bauteile in Form von Komponenten und Technik gängiger IBM-Tabulierungsmaschinen. Eine durch einen kleinen 3,7-kW-Elektromotor angetriebene Welle war die zentrale Antriebseinheit. Die Daten und Befehle wurden über papierene, auf vier Trommeln laufende Lochstreifen eingegeben, die in einer Reihe bis zu 24 Löcher enthalten konnten. Der Programmierer reduzierte die zu lösenden Probleme auf eine Folge von mathematischen Schritten, die mit Hilfe eines Codebuchs in die notwendigen Befehlsstrukturen gebracht werden mussten. Verwendet wurden vielfach auch Standardbauteile von mechanischen IBM-Rechenmaschinenregistern. Die Daten wurden durch Lochkarten, Lochstreifen und für Routineaufgaben über konstante Register eingegeben und von einem mechanischen Register zum nächsten über digitale elektrische Signale übermittelt. Die einzelnen Rechenfunktionen waren auf 72, jeweils auf 23-stellige Dezimalzahlen ausgelegte (plus eine zusätzliche Stelle, entweder für das Zeichen 0 für Plus oder 9 für Minus) Speicherregister (Akkumulatoren) verteilt. Davon waren 60 Register für die Eingabe numerischer Daten bestimmt, wobei jedes Register korrespondierend mit den 24 (d. h. 23 + 1) Positionen 24 Drehschalter aufwies. Die jeweils bei den Rechenoperationen verwendeten Konstanten mussten händisch gesetzt werden. Benutzt wurde der Rechner für arithmetische Operationen sowie die Berechnung von exponentiellen, logarithmischen und trigonometrischen Funktionen nach Reihenentwicklung. Die Maschine konnte etwa 23-stellige Dezimalzahlen in drei Sekunden multiplizieren, Divisionen in acht Sekunden ausführen und das Ergebnis über Lochkarten oder eine IBM-Schreibmaschine ausdrucken. Nach heutigen technischen Standards war der Harvard Mark I mit 52 Hz getaktet und hatte eine Speicherkapazität von 1,7 Kilobyte.

Mark I, dessen Bau den damals immensen Betrag von rund einer halben Million Dollar gekostet hatte, wovon IBM zwei Drittel und die US-Navy ein Drittel beisteuerten, eignete sich damit vor allem für die Kalkulation mathematischer Tabellen, wie sie für die Berechnung ballistischer Aufgaben nötig waren. Dafür wurde er während der nächsten 16 Jahre in erster Linie von der amerikanischen Marine auch eingesetzt. Andere Aufgaben hingen mit der Berechnung von Fotolinsen, Radardetektoren und der Entwicklung der ersten Atombombe zusammen. Der Mark I lief in den Jahren 1944/45 faktisch rund um die Uhr.

Eine wichtige Mitarbeiterin des Entwicklungsteams war Grace Murray Hopper (1906–1992). Wie Aiken selbst wurde sie während des Zweiten Weltkriegs von der amerikanischen Marine eingestellt und erreichte den Rang eines Commanders. Sie wurde nach dem Krieg sogar zum Admiral befördert, wodurch sie die ranghöchste Frau in den amerikanischen Streitkräften war. Grace Murray Hopper, die am Vassar College und in Yale Mathematik und Physik studiert hatte, zählt mit Ada Byron-Lovelace und Kathleen Britten-Booth zu den wenigen auch einer größeren Öffentlichkeit bekannt gewordenen weiblichen Pionieren in der Geschichte des Computings. Sie war später an führender Stelle an der Entwicklung des ersten Compilers für Sprachdaten-Processing[65] sowie der beiden Programmiersprachen APT und COBOL beteiligt. Die Sperry Rand Corporation stiftete einen nach ihr benannten Preis, der alljährlich für Leistungen auf dem Gebiete des Computings verliehen wird.

In den nächsten acht Jahren konstruierte Aiken, unabhängig von IBM, drei weitere Rechner nach dem Vorbild des Mark I; er verwendete dafür teilweise spezielle elektrische Relais, was nicht nur die Rechengeschwindigkeit erhöhen, sondern auch die Kosten vervielfa-

65 Der erste Compiler, der als „Autocode" bezeichnet wurde, wurde durch Alick E. Glennie 1952 ebenfalls für militärische Zwecke entwickelt.

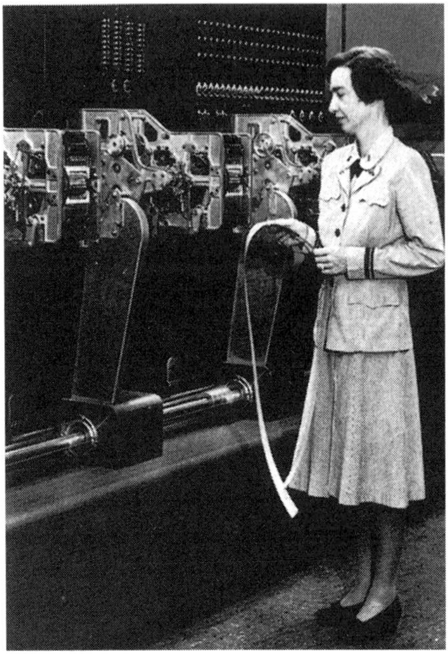

Grace Murray Hopper am Mark 1.
Mit freundlicher Genehmigung von IBM Corporate Archives, Somers, NY.

chen sollte. Die Mark-Serie lieferte beeindruckende Rechenleistungen für die damalige Zeit, war aber bereits zum Zeitpunkt ihrer Einführung technisch obsolet und durch jene Entwicklungen, die voll auf die Elektronenröhrentechnologie setzten, überholt. Mark I wurde 1959 demontiert; Teile davon sind heute im IBM-Headquarter in New York, in der Smithsonian Institution in Washington und am Cabot Science Center an der Harvard-Universität ausgestellt. Aiken wurde auch dafür bekannt, dass er 1947 an der Harvard-Universität das weltweit erste Computerausbildungsprogramm startete; er emeritierte 1961, gründete in Fort Lauderdale in Florida eine eigene Firma, die Aiken Industries Corporation, und starb 1973 in Saint Louis, Missouri. Der Binärcode für Dezimalzahlen wird in der Informatik in Erinnerung an den Erfinder des Mark I mitunter auch als Aiken-Code bezeichnet.

Obwohl einer der Pioniere des modernen Computers, gab Howard H. Aiken 1947 eine bemerkenswerte Fehlprognose ab, was die weitere Entwicklung anbelangt. Er schrieb: „Nur sechs elektronische Digitalcomputer wären notwendig, um die erforderliche Rechenleistung für die gesamten Vereingten Staaten zu erbringen."

7.2. Relaisrechner

Die Zuse-Z1–Z4-Baureihe, 1938–1944

Der mitunter als „Vater des modernen Computers" apostrophierte, 1910 in Berlin geborene Konrad Zuse studierte Bauingenieurwesen an der Berliner Technischen Hochschule. Während seines Studiums sah er sich mit vielen, seiner Meinung nach automatisierbaren Rechenaufgaben konfrontiert. Dies führte ihn 1938 unter tatkräftiger Mithilfe von Helmut Schreyer zur Konstruktion einer mechanischen, frei programmierbaren Rechenmaschine, der er den Namen Z1 gab. Aus Kostengründen wählte Zuse zunächst eine mechanische Lösung für das Speicherwerk aus verschiebbaren Stiften und Blechen, das 16 Binärzahlen zu 24 Bit speichern konnte. Gesteuert wurde die Maschine durch einen Lochstreifen, der aus einer 35-mm-Filmrolle bestand. Der Z1 wies eine Taktfrequenz von 1 Hz auf, verfügte über eine Dezimaltastatur mit Umwandlung in Binärcode bei gleichzeitiger Dezimalziffernausgabe und enthielt mit Leitwerk, Programmsteuerung, Speicher, Mikrosequenzer, Sprungbefehl und Gleitkommaarithmetik bereits alle Elemente eines modernen Computers. Für eine Addition benötigte der Rechner zehn Sekunden, für eine Multiplikation allerdings bereits eine Minute.

In seinem zweiten Rechenautomaten, dem Z2, versuchte Zuse, das mechanische Rechenwerk seiner ersten Maschine mit einem aus handelsüblichen Telefonrelais aufgebauten Rechenwerk zu koppeln. Mit dem Z2, der 800 Relais verwendete und mit 3 Hz getaktet war, versuchte Konrad Zuse 1939 vor allem die damals noch neue Relaistechnik zu testen, was zum ersten funktionstüchtigen programmgesteuerten Rechner mit Festkomma-Arithmetik führte. Gemeinsam mit einigen Freunden baute er parallel dazu den ersten elektronischen, programmierbaren Rechner der Welt, den Z3. Diese und alle anderen Rechner baute Zuse, der während des Krieges bei den Heinkel-Flugzeugwerken beschäftigt war, in seiner Freizeit, ausschließlich mit Hilfe von privaten Mitteln und ohne staatliche Unterstützung. Später übernahm dann die Deutsche Versuchsanstalt für Luftfahrt einen Teil der Entwicklungskosten.

Das Original des Z3 mit sämtlichen Konstruktionsunterlagen wurde allerdings wie auch die beiden Vorläufer durch einen Bomben-

Der mechanische Rechner Z1 von 1938, aufgebaut in Zuses Wohnzimmer.
Mit freundlicher Genehmigung von Horst Zuse, Berlin.

treffer während des Zweiten Weltkriegs restlos zerstört; lediglich ein rekonstruiertes Modell steht heute im Technischen Museum in Berlin.

Der elektromechanische Z3, der am 12. Mai 1941 einigen Wissenschaftlern in Berlin vorgeführt wurde, war der erste voll programmgesteuerte Rechner. Der mit 5,3 Hz getaktete und rund 1 Tonne wiegende Z3 verwendete 600 Relais im Rechenwerk und 1600 Relais im Speicher sowie Mikrosequenzer in der Steuereinheit. Der Relaisspeicher konnte 64 Worte zu 22 Bit speichern. Ein Lochstreifenleser war mit der Ein- und Ausgabeeinheit verbunden. Die Zahlen wurden im Dezimalsystem eingegeben und in eine binäre Fließkommazahl umgewandelt bzw. bei der Ausgabe wiederum in eine Dezimalzahl rückverwandelt. Die Eingabe erfolgte getrennt für Programm und Daten, entsprach also nicht dem, was später als Von-Neumann-Architektur bezeichnet wurde. Die Maschine wurde für militärische Aufgaben, z. B. für aerodynamische Berechnungen von Flugzeugtragflächen, eingesetzt.

Der Z4, der 1944 fertiggestellt wurde, war wie sein unmittelbarer Vorgänger als eine universelle Rechenanlage konzipiert. Er war mit 30 Hz getaktet, verfügte über ein 2200-Relais-Rechenwerk und (aus

Z3 von 1941, der erste programmgesteuerte Rechner der Welt.
Mit freundlicher Genehmigung von Horst Zuse, Berlin.

Kostengründen) über ein mechanisches Speicherwerk sowie ein Gleitkommarechenwerk, das bis zu 30 Operationen pro Sekunde ausführen konnte. Die Eingabe erfolgte entweder über eine Dezimaltastatur oder über Lochstreifen. Als Steuereinheit wurden 21 Mikrosequenzer verwendet. Die Maschine überlebte den Zweiten Weltkrieg in einem als Ausweichquartier benützten Bauernhof im Allgäu, wurde dann abgebaut und an die Eidgenössische Technische Hochschule in Zürich vermietet, wo sie die nächsten fünf Jahre sehr zufriedenstellend arbeiten sollte. Das daraus erzielte Honorar benützte Zuse, um eine eigene Firma in Bad Hersfeld zu gründen, die sich mit Relaistechnik befasste. Diese Firma wurde 1965 durch Siemens aufgekauft. Der Z4 gelangte 1954 an das Institut Franco-Allemand des Recherches nach Frankreich, wo er bis 1959 Verwendung fand. Er befindet sich heute im Deutschen Museum in München.

Zuse entwickelte 1946 auch die erste algorithmische Programmiersprache, die er „Plankalkül“ nannte und die prinzipiell eine Veränderung des Programms durch die Maschine vorsah. Zuse ist heute international als einer der Väter des Computers anerkannt. Sein bemerkenswertes Vermächtnis an die Nachwelt lautete: „Es hat viele Erfinder außer mir gebraucht, um den Computer, so wie wir ihn heute kennen, zu entwickeln. Ich wünsche der nachfolgenden Generation alles Gute im Umgang mit dem Computer. Möge dieses Instrument helfen, die Probleme dieser Welt zu beseitigen, die wir Alten euch hinterlassen haben.“

Bell-Relais-Rechner, 1940–1946

Während der später beschriebene ABC und die Z1–Z4-Serie das Werk einzelner herausragender Erfinder darstellen, entsprangen die großen „Rechenmonster“, wie sie während des Zweiten Weltkriegs für militärische Zwecke und unter massivem Einsatz von Regierungsgeldern entwickelt wurden, den Anstrengungen großer Organisationen. Ausgangspunkt waren z. B. die Bell Laboratories des amerikanischen Telefonkonzerns AT&T, die Harvard-Universität, das MIT und die Firma IBM sowie das U.S. Ordnance Laboratory der amerikanischen Streitkräfte in Zusammenarbeit mit der Moore School for Electrical Engineering der Universität Philadelphia, Pennsylvania.

So entwickelte ein Team um George R. Stibitz (1904–1995) für die Bell Laboratories eine Serie von insgesamt sieben Relaisrechnern. Stibitz, der an den Universitäten Denison und Cornell Mathematik und Physik studiert hatte, arbeitete seit 1930 als Konsulent für Bell Laboratories in New York und war während des Zweiten Weltkriegs nominell an das U.S. Office of Scientific Research and Development abgestellt. Später wurde er Professor an der Dartmouth Medical School, wo er sich mit der Anwendung mathematischer Modelle auf biophysikalische Systeme beschäftigte.

1937 war Stibitz zufällig darauf gestoßen, dass die Ein/Aus-Stellung der Schaltkreise von Telefonrelais der Null/Eins-Folge der binären Notierung von Zahlen recht ähnlich war. Es wurde daraufhin eine Gruppe eingesetzt, die im Auftrag von Bell Laboratories eine Anwendung von Relaisschaltern auf arithmetische Operationen in binärer Form suchte, wie sie z. B. für die Berechnung von Geräuschfiltern und Verstärkern für Ferngespräche benötigt wurden. Claude Shannon, damals noch Student am MIT, erkannte darüber hinaus die Möglichkeit, die Relaisschaltung nicht nur für Operationen mit Zahlen, sondern auch für logische Operationen (Äquivalenz der binären

Bell-Relais-Rechner.
U.S. Army Photo, Archives of ARL Technical Library.

Notierung 0 und 1 mit „wahr“ und „falsch“) auf der Basis der Boolschen Algebra einzusetzen; dies gilt als die Geburtsstunde der digitalen Logikschaltung. Stibitz konstruierte gemeinsam mit Samuel B. Williams einen Rechner mit 450 Relais, der am 8. Januar 1940 in New York den Betrieb aufnahm und über vier Relaiseinheiten für alle vier Grundrechenarten und komplexe Zahlen ausgelegt war. Über das Telefonnetz konnte man mittels Fernschreiber auf den Rechner zugreifen, was im September 1940 bei einem in Dartmouth veranstalteten Meeting der American Mathematical Society eindrucksvoll demonstriert wurde. War der erste Rechner noch zivilen Aufgaben gewidmet und sollte vor allem der Berechnung algebraischer Gleichungen komplexer Zahlen[66] dienen, so erfolgte die Konstruktion von weiteren vier „Bell Relay Calculators“, wie nunmehr die offizielle Bezeichnung lautete, für militärische Zwecke, vor allem für die Berechnung ballistischer Kurven. Die einzelnen Rechner blieben bis Anfang der 1960er Jahre in dieser Verwendung.

Das Modell V verfügte bereits über eine Kontrolleinheit, einen zentralen Prozessor sowie einen kleinen Speicher und wurde mit einem Lochstreifen programmiert. Es kostete bei seiner Einführung

[66] Eine komplexe Zahl ist ein mathematischer Ausdruck für die Summe zweier reeller Zahlen, wovon eine mit der Quadratwurzel von –1 multipliziert wird.

1946 die stolze Summe von einer halben Million Dollar und war damit gleich teuer wie der ENIAC und rund 25-mal teurer als das Stibitzsche Relaisrechnermodell I aus dem Jahre 1940. Es leistete mehr als ein Jahrzehnt gute Dienste, wenngleich die Technologie bereits wenige Jahre später als veraltet galt und durch die Röhrentechnologie ersetzt wurde.

Ein europäischer Relaisrechner war der 1947 in England durch Andrew Donald Booth am Birkbeck College Computation Laboratory der Universität London gebaute ARC-Rechner (für *Automatic Relais Computer)*. Booths spätere Gattin Kathleen Britten schrieb dafür das Programm. Durch diesen Rechner, der 1952 allerdings auf Röhrentechnologie umgerüstet wurde, wurde wiederum 1948 der Holländer Adriaan van Wingaarden (1916–1978) zum Bau des ARRA *(Automatische Relais Rekenmachine Amsterdam)* angeregt. In Österreich baute Heinz Zemanek 1950 an der Wiener Technischen Hochschule den URR1 *(Universelle Relais Rechenmaschine 1)*. In der DDR entwickelte Wilhelm Kämmerer, der 1969 auch ein Buch über digitale Automatentheorie verfasste, für die Firma Carl Zeiss zur Berechnung von Linsen den Relaisrechner OPREMA.

7.3. Relais-Röhren-Hybridtechnologien

Die Harvard-Rechnerserie Mark II–IV, 1949–1952

Als Howard H. Aiken 1946 von der Marine gebeten wurde, für deren ballistisches Versuchsgelände in Dahlgren, Virginia, einen weiteren Rechner zu bauen, entschloss er sich, die elektromagnetische Relaistechnologie in vollem Umfange einzusetzen. Der 1948 in Betrieb gehende Mark II war wesentlich schneller als sein Vorgängermodell in Harvard, er benötigte etwa 750-tausendstel Sekunden für eine Multiplikation, die mechanischen Register waren durch Relais ersetzt worden. Ähnlich wie das Modell V der Bell Laboratories, das etwa um dieselbe Zeit entstand, war auch Mark II so konstruiert, dass zwei Aufgaben zu gleicher Zeit ausgeführt werden konnten. Denn die Anlage war in zwei separate Maschinen unterteilt, wovon jede jeweils 50 Register zur Zahlenspeicherung, zwei Multiplikationseinheiten, eine Additionseinheit sowie zwei separate

Papierstreifenleser für die Eingabe von Befehlen und weitere vier für das Einlesen von Daten aufwies. Durch entsprechende Verdrahtung waren verschiedene Routinen vorweg eingebaut, um wichtige Rechenoperationen standardmäßig durchführen zu können: z. B. für ln(x), cos(x), arctan(x) oder die Multiplikation mit dem reziproken Wert des Divisors für Divisionen.

Es folgten in den nächsten Jahren zwei weitere Maschinen; beide wurden mit Hilfe von Drittmitteln in Harvard gebaut. Sie basierten teils auf einer elektronischen, teils auf einer elektromechanischen Technologie und waren wesentlich schneller und genauer als das Vorgängermodell: Mark III aus dem Jahre 1949 konnte 4350 16-Bit-Zahlen speichern. Er hatte 2000 Relais und über 5000 Elektronenröhren eingebaut, benützte acht Magnettrommeln als Datenspeicherelement und hatte erstmals eine interne Programmspeicherung vorgesehen. Er entsprach also in den Grundzügen bereits dem, was man später als Von-Neumann-Architektur bezeichnen sollte. Mark IV folgte 1952 in der Grundkonzeption weitgehend Mark III, benützte aber für die 200 Register Magnetkernspeicher und erhöhte damit die Speicherfähigkeit und Rechengeschwindigkeit beträchtlich. Beide Großrechner wurden für militärische Zwecke, vor allem von der Luftwaffe eingesetzt.

Der SSEC von IBM, 1948

Die Firma IBM, die ja an der Entwicklung des Harvard Mark I wesentlich mitbeteiligt gewesen war, stellte 1948 einen eigenen Großrechner vor, den *Selective Sequence Electronic Calculator* oder SSEC. Dieser wurde im Erdgeschoss der New Yorker IBM-Zentrale, die sich damals in 590, Madison Avenue/56th Street befand, aufgestellt, wo er nicht zuletzt als Auslagenstück fungierte. Die von den Ausmaßen dieser Maschine überraschten Besucher versahen sie bald mit dem Spitznamen „Poppa“, was nur deutlich macht, dass sie den Zweck – nämlich zu beeindrucken – durchaus erfüllte: Der SSEC war der größte und weitaus komplexeste elektromechanische Rechner, der jemals gebaut wurde. Der Rechner, eine Einzelanfertigung, stellte nach Lesart der Firma IBM den ersten Computer überhaupt dar, da man offenkundig die Konkurrenz gar nicht erst zur Kenntnis nehmen wollte.

IBM-SSEC, 1948.
Mit freundlicher Genehmigung von IBM Corporate Archives, Somers, NY.

Der SSEC verwendete eine Hybridtechnologie von Relaisschaltern und Röhren: Es wurden 13.000 Elektronenröhren für die arithmetische Recheneinheit und acht auf je 20 Stellen ausgelegte Hochgeschwindigkeitsregister als Speichermedium verwendet. Hinzu kamen noch 23.000 Relaisschalter in der Kontrolleinheit und in den insgesamt 150 Registern. Das ermöglichte es dem Rechner, z. B. Additionen in rund 0,004 Sekunden auszuführen. Das binär codierte Gleitkommarechenwerk benötigte pro Speicherplatz lediglich vier Elektronenröhren. Die „Programmierung" erfolgte wie bei den anderen Großrechnern jener Zeit über Lochstreifen, obwohl der SSEC bereits über die Möglichkeit verfügte, Befehle über interne Register zu empfangen. Man verwendete die insgesamt 66 Lochstreifenleser auch für die Dateneingabe, was gegenüber anderen Maschinen, die maximal vier davon hatten, eine größere Flexibilität bedeutete.

Der SSEC wurde nicht nur für wissenschaftliche Rechenaufgaben in der Astronomie eingesetzt, sondern auch an die amerikanische Regierung vermietet. Diese stellte den Großrechner wiederum an regierungsnahe Stellen, u. a. an die Atomic Energy Commission, für verschiedene Berechnungen ab. Einmal benötigte die Maschine ein halbes Jahr, um eine sehr komplexe Rechenaufgabe zu lösen. Als der SSEC für den Leiter des Astronomischen Rechenbüros der Columbia-Universität, Wallace J. Eckert (1902–1971),[67] der an der Konzeption des Rechner wesentlich mitbeteiligt gewesen war, eine Tabelle aller möglichen Positionen der fünf äußersten Planeten unseres Sonnensystems berechnete, war es z. B. notwendig, rund 5 Millionen Multiplikationen und weitere 7 Millionen Additionen und Subtraktionen auszuführen. Im August 1952 wurde der SSEC schließlich demontiert, nachdem IBM selbst ein Jahr zuvor mit dem IBM 701 den ersten IBM-Computer mit einer so genannten „Von-Neumann-Architektur“ entwickelt hatte. Ein derartiges „Rechenmonster“, wie es der SSEC darstellte, war bereits am Beginn der 1950er Jahre im Grunde genommen obsolet geworden.

7.4. Elektronenröhren-Computer, 1951–1958

Bereits im Jahre 1906 setzten der amerikanische Erfinder Lee De Forest und unabhängig von diesem der Österreicher Robert von Lieben Elektronenröhren zur Signalverstärkung ein;[68] 1912 entwickelten Lee De Forest und parallel dazu Alexander Meissner in Berlin Elektronenröhren zur Erzeugung von Oszillationen. Dieser Erfindung kam schon deshalb eine praktische Bedeutung zu, weil man damit die Reichweite von Telefon- und Telegraphenverbindungen wesentlich erhöhen konnte. Theodore Vail, der damals bereits im Ruhestand weilende Alt-Präsident der Telefongesellschaft AT&T, veranlasste seine ehemalige Firma, sich die Patentrechte auf diese Erfindung zu sichern. Elektronenröhren stellten

[67] Der am 19. Juni 1902 in Pittsburgh geborene Wallace J. Eckert promovierte 1931 an der Yale-Universität und trat anschließend in den Dienst der Columbia-Universität in New York an der Abteilung für Astronomie, deren Rechenbüro er von 1937 bis 1945 leitete. Er publizierte u. a. Lochkartenmethoden für wissenschaftliche Berechnungen. Ab 1945 leitete er bei IBM das Pure Science Department, aus dem das nach Watson benannte Wissenschaftliche Rechenzentrum hervorging, an dem der SSEC gebaut wurde. Eckert starb am 24. August 1971 in Englewood, NJ.

[68] Die Steuerung des Elektronenstromes erfolgte von außen mittels eines Magnetfeldes. Lieben verwendete ein Steuergitter, während De Forest eine Triode in eine Hochvakuumröhre zwecks Signalverstärkung einbaute.

in den fünfziger Jahren die Standardtechnologie für die Signalübertragung dar und wurden vor allem in Rundfunkgeräten eingesetzt. Der Schritt zum Einsatz der Elektronenröhre zur Signalübertragung im Computer war damit nahe liegend.

Die erste Generation von Digitalcomputern der 1950er Jahre basierte auf der Elektronenröhrentechnologie. Lochkarten wurden für die Dateneingabe und für die externe Datenspeicherung verwendet, hinzu kamen an der Oberfläche mit einer Magnetschicht beschichtete Trommelspeicher für die interne Speicherung von Daten und Programmen. Softwareprogramme wurden in Maschinen- bzw. Assemblersprache geschrieben, ein Compiler war für das Übersetzen einer höheren formalen Sprache in Maschinensprache notwendig.[69]

Der ABC-Rechner, 1937–1942, ein Pionier der Röhrentechnik

Der 1903 geborene amerikanische Physiker John Vincent Atanasoff entstammte einer bulgarischen Einwandererfamilie. Er entwickelte zwischen 1937 und 1942, gemeinsam mit seinem damaligen Dissertanten Clifford Berry an der Universität von Iowa einen Digitalcomputer. Dieser hatte 600 Elektronenröhren als aktive Elemente und 1600 auf zwei rotierende Trommeln montierte Kondensatoren als Speicher, jeweils einen Kondensator für ein Bit, leer für 0 und aufgeladen für 1. Während jeder Umdrehung der Trommel wurden die geladenen Kondensatoren auf dem Sollwert gehalten und die leeren von Störspannungen gereinigt. Hinzu kamen noch ein Lochkartenleser und ein elektrischer binärer Lochkartenstanzer.

[69] Als *Maschinensprache* definiert man eine Programmierung, die ausschließlich aus Abfolgen von 0 oder 1 besteht, weshalb der Prozessor die einzelnen Anweisungen aus der Maschine ohne weitere Umwandlungen direkt ausführen kann. Da aber jeder Computer grundsätzlich nur diese Sprache versteht, müssen alle Programme mit Hilfe eines Compilers in Maschinensprache übersetzt werden. Unter *Assembler* versteht man ein Programm, das Anwendungsprogramme in Maschinensprache übersetzt. Die einzelnen Maschinenkommandos werden dabei durch so genannte *Mnemoniks*, das sind leicht einprägsame Befehlsworte, die symbolisch für einen Maschinenbefehl stehen, umschrieben. Der Assembler übersetzt einen in Assemblersprache geschriebenen Quellcode in Maschinensprache. Der *Quellcode* ist ein mit den Anweisungen der jeweiligen Programmiersprache formuliertes Programm in Form einer Textdatei. Dieses muss jedoch bei Verwendung einer Compilersprache erst mittels Compiler in ein ausführbares Programm umgewandelt werden, während ein Interpreter eine direkte Ausführung des Quellcodes ermöglicht.

Clifford Berry am ABC-Rechner.
Iowa State University Archives.

Das Gerät, das lediglich auf Additionen und Subtraktionen ausgelegt war, wurde nach den beiden Erfindern Atanasoff-Berry-Computer (ABC) benannt. Obwohl der Rechner recht gut funktionierte, wandte sich Atanasoff bald neuen Aufgaben im U.S. Naval Ordnance Laboratory in Maryland zu. Das Konzept fand jedoch insofern Nachfolger, als John W. Mauchly, einer der Mitentwickler des

John Vincent Atanasoff, 1938.
Iowa State University Archives.

ENIAC, bei einem Besuch in Iowa manche Ideen davon übernahm. Atanasoff gründete 1952 eine eigene Firma unter dem Namen „Aerojet Engineering“, in der er bis Anfang der 1960er Jahre tätig war. Der ABC konnte lediglich eine begrenzte Zahl von Gleichungen simultan berechnen und auch nicht für einen automatischen Ablauf programmiert werden. Er wies damit z. B. gegenüber den letzten beiden Zuse-Rechnern große Nachteile auf. Immerhin war dieser Computer der erste funktionierende Digitalrechner auf Basis der Elektronenröhrentechnologie. Der damit vorgezeichnete Weg wurde allerdings zunächst nicht weiterverfolgt, obwohl die Entwicklung durch die im ABC angewendete Technologie hätte entscheidend beschleunigt werden können, und die nächsten Rechner folgten weiter der Relaistechnologie. Im Jahre 1948 wurde der ABC endgültig demontiert.

Der ENIAC, 1945

Die Entwicklung der Röhrentechnologie war ein entscheidender Fortschritt gegenüber dem Relaisrechner und erhöhte mit einem Schlag die Rechengeschwindigkeit um den Faktor 10^3. Der Durchbruch der Elektronenröhrentechnologie gelang allerdings erst 1945 mit dem Bau des Rechners ENIAC, was für *Electrical Numerical Integrator and Computer* steht.

Die 1923 gegründete Moore School of Electrical Engineering der University of Pennsylvania arbeitete schon seit den 1930er Jahren eng mit dem Ballistic Research Laboratory des U.S. Army Ordnance Department zusammen: Dieses war für die Entwicklung von Waffen und Munition für die amerikanische Armee verantwortlich und unterhielt in Aberdeen, Maryland, ein Versuchsgelände. Hier wurden äußerst komplexe ballistische Berechnungen, wie sie z. B. für Artillerieschießtabellen und Bombenflugbahnen notwendig waren, aber auch erste Versuche mit Radardetektoren durchgeführt. Während des Zweiten Weltkriegs intensivierte sich die bereits bestehende wissenschaftliche Zusammenarbeit zwischen den beiden Institutionen. Die Moore School in Philadelphia verfügte neben dem MIT als einzige universitäre Einrichtung für diesen Zweck auch über den von Vannevar Bush konstruierten analogen Differential Analyzer. Dieser war von der Regierung finanziert worden und wurde für ballistische Berechnungen eingesetzt. Der durch den Einsatz des ENIAC erzielte

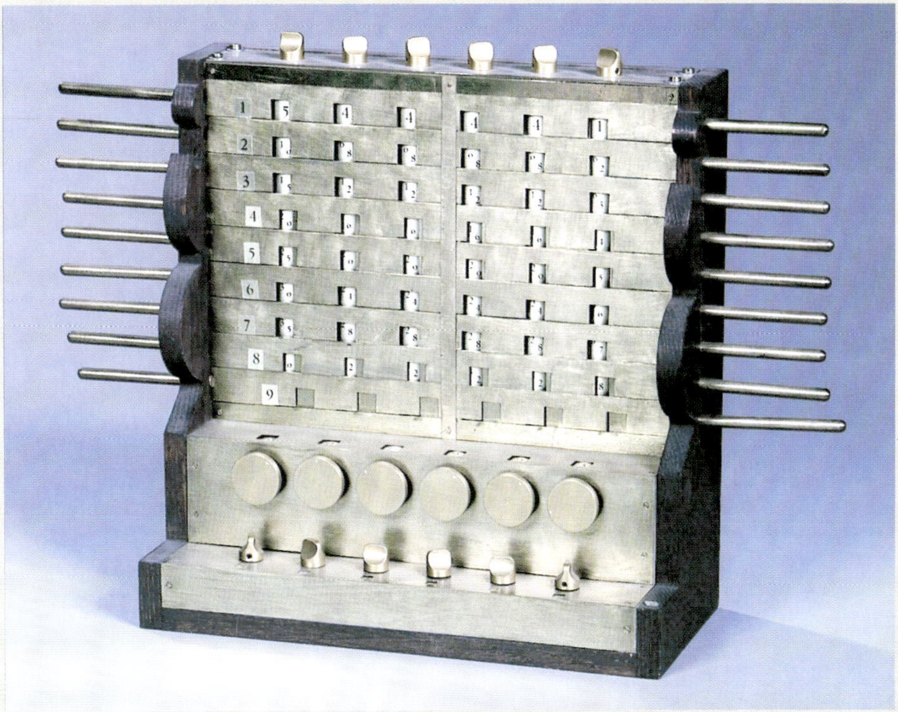

SCHICKARD-MASCHINE.
Die „Rechenuhr“ hat im oberen Teil das Multiplizier- und Dividierwerk, im abgesetzten Mittelteil das Additions- und Subtraktionswerk. Mit Hilfe der unteren sechs Drehscheiben werden Zwischenergebnisse gespeichert.
Technisches Museum Wien.

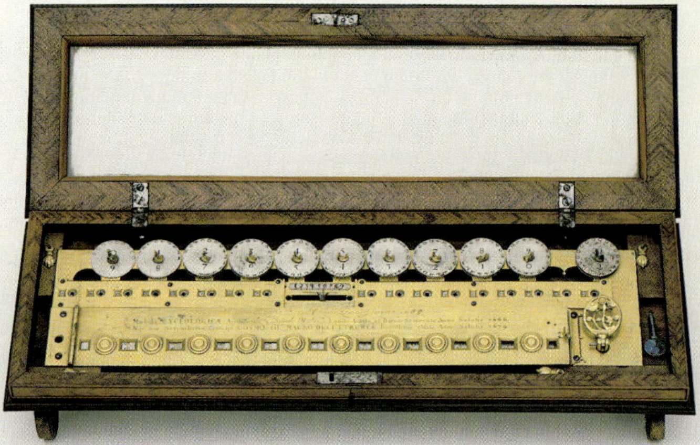

Rechner von Sir Samuel Morland, 1666.
Multiplikations- und Divisionsmaschine auf Basis der Napierschen Rabdologie.
Istituto e Museo di Storia della Scienza, Firenze. Foto: Franca Principe.

Mechanische Rechenmaschine von G. W. Leibniz, 1673–1694.
Die auf dem Staffelwalzenprinzip beruhende Maschine konnte erstmals alle vier Grundrechenarten auf direktem Wege ausführen.
Deutsches Museum München.

Sprossenradmaschine von Braun, 1727.
Der trommelförmige Rechner beherrschte alle vier Grundrechenarten.
Kunsthistorisches Museum Wien.

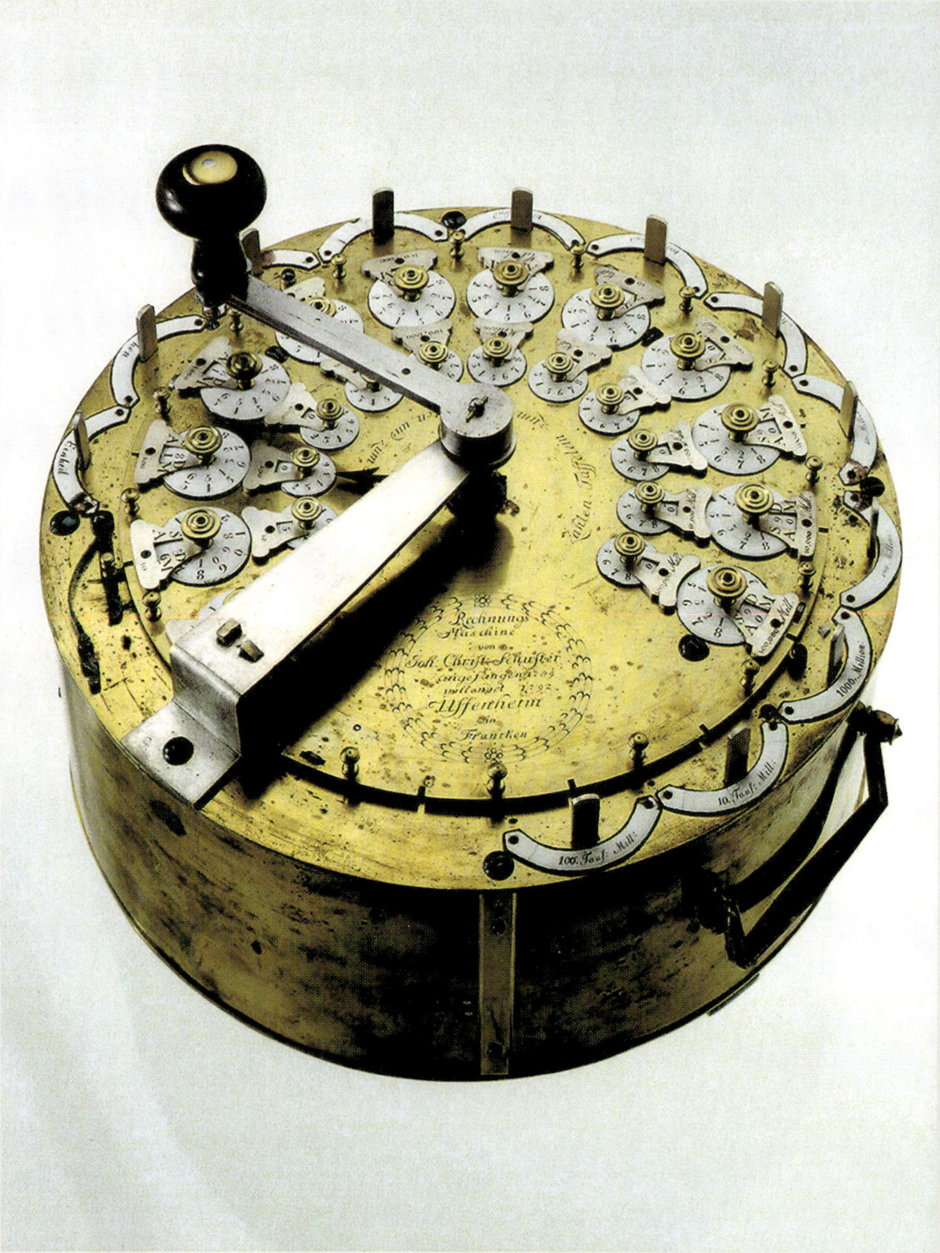

Hahn-Schuster-Rechenmaschine, 1792.
Die 1769 konstruierte Staffelwalzenmaschine wurde ab 1792 in Uffenheim erzeugt.
Deutsches Museum München.

ARITHMOMETER, TYP MADAS, ERZEUGT VON H. W. EGLI, ZÜRICH, 1908.
Der von Ch. X. Thomas de Colmar 1820 patentierte Arithmometer beruht auf dem Staffelwalzenprinzip und gilt als die erste industriell hergestellte Rechenmaschine.
Technisches Museum Wien.

FELT-COMPTOMETER, 1886.
Der Comptometer verwendete zur Zahleneingabe erstmals eine Tastatur, wodurch die Rechengeschwindigkeit wesentlich erhöht wurde.
Technisches Museum Wien.

Odhners Rechenmaschine.
Die auf dem Sprossenradprinzip beruhenden Maschinen wurden seit den 1870er Jahren in großen Stückzahlen erzeugt.
Technisches Museum Wien.

Burroughs-Rechner, ca. 1890.
Die 1887 gründete American Arithmometer Company schaffte als einzige von den Erzeugern mechanischer Rechenmaschinen den Übergang ins Computerzeitalter.
Rechnersammlung der Universität Linz.
Foto: H. Matis.

Millionaire, erzeugt von H. Egli, Zürich 1892.
Die bis 1935 erzeugte Millionaire verwendete einen „Multiplikationskörper", um Multiplikationen und Divisionen auf direktem Weg auszuführen.
Rechnersammlung der Universität Linz.
Foto: H. Matis.

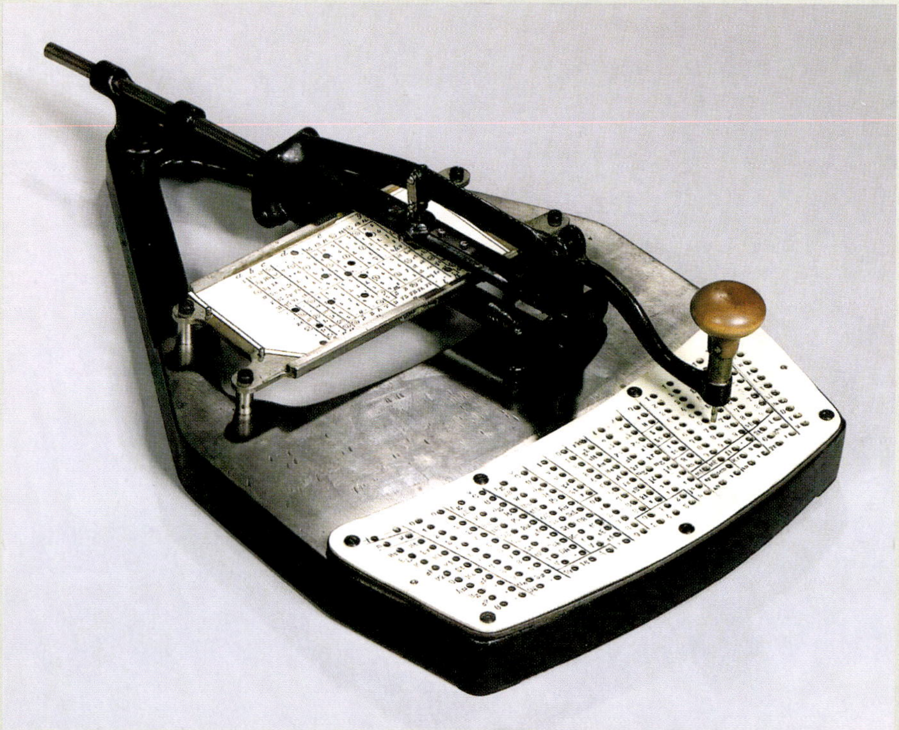

Hollerith-Lochstanzmaschine, 1890.
Lochkarten waren bis in die 1960er Jahre das wichtigste Speichermedium.
Technisches Museum Wien.

RECHENWALZE VON JULIUS BILLETER, CA. 1930.
Diese Technik erlaubt es, die Rechengenauigkeit eines Rechenschiebers von 15 Metern Länge zu erreichen.
Technisches Museum Wien.

Die Curta als Höhepunkt der mechanischen Rechenmaschinen.
Dieser Rechner war als Staffelwalzenmaschine ausgelegt, mit deren Hilfe man alle vier Grundrechenarten ausführen konnte.
Technisches Museum Wien.

Röhrenprüfgerät, ca. 1960. Elektronenröhren waren recht fehleranfällig und hatten eine relativ kurze Lebensdauer. Daher musste ihre Funktionstüchtigkeit in bestimmten Abstände überprüft werden, wozu eigene Prüfgeräte entwickelt wurden.
Atominstitut der Österreichischen Universitäten, Wien. Foto: H. Matis.

Manchester Mark I, 1948.
Der Mark I verfügte erstmals über eine Architektur mit Programmspeicherung im Hauptspeicher.
Manchester University, National Archive for the History of Computing.

Magnetkernspeicher.
Diese Direktzugriffsspeicher wurden zunächst in militärischen Großrechnern (z. B. im Whirlwind) und später auch bei kommerziellen Rechnern (z. B. beim IBM 1401 und 360) verwendet.
Technisches Museum Wien.

Konsolen des SAGE-Computersystems, 1950er Jahre.
SAGE bildete die Grundlage des westlichen Luftverteidigungssystems im „Kalten Krieg“.
U.S. Army Photo, Archives of ARL Technical Library.

Altair 8800, 1974.
Der von MITS als Bausatz verkaufte Altair gilt als der erste kommerziell vertriebene Mikrocomputer der Geschichte. Die für ihn entwickelte Softwarevariante MS BASIC markiert den Beginn von Microsoft.
Technisches Museum Wien.

Apple II, 1977.
Das neue Apple-Modell setzte auf eine offene Architektur sowie in der Folge auch auf Farbgrafik- und Soundfähigkeit.
Technisches Museum Wien.

Commodore VC20 Heimcomputer, 1981.
Von dem 1981 eingeführten Heimcomputer wurden rund 1,3 Millionen Stück verkauft.
Technisches Museum Wien.

Innenleben des Pentium-IV-Mikroprozessors (2000).
Der von Intel hergestellte Mikrochip stellt mit einer Kapazität von 42 Millionen Transistoren den momentan aktuellen Stand der Technik dar.
Mit freundlicher Genehmigung von Intel Corporation.

ASCI WHITE RS/6000.
Der IBM ASCI White RS/6000 gilt derzeit mit 12,3 Teraflops als der schnellste Supercomputer. Er wurde 1996 vom amerikanischen Department of Energy in Auftrag gegeben, um Atomwaffentests simulieren zu können, und im Lawrence Livermore National Laboratory in Kalifornien installiert.
Mit freundlicher Genehmigung von IBM Corporate Archives, Somers, NY.

IBM PSERIES 660, WERBE-AUFNAHME.
Ein Einsatzgebiet der auf dieser Technologie beruhenden neuen Supercomputer ist die dreidimensionale Modellierung der menschlichen Protein-Biosynthese.
Mit freundlicher Genehmigung von IBM Österreich.

Fortschritt dokumentierte sich nicht zuletzt darin, dass man für das Berechnen einer einzigen Flugbahn mit einer mechanischen Rechenmaschine 20 Stunden brauchte und mit dem Differential Analyzer 15 Minuten, während man diese Aufgabe nunmehr in 30 Sekunden lösen konnte.

Der ENIAC war ein Ergebnis der Zusammenarbeit zwischen Moore School und militärischen Stellen; federführend waren für die Moore School deren Dekan Harold Pender und Professor John G. Brainerd und für das Ballistic Research Laboratory Captain Herman H. Goldstine, im Zivilberuf Assistenzprofessor für Mathematik an der University of Michigan. Die Hauptentwicklungsarbeit auf universitärer Seite lag beim Physiker John W. Mauchly (1907–1980) und beim Elektroniker John Presper Eckert (1919–1995), weitere wichtige Mitarbeiter des ENIAC-Entwicklungsteams waren Arthur Burkes und Paul W. Gillon.

Mauchly hatte bereits im Dezember 1940 die Arbeiten von Atanasoff und Berry am ABC kennen gelernt (es gab übrigens in der Folge einen langwierigen Patentstreit) und wurde dabei in der Einsicht bestärkt, dass die weitere Entwicklung in Richtung Elektronenröhre verlaufen würde. Er verfasste daher 1942 ein Exposee mit dem Titel „The Use of High Speed Vacuum Tube Devices for Calculating“, in dem er die Vorteile der neuen Technologie gegenüber dem mechanischen Analogrechner *(Differential Analyzer)*, wie er bisher für ballistische Berechnungen eingesetzt wurde, hervorhob.

Man entschied sich vorweg, den Rechner auf Dezimalzahlen und nicht auf das Binärzahlensystem auszulegen. Die Arbeiten am ENIAC begannen 1943 und wurden 1945 abgeschlossen; der ENIAC wurde am 14. Februar 1946 in einer Pressekonferenz der Öffentlichkeit vorgestellt. Es wurden in 30 separaten Einheiten 17.648 Elektronenröhren, 15.000 Relais, 6000 mechanische Schalter, 70.000 Widerstände und 10.000 Kondensatoren verwendet. Der ENIAC könnte als eine elektronische Version des elektromechanischen Harvard Mark I bezeichnet werden: Der Rechner war halbkreisförmig angeordnet, er maß fast 24,50 Meter in der Länge und 2,45 Meter in der Höhe, wog rund 30 Tonnen, war mit 130 Hz getaktet und hatte einen durchschnittlichen Stromverbrauch von 174 kW/h. Für seine Entwicklung waren bis 1945 insgesamt 486.800 Dollar aufgewendet worden.

Der ENIAC kann als der Prototyp aller modernen Rechner angesehen werden, da er bereits konzeptionell nahezu sämtliche Komponenten und Schaltsysteme der heutigen elektronischen Hochgeschwindigkeitsrechner aufwies: Gate, Puffer, ein auf Hochgeschwindigkeit ausgelegter Flip-Flop-Schaltkreis als Speicher- und Kontrolleinrichtung. Die Grundidee bestand darin, die Rechengeschwindigkeit durch die Verwendung elektronischer Bauteile entscheidend zu erhöhen; lediglich die Peripheriegeräte, ein IBM-Lochkartenleser und -drucker, waren mechanische Elemente. Was den ENIAC konzeptionell von späteren Rechnern unterschied, war die Zahlendarstellung im Dezimal- anstelle des Dualsystems und die nicht klar vollzogene Trennung von Speicher- und Rechenwerk, denn die verwendeten Akkumulatoren dienten sowohl zur Speicherung von Zahlen als auch zur Durchführung von arithmetischen Operationen.

Der Rechner bestand aus parallel geschalteten Basiseinheiten; anstelle eines zentralen Prozessors für verschiedene Aufgaben verwendete er zur Durchführung arithmetischer Operationen verschiedene Einheiten: 20 Röhren-Akkumulatoren, die sowohl als Zwischenspeicher als auch als Additions- und Subtraktionseinheit fungierten, eine mit elektronischen Schaltkreisen operierende Multiplikationseinheit und eine kombinierte Einheit zur Berechnung von Divisionen und Quadratwurzeln, drei Schalteinheiten zur Speicherung von oft verwendeten Funktionstabellen mit mathematischen Konstanten, eine mit Lochkartenleser bzw. -stanzer verbundene Ein- und Ausgabeeinheit sowie die Hauptprogrammeinheit, welche die Abfolge der Operationen steuerte. Für eine Addition oder Subtraktion benötigte der Rechner 0,2 Millisekunden. Multiplikationen zweier zehnstelliger Zahlen dauerten 2,6 Millisekunden, Divisionen, Quadrieren und Radizieren wurden in wiederholte Additionen bzw. Subtraktionen zerlegt und dauerten daher bei zehnstelligen Zahlen rund 25 Millisekunden.

Die Maschine verfügte zunächst über keinen internen Programmspeicher und konnte auch pro Akkumulator lediglich zehnstellige Zahlen abspeichern. Das bedeutete, dass umfangreichere Berechnungen in mehrere Schritte zerlegt werden mussten, weil die Speicherkapazität durch die Akkumulatoren begrenzt war, wobei man die Zwischenergebnisse auf Lochkarten ausdruckte und diese dann

Der ENIAC, 1945.
U.S. Army Photo, Archives of ARL Technical Library.

wieder in einen anderen Akkumulator einspeicherte. Das Programmieren des ENIAC war ein mühsames Unterfangen, das unzählige Schaltungen und Verkabelungen an Schaltbrettern mit sich brachte. Haupteinsatzgebiete waren das Berechnen von ballistischen Kurven und Wettervorhersagen sowie Berechnungen und mathematische Modellierungen im Zusammenhang mit der Entwicklung der späteren Wasserstoffbombe in Los Alamos.

Eine nur durch Einsatz von Luftgebläsen einigermaßen lösbare Aufgabe war wie bei allen Röhrencomputern die Erwärmung der Elektronenröhren: Die Lüftung stellte jahrelang bei den Computern ein großes Problem dar. Die Röhren hatten zwar eine geringere Lebensdauer als Relaisschalter, waren aber auch tausendmal schneller. Durch die weitere technische Entwicklung und indem man die Röhren nur mit drei Viertel ihrer Nennleistung belastete, konnte man deren Lebensdauer sukzessive verlängern.

Der Rechner erfuhr in den nächsten Jahren eine Reihe technischer Verbesserungen. Darunter war 1953 ein ganz wesentliches Element der von der Burroughs Corporation gelieferte Magnetkernspeicher. Dieser war von Jay W. Forrester, heute vor allem bekannt wegen des von ihm in den 1970er Jahren entwickelten dynamischen „Weltmodells“, bereits 1949 im Rahmen des Projekts „Whirlwind“ erfunden und unter dem Titel „Multicoordinated Digital Information Storage Device“ veröffentlicht worden: Magneteisenringe werden dabei über den Kreuzungspunkten eines elektrisch leitenden Drahtgitters gelegt und über Stromimpulse jeweils in Nord- oder Südrichtung polarisiert. Weil Magnete ihre jeweilige Nord/Süd-Magnetisierung auch nach dem Abschalten des Stromes beibehalten, können sie als eine Art binäres Wiedergabegerät eingesetzt werden. An jedem Kreuzungspunkt des Gitternetzes wird ein Nord/Süd- oder Süd/Nord-polarisierter Magnetkern auf diese Weise zur Wiedergabe eines Bit eingesetzt; eine Bit-Folge von z. B. 16 Bit kann dann für die Wiedergabe einer Zahl oder eines Wortes verwendet werden. Der Magnetkernspeicher ersetzte die bis dahin gebräuchlichen kurzlebigen Elektronenröhren, mit denen im internen Speicher Flip-Flops erzeugt wurden.[70] Der ENIAC war, wie bereits erwähnt, ursprünglich nicht mit einem internen Programmspeicher ausgestattet, sondern wurde manuell durch das Setzen verschiedener Schalter und Kabelverbindungen „programmiert“.

Das ENIAC-Team, 1948. Von links nach rechts: J. Presper Eckert, J. G. Brainerd, Sam Feltman, Cpt. H. H. Goldstine, J. W. Mauchly, Dean Harold Pender, Gen. G. M. Barnes, Col. Paul N. Gillon.
U.S. Army Photo, Archives of ARL Technical Library.

70 Flip-Flops sind binäre Speicherelemente zur Speicherung von 0 oder 1 mit einer Set-, Reset- und Ausgangsleitung. Wird an Set kurzzeitig eine 1 angelegt, so bleibt diese am Ausgang erhalten; erst wenn man auf Reset eine 1 anlegt, wird der Ausgang wieder zur 0 und bleibt wieder bis zum nächsten Set bestehen. Vgl. Fröschl u. a., Symbolverarbeitende Maschinen (1993) 101.

Als die Erbauer des ENIAC 1945 erste Überlegungen zum Bau einer Nachfolgemaschine anstellten, griffen sie dabei auf ein Konzept des Mathematikers John von Neumann zurück, der über Vermittlung von Goldstine bereits 1944 mit dem Team in Kontakt gekommen war. Neumann entwickelt in einem „First Draft of a Report on the EDVAC“ die „Struktur eines sehr schnellen digitalen automatischen Rechensystems und im Besonderen mit seiner logischen Steuerung ...“. Diese sollte im Unterschied zu allen bis dahin gebauten Rechenautomaten in binärer Codierung nicht nur die zu verarbeitenden Daten, sondern auch die Programmbefehle im internen Speicher aufnehmen. Neumann lieferte damit einen wesentlichen Impuls zum logischen Aufbau von speicherprogrammierten Computern. Aus den bisherigen starren elektronischen Rechenautomaten wurden auf diese Weise universelle, den Regeln der formalen Logik folgende Datenverarbeitungs- und Entscheidungsautomaten.

Der ENIAC wurde durch Richard F. Clippinger auf diese Weise in einen Computer mit internem Programmspeicher umgewandelt und folgte damit der zukunftsweisenden Rechnerarchitektur. Fast parallel dazu arbeitete das bewährte Team Mauchly, Eckert und Goldstine an der Entwicklung eines neuen Großcomputers mit internem Programmspeicher, der den Namen EDVAC erhalten sollte. ENIAC blieb bis 2. Oktober 1955 im Dienst; Teile des Rechners wurden dann, nachdem sich John von Neumann dafür eingesetzt hatte, im Smithsonian Institute in Washington, DC, sowie in einigen anderen Museen ausgestellt. John W. Mauchlys Aufzeichnungen sind heute im Department of Special Collections der Van Pelt Library der University of Pennsylvania aufbewahrt. Zusammen mit Eckert wurde Mauchly 1949 mit der begehrten Potts-Medaille des Franklin-Instituts und 1966 mit der Goode-Medaille der American Federation of Information Processing Societies ausgezeichnet.

Erste elektronische speicherprogrammierte Computer: Manchester Mark I und EDSAC, 1948–1952

Das Army Ordnance Department und das Office of Naval Research luden 1946 eine Reihe von Vertretern führender amerikanischer Unternehmen wie IBM, General Electric und Bell Laboratories sowie Universitäten wie Harvard, MIT und das Institute for Advanced

Studies in Princeton, aber auch diverse Regierungsstellen wie das National Bureau of Standards ein, an einem Computersommerkurs an der Moore School of Engineering teilzunehmen. Der wichtigste Verbündete im Zweiten Weltkrieg, Großbritannien, erhielt ebenfalls Gelegenheit, universitäre Vertreter zu entsenden. Das britische National Physical Laboratory war bereits 1944 eingeladen worden, die beiden amerikanischen Großrechner Mark I in Harvard und den noch nicht fertig montierten ENIAC in Philadelphia zu besichtigen. Dem britischen Delegierten, J. R. Wemersley, wurde dabei an der Moore School in Pennsylvania eine Kopie des „First Draft of a Report on the EDVAC" ausgehändigt; dieser stellte eine Gemeinsamkeit der darin durch John von Neumann niedergeschriebenen Überlegungen mit jener Rechnerarchitektur fest, die der Mathematiker Turing in Cambridge bereits vor dem Zweiten Weltkrieg formuliert hatte.

Der britische Mathematiker Alan M. Turing (1912–1954), ein genialer Exzentriker, der am King's College in Cambridge wirkte, hatte schon 1937 in seinem Artikel „On Computable Numbers" die Grundzüge des künftigen Universalcomputers theoretisch niedergelegt. Die so genannte *Turing Machine,* ein zunächst nur als geistiges Konzept existierender Computer, basierte demnach bereits auf dem Gedanken eines programmgespeicherten Rechners mit einem universellen Speicher für Daten und Programme. Turings Überlegungen hatten aber zunächst wenig praktische Bedeutung. Turing leitete dann während des Zweiten Weltkriegs in Bletchley Park bei Cambridge das britische Team, das für die Dekodierung der damals als undechiffrierbar geltenden deutschen Verschlüsselungsmaschine *Enigma* eingesetzt wurde. Die Briten bauten dazu einen elektronischen Decoder, der den Namen *Colossus* erhielt, mit dessen Hilfe es nach Erbeutung einer deutschen Enigma 1943 tatsächlich gelang, die deutschen Codes zu dechiffrieren. Dabei wurden die auf Papierstreifen gespeicherten Daten über photoelektrische Zellen eingelesen und dann durch elektronische Zählwerke ausgewertet. Obwohl der Colossus kein Computer im eigentlichen Sinn war, stellte seine Röhrentechnologie einen für die damalige Zeit beachtlichen technischen Standard dar, der sich auch für den Einsatz von Großrechnern nutzen ließ.

Es wurde daraufhin an der Universität Cambridge ein Team auf

ACE, 1948–50.
Mit freundlicher Genehmigung von National Physical Laboratory, UK Crown Copyright reproduced by permission of the Controller of HMSO.

die Entwicklung eines programmgespeicherten Computers angesetzt, dem u. a. J. R. Wemersley und Alan M. Turing angehörten. Turing verfasste, nachdem er von Neumanns Exposee gelesen hatte, einen Plan für eine *Automatic Computing Engine*: Der britische ACE-Rechner war auf einen Speicher von 204.800 Bit ausgelegt, seine Rechengeschwindigkeit sollte zehnmal größer als die des ENIAC sein. Turing wendete vor allem für die Programmierung der Maschine viel Mühe auf. Die Regierung und das von dieser finanzierte National Physical Laboratory zögerten jedoch zu lange mit der Entscheidung. Turing ging daher mit seinen Plänen an die Universität Manchester, wo der Mathematiker Maxwell H. Newman (1897–1984) mit Hilfe von Forschungsgeldern der British Royal Society bereits im Juni 1948 den Prototyp eines programmgespeicherten Universalrechners, den Manchester Mark I, entwickelt hatte. Newman hatte seinerzeit mit Turing in Bletchley Park gearbeitet und später ebenfalls in Cambridge Mathematik gelehrt, er war mit Turings Vorstellungen daher bestens vertraut. Das erste Programm, das auf dem Mark I lief, wurde aber von Thomas Kilburn (1923–2001) geschrieben. Ein anderer wichtiger Mitarbeiter war Frederic C. Williams (1911–1977), der Chefingenieur des Teams. Letzterer

Manchester Mark I, 1948.
Manchester University, National Archive for the History of Computing.

schlug den Einsatz von industriell hergestellten Kathodenstrahlröhren, wie sie bei Radar- und Televisionsgeräten verwendet wurden, als interne Speichermedien vor und konnte darauf ein Patent erlangen. Kathodenstrahlspeicherröhren (CRTs) konnten an ihrer Oberfläche bis zu 2048 Bit in Form von Elektroden, die je nach ihrem Aufladungszustand als 0 oder 1 abgelesen werden konnten, speichern.

Der Manchester Mark I war insofern der erste „echte" Computer im heutigen Sinn, weil er erstmals über eine Architektur mit Programmspeicherung im Hauptspeicher verfügte. Er verwendete sechs Kathodenstrahlröhren im Speicher, die Programme wurden in binärer Codierung über eine Tastatur eingelesen. Das Ergebnis konnte man ebenfalls in binärer Form an einer weiteren Kathodenstrahlröhre ablesen. Später schrieb Turing für die Maschine eine eigene Assemblersprache.

Nach der Fertigstellung des erfolgreichen Prototyps erteilte die britische Regierung, die für ihre eigenen Atomwaffenversuche einen effizienten Großrechner benötigte, der Firma Ferranti Ltd., die in

Manchester mit der Erzeugung von Waffensystemen und elektronischen Bauteilen befasst war, den Auftrag, den Manchester Mark I weiterzuentwickeln. Turing schrieb auch dafür die Programme. Das Ergebnis war der Ferranti Mark I, der im Februar 1951 den Betrieb aufnahm. Die Firma konnte davon insgesamt acht Maschinen auch kommerziell verwerten, wobei die Maschinen an Regierungsstellen und Universitäten verkauft wurden.

Ein dritter britischer Großcomputer, der nach den Krieg gebaut wurde, war der EDSAC, was für *Electronic Delay Storage Automatic Computer* steht. Er wurde im Juni 1949 in Cambridge durch Maurice V. Wilkes in Betrieb genommen und war ebenfalls ein programmgespeicherte Computer, der wie der amerikanische EDVAC als internen Speicher die von J. Presper Eckert entwickelte Quecksilberverzögerungsstrecken-Technologie benützte: mit Quecksilber gefüllte Röhren speicherten Impulse, weil in der Röhre ein echoartiger Verzögerungseffekt entstand, wenn diese durch eine externe Elektronenquelle angeregt wurden. Auf diese Weise konnten 256-Bit-Folgen von jeweils 35 Bit gespeichert werden. Wilkes entwickelte auch die so genannte „Mikroprogrammierung“, indem er die

EDSAC, 1949.
Cambridge University Archive.

Schaltkreistechnik auf einfache Instruktionen beschränkte, aus denen durch weitere Programmierung beliebig komplexe Befehle in Form von so genannten „Subroutinen" entstanden, die ihrerseits dann als Maschinenbefehle für die eigentlichen Computerprogramme verwendet wurden.

Der amerikanische EDVAC, der in mancher Weise, den Anstoß zur britischen Entwicklung gegeben hatte, wurde wegen des andauernden Konflikts zwischen der Moore School und den beiden ausgeschiedenen Mitarbeitern Mauchly und Eckert,[71] die mittlerweile eine eigene Firma gegründet hatten, erst 1952 fertig gestellt. Großbritannien durfte damit in Anspruch nehmen, den ersten programmgesteuerten Computer der Welt gebaut zu haben.

Der IAS-Computer, 1949

Die 1946 an verschiedene Firmen und Universitäten ergangene Einladung, die beiden amerikanischen Großcomputer ENIAC und SSEC in Philadelphia bzw. New York zu besuchen, trug Früchte: In der Folge wurden nicht nur an einzelnen Universitäten (MIT, Harvard, Princeton in den USA sowie Cambridge und Manchester in England) neue Großcomputer gebaut, sondern es engagierten sich auch einige Firmen stärker im Computergeschäft. Darunter waren in den USA die Firmen General Electric und IBM und in Großbritannien die Firma Ferranti. Unter den universitären Projekten war das bedeutendste der in Princeton am Institute for Advanced Studies gebaute IAS-Computer. Dieser war durch John von Neumann initiiert und durch das IAS, die amerikanische Regierung und die RCA *(Radio Corporation of America)*, die damals in Princeton ein neues Forschungszentrum für Elektronik eingerichtet hatte, finanziert worden.

Der IAS-Rechner beruhte auf der durch John von Neumann in

[71] Mauchly und Eckert, die 1946 eine eigene Firma gegründet hatten, wollten sich zwecks kommerzieller Verwertung die Patentrechte für den ENIAC sichern, während die Moore School die Nutzung vor allem für wissenschaftliche Zwecke freigeben wollte. Schließlich erhielten die beiden 1964 ein Patent erteilt; dieses wurde aber 1973 aufgehoben, nachdem auch Atanasoff die Priorität für den von ihm entwickelten ersten Röhrencomputer erfolgreich geltend machen konnte. Mittlerweile war die bei dieser Computergeneration verwendete Technologie ohnedies obsolet geworden.

John von Neumann vor dem IAS-Computer, 1949.
Mit freundlicher Genehmigung von Institute of Advanced Studies, Princeton.

seinem „First Draft of a Report on the EDVAC" (1944) vorgeschlagenen Architektur und auf den durch Herman H. Goldstine und Arthur Burkes in ihrem Artikel „Preliminary Discussion of the Logical Design of an Electronic Computing Instrument" (1946) entwickelten Ideen: Während die bisherigen Rechner auf eine bestimmte Aufgabe hin konstruierte Einzweckmaschinen waren, wurden die auf dieser Architektur beruhenden Rechner als Universalcomputer konzipiert, die für alle erdenklichen programmierbaren Zwecke eingesetzt werden konnten. Auf der Architektur des programmgespeicherten Rechners basieren heute nahezu alle Personalcompu-

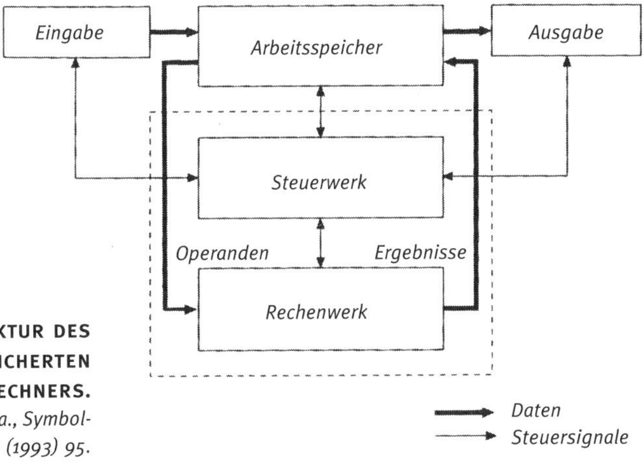

Architektur des programmgespeicherten Rechners.
Nach Fröschl u. a., Symbolverarbeitende Maschinen (1993) 95.

ter, Workstations und Mainframes. In einem einzelnen, direkt mit dem Speicher verbundenen zentralen Prozessor, bestehend aus Steuerwerk und Rechenwerk, ist auch das Programm abgespeichert *(Stored-Program*-Konzept); die zentrale Prozessoreinheit holt die gespeicherten Befehle des Programms ab, dekodiert diese und führt sie Schritt für Schritt aus. Die Programmierung erfolgt in Befehlsketten, Daten und Programme werden gemeinsam im Hauptspeicher untergebracht.

Der IAS-Computer benützte als Hauptspeicher 40 Kathodenstrahlröhren, die jeweils 1.024 Bit speichern konnten, war also in dieser Beziehung dem EDVAC vergleichbar. Es wurden davon insgesamt acht unterschiedliche Versionen gebaut, darunter der ILLIAC *(Illinois Automatic Computer)* für die University of Illinois at Urbana, der nach von Neumann benannte JOHNNIAC für die Rand Corporation im kalifornischen Santa Monica sowie der MANIAC *(Mathematical Analyzer, Numerator, Integrator, and Computer)* für das amerikanischen Atomwaffenlabor in Los Alamos. Der IAS-Computer hatte, anders als der serielle EDVAC, der im Folgenden beschrieben wird, einen Parallelprozessor. Der IAS-Computer wurde 1960 demontiert und ist heute in der Smithsonian Institution in Washington, DC, ausgestellt.

Der EDVAC, 1952

Das bewährte Team Mauchly, Eckert und Goldstine entwickelte seit 1944 im Auftrag des U.S. Ordnance Department ebenfalls einen programmgespeicherten Computer, d. h. mit einem zentralen Prozessor und einem Speicher sowohl für Daten als auch Programme. Zwar war die Rechenleistung des seinerzeit von ihnen an der Moore School of Engineering gebauten ENIAC für seine Zeit beachtlich, jedoch war dieser Computer wegen der festen Programmverdrahtung relativ unflexibel und umständlich zu programmieren. Der neue Rechenautomat sollte demgegenüber flexibler und universell einsetzbar sein. Das Konzept wies mit der klaren Trennung von Speicherwerk, Rechenwerk und Steuerwerk gewisse Parallelen zu der mittlerweile fast hundertjährigen Rechnerarchitektur von Charles Babbages *Analytical Engine* auf. Die Lösung des Programmierungsproblems wurde darin gefunden, zunächst das Programm selbst in das Speicherwerk zu bringen, in dem die Verarbeitung geschah. Damit war das Konzept der Speicherprogrammierbarkeit geboren. Im Unterschied zum ENIAC entfielen fortan beim Programmwechsel die zeitaufwendigen Umrüstarbeiten, denn das neue Programm war einfach in das Speicherwerk zu laden.

Das Projekt lief unter der Bezeichnung EDVAC, was für *Electronic Discrete Variable Arithmetic Computer* steht, und wurde erst 1952 abgeschlossen. Der EDVAC verwendete rund 4.000 Verstärkerröhren und 10.000 Kristalldioden, konnte 1.024 Wörter zu jeweils 44-Bit-Folgen speichern und war mit 1 MHz getaktet. Der Fortschritt in der Elektronik erlaubte es erstmals, schnelle und leistungsstarke Speicher zu bauen, die auch Programme beinhalteten. Ja, diese Architektur wurde sogar vorausgesetzt, da externe Speichereinheiten wie Lochkarten- und Lochstreifenleser sich angesichts der gestiegenen Rechnergeschwindigkeit bald als zu langsam erwiesen und auch die Einspeicherung der Programme direkt in die Maschine gegenüber der manuellen Programmierung mit Kabelverbindungen und Schaltern viele Vorteile bot. Da gemäß den Regeln der Booleschen Algebra Daten und Programme nach denselben Regeln behandelt werden können, solange sie so codiert sind, dass sie der Computer auseinander halten kann, können sie auch in ein und demselben Speicher abgelegt werden. Auf diese Weise wurden Manipulationen an der Hardware, wie sie bisher für das Programmieren notwendig waren, ausgeschaltet. Der Computer konnte die an ihn

EDVAC, 1952.
U.S. Army Photo, Archives of ARL Technical Library.

ergangenen Befehle modifizieren und die für verschiedene routinemäßige Aufgaben notwendigen Programme in einer Bibliothek abspeichern, um diese bei Bedarf abzurufen und sequentiell abzuarbeiten. Auch konnte der Computer auf Basis der neuen Architektur seinen Speicher für die Bearbeitung von Daten und Programmen je nach Aufgabenstellung aufteilen. Die Entwicklung des programmgespeicherten Computers führte gleichzeitig zur Entwicklung von nutzerfreundlicheren Programmiersprachen.

John von Neumann (1903–1957) stammte aus Ungarn und war ein weltweit bekannter Mathematiker am IAS *(Institute for Advanced Studies)* der Universität Princeton. Hier wirkten damals auch der berühmte deutsche Physiker Albert Einstein sowie der österreichische Mathematiker und Logiker Kurt Gödel, die ebenfalls in den dreißiger Jahren vor den Nationalsozialisten geflohen waren. Gemeinsam mit dem aus Österreich stammenden Ökonomen Oskar Morgenstern hatte von Neumann die mathematische Spieltheorie entwickelt, die seither in den Sozial- und Wirtschaftswissenschaften einen klassischen Anwendungsbereich gefunden hat.

Herman H. Goldstine hatte zufällig auf dem Bahnsteig am Weg nach Philadelphia von Neumann getroffen und diesem vom gerade laufenden ENIAC-Projekt erzählt. Neumann war von den Möglichkeiten, die er in der Konstruktion eines derartigen Computers erblickte, fasziniert und machte sich daran, seine generellen Überlegungen über die Architektur eines Universalcomputers in einem Exposee, dem später so berühmt gewordenen „First Draft of a Report on the EDVAC“, niederzulegen. Dabei konnte er teilweise auf die Vorarbeiten von Mauchly und Eckert zurückgreifen. Der an der Moore School tätigen Gruppe ging es wiederum darum, durch eine eventuelle Mitwirkung des bekannten Mathematikers, der auch in dem unter der wissenschaftlichen Leitung des Physikers Robert Oppenheimer stehenden Nuklearwaffenprojekt in Los Alamos eine führende Rolle spielte, eine größere Legitimität bei ihren Geldgebern zu erlangen. Denn das EDVAC-Projekt war nicht unangefochten, und es traten u. a. Vannevar Bush, Howard H. Aiken und George Stibitz als Opponenten gegen die damals noch verhältnismäßig neue Röhrentechnologie auf.

John von Neumann schlug dem EDVAC-Team den Bau eines programmgespeicherten universellen Computers vor, der auf der

Logik der Booleschen Algebra beruhte, wobei das *Wordprocessing* seriell erfolgen sollte. Ohne Wissen von Mauchly und Eckert publizierte Goldstine diesen „First Draft ...“ im Alleingang, was zu jahrelangen Zerwürfnissen innerhalb der Gruppe und schließlich zu deren Zerfall führen sollte. Der EDVAC wurde dennoch, wenngleich mit Verzögerungen, bis 1952 fertiggestellt; mittlerweile konnten allerdings die Briten den Ruhm auf ihre Fahnen heften, den ersten programmgespeicherten Computer der Welt gebaut zu haben.

Sowjetische Computerentwicklungen: MESM, BESM, SESM, ab 1952

Aus dem Zweiten Weltkrieg gingen die Vereinigten Staaten und die Sowjetunion als die führenden Weltmächte hervor. Der bald darauf beginnende West-Ost-Konflikt drückte sich nicht nur im wachsenden militärisch-politischen, sondern auch im ökonomisch-ideologischen Gegensatz aus. Jede der beiden Supermächte versuchte, ihren Satellitenstaaten ihr spezifisches Gesellschafts- und Wirtschaftssystem aufzudrücken. Während die UdSSR sich mit Warschauer Pakt (1955) und RGW (1949) ein militärisches und wirtschaftliches Beistandssystem im strategischen Vorfeld schuf, in dem – geschützt durch den „Eisernen Vorhang“ – die Prinzipien einer zentralgelenkten Planwirtschaft und einer Zwangskollektivierung durchgesetzt werden konnten, schlossen sich die westlichen Länder zu einer Art „Wirtschaftsclub“, der OEEC bzw. OECD, zusammen und koordinierten ihre ökonomischen Beziehungen über eine Reihe supranationaler Institutionen.

Der 1948 einsetzende „Kalte Krieg“ zwischen den beiden Supermächten wurde nicht zuletzt auch auf technologischem Gebiet ausgetragen und dokumentierte sich auf dem Computersektor als eine Art Wettrüsten, in dem die Sowjetunion – solange es nur auf die militärischen Anstrengungen ankam – lange Zeit durchaus mithalten konnte. Erst ab den späten sechziger Jahren ließen die Vereinigten Staaten, nicht zuletzt aufgrund der Kommerzialisierung des Computings, auch auf diesem Gebiet ihren Rivalen im Kampf um die Vorrangstellung zurück. Die Sowjetunion versuchte bereits seit den späten 1940er Jahren in engem Zusammenhang mit ihrem militärisch-industriellen Komplex, eine eigenständige Computererzeugung aufzuziehen. Dabei setzte man auf die Entwicklung von

Spezialrechnern für bestimmte Aufgaben; der Verzicht auf eine breite kommerzielle Nutzung, wie sie seit den sechziger Jahren durch eine Reihe privater Unternehmen im Westen forciert wurde, trug unzweifelhaft zum späteren technischen Rückstand der UdSSR bei.

Einer der führenden Köpfe war Sergej Alexejewitsch Lebedev, der mehr als 20 Jahre lang die nationalen Anstrengungen auf diesem Gebiet leitete. Er war für die Entwicklung von insgesamt 15 Computern verantwortlich. Der 1902 in Nischnij Nowgorod geborene Sohn eines Lehrerehepaars studierte Elektrotechnik und schloss 1928 mit dem Diplom ab. Er arbeitete anschließend als leitender Wissenschaftler in einem staatlichen Kraftwerkskombinat und promovierte 1939 in Moskau. Im Zuge seiner Tätigkeit sah er sich mit umfangreichen Rechenaufgaben konfrontiert, wie man elektrische Netzwerke stabiler gegen Stromausfall machen könnte. Er baute zu diesem Zweck 1945 einen Analogrechner zur Lösung von Differentialgleichungen, wie sie im Zusammenhang mit der Stromversorgung öfter auftraten. Sehr bald entschied er sich aber, anstelle des Analogrechners auf das Binärzahlensystem und damit auf einen Digitalrechner zu setzen.

Zwischen 1948 und 1950 entwickelten Lebedev und sein 21 Mitarbeiter umfassendes Team einen ersten Prototyp. Elektronische Flip-Flop-Elemente sollten dabei als Hochgeschwindigkeitsimpulsgeber dienen; der Computer basierte auf einer Von-Neumann-Architektur[72] und war von seiner technischen Grundkonzeption her am ehesten mit dem britischen Manchester Mark I vergleichbar. Die schriftlichen Unterlagen dafür sind heute im Archiv der Ukrainischen Akademie der Wissenschaften in Kiew unter Verschluss aufbewahrt. Der als MESM bezeichnete programmgesteuerte Computer wurde 1952 dem Präsidium des Sowjetischen Akademie der Wissenschaften vorgestellt und mit dem Staatspreis ausgezeichnet. Lebedev wurde zum Direktor des Instituts für exakte Mechanik, Informatik und Computertechnik an der Moskauer Akademie ernannt und blieb mehr als 20 Jahre in dieser Funktion.

MESM wie auch die davon abgeleiteten Typen basierten auf der Röhrentechnologie und auf einer parallelen Architektur. Der Com-

72 Die Schriften von Neumanns waren in der Sowjetunion allerdings erst 1960 offiziell zugänglich.

Sergej Alexejewitsch Lebedev, 1902–1974.
Mit freundlicher Genehmigung des Computermuseums Kiew.

puter wurde vor allem für Aufgaben der angewandten Mathematik in der Raumfahrt und Raketentechnik, für thermonukleare Berechnungen, aber auch für statistische Qualitätskontrolle und elektrische Leitungsnetzwerke eingesetzt.

MESM war bloß der Prototyp eines im Westen als „Big Electronic Computing Machine" bezeichneten Großrechners BESM. Ein weiterer Großcomputer, der unter der Leitung von Lebedev und Z. L. Rabinovich entwickelt wurde, war der SESM, der in erster Linie für die Berechnung algebraischer Gleichungssysteme eingesetzt wurde.

MESM, 1952. V. V. Krainickyi an der Steuereinheit.
Mit freundlicher Genehmigung des Computermuseums Kiew.

Ein anderer international bekannter sowjetischer Computerpionier war Viktor Mikhailovich Glushkow, geboren 1923 in der russischen Stadt Rostow, nach dem heute das Akademieinstitut für Computerwissenschaften in Kiew benannt ist. Er studierte Physik und Mathematik am Polytechnikum in Novocherkask und an der Universität Rostow und promovierte 1955 nach Verteidigung seiner Doktorarbeit an der Universität Moskau. 1957 wurde er Professor in Kiew und gleichzeitig zum Direktor des Computerzentrums der sowjetischen Akademie der Wissenschaften ernannt. 1961 wurde Glushkow zum wirklichen Mitglied der Akademie der Wissenschaften gewählt, 1962 folgte die Ernennung zum Direktor des neu gegründeten Akademie-Instituts für Kybernetik in Moskau. Der u. a. mit dem Leninorden ausgezeichnete sowjetische Computerpionier publizierte mehr als 800 wissenschaftliche Veröffentlichungen; u. a. befasste er sich mit der Entwicklung einer Computerplattform für die Abwicklung der sowjetischen Fünf-Jahres-Pläne. Glushkow starb 1982 in Kiew.

Erste kommerzielle Computer: LEO und UNIVAC, 1951

Die Briten bauten nicht nur den ersten programmgespeicherten Computer, sondern waren auch die ersten, die einen kommerziellen elektronischen Rechner auf den Markt brachten. Es war erstaunlicherweise ein Konzern, der traditionell im Lebensmittelgeschäft und im Catering tätig war, nämlich Lyons & Co., damals wie heute eher bekannt für Tee und Kekse, der dazu den Anstoß gab. Die seit jeher sehr innovative Firma hatte schon lange Überlegungen angestellt, wie man die Vision eines papierlosen Büros umsetzen und die mit der Distribution von verschiedenartigsten Produkten verbundenen logistischen Aufgaben erleichtern könnte. Im Jahr 1949 entwickelten T. Raymond Thompson und John Simmons sowie ein Technikerteam der Firma unter Leitung von John Pinkerton den ersten kommerziell genutzten Computer LEO, was für *Lyons Electronic Office* steht. Die Software stellte David Caminer bei. Der automatische Rechner, der auf der Röhrentechnologie basierte und in seinem internen Quecksilber-Verzögerungsleitungsspeicher jeweils 2048 Instruktionen speichern konnte, nahm 1951 den regulären Betrieb bei Lyons auf. Mehrere Exemplare der seit 1954 kom-

LEO, der erste kommerzielle Computer.
Manchester University, National Archive for the History of Computing.

merziell vertriebenen Rechner standen u. a. bei der englischen Ford Motor Company für die Lohnverrechnung sowie bei British Railways und anderen britischen Firmen über mehrere Jahre erfolgreich in Verwendung.

Der erste kommerzielle Computer in den Vereinigten Staaten ging auf das bereits beim Bau des ENIAC und EDVAC bewährte Team Eckert und Mauchly zurück. Anhaltende Schwierigkeiten mit Patentrechten, Widersacher aus dem Umkreis ihrer bisherigen Wirkungsstätte, aber auch die hohen mit der eigenständigen Entwicklung eines kommerziellen Computers verbundenen Kosten, veranlassten Eckert und Mauchly 1946, eine eigene Firma zu gründen, die unter dem Namen Electronic Control Company laufen sollte. Das

John W. Mauchly und John Presper Eckert, 1966.
Hagley Museum and Library.

Unternehmen wurde im Dezember 1947 allerdings als Eckert-Mauchly Computer Corporation (abgekürzt EMCC) als Firma protokolliert.

Eckert und Mauchly übernahmen – schon um Geld für einen von ihnen geplanten kommerziellen Computer zu verdienen – den Auftrag, für die Northrop Aircraft Company einen universell einsetzbaren Flugsimulator zu entwickeln und bauten als ersten Schritt dazu einen programmgespeicherten Computer, den BINAC *(Binary Automatic Computer)*. Der von ihnen akzeptierte Zeitplan sah eine Fertigstellung bis Mai 1948 vor, was sich allerdings als ebenso unrealistisch wie ihre finanzielle Kalkulation erweisen sollte. Denn der Rechner wurde erst im August 1949 ausgeliefert, und die Kosten waren fast dreimal so hoch als geplant. BINAC basierte, wie schon der Name anzeigt, auf der Anwendung binärer Arithmetik anstelle des Dezimalzahlensystem, wie es beim ENIAC zur Anwendung kam. Die Wortgröße betrug 31 Bit, nämlich 30 Bit für den Wert und 1 Bit für das Vorzeichen. BINAC hatte zwei unabhängige zentrale Prozessoreinheiten (CPUs, *Central Processing Units)*, die dazu dienten, die jeweils unabhängig voneinander ermittelten Resultate miteinander automatisch zu vergleichen. Der Prozessor hatte einen Akkumulatorregister für Zweispeziesrechnungen und zwei weitere Register für andere Rechenoperationen. BINAC verfügte über einen 512-Word-Mercury-Delay-Line-Speicher mit einer Speicherkapazität von 15.872 Bit; die Maschine konnte pro Sekunde 3500 Additionen oder 1000 Multiplikationen ausführen. Über ein Magnetband wurden Daten und Instruktionen eingelesen.

Teilweise noch mit finanzieller Unterstützung durch das National Bureau of Standards und aufgrund bereits eingegangener Bestellungen seitens des Census Bureau, der Air Force, des Army Map Service sowie auch verschiedener privater Nachfrager, gingen Eckert und Mauchly 1949 daran, einen universellen programmgespeicherten Computer, den UNIVAC oder *Universal Automatic Computer,* zu konstruieren. Leider entsprachen aber die Managementqualitäten der beiden visionären Erfinder und Computerpioniere nicht ihren technischen Fähigkeiten. Sie sahen sich – aufgrund der knappen Kapitalausstattung, unrealistischer finanzieller Kalkulation und auch weil sich im Zuge des beginnenden Kalten Krieges verschiedene Sicherheitsstandards und Technologieembargos der USA hemmend

Der BINAC, 1949.
Hagley Museum and Library.

auf private Hightechbetriebe auswirkten – jedenfalls gezwungen, bereits vier Jahre nach der Herstellung eines ersten Prototyps, Firma und Namensrechte 1950 an die Remington Rand Corporation zu verkaufen.

UNIVAC, der erste universelle programmgespeicherte elektronische Digitalrechner Amerikas, der für kommerziellen Gebrauch bestimmt war, konnte in seinem auf Ultraschallimpulse ausgelegten Quecksilber-Verzögerungsleitungshauptspeicher 1000 zwölfstellige Wortfolgen speichern. Die zentrale Einheit hatte etwa die Größe einer Garagenbox und beherbergte die zentralen Prozessoreinheiten. Das System verfügte als Verstärker über 5200 Elektronenröhren, wog rund 14,5 Tonnen und verbrauchte 125 Kilowatt an Elektrizität. Die Röhrentechnologie brachte auch hier größere Überhitzungsprobleme mit sich, so dass eine aufwendige Klimatisierung notwendig war. Acht Magnetband-Lesegeräte, eine Bedienungskonsole und eine Eingabe- und Schreibtastatur standen an Peripheriegeräten zur Verfügung. Der UNIVAC stellte Ziffern und alphanumerische Daten im binär codierten Dezimalsystem dar, wobei er jeweils 6 Bit für einen Zeichensatz benützte, und beherrschte 45 verschiedene Funktionen. Wie schon sein Vorläufer BINAC verfügte auch UNIVAC über hohe Sicherheitsstandards, indem er einen dualen Prozessor benützte und die beiden Resultate dann auf ihre Identität verglichen wurden; Zwischenresultate wurden gespeichert und konnten bei Bedarf wieder aufgerufen werden.

Im Unterschied zum ENIAC mit seiner parallelen Architektur

basierte der mit 2,25 MHz getaktete UNIVAC auf einem seriellen Prozessor, d. h., jede Rechenoperation wurde nacheinander ausgeführt; aber aufgrund seiner relativ hohen Geschwindigkeit konnten rund 100.000 Additionen zehnstelliger Zahlen pro Sekunde durchgeführt werden. Besondere Aufmerksamkeit widmete man der Ein- und Ausgabeeinheit, wofür man eigens entwickelte digitale Magnetbandrekorder *(UNISERVO Tape Units)* aus mit Nickel plattierter Bronzefolie einsetzte, die eine Datenübertragung von etwa 40.000 Bit pro Sekunde gestatteten. Für die Maschine schrieb Grace Murray Hopper, die 1951 auch den ersten Compiler mit der Bezeichnung A-O für Remington Rand entwickelte, eine eigene Programmiersprache FLOW-MATIC; später lief der Sperry-Univac-Computer unter COBOL. Über eine eigene Leseeinheit wurden Lochkarten auf Magnetband konvertiert. Für UNIVAC I wurde *Short Code* 1949 als Assemblersprache entwickelt.

Der UNIVAC war für die damalige Zeit recht schnell und benötigte für die Addition und Subtraktion zehnstelliger Zahlen im Durchschnitt 120 Mikrosekunden, für Multiplikationen 1800 Mikrosekunden und für Divisionen 3600 Mikrosekunden. Der erste UNIVAC wurde 1951 an das amerikanische Census Bureau ausgeliefert und für die im selben Jahr anberaumte Volkszählung verwendet. Auch die Wahlprognosen bei der Präsidentenwahl 1952 wurden damit berechnet. Von der UNIVAC-I-Serie wurden 46 Stück gebaut, wovon die letzte Maschine bis 1970 in Dienst war. Es folgten Anfang der 1960er Jahre zwei weitere Serien, UNIVAC II und III, und zwei kleinere, nicht kompatible Maschinen, UNIVAC 9200 und 9300. Letztere wurden vom UNIVAC 940 abgelöst, der erstmals im Echtzeitmodus operierte.

Die UNIVAC-Rechner wurden nach der 1955 erfolgten Fusion von Remington mit Sperry unter dem Markennamen Sperry Univac vertrieben. Der Markenname „Univac“ war damals in der Öffentlichkeit gleichbedeutend mit universell einsetzbarem Computer; vor allem Regierungsstellen, das Militär, die Wissenschaft und große Firmen, wie z. B. General Electric, U.S. Steel, Westinghouse Electric, Metropolitan Life und Pacific Mutual Insurance, zählten zu den ersten Kunden. Der Firmensitz blieb auch nach der Fusion in Philadelphia, Service und Verkauf wurden nach New York verlegt. In den nächsten Jahren wechselte Sperry Univac mehrmals die Firmen-

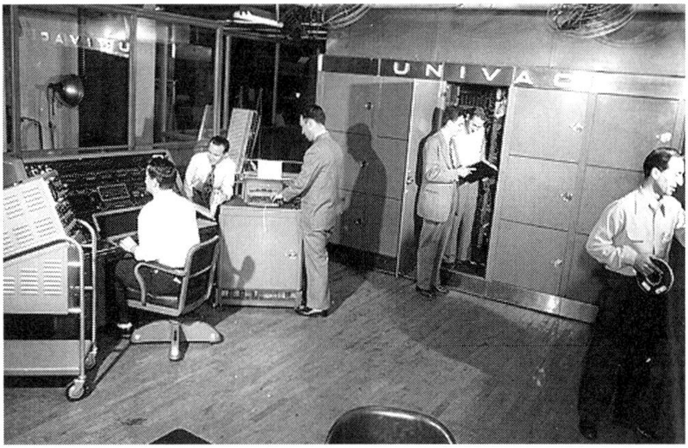

UNIVAC I, 1951.
Hagley Museum and Library.

bezeichnung und wurde schließlich 1987 mit der Burroughs Corporation, die seit Ende des 19. Jahrhunderts mit zu den führenden amerikanischen Erzeugern von Rechenmaschinen zählte, zur Unisys Corporation fusioniert.

UNIVAC I, II und III sowie die anderen frühen Univac-Rechner mit der Typenbezeichnung Solid State und 490 stellten – gemessen an den damaligen technischen Standards – eine gewaltige Verbesserung im kommerziellen Computing dar. Denn dieses beruhte bis dahin auf der technischen Basis von reinen Lochkartentabulatoren, wie sie seit den 1930er Jahren vielfach in Verwendung standen. Während die in den späten 1940er Jahren gebauten großen digitalen Rechner vornehmlich wissenschaftlichen und militärischen Zwecken dienten und daher auch stark mit staatlicher Finanzierung zusammenhingen, hatte die 1946 von Eckert und Mauchly gegründete Firma von Beginn an den kommerziellen Vertrieb von Computern für Businessanwendungen vor Augen. Allerdings waren die Rechner immer noch relativ teuer, weshalb sich nur große Firmen oder Regierungsstellen eine derartige Investition leisten konnten. Univac war – entgegen allen pessimistischen Prognosen, die in eine kommerzielle Anwendung des digitalen Rechners wenig Vertrauen setzten – dennoch ein wichtiger Durchbruch, der die Computeranwendung insgesamt auf eine breitere Basis stellen sollte.

Mit der 1950 erfolgten Übernahme durch Remington Rand, dem größten Erzeuger von Büromaschinen, dominierte diese Firma damals auch den kommerziellen Markt für Großcomputer.

„Whirlwind" und AN/FSQ-7, 1951–1964

Gegen Ende des Zweiten Weltkriegs wandte sich das Pentagon an das MIT in Cambridge, MA, zwecks Entwicklung eines analogen Flugsimulators, mit dessen Hilfe Bomberpiloten der Marine ausgebildet werden sollten. Sehr bald wandelte sich aber die Zielsetzung des unter der Bezeichnung ASCA *(Airplane Stability and Control Analyzer)* laufenden Projekts, und es standen nicht mehr aerodynamische und aeronautische Problemlösungen zur Diskussion. Vielmehr sollte ein unter der Leitung von Jay W. Forrester[73] und Robert Everett stehendes Team den Aufbau eines militärischen Luftraumüberwachungssystems auf computerunterstützter Basis durchführen. Es war dies aber eine Frage, die mit steigendem Luftverkehr auch für die zivile Luftfahrt immer wichtiger wurde. Beide Wissenschaftler standen lose mit dem parallel laufenden ENIAC-Projekt in Verbindung[74] und setzten, obwohl man ursprünglich an einen

Robert Everett am Flugsimulator.
Mit freundlicher Genehmigung von MITRE Corporation.

[73] Der 1918 in Nebraska geborene Jay W. Forrester ist heute vor allem als der Entwickler eines auf der Theorie dynamischer Systeme beruhenden Computer-Weltmodells bekannt, das Mitte der 1970er Jahre u. a. Grundlage für die bekannte Studie des Club of Rome über die „Grenzen des Wachstums" wurde. Er entwickelte aber auch am Massachusetts Institute of Technology als Direktor des Digital Computer Laboratory zwischen 1946 und 1951 den Whirlwind I, den ersten Hochgeschwindigkeits-Digitalcomputer.

[74] Sie lieferten für den ENIAC auch die Magnetkernspeichertechnologie, der daraufhin 1953 umgerüstet wurde.

Whirlwind-Computer.
Mit freundlicher Genehmigung von MITRE Corporation.

Analogcomputer gedacht hatte, auf die Entwicklung eines universellen Digitalcomputers für vielfältige militärische Anwendungen. Das System war letztlich als ein *Combat Information Centre* ausgelegt, das den Luftraum überwachen, eine Radarzielverfolgung ermöglichen und automatische Flug-, Torpedo- und Raketenabwehrsysteme koordinieren und auslösen sollte.

Das Projekt lief fortan unter der Bezeichnung „Whirlwind" und sollte bis 1949 abgeschlossen werden. Dafür wurden insgesamt 2,4 Millionen Dollar veranschlagt, womit man aber letztlich bei weitem nicht das Auslangen fand. Whirlwind wurde die technische Grundlage des in den späten 1960er Jahren in den USA und Kanada installierten militärischen Frühwarn- und Abwehrsystems. Der Rechner war als Echtzeitcomputer ausgelegt, Kernstück des Systems war ein Digitalrechner mit einer Speichergröße von 2048 Wörtern zu 16 Bit bei einer Übertragungsrate von 0,05 Millisekunden. Die Ein- und Ausgabe der Daten erfolgte über papierene Lochstreifen oder Magnetbänder. Man verwendete Kathodenstrahlröhren-Displays als Monitore. Benützt wurden nicht weniger als 14.800 Dioden so-

Jay Forrester mit einem Magnetkernspeicher.
Mit freundlicher Genehmigung von MITRE Corporation.

wie rund 4500 Kathodenstrahlröhren und eine magnetische Trommel im Hauptspeicher. Diese wurde 1953 durch den von Jay W. Forrester in der Zwischenzeit entwickelten Magnetkernspeicher ersetzt. Letzterer bedeutete einen ganz wesentlichen technischen Beitrag und ließ den damit ausgerüsteten Computer schneller und kompakter werden; man erreichte in der Endstufe schließlich eine Geschwindigkeit von 50.000 Operationen pro Sekunde.

Der Magnetkernspeicher (auch Ferrit- oder Ringkernspeicher genannt) war wohl die wichtigste technische Innovation im ganzen Projekt: Eine größere Zuverlässigkeit, eine vergleichsweise geringere Größe und eine Erhöhung der Zugriffsgeschwindigkeit gegenüber den damals üblichen, auf der Röhrentechnologie oder Magnettrommeln beruhenden Speichern bedeuteten einen Entwicklungssprung. Der Magnetkernspeicher operierte doppelt so rasch wie der ursprünglich eingesetzte Magnettrommelspeicher, die Eingaberate war sogar viermal so hoch, die Fehleranfälligkeit war wesentlich geringer, die Wartung wurde von vier Stunden am Tag auf zwei Stunden pro Woche reduziert. Der Bau eines solchen Speichers gestaltete sich allerdings recht aufwendig, denn das Montieren der Ferritkerne auf die Lese- und Schreibdrähte musste händisch vorgenommen werden. Bereits 1949 hatte der spätere Gründer der Wang Computer Corporation, An Wang, an der Harvard-Universität das Basiskonzept für einen Kernspeicher entwickelt, indem er mit Hilfe von Ferritringen auf einzelnen elektrisch leitenden Drähten Schaltverzögerungen bewirkte. Forrester adaptierte diese Idee auf ein Gitternetz von Drähten und erzeugte auf diese Weise einen flüchtigen Arbeitsspeicher mit wahlfreiem Zugriff (RAM, d. h. *Random Access Memory)*.

Abgesehen vom Magnetkernspeicher, der dann in vielen anderen Großrechnern[75] und im AN/FSQ-7 zum ersten Mal in einem Seriencomputer Anwendung finden sollte, verfügte Whirlwind auch über andere technische Errungenschaften. Dazu gehörten das *Self-checking*, indem der Computer defekte Komponenten und Abhilfemechanismen selbst feststellte, sowie die durch die simultane Impulsübertragung ermöglichte synchron-parallele Logik und Kontrolle in Form des Duplexverfahrens. Diese gestattete eine gleichzeitige Datenübertragung in zwei Richtungen, wodurch die Ausfallrate auf 0,043 Prozent gesenkt werden konnte. Bisher verwendete man zur Steigerung der Zuverlässigkeit das Konzept des Dualcomputers, wobei zwei Computer parallel dieselben Berechnungen durchführten und dann die Resultate verglichen. Beim Duplexverfahren wurde hingegen zum ersten Mal der so genannte aktive *Stand-by*-Modus verwendet: Die eine Hälfte des Computers führte aktiv die nötigen Berechnungen durch, während die andere erst bei einem Ausfall selbsttätig, d. h. ohne Zutun des Operators, eingriff. Im Whirlwind konnte der im Stand-by-Modus befindliche Computerteil währenddessen z. B. auch für ein Testprogramm oder eine Angriffssimulation genutzt werden.

Whirlwind nahm 1951 den Betrieb auf und stellte gewissermaßen das Rückgrat des amerikanischen Luftabwehrsystems *Air Defense Command and Control Centre* während der Ära des Kalten Krieges dar. Der erste Prototyp kam auf Cape Cod in Massachusetts zum Einsatz und wurde in der Folge technisch modifiziert. Sämtliche technischen Adaptionen wurden durch das am MIT eingerichtete Lincoln Laboratory for Air Defense vorgenommen, dem das Projekt Whirlwind als Unterabteilung eingegliedert wurde.

Die im Whirlwind erprobte Technologie fand auch beim Bau des durch den MIT-Physiker George E. Valley angeregten SAGE-Computersystems Anwendung, das die Grundlage des westlichen Luftverteidigungssystems ab den späten 1950er Jahren bildete. Das

[75] Das MIT gewährte u. a. Lizenzrechte an IBM, Sperry Univac, Burroughs, RCA, General Electric, NCR, Lockheed und DEC.

Projekt SAGE (dt. Salbei, eine Abkürzung für *Semi Automatic Ground Environment)* wurde ursprünglich von der Marine initiiert und später vom Strategischen Luftkommando der U.S. Air Force übernommen, das auch den Einsatz von Flugzeugen und Nike-Abwehrraketen über dieses System steuerte. Insgesamt 22 eingerichtete, untereinander über Telefonleitungen vernetzte Stationen standen von 1958 bis 1984 im aktiven Dienst (siehe Farbteil, S. 205). Die Entwicklung des komplexen SAGE-Systems nahm insgesamt 7.000 Mannjahre und 61 Milliarden Dollar an Kosten in Anspruch. Allein die Kosten für die Softwareentwicklung beliefen sich auf mehr als 250 Millionen Dollar – rund 20 Prozent der weltweit verfügbaren Programmierer waren im Rahmen dieses einzigen Projekts eingesetzt. Der zum Einsatz gelangende, im internen Gebrauch unter der Bezeichnung AN/FSQ-7 laufende, damals größte Rechner der Welt hatte in der Endausbaustufe ca. 55.000 Elektronenröhren, 175.000 Dioden, 13.000 Transistoren sowie rund 50 CRT-Bildschirme. Der auf 32 Bit Wortlänge ausgelegte Rechner hatte sowohl Magnetkern- als auch Magnettrommelspeicher sowie einen IBM-Magnetbandtreiber; das Gewicht der mächtigen Anlage betrug 250 Tonnen. Der Rechner benötigte im Betrieb unglaubliche 3 Megawatt – genug, um rund 2000 durchschnittliche amerikanische Haushalte mit Elektrizität zu versorgen.

Das seinerzeitige Forrester-Projekt am MIT stand in enger Verbindung mit der privaten Industrie, vor allem mit IBM, Burroughs, Western Electric, RCA und Rand Corporation. Diese Firmen lieferten verschiedene Komponenten und profitierten umgekehrt von der neuen Technologie. IBM beteiligte sich daher mit einer halben Milliarde Dollar an den Entwicklungskosten und stellte zeitweise bis zu 8000 eigene Mitarbeiter für dieses Projekt ab. Die Firma IBM sicherte sich damit einen entscheidenden Entwicklungsvorsprung beim Bau von digitalen Großrechnern und entwickelte auf der Grundlage dieser Technologie in Zusammenarbeit mit American Airlines 1957–1964 auch das zivile Airline-Reservierungssystem SABRE (*Semi-Automatic Business Research Environment*). Die Kosten dafür beliefen sich auf schätzungsweise 300 Millionen Dollar. Es war dies nicht nur das erste kommerzielle Echtzeit-Transaktionssystem mit Hilfe eines Netzwerkes, sondern auch das größte zivile Softwareprojekt der damaligen Zeit.

Der AN/FSQ-7 verwendete bereits Computergrafik, Timesharing und Telefonmodems für die Übertragung binärer Daten (ca. 1300 Bit pro Sekunde), indem digitale Daten in analoge Wellen und wieder zurück verwandelt wurden. Ein zentraler Fixpunkt war der im Whirlwind erprobte Magnetkernspeicher, der bis 1973 den technisch letzten Standard im Computing darstellte. Der Computer konnte auch während der Ein- und Ausgabeoperationen weiterarbeiten. Eine Unterbrechung fand nur dann im Kernspeicherzyklus statt, wenn Datensätze zwischen Magnetkernspeicher und Ein- und Ausgabeeinheit transferiert wurden. Damit gelang es, den Zeitverlust beim Datentransfer entscheidend zu verkürzen. Mit Hilfe eines alphanumerischen Displays und Eingabegerätes mit dem Namen *Typotron* konnten 63 verschiedene Zeichen eingegeben werden. Die auf Echtzeitmodus ausgelegte Programmierung führte zur Entwicklung von neuen Softwarekonzepten, die später bei Assembler, Compiler und Interpreter Verwendung fanden.

Verschiedene Software-Diagnoseprogramme, strukturierte Programmmodule, Datenanalysetechniken und tabellengesteuerte Software wurden ebenfalls im Rahmen des SAGE-Projekts entwickelt. IBM machte dabei den Fehler, nicht auch die Programmierer zu stellen, was die Firma zweifellos in die Lage versetzt hätte, zugleich größter Software- und Hardwarehersteller in einem zu sein. Vielmehr erging der Auftrag für die Lieferung der notwendige Software an Remington Rand. Die zu Remington Rand gehörende Tochterfirma SDC *(Systems Development Corporation)* bildete dafür ganze Generationen von Programmierern aus, die sich später zum Teil selbständig machten. Dadurch kam es zur Professionalisierung eines neuen Berufszweiges. Ungefähr 1.800 Mannjahre, etwa ein Viertel der gesamten Mannjahre, steckten allein in der Softwareentwicklung von SAGE.

Whirlwind und SAGE blieben gewissermaßen Unikate und wie viele der damaligen Großcomputer ausschließlich militärischen Einsatzzwecken vorbehalten. Aber viele der damit verbundenen Innovationen wurden auch auf den zivilen Bereich übertragen. Sie wurden damit wahrscheinlich stärker als alle anderen zeitgenössischen Großrechnersysteme zum Wegbereiter der modernen digitalen Computertechnologie.

Forrester wandte sich ab 1956 den Managementwissenschaften

zu, weil er der Ansicht war, das Pionierzeitalter des Computers sei bereits vorbei. Er bekleidete bis zu seiner Emeritierung den Germeshausen Lehrstuhl für Management an der Sloan School des MIT in Cambridge und war hier einer der Entwickler der Grundlagen der Theorie dynamischer Systeme.

Der IBM 701, 1952

Über das SAGE-Projekt, an dem IBM ja wesentlich mit Personal und Mitteln engagiert war, ergab sich Mitte der fünfziger Jahre der Einstieg des Büromaschinenriesen in das Geschäft mit dem Digitalcomputer. Der AN/FSQ-7 wurde auf diese Weise zum Grundstein für den Höhenflug des Computerherstellers IBM. Die Firma IBM förderte zwischen 1946 und 1950 ein Forschungsprojekt an der Columbia-Universität, bei dem es um die Anwendung von elektronischen Schaltkreisen in Computern ging. Gemeinsam mit dem Navy Bureau of Ordnance entwickelte man auf dieser Basis den NORC *(Naval Ordnance Research Calculator)*, der auf 3600 Wörter zu je 16 Dezimalstellen ausgelegt war und pro Sekunde 15.000 Operationen ausführen konnte. Es wurden rund 9.000 Elektronenröhren, 264 CRTs, rund 25.000 Dioden und einige hunderttausend andere elektronische Bauteile verwendet. Für das Projekt verantwortlich war Byron Havens, einer der leitenden IBM-Ingenieure. Die Maschine stellte für die damalige Zeit den letzten Stand der Entwicklung dar und befand sich von 1954 bis 1968 bei der Marine in Verwendung.

Der NORC hatte auch einen gewissen Einfluss auf den Bau des im Mai 1952 der Öffentlichkeit vorgestellten IBM 701. Dieser Rechner wurde ursprünglich von Thomas J. Watson Jr. als ein technischer Beitrag der Firma zum Koreakrieg gesehen und daher von ihm als *Defense Calculator* bezeichnet. Später in IBM 701 umbenannt, war er der erste wissenschaftlich und kommerziell einsetzbare IBM-Großrechner auf Binärzahlenlogik. Für seine Entwicklung wurden 3 Millionen Dollar eingesetzt und insgesamt 19 Stück erzeugt.

Der erste 701 wurde in Poughkeepsie gebaut und im IBM-Hauptquartier in New York aufgestellt, wo er den SSEC ersetzte und damit einen bemerkenswerten technischen Entwicklungssprung signalisierte: Der im Wesentlichen von Nathaniel Rochester entworfene Rechner konnte pro Sekunde 2200 Multiplikationen durchführen.

Amtsübergabe bei IBM. Thomas Watson Jr. und Sr., 1956.
Mit freundlicher Genehmigung von IBM Corporate Archives, Somers, NY.

Er verfügte über eine zentrale elektronische Prozessoreinheit und im Hauptspeicher über eine Magnettrommel-Speichereinheit mit 1 KB RAM. Hinzu kamen an Peripheriegeräten Alphabetdrucker, Lochkartenstanzer und Lochkartenleser und erstmals auch eine Magnetbandeinheit als externer Massenspeicher. Die bestehende Konfiguration begrenzte die Geschwindigkeit des Rechners insofern, als die zentrale Prozessoreinheit etwa zehnmal schneller als die Hauptspeichereinheit war. Für die Maschine wurde die 1957 von John Backus und seinem Team entwickelte Programmiersprache FORTRAN herangezogen. Da der Rechner nicht mit den bisherigen IBM-Lochkartengeräten kompatibel war, musste Thomas J. Watson Sr., damals noch amtierender Chief Executive Officer von IBM, erst davon überzeugt werden, dass die bisherige kommerzielle Domäne der Firma IBM, nämlich die auf dem Hollerithsystem beruhenden Lochkartentabulatoren, dadurch nicht gefährdet würde.

Die Maschinen blieben im Allgemeinen im Eigentum von IBM, aber man konnte den Rechner für den stolzen Betrag von monatlich rund 16.000 Dollar mieten. Zu den Kunden zählten u. a. Flugzeughersteller wie Northrop und Boeing, Atomforschungslabors, das amerikanische Weather Bureau und das U.S. Department of Defense. Die IBM-700er-Serie – dem 701 folgten verbesserte Versionen in Form des 702 und 703 – setzte auf die 36-Bit-Architektur, wie sie später von 1964 bis 1988 auch von Digital Equipment für die Serie der PDP-6- und PDP-10-Computer, aber auch von anderen Herstellern wie Honeywell und Sperry (nämlich für deren Rechner UNIVAC 1100 sowie die Unisys Clearpath-IX und -IE) verwendet wurde. IBM selbst wechselte mit dem 1964 auf den Markt gelangenden IBM 360, dem ersten „massenhaft" hergestellten Computer auf Transistorbasis, dann auf eine 32-Bit-Architektur über.

Der IBM 704 war ein von einem Team unter Gene Amdahl entwickeltes Nachfolgemodell ab 1956. Er verwendete im Hauptspeicher anstelle der Magnettrommeleinheit bereits einen Magnetkernspeicher, verfügte über einen FORTRAN-Compiler und eine Fließkomma-Arithmetik. Von diesem immerhin rund 21 Tonnen wiegenden Rechner mit 7500 Röhren und 30.000 Dioden wurden im Zeitraum 1956–1960 insgesamt 123 Stück hergestellt. Mit dem ab 1960 auf den Markt gelangenden verbesserten Modell 7090 ersetzte IBM die Elektronenröhren durch Transistoren, womit ein wichtiger Entwicklungsschritt in eine neue Generation von Computern eingeleitet war. Hinzu kam der Einsatz neuer Programmiersprachen wie FORTRAN und COBOL. Von diesem sehr zuverlässigen und für die damalige Zeit äußerst schnellen Gerät, das rund 40.000 Additionen pro Sekunde ausführen konnte, wurden mehr als 100 Exemplare zu einem Stückpreis von rund 3 Millionen Dollar erzeugt.

Der IBM 650, ab 1953

Der ab 1953 hergestellte IBM 650, eine abgemagerte Version des IBM 701, wurde zu einem großen kommerziellen Erfolg. Man verkaufte davon immerhin rund 1800 Stück für einen Preis – je nach verwendeter zentraler Speichereinheit – von 200.000 (für Magnettrommelspeicher) bis 500.000 Dollar (für Magnetkernspeicher). Man konnte den Rechner aber auch für monatlich 3200 Dollar bzw. 4700 Dollar mieten. Der IBM 650 war damit Anfang der 1950er Jahre das am meisten verbreitete Computersystem. Man wendete

IBM 701, 1952.
Mit freundlicher Genehmigung von IBM Corporate Archives, Somers, NY.

bei den Maschinen, die rund um die Uhr in Verwendung standen, erstmals das *Open Shop Programming* an, indem man die Rechenzeit im Blocksystem vergab. Der Rechner war für die Firma IBM, die erst kurz zuvor in das eigentliche Computergeschäft eingestiegen war, so gesehen auch sehr profitabel, obwohl der Rechner um etwa 50 Prozent billiger war als in der Leistung vergleichbare Großrechner. Thomas Watson Jr., der damalige IBM-Präsident,[76] zog im Hinblick auf den 650er nicht zu Unrecht einen Vergleich mit dem legendären T-Modell von Ford, das von 1908 bis 1927 millionenfach

[76] Thomas Watson Jr. hatte 1937 an der Brown-Universität graduiert und war dann bei IBM eingetreten. Bei Ausbruch des Zweiten Weltkriegs meldete er sich 1941 als Pilot zur amerikanischen Luftwaffe. Ab 1945 wieder bei IBM, wurde er 1952 Präsident der Firma, wenngleich Watson Sr. bis 1955 Vorstandsvorsitzender blieb. Thomas Watson Jr. leitete seit 1956 den amerikanischen Bereich von IBM, während seinem jüngeren Bruder Richard, der 1963 Vorstandsvorsitzender von IBM World wurde, das Auslandsgeschäft anvertraut worden war.

erzeugt wurde und den Durchbruch für das Automobil als industrielles Massenprodukt gebracht hatte.[77]

Der IBM 650, dessen während des Betriebs blinkenden Kontrolllichter dem Benützer nicht zuletzt auch einen futuristischen Eindruck vermittelten, verfügte über einen auf 2.000 Wörter ausgelegten Magnettrommelspeicher, den IBM als Lizenznehmer vom Konkurrenten Remington Rand bezog, konnte allerdings gegen Aufpreis auch auf Magnetkernspeicher umgerüstet werden. Er war auf Dezimalzahlen ausgelegt und führte Additionen und Subtraktionen in 1,63 Millisekunden, Multiplikationen in 12,96 Millisekunden und Divisionen in 16,9 Millisekunden aus. Wie beim großen Bruder konnte am IBM 650 die Dateneingabe sowohl über Magnetband als auch über Lochkarten erfolgen. Ein IBM-Lochkartenleser und -stanzer sowie die Druckereinheit waren für weitere 550 Dollar monatlich anzumieten. Der Rechner war mit 165 cm × 99 cm × 198 cm Ausmaß und rund 980 kg Gewicht für die damalige Zeit relativ handlich, wozu allerdings noch eine Stromversorgungsquelle von ähnlichem Ausmaß kam. So gesehen war er in der Ahnenreihe des Computers durchaus ein direkter Nachfahre der früheren „Rechenmonster".

Den auf einige wenige kapitalkräftige Kunden beschränkten Computermarkt teilten sich damals IBM, Control Data, General Electric, RCA, Honeywell und Remington Rand Univac. Als unmittelbarer Konkurrent zum IBM 650 trat der Remington Rand Univac Solid State auf, der ab 1958 auf den Markt gelangte. Univac lieferte den Rechner zunächst unter der Bezeichnung *Universal Card Tabulating Machine* nur nach Europa aus, um den Verkauf eines anderen Modells von Univac nicht zu beeinträchtigen, folgte jedoch 1959 dem Wunsch der amerikanischen Konsumenten und brachte den Solid State auch auf den US-Markt. Der Rechner wurde um 350.000 Dollar verkauft oder um rund 7000 Dollar pro Monat vermietet und war damit in der Grundausstattung etwas teurer als der IBM 650. Allerdings war der Univac Solid State schneller als der IBM 650 und noch dazu mit einem Emulatorprogramm ausgestattet, das die Konversion von Daten erleichterte. Rund 600 Stück Solid-State-Computer wurden verkauft, ehe der große Konkurrent IBM

[77] Zit. bei Watson and Petre, Father, Son and Co. (1990) 244

IBM 650, 1953.
Mit freundlicher Genehmigung von IBM Corporate Archives, Somers, NY.

mit der Entwicklung des volltransistorisierten IBM 1401 im Oktober 1959 erneut die Nase vorne hatte.

Ausgewählte Literatur und Links

M. M. **Astrahan** und J. F. **Jacobs,** History of the Design of the SAGE Computer – The AN/FSQ-7, in: Annals of the History of Computing, Volume 5, Number 4, October 1983, 340–349.

S. **Augarten,** Bit by Bit. An Illustrated History of Computers (New York, 1984) 99–102.

E. C. **Berkley,** Giant Brains, or Machines that think (2. ed. New York, 1961).

P. **Bird**, LEO, the First Business Computer (London, 1994).

D. **Caminer** (Hrsg.), Leo: The incredible Story of the World's first Business Computer (London, 1997)

D. **Caminer,** J. **Aris,** P. **Hermon,** F. **Land,** The World's First Business Computer: User Driven Innovation (London, 1996).

M. **Campbell-Kelly** und W. **Aspray** (Hrsg.): Computer – A history of the Information Machine (New York, 1996) 165–175.

B. **Cohen,** Howard Aiken: Portrait of a Computer Pioneer (New York, 1999).

P. N. **Edwards,** The Closed World – Computers and the Politics of Discourse in Cold War America (MIT Press, 1996), 75–111.

R. R. **Everett,** Ch. A. Zraket and H. D. Benington: SAGE – A Data-Processing System for Air Defense, in: Annals of the History of Computing, Volume 5, Number 4, October 1983.

C. **Ferguson,** Howard Aiken: Makin' a Computer Wonder, in: Harvard Gazette, 9. 4. 1998.

P. **Freiberger** and M. **Swaine,** Fire in the Valley: The Making of the Personal Computer (New York, 2000).

J. F. **Jacobs:** SAGE Overview, in: Annals of the History of Computing, Volume 5, Number 4, October 1983.

R. **Keil-Slawik,** Von der Feuertafel zum Kampfroboter: Die Entwicklungsgeschichte des Computers, in: Militarisierte Informatik, 1985.

S. **McCartney,** ENIAC: The Triumphs and Tragedies of the World's First Computer (New York, 1999).

M. **Morelli,** Dalle Calgolatrici ai Computer Degli Anni Cinquanta (Milano, 2001).

G. **Trogemann,** A. Y. **Nitussov,** W. **Ernst,** B. **Malinovsky,** Computing in Russia. The History of Computer Devices and Information Technology revealed (Braunschweig, Wiesbaden, 2001).

H. S. **Tropp** et. al., A Perspective on SAGE: Discussion, in: Annals of the History of Computing, Volume 5, Number 4, October 1983.

H. **Raestone** and E. D. **Reilly** Jr. (Eds.), The Encyclopedia of Computer Science and Engineering, 2. ed. (New York, 1983).

G. E. **Valley,** Jr.: How the SAGE Development began, in: Annals of the History of Computing, Volume 7, Number 3, July 1985

M. R. **Williams,** History of Computing Technology (Los Alamitos, 2000) 221–234, 254–262.

K. **Zuse,** Der Computer – mein Lebenswerk (Berlin, 1993).

http://irb.cs.tu-berlin.de/~zuse/Konrad_Zuse/

http://www.rtd-net.de/Zuse.html

http://www.invent.org/book/book-text/100.html

http://ei.cs.vt.edu/~history/Stibitz.html

http://www.home.gil.com.au/~bredshaw/stibitz.htm

http://www.fht-esslingen.de/studentisches/Computer_Geschichte/grp3/stibitz.html

http://ed-thelen.org/comp-hist/visible-storage.html

http://www.scl.ameslab.gov/ABC/Biographies.html

http://ftp.arl.mil/~mike/comphist/eniac-story.html

http://www.computerarchive.com/

http://kzoo.edu/~k98hj01/aiken.html

http://ei.cs.vt.edu/~history/Wilkes.html

http://www-groups.dcs.st-andrews.ac.uk/~history/Mathematicians/Aiken.html

http://www.uk.research.att.com/~mvw/biography.html

http://www-groups.dcs.st-andrews.ac.uk/~history/Mathematicians/Newman.html

http://www.computer50.org/mark1/FM1.html

http://www.buzzle.com/chapters/computers-and-the-internet_history-and-the-human-experience_ferranti-mark-i.asp

http://www.computer50.org/mark1/FM1.html

http://www.eingang.org/Lecture/advances.html

http://www-personal.umich.edu/~natpoor/eniac/index.html

http://faculty.philau.edu/londonm/history/Lecture_sp99.htm

http://www.tcf.ua.edu/courses/Jbutler/T389/ITHistoryOutline2.htm

http://www.luckbealady.com/eckertproject/binac.htm

http://www.cc.gatech.edu/gvu/people/randy.carpenter/folklore/v5n1.html

http://hoc.co.umist.ac.uk/storylines/compdev/tools/tools.html

http://alife.santafe.edu/alife/topics/jvn/jvn.html

http://alife.santafe.edu/alife/software/jvn.html

http://www.eco.utexas.edu/faculty/Norman/long/hardsoft.html#SECTION00041200000000000000

http://www.luckbealady.com/eckertproject/binac.htm

http://www.palandun.de/sage_4.html

http://www.computer-archiv.de/

http://www.computer50.org/kgill/williams/williams.html#change

8. Transistoren und integrierte Schaltkreise, 1948–1965

8.1. Die ersten Transistorencomputer, ab 1948

Die Erfindung des Transistors im Jahre 1948 leitete eine Revolution im Computing ein. Ausgangspunkt dafür waren die Entwicklungsarbeiten von John Bardeen, Walter Brattain und William Shockley in den zur US-Telefongesellschaft AT&T gehörenden Bell Laboratories in New York, einem der führenden amerikanischen Forschungsinstitute auf dem Gebiete der angewandten Physik und Elektronik. Die Bedeutung dieser Erfindung wurde 1956 durch die Verleihung des Nobelpreises für Physik gewürdigt.

Die Entwicklung des Transistors beruhte auf der Entdeckung der Halbleitereigenschaft von gewissen Werkstoffen wie Silizium oder Germanium, indem diese unter bestimmten Bedingungen (wenn sie als p-n-Übergang, d. h. als Diode, ausgeführt werden) einmal Elektrizität leitend oder sperrend sind. In anderen Kombinationen können sie als Verstärker für elektrische Spannungen und Ströme dienen.[78] Man erkannte, dass sich diese Eigenschaften in einem *Transfer Resistor* (wörtlich: Übertragungswiderstand), oder kurz *Transistor,* zur Darstellung von Bit-Folgen verwenden ließen: Digitale Datenverarbeitung und Mikroelektronik gingen seither eine symbiotische Verbindung ein. Der Computer nützt einerseits den Verstärkereffekt des Transistors, zugleich dient dieser aber auch als Schaltelement. Damit konnte man die bisher verwendeten Röhren ersetzen – und das erlaubte es, Computer fortan wesentlich kleiner auszuführen und gleichzeitig die Rechengeschwindigkeit zu beschleunigen. Es wurde auch die bei den Elektronenröhren so störende Hitzeentwicklung stark reduziert, die bisher eine aufwendige Klimatisierung erfordert hatte. Der Transistor war überdies sofort betriebsbereit, viel billiger und verlässlicher, hatte weniger als ein Zehntel der Größe einer Elektronenröhre und verbrauchte um 80 Prozent weniger Strom. Er erforderte eine niedrigere Betriebs-

[78] Der Prototyp des Transistors bestand aus zwei dünnen Golddrähten, die mit einem als Isolator dienenden präparierten Germanium-Monokristall verbunden waren.

spannung, erlaubte höhere Schaltgeschwindigkeiten und hatte eine geringe Störanfälligkeit und extrem lange Lebensdauer.

Allerdings war die Herstellung von großen Monokristallen, wie sie die ersten Transistoren benötigten, für eine industrielle Massenproduktion noch wenig geeignet. Eine entscheidende Verbesserung war die Entwicklung einer Methode zur Erzeugung von Transistoren auf der Basis von Siliziumoxydplättchen durch Gordon Teal 1954 und die technische Umsetzung des integrierten Schaltkreises durch Jack Kilby 1958. Beide arbeiteten für die Firma Texas Instruments. Geoffrey Dummer hatte in Washington integrierte Schaltkreise konzeptionell erstmals bereits 1952 in einem wissenschaftlichen Labor entwickelt, aber erst Texas Instruments setzte die innovativen Schritte zur praktischen Umsetzung dieser Erfindung. Die in den integrierten Schaltungen verwendeten Bauteile bauen auf logischen Verknüpfungen entsprechend der Booleschen Algebra auf und bilden damit die Basis bei der Verarbeitung von digitalen Daten. Fortschritte in der Computertechnologie erfolgten somit vor allem über die Entwicklung der Mikroelektronik. Denn die bisherigen limitierenden technischen Faktoren, wie sie mechanische Rechner und auf der Röhrentechnologie beruhende Computer aufwiesen, fielen dadurch weitgehend weg. Erst die Erfindung des Transistors bedeutete den entscheidenden Durchbruch und brachte den wirtschaftlichen Erfolg.

Ab 1955 wurden auf der Basis der neuen Technologie Transistoren industriell und serienmäßig hergestellt. Dies bildete die technische Grundlage für eine neue Computergeneration. Mit der Verwendung dieser neuen Technologie, die sich in den 1960er Jahren durchzusetzen begann, war es möglich, die Computer immer kleiner, schneller, verlässlicher und vor allem auch wesentlich billiger zu bauen. Thomas Watson Jr., der neue Chairman von IBM, erkannte sehr früh die kommerzielle Bedeutung der neuen Innovation: „Wenn Transistoren und andere Bauelemente diese Geräte billiger machen, wird die Büromaschinenindustrie Maschinen bauen, mit denen Aufgaben berechnet werden, die heutzutage maschinell nicht lösbar sind.“[79] In der folgenden Generation von modernen Digitalcomputern (1959–1963) wurden damit die bisher verwendeten Elektronenröhren durch individuelle Transistoren als wichtigstes logi-

[79] Zit. in den Annals of the History of Computing, 5/1983, 159.

sches Element abgelöst. Ihnen folgten ab Mitte der sechziger Jahre die integrierten Schaltkreise.

Auch die Lochkarte, die bisher das wichtigste externe Speichermedium dargestellt hatte, wurde zunehmend durch Magnetbänder und Disketten ersetzt. Für den internen Hauptspeicher griff man zunächst noch auf die von Jay W. Forrester entwickelte Magnetkernspeicher-Technologie zurück. Erst gegen Ende der 1960er Jahre wurde der Magnetkernspeicher durch die Entwicklung von auf der Metalloxyd-Halbleitertechnologie beruhenden internen Speichern abgelöst. Spezielle und komplexe Programmsprachen wie FORTRAN, ALGOL und COBOL, für die John Backus bei IBM sowie Grace Murray Hopper bei Univac die Grundlagen entwickelt hatten, charakterisierten den damaligen Standard bei der Softwareentwicklung.

William Shockley, einer der drei Erfinder des Transistors, gründete 1955 in Palo Alto eine eigene Firma unter dem Namen Semiconductor Laboratory, die sich mit dem Bau von Halbleiterelementen beschäftigte. Es war dies der Beginn des legendären „Silicon Valley" südlich von San Francisco. Die Bezeichnung kam vom Basismaterial der Halbleitertechnik, dem Silizium (engl. *Silicon).* In diesem Tal siedelten sich – begünstigt auch durch die Nähe führender technischer Universitäten wie Stanford und Berkeley, das Vorhandensein kapitalkräftiger Investoren und das Entstehen einer *Venture-Capital*-Szene – ab den späten fünfziger Jahren eine Reihe von Firmen an. Darunter war auch die 1957 von einstigen Mitarbeitern Shockleys gegründete Fairchild Semiconductor Corporation. Deren Mitarbeiter Bob Noyce und Gordon Moore wiederum gründeten 1968 die Intel Corporation, heute weltweit wohl der bekannteste Hersteller von Mikroprozessoren. Das Gründungskapital von 2,3 Millionen Dollar wurde mit Hilfe des Investmentbankers Arthur Rock nach Vorlage des Businessplans innerhalb eines einzigen Nachmittags aufgebracht. Auch die Gründung von Texas Instruments erfolgte im Zusammenhang mit einem dieser *Spin-offs*. Silicon Valley stellt heute wohl die dichteste Konzentration von Hard- und Softwarefirmen in der ganzen Welt dar; hier ist u. a. auch XeroxPARC angesiedelt, ein Forschungsinstitut von Rank Xerox, das bei der Entwicklung des Personalcomputers eine führende Rolle spielen sollte.

In den Vereinigten Staaten übernahm vor allem wiederum das Militär sehr rasch die Transistortechnologie, weil diese bei Funkgeräten zum Einsatz kam und die teilweise noch aus dem Zweiten Weltkrieg stammenden Röhrengeräte ersetzte. Auch die führenden amerikanischen Firmen setzten stark auf diesen Abnehmer. Demgegenüber gingen die Japaner zunächst bei der kommerziellen Nutzung voran, indem sie Transistoren in Radios und Musikgeräten einsetzten. Japanische Ingenieure wie Masaru Ibuka und Akio Morita, der legendäre Gründer von Sony Electronics, forcierten die Massenproduktion des Transistors und begannen, den Weltmarkt zunächst einmal für den Transistorradio zu erobern.

Der erste Transistorencomputer war der TRADIC *(Transistor Digital Computer),* der 1955 von den Bell Laboratories für die amerikanische Luftwaffe hergestellt wurde; es folgte 1958 der Transac S-2000 von Philco Corporation. Beide Rechner waren eher wissenschaftliche Prototypen als auf einen Massenvertrieb hin ausgelegt. Als die Atomenergiebehörde einen Wettbewerb ausschrieb, engagierten sich daraufhin IBM und Sperry Univac in der Entwicklung je eines leistungsfähigen Transistorencomputers. Das Ergebnis waren der LARC (d. h. *Lawrence Livermore Atomic Research Computer)* von Univac 1960 und der STRETCH von IBM 1961. Letzterer wies 150.000 Transistoren auf und kostete 8 Millionen Dollar. IBM lieferte aber bereits 1959 vier IBM-7090-Transistorencomputer an die U.S. Air Force aus. Auch dieser Computer blieb mehr oder weniger ein Prototyp. Andere Maschinen stammten von Burroughs, wo ein Rechner für die Steuerung der ersten Interkontinentalrakete Atlas entwickelt wurde; und auch das beim SAGE-Projekt federführende Lincoln Laboratory am MIT entwickelte einen Transistorencomputer in Form des TX0. Der erste in größerer Stückzahl verkaufte Transistorencomputer war 1959 der IBM 1401, ein damals als „kleiner" kommerzieller Rechner eingestufter Computer. Einen der ersten serienmäßigen Transistorrechner baute die deutsche Firma Siemens mit ihrem Modell Siemens 2002.

Der TRADIC, 1954

Der im Januar 1954 von Bell Laboratories vorgestellte und von J. H. Felker konzipierte TRADIC *(Transistorized Digital Computer)* gilt

TRADIC-Computer, 1954.
Aus: T. E. Evall, Electronic Computers (London, 1956).

als der erste Computer, der auf der neuen Transistorentechnologie beruhte. Er verwendete rund 800 Transistoren und 11.000 Germaniumdioden und war nicht nur kleiner und sparsamer im Stromverbrauch, sondern auch deutlich schneller als alle bisherigen Computer. Auftraggeber war wieder einmal die amerikanische Armee, die sehr rasch die Vorteile der neuen Technologie erkannte. Wenngleich ein Transistor damals fast zwanzigmal teurer als eine Elektronenröhre war, so war doch eindeutig, dass er die technische Zukunft verkörperte.

Das „Mailüfterl", 1958

Ein außerhalb der engeren Fachwelt wenig bekannter früher Rechner der zweiten Computergeneration war der von 1956 bis 1958 von Heinz Zemanek und seinen Mitarbeitern an der Technischen Hochschule in Wien entwickelte Computer „Mailüfterl", der erste Transistorrechner Kontinentaleuropas. Zemanek, geboren am 1. Januar 1920 in Wien, ein gelernter Nachrichtentechniker, beschäftigte sich bereits in seiner Diplomarbeit mit der „Erzeugung von Mikrosekunden-Impulsen" (1944) und mit Problemen der digitalen Nachrichtenübertragung. Bereits 1950 gelang es ihm, Impulse von 50 Nanosekunden zu erzeugen; in Verbindung mit der Umstellung auf Transistortechnologie erwies sich die Verbindung mit der Impulstechnik sehr nützlich.

Zemanek, heute ein emeritierter Professor der Technischen Universität in Wien und wirkliches Mitglied der Österreichischen Akademie der Wissenschaften, leitete von 1961 bis 1976 das IBM-Labor in Wien und war anschließend bis 1985 IBM-Fellow. Unter seiner Leitung wurde u. a. die formale Definition der Programmiersprache PL/I entwickelt. Bereits 1950 hatten Zemanek und sein Team den binären Relais-Experimentierrechner URR1 gebaut. Dieser war auf 15 Speicherzellen und eine Wortlänge von 18 Bit ausgelegt. Zemanek bildete dann 1954 ein Entwicklungsteam für den Bau eines volltransistorisierten binär-dezimalen Rechenautomaten, den er „Mailüfterl" nannte. Zemanek wollte mit dem Namen zum Ausdruck bringen, dass er mit den bescheidenen Mitteln eines österreichischen Wissenschaftlers von Haus aus gegenüber den amerikanischen Großprojekten vom Typus „Whirlwind" auf eine bescheidenere Lösung zusteuern musste.

Die Recheneinheit im Ausmaß von 300 cm × 250 cm × 20 cm hatte ein Gewicht von einer halben Tonne, das Gesamtgewicht des Rechners einschließlich des Magnettrommelspeichers, des Netzteils und der Ein- und Ausgabeeinheit betrug rund eine Tonne. Die Mittel zum Bau kamen teilweise aus der nationalen Forschungsförderung und aus Stiftungsgeldern, manche der Bauteile wurden von Industriefirmen dem Hochschulinstitut geschenkt. Die von Zemanek verwendeten Transistoren, die Philips zur Verfügung stellte, waren ursprünglich für Hörgeräte konzipiert worden.

Dennoch wies der „Mailüfterl"-Computer, der mit einem ALGOL-Interpreter ausgerüstet wurde, durchaus imponierende Leistungsmerkmale auf: Er folgte einer programmgespeicherten Rechnerarchitektur, war mit 130 kHz getaktet, verfügte über 3000 Transistoren, 5000 Dioden, 15.000 Widerstände und 5000 Kondensatoren; rund 20 km Verdrahtungen waren notwendig. Die erste Aufgabe, die Mailüfterl zufriedenstellend löste, war die Bestimmung der Primzahl 5073548261, es folgte die Berechnung von Allintervall-Reihen für den österreichischen Zwölftonkomponisten Hanns

DAS „MAILÜFTERL", 1958.
Mit freundlicher Genehmigung von Heinz Zemanek, Wien.

Jelinek. Der Rechner stand bis 1966 bei IBM Wien in Betrieb und wurde schließlich ausgemustert; er kam dann als Leihgabe des Wiener Technischen Museums in die Rechnersammlung der Linzer Johannes-Kepler-Universität und ist seit 2002 wiederum im Technischen Museum in Wien aufgestellt.

DEC PDP-1, 1960

Die Firma Digital Equipment Corporation war 1957 von Kenneth H. Olsen in Boston gegründet worden und stieg in der Folge zu dem nach IBM weltweit größten Computerhersteller auf, eine Position, die DEC bis in die 1990er Jahre halten konnte. Bereits im Dezember 1959 stellte DEC den Prototyp eines ersten speicherprogrammierten, aus Schaltkreismodulen bestehenden Minicomputers anlässlich einer in Boston stattfindenden Computerkonferenz vor. Der von einem Team unter Leitung von Ben Gurley entwickelte PDP-1, was für *Programmed Data Processor* steht, war der erste Rechner der von DEC hergestellten, auf 18 Bit Wortlänge konzipierten Computerserie. Diese umfasste zwischen 1960 und 1972 die Modelle PDP-1, PDP-4, PDP-7, PDP-8, PDP-9, PDP-11, PDP-12, PDP-14, und PDP-15, und wurde zu einem im Vergleich zu den bisherigen Rechnern relativ günstigen Stückpreis ab 125.000 Dollar verkauft.

Digital PDP-1.
Digital Equipment Corporation.

Der gesamte Rechner beanspruchte eine Fläche von rund 15,8 m^2, verfügte über ein CRT-Grafikdisplay und benötigte, weil er voll auf die Transistortechnologie hin ausgelegt war, auch keine umständliche Klimatisierung. Es war ein Hochgeschwindigkeitsrechner, an den verschiedene gepufferte Input- und Output-Einheiten[80] angeschlossen werden konnten, ohne interne Veränderungen vornehmen zu müssen. Der Rechner hatte insgesamt fünf Megazyklus-Schaltkreise, die auf den von DEC entwickelten Systemmodulen beruhten, einen leistungsfähigen Magnetkernspeicher, der 4096 Wörter zu 18 Bit speichern konnte, wobei der Speicher bis auf 65.536 Wörter erweiterbar war. Dies und das parallele Ausführen von mehreren Prozessen erlaubten eine Rechenleistung von rund 100.000 Additionen pro Sekunde; Multiplikationen und Divisionen konnten in 20 Mikrosekunden ausgeführt werden. Die Standardperipherie umfasste einen Lochstreifenleser mit einer Lesegeschwindigkeit von 400 Zeilen pro Sekunde sowie eine alphanumerische Schreibeinheit für die Ein- und Ausgabe von Daten und einen alphanumerischen und binären Lochstreifenstanzer mit einer Geschwindigkeit von 63 Zeilen pro Sekunde. Hinzu kam noch eine Reihe von optionalen

80 Als Puffer (engl. *Buffer*) werden Zwischenspeicherbereiche bezeichnet, in denen Daten mit unterschiedlicher Arbeitsgeschwindigkeit transferiert werden, indem die schnellere Einheit die Daten im Puffer zwischenspeichert und dann bereits wieder für andere Aufgaben einsetzbar ist. So wird z. B. im Arbeitsspeicher ein Puffer (*Disk Cache*) zwischen schnellerem Prozessor und der vergleichsweise langsameren Festplatte eingerichtet oder auch in der Datenkommunikation zwischen Rechner und Druckereinheit. Vgl. Irlbeck, Computerlexikon (1998) 675.

DEC PDP-8E, 1965.
Digital Equipment Corporation.

Geräten für die externe Speicherung und Ein- und Ausgabe von Daten.

Es wurden vom PDP-1 allerdings nur 50 Stück erzeugt, wobei dieser Rechner wegen seiner Geschwindigkeit von fünf Mikrosekunden pro Zyklus bei einer Arbeitsspeicherkapazität von knapp über 4 KB zunächst vornehmlich für wissenschaftliche Aufgaben – etwa von den Strahlenphysikern am Lawrence Livermore National Laboratory der University of California oder von der kanadischen Atomenergiebehörde – eingesetzt wurde. Auf dem PDP-1 lief auch das erste von zwei Mitarbeitern geschriebene Computerspiel; es war für zwei Spieler ausgelegt und erhielt den Namen „Spacewar".

Die PDP-Familie war insgesamt recht erfolgreich; eines der ersten auch kommerziell erfolgreichen Modelle war der PDP-8, der 1965 auf den Markt gelangte. Der DEC PDP-8 Classic wurde zwischen 1965 und 1968 in einer Stückzahl von 1450 hergestellt und um 18.000 Dollar verkauft. DEC führte damals den so genannten Flip-Chip ein, eine Art Vorläufer des integrierten Schaltkreises auf einem keramischen Trägermedium; diese Technologie gelangte auch beim IBM 360 zum Einsatz und wurde als SLT *(Solid Logic Technology)* bezeichnet. Der Arbeitsspeicher war ein Magnetkernspeicher mit einem Zyklus von 1,5 Mikrosekunden; an Peripheriegeräten standen u. a. Magnetbänder, Papierstreifen- und Lochkartenleser und Lochstanzer, Analog-Digital-Konverter, CRT- oder Oszilloskop-Bildschirme sowie Zeilendrucker und Plotter zur Verfügung. Der kommerzielle Erfolg lässt sich daran ablesen, dass man allein von dem 1970 erstmals vorgestellten Nachfolgemodell PDP-11, für den u. a. das Betriebssystem UNIX und die Programmiersprache C(2) entwickelt wurden, über 50.000 Stück verkaufte. Die Geräte der späteren Serien hatten immer geringere Dimensionen bei gleichzeitig gesteigerter Leistung und können somit als echte Vorläufer des späteren Personalcomputers angesprochen werden.

IBM 1401 und IBM 360, von 1959 und 1964

Das erste volltransistorisierte Computer von IBM war das 1959 vorgestellte Modell IBM 1401, von dem bis Mitte der sechziger Jahre mehrere tausend Stück weltweit vertrieben oder um 2500 Dollar pro Monat vermietet wurden, was IBM einen Gewinn von 2 Milliarden Dollar einbrachte. Er war als Nachfolger des seinerzeit recht erfolgreichen Röhrenrechners IBM 650 geplant und verwendete als Arbeitsspeicher einen 16-KB-Magnetkernspeicher und als externe Massenspeichermedien Lochkarten sowie Magnetbänder.

Dennoch gilt im Allgemeinen der im April 1964 eingeführte IBM 360, der erstmals das für alle künftigen Großrechner beispielgebende Konzept einer untereinander kompatiblen Familienarchitektur – ein diversifiziertes Computersortiment mit einheitlicher Software und Peripherie – anwandte, als der entscheidende Durchbruch für den Computerhersteller IBM, der seither die Industriestandards setzte. Die Firma hatte dazu unter der Führung von Thomas J. Watson Jr., der sich im Unterschied zu seinem Vater ganz der neuen Technologie verschrieben hatte, nicht weniger als 5 Milliarden Dollar in neue Produktionsstätten investiert – was in etwa dem Dreifachen des damaligen Umsatzes entsprach – und mehrere tausend zusätzliche Mitarbeiter eingestellt; die Entwicklung des IBM 360 hatte nahezu fünf Jahre gedauert. Ähnlich wie fast 20 Jahre später bei der Entwicklung des IBM-PCs gründete man eine eigene unabhängige Arbeitsgruppe, genannt SPREAD, der man relativ viel Freiheiten bei der Entwicklung einräumte. Diese von Robert Evans

IBM 1401, 1959.
Mit freundlicher Genehmigung von IBM Corporate Archives, Somers, NY.

geleitete Arbeitsgruppe gelangte zu dem durchaus zutreffenden Schluss, dass IBM mit dem 360er die Führungsrolle bei *Mainframes* übernehmen würde, und meinte: „In der kommerziellen Welt der Computerfirmen wird nichts mehr so sein wie früher.“[81]

Die erste IBM-Familie von Transistorencomputern bestand aus insgesamt sechs kompatiblen Rechnertypen mit unterschiedlicher Leistung und Speicherkapazität, welche dieselbe Software und dieselben Peripheriegeräte verwenden konnten. Mit Hilfe einiger Veränderungen am Mikrocode erlaubte der IBM 360 auch die Emulation eines IBM 1401. Dies war vor allem bei kleineren Unternehmen beliebt, die auf diese Weise ihre alte Lochkartenausrüstung weiter verwenden konnten. Als Nachfolgefamilie wurde ab 1970 die Serie IBM 370/115 bis 370/195 gebaut.[82] Dank des Modells 360 schaffte es IBM, seinen Marktanteil bei Computern von rund 25 auf 70 Prozent zu steigern.

[81] Zit bei. Fröschl et al., Symbolverarbeitende Maschinen (1993) 175.

[82] Erst 1988 stellte IBM mit dem AS/400 erstmals auch eine Familie von Mikrocomputern vor.

Die Modelle der 360er-Serie umfassten u. a. die Rechner IBM 360/20 bis 360/65 bzw. 360/75 und später 360/91, 360/92 und 360/95, mit Konfigurationen des Arbeitsspeichers von 16 KB bis zu 1024 KB. Jeder Rechner aus der 360er-Familie, um die herum verschiedene andere IBM-Komponenten aufgebaut werden konnten, war auf Fließkomma-Operationen, einzeln adressierbare Dezimalzahlen und Characters zu jeweils 8 Bit ausgelegt. Zwei fünfstellige Zahlen konnten pro Mikrosekunde vom schnellsten Modell addiert werden, während das langsamste dies in 200 Mikrosekunden bewältigte. Der Name 360 wurde analog zur 360-Grad-Einteilung der Windrose gewählt, um damit die universelle Einsetzbarkeit dieses Computers in alle Richtungen zu unterstreichen. Für diesen Rechner stellte IBM mit OS/360 ein eigenes, sehr leistungsfähiges Betriebssystem zur Verfügung, das mit zum großen Erfolg dieser Serie beitrug. Später folgten die Betriebssysteme DOS, OS/MFT und OS/MVT.

Der IBM 360, der auf einer Hybridchip-Technologie[83] mit winzigen Schaltkreisen aus kleinen Transistoren und Dioden beruhte, ermöglichte eine Mikroprogrammierung und konnte mit Hilfe von Telefonleitungen auch als Netzwerkserver eingesetzt werden. Bis 1968 wurden davon über 14.000 Stück zu einem Preis – je nach eingesetzter Peripherie – bis zu 1 Million Dollar verkauft bzw. vermietet. Die starke Marktstellung der Firma geht schon daraus hervor, dass IBM die Gewinne aus der Hardware bezog, denn die Software wurde grundsätzlich frei abgegeben, der Quellcode war ebenfalls offen gelegt, und IBM ermunterte die Nutzer, ihrerseits Verbesserungen und Modifikationen an der Software vorzunehmen. IBM erzielte dennoch 1964, im Jahr der Einführung des 360ers, einen sagenhaften Gewinn von rund 7 Milliarden Dollar. Wenn man bedenkt, dass damals die Zahl aller in den Vereinigten Staaten installierten Computer erst bei rund 6000 Stück lag, kann man den Anteil von IBM an der Durchsetzung der neuen Technologie erst richtig ermessen.

Die bei IBM nicht unumstrittene Entscheidung, einen Computer auf Basis der Transistortechnologie zu bauen – nach James Cortada „vielleicht die risikoreichste Entscheidung, die das Unternehmen

[83] Die so genannte SLT *(Solid Logic Technology)* setzte kleine Keramikmodule als Schaltkreise ein, die schneller und zuverlässlicher als die bis dahin verwendeten Einzeltransistoren waren.

IBM 360, 1964, DER ERSTE KOMMERZIELL ERFOLGREICHE TRANSISTORRECHNER.
Mit freundlicher Genehmigung von IBM Corporate Archives, Somers, NY.

jemals getroffen hat“[84] – sicherte der Firma fortan die führende Stellung auf dem Markt bei *Mainframes*. Die erfolgreiche IBM-360er-Serie regte in den 1960er Jahren eine Reihe von Erzeugern an, billigere IBM-kompatible Peripheriegeräte herzustellen. Dies war zunächst die Firma Control Data, die u. a. Plattenlaufwerke und andere externe Speichermedien für die IBM-Maschinen erzeugte. In den 1970er Jahren folgten die amerikanischen Hersteller Burroughs, NCR, RCA, General Electric und Sperry Rand, die britische International Computers Ltd. sowie in Deutschland Siemens und in Japan Fujitsu. Weniger erfolgreich waren diese Firmen bei ihren Versuchen, verschiedene Klone von IBM-Rechnern herzustellen. Erst als Gene M. Amdahl, der bei IBM an der Entwicklung der Systeme 704, 360 und 370 führend beteiligt gewesen war, nach seiner Pensionierung bei Fujitsu in Japan eine Beteiligung einging, gelang es den Japanern, eine Reihe von IBM-kompatiblen Computern zu entwickeln. Auch die größeren europäischen Firmen wie Siemens, Machines Bull und Olivetti verlegten sich im Wesentlichen auf den Bau von IBM-Klonen.

[84] Cortada, Historical Dictionary (1987) 212.

Interessanterweise gelang es IBM in der Folge nicht, im Rahmen des groß angekündigten Projekts „Future System" an den großen Erfolg der 360er-Computerfamilie anzuschließen. Ja, die hohen Kosten dieses im Grunde fehlgeschlagenen Projekts trugen dazu bei, dass die Risikobereitschaft sank und die Firma, die weiter auf ihren angestammten Bereich der Großrechner setzte, die in den siebziger Jahren eingeleitete Revolution im Computing viel zu spät erkannte.

Ausgewählte Literatur und Links

C. C. **Hurd,** Computer Development at IBM, in: A History of Computing in the Twentieth Century, ed. by N. Metropolis (New York, 1980) 389–418.

R. **Sobel,** IBM und die globale Herausforderung (Zürich, 1986) 92 ff.

M. R. **Williams,** History of Computing Technology (Los Alamitos, 2000) 400–405.

H. **Zemanek,** Weltmacht Computer (Wien, 1991) 221–227, 231–236.

http://www.dg.com/about/html/ibm_360_picture.html

http://www.columbia.edu/acis/history/model91.html

http://ase.isu.edu/ase01_07/ase01_07/bookcase/ref_sh/foldoc/78/51.htm

http://www.ttu.ee/it/vorgutarkvara/wai2030/timeline/tcm.org/html/history/detail/1960-pdp.html

http://www.8bit.computingmuseum.com/museum/default.asp

9. Der Mikroprozessor und der Siegeszug des Personalcomputers

Der Beginn der 1970er Jahre markierte – retrospektiv betrachtet – in mancher Hinsicht einen Bruch in der Nachkriegsgeschichte. Im Zusammenhang mit der Sättigung der Massenmärkte, die sich etwa ab dem Ende der sechziger Jahren krisenhaft abzeichnete und die auch im Zuge der institutionellen Unterstützung durch die Wirtschaftspolitik (Abschied vom „Keynesianismus") nicht mehr bewältigt werden konnte, kam es zur teilweisen Abkehr vom bisher dominierenden „amerikanischen" Produktionsmodell, das im Wesentlichen auf tayloristischen und fordistischen Konzepten der Produktivitätssteigerung beruhte. Die Krisensymptome waren ein verlangsamtes Wachstum, sinkende Produktivität und steigende Arbeitslosigkeit, bei einer gleichzeitigen, durch zwei Erdölkrisen ausgelösten Verteuerung der Primärenergie. Dies ergab das Bild einer wirtschaftlichen „Stagflation".

Die durch den Vietnamkrieg (1965–1973) traumatisierte 68er-Generation setzte zu ihrer Systemkritik am Establishment an und wandte sich nicht zuletzt gegen die Megastrukturen des militärisch-industriellen Komplexes. Damit lag nicht nur eine Krise der technologischen Organisation, sondern auch eine des politischen Regulierungssystems vor. Hoffnungen setzte man zunehmend auf die „flexible Spezialisierung", die Rückbesinnung auf kleinere, anpassungsfähigere Technologien, die sich auf überschaubare spezialisierte Märkte konzentrieren können sollten. Unter anderem erschienen systemkritische Abhandlungen, wie E. F. Schumachers Buch „Small is beautiful" (1973) oder die bekannte Studie des Club of Rome über „Die Grenzen des Wachstums", die übrigens auf Basis des Weltmodells des Computerpioniers Jay W. Forrester entwickelt wurde. Schumacher wie auch der ähnliche Thesen vertretende Leopold Kohr sahen die Ursache für die Krise ihrer Gegenwartsgesellschaft in der wirtschaftlichen Organisationsstruktur selbst, in der „Macht der Maschine", der Massenproduktion und extremen Arbeitsteilung. Sie forderten die Rückbesinnung auf die Vorzüge der Kleinheit, die Rückkehr zur Überschaubarkeit und zum menschlichen Maß, die Entwicklung einer „Technologie mit menschlichen Zügen".

Es war daher nur eine logische Konsequenz, dass man auch im

Bereich des Computings zunehmend an kleinere, flexiblere und überschaubarere Lösungen dachte, für die die vorangetriebene Entwicklung der integrierten Schaltkreise und vor allem des Mikrochips ab 1971 die technische Voraussetzung boten. Noch um die Mitte der 1970er Jahre hätten aber wohl die meisten Experten darauf gewettet, dass die Zukunft den Großrechnersystemen *(Mainframes)* mit angeschlossenen Terminals gehören würde. Selbst noch am Beginn der 1980er Jahre war der spätere Siegeszug des Personalcomputers keineswegs vorhersehbar.

Die Verwendung von Computern war schon aufgrund der hohen Anschaffungs- und Wartungskosten für Privatpersonen praktisch unerschwinglich und daher bloß institutionellen Anwendern wie Militär, Regierungsstellen, wissenschaftlichen Forschungseinrichtungen und großen Unternehmen vorbehalten. Die angebotenen Softwarelösungen waren überwiegend auf kommerzielle, wissenschaftliche und militärische Aufgaben abgestellt. Zusätzlich konnten sich die Firmen, die Großrechner erzeugten – abgesehen von der Kostenseite –, gar nicht vorstellen, dass ein Bedarf an Heimcomputern bestehen könnte. Um den Computer faktisch für jedermann zugänglich zu machen, bedurfte es nämlich nicht nur neuer technischer Lösungen, sondern vor allem auch visionärer Konzepte. Es war notwendig, die Alltagstauglichkeit des Computers zu erhöhen und – wenn man jedem Benützer ein eigenständiges Computersystem zur Verfügung stellen wollte – gewissermaßen auch die Mensch-Maschine-Beziehung auf eine neue Qualitätsstufe anzuheben.

Erst die um die Mitte der 1970er Jahre vorangetriebene Entwicklung von marktgängigen Mikrocomputern, die in ihrer Basisversion unter der damals als Reizschwelle geltenden Marke von 1000 Dollar angeboten wurden, machte den Computer zu einem für jedermann erschwinglichen Allgemeingut. Diese Entwicklung bedeutete mehr oder weniger eine „Demokratisierung“ der Informationsverarbeitung: Ohne den Mikrocomputer, für den sich später allgemein die Bezeichnung *Personal Computer* (dt. „Persönlicher Computer“, abgekürzt PC) durchgesetzt hat, gäbe es auch kein *World Wide Web,* keine moderne „Informationsgesellschaft“ und kein *Global Village.*[85]

[85] Eine recht übersichtliche Darstellung der Computerentwicklung seit 1970, geordnet nach Herstellern, Jahr, Modell findet sich unter der Internetadresse http://www.8bit.computingmuseum.com/museum/default.asp.

Die erste Maus.

Es erwies sich auch hier das Diktum von Joseph A. Schumpeter, dass die wahren Innovationen abseits der ausgefahrenen Bahnen erfolgen, oder wie es der bekannte Ökonom anschaulich ausdrückte: „Es waren ... im Allgemeinen nicht die Postmeister, welche die Eisenbahnen gründeten.“[86] Es waren vielmehr im Falle des Personalcomputers visionäre und unkonventionelle Unternehmer, die dem Neuen zum Durchbruch verhalfen, innovative Außenseiter, Studienabbrecher und geniale Bastler, die zum Teil in Hinterhofgaragen spätere Weltfirmen gründeten und so zum Mythos des amerikanischen Traums vom *Selfmademan* beitrugen.

Douglas Engelbart und sein Team entwickelten 1963 an der Universität Stanford, Kalifornien, erstmals die Vision interaktiver Schnittstellen zwischen Mensch und Computer. Dazu zählten etwa theoretische Konzepte wie die visuelle Symboldarstellung am Bildschirm, die Eingabehilfe in Form der „Maus“ sowie verschiedene *Hypermedia*-Lösungen. Die Forscher am kalifornischen Stanford Research Institute waren damit ihrer Zeit voraus, aber einige ihrer kühnen Ideen sollten später in den siebziger Jahren im Konzept des Personalcomputers einen Niederschlag finden.

Es waren aber auch einige technische Voraussetzungen notwendig, die durchaus von etablierten Unternehmen kamen: Die Firma Digital Equipment zeigte mit dem PDP-8-Computer bereits 1965, dass der eingeschlagene Weg in Richtung Miniaturisierung und Mikrochip auch kommerziell erfolgreich sein konnte. Es wurden von diesem Typ innerhalb von zehn Jahren immerhin mehr als 40.000 Stück verkauft, und manche meinen, der PDP-8 sei als der erste Personalcomputer überhaupt anzusehen. Eine Reihe weiterer Erfindungen förderte den Bau von immer kleineren Computern. Zwischen 1967 und 1969 entwickelte etwa David Noble für den

[86] Zit. nach J. A. Schumpeter, Theorie der wirtschaftlichen Entwicklung (Leipzig, 1912) 101.

IBM 370 die 5,25-Zoll-Floppy-Disk als externen Massenspeicher. Ab Anfang der siebziger Jahre gelangten erstmals *Large-Scale-Integration*-Chips (LSI) zum Einsatz, die bis zu 15.000 Schaltkreise in sich vereinigten und auf diese Weise eine weitere Miniaturisierung bei gleichzeitiger Leistungssteigerung einleiteten.[87]

Ein entscheidender Beitrag zur Entwicklung des Personalcomputers stammt von der Firma Rank Xerox, dem weltweit größten Hersteller von Kopierautomaten. Xerox unterhielt seit 1970 in Kalifornien das Xerox Palo Alto Research Center, kurz XeroxPARC genannt, an dem einige ehemalige Mitarbeiter des Stanford Research Institute Beschäftigung gefunden hatten. Hier entwickelten sie 1973 den ersten Mikrocomputer. Er erhielt den Namen Alto und hatte bereits ein grafisches Interface, verwendete eine Maus als Eingabehilfe und wurde auch softwaremäßig gut unterstützt. Ihm folgten andere Xerox-Computer wie Xerox 8010 und die Star-Workstation. Aufgrund einer kurzsichtigen Managemententscheidung der obersten Führungsebene verfolgte aber die Firma Xerox ihre fortschrittliche Computerlinie – deren Basistechnologie ihrer Zeit wohl um fast zehn Jahre voraus war – überraschenderweise nicht weiter, sondern beschränkte sich auf den Bau und Vertrieb von Kopier- und Textverarbeitungsgeräten. Spätere Entwicklungen von Apple Macintosh und Windows von Microsoft stützten sich zu einem großen Teil auf die bei Xerox entwickelten innovativen Lösungen.

In den nächsten fünf Jahren, von 1974 bis 1979, erfolgte der entscheidende Durchbruch: der Altair 8800 von MITS 1974 und der von Jon Titus, einem Doktoranden an der Virginia State University in Blacksburg, entwickelte Mark-8. Beide wurden auf Basis eines Intel-8080-Prozessors als Bausätze durch die beiden Computermagazine „Popular Electronics“ bzw. „Radio Electronics“ beworben. Es folg-

87 Meilensteine in dieser Richtung waren 1971 der von Gilbert Hyatt für die Firma Micro Computer Inc. entwickelte Einzelchip und der Intel-4004-Mikroprozessorchip, dem 1972 mit dem Intel 8008 eine 8-Bit-Version folgte, die in vielen damaligen Rechnern zum Einsatz kam. Im selben Jahr brachte Texas Instruments einen Mikroprozessorchip heraus; 1973 konterte Intel mit dem 8080; 1974 brachte die Firma DEC ihren MPS-Chip auf den Markt; und 1975 führte MOS Technology seine beiden 6501- und 6502-Mikroprozessoren ein, die billiger als die Konkurrenz waren. Der Apple II setzte daher z. B. auf den 6502-Mikroprozessor. Ein Jahr später produzierten Texas Instruments mit TMS 9000 und Zilog mit dem Z80 den ersten 16-Bit-Mikroprozessor. Ebenfalls 1976 führte die Radio Corporation of America ihren 1802-Mikroprozessor ein.

ten 1976 der von Steve Jobs und Steven Wozniac entwickelte Apple I und ein Jahr später der Apple II. Die von Jack Tramiel gegründete Firma Commodore, die 1984 den finanziell angeschlagenen bisherigen Konkurrenten Atari aufkaufen sollte, brachte 1977 ihren ersten Mikrocomputer, den Commodore PET, zur Markteinführung. Im selben Jahr folgte die 1962 von der Tandy Corporation aufgekaufte amerikanische Elektrofachhandelskette Radio Shack mit dem TRS-80-Modell, dem ersten voll vorgefertigten Baukastenmodell. Schließlich kamen 1979 die Mikrocomputer von Atari mit den Modellbezeichnungen 400 und 800 auf den Markt. Bereits im folgenden Jahr verzeichnete Commodore mit dem VC 20 einen sensationellen Verkaufserfolg, da von diesem Modell erstmals in der Geschichte des Computers mehr als eine Million Stück verkauft werden konnten. Mit dem Commodore C 64 hielt der Personalcomputer seinen Einzug in die Kinderzimmer.

Spät, aber doch erkannte auch „Big Blue“[88] – man muss dazu allerdings sagen, dass IBM bereits 1975 einen kleinen Desktop-Computer herausgebracht hatte, der aber technisch und preislich der Konkurrenz unterlegen war – die Bedeutung des Marktes für Personalcomputer: IBM brachte 1981 seinen PC zum Einsatz, setzte dabei auf das MS-DOS-Betriebssystem von Microsoft und gab damit in der Folge den Industriestandard bei Personalcomputern vor. Die Übernahme der Marktführerschaft war aber nicht gleichbedeutend mit technologischem Vorsprung. Erst relativ spät reagierten IBM und Microsoft auf jene Kundenwünsche, die eine bedienerfreundlichere grafische Benutzeroberfläche verlangten, wie dies etwa die eingeschworene Apple-Macintosh-Gemeinde bereits seit 1983 mit dem Apple Lisa gewohnt war.

[88] IBM wurde nach dem Rücktritt von Thomas Watson Jr. von 1971 bis 1973 von Vincent Learson und von 1973 bis 1980 von Frank Carey geführt. Seit Ende der sechziger Jahre sah sich die Firma erneut mit Antitrust-Klagen konfrontiert, wobei die Vorwürfe vor allem wettbewerbsverzerrende Praktiken, Monopolisierung und verfrühte Produktankündigung umfassten. Als eine Konsequenz aus verschiedenen anhängigen Antitrust-Verfahren sah sich IBM fortan genötigt, die Software getrennt von der Hardware abzugeben. Man ließ daher Software auch von anderen Firmen entwickeln, was mit ein wesentlicher Grund für den Aufstieg von Microsoft werden sollte. Der Softwarebereich wurde damit aufgrund von internationalen Urheber- und Lizenzverfahren zu einem völlig eigenständigen und immer lukrativeren Geschäftszweig.

Auch Japan beteiligte sich höchst erfolgreich am Bau von Mikrocomputern; die Firmen Fujitsu, Sharp, NEC und Toshiba brachten ab den späten 1970er Jahren ihre eigenen kommerziell recht erfolgreichen Systeme heraus, die vor allem wegen ihrer aggressiven Preispolitik rasch auf dem amerikanischen, hauptsächlich aber auf dem europäischen Markt Fuß fassen konnten.

An Softwarelösungen setzte sich vor allem die von Bill Gates und Paul Allen ursprünglich für den Altair-Mikrocomputer geschriebene Microsoft-BASIC-Version durch, die in der Folge eine Reihe von Weiterentwicklungen erfuhr. Die von den beiden 1975 gegründete Firma Microsoft Company entwickelte 1981 auf der Basis des bereits bei Seattle Computer Products durch Timothy Patterson geschaffenen DOS-Betriebssystems ein eigenes Betriebssystem MS-DOS *(Disk Operating System)* für den PC. Die Kompatibilität zu dem von IBM eingeführten und durch Digital Research entwickelten Betriebssystem CP/M wurde zu einem wichtigen Faktor für die Durchsetzung von MS-DOS, das CP/M rasch verdrängte. Überdies konnte Microsoft bald eine breite Palette von Anwendungssoftware in MS-DOS-Version, darunter die ursprünglich für CP/M entwickelte Anwendungssoftware Wordstar und dBase anbieten. Microsoft verstand es sehr geschickt, die oftmals von kleineren Softwareentwicklern geschriebenen Programme zu marktgängigen Produkten zu adaptieren und damit die Standards zu setzen. Dies trug der Firma eine Reihe von Prozessen ein, die aber zumeist in Form von Vergleichen gelöst wurden. Auch das 1983 durch Lotus entwickelte Tabellenkalkulationsprogramm Lotus 1-2-3 lief unter MS-DOS. Seit 1985 hatte Microsoft eine grafische Benutzeroberfläche für das Betriebssystem MS Windows im Programm, von dem seither immer wieder neue Versionen (z. B. Windows 95, 98, NT, 2000, ME, XP) herausgebracht wurden. Microsoft stieg in der Folge zum weltmarktführenden Softwarehersteller auf, und die Microsoft-Story sollte zum modernen Märchen des Computerzeitalters schlechthin werden.

Wenn an dieser Stelle die Geschichte des Personalcomputers darüber hinaus nicht weiter verfolgt wird, so hängt dies damit zusammen, dass Anfang der 1980er Jahre die Basisinnovation bereits voll umgesetzt war. Zwar haben seither Hard- und Software eine enorme Leistungssteigerung erfahren, aber die Grundkonfiguration

Bill Gates, Microsoft-Gründer.
Keystone.

hat sich eigentlich nicht mehr wesentlich verändert. Man könnte dies mit der Entwicklung des Automobils vergleichen: Heutige Fahrzeuge weisen zwar ganz andere Leistungsmerkmale auf, aber im Grunde genommen stand bereits mit der legendären „Tin Lizzie" von Henry Ford die Grundkonfiguration für alle späteren Automobile fest.

Die IBM-PCs wurden zunächst nicht zuletzt deshalb ein kommerzieller Erfolg, weil sie mit den damals zumeist von IBM gelieferten Großrechnersystemen kompatibel waren. Da als offenes System konzipiert, konnten andere Hersteller verschiedene Erweiterungskomponenten bereitstellen; und aufgrund ihrer großen Verbreitung setzten die IBM-PCs fortan den Industriestandard, an dem sich mit Ausnahme von Apple alle Hersteller von Mikrocomputern orientierten. Dies ließ sich nicht zuletzt an den zahlreichen Klonen des IBM-PCs ablesen. Microsoft profitierte stark davon, dass der Marktführer IBM beim Betriebssystem auf DOS und auf MS BASIC als Programmiersprache setzte. Erst im Zusammenhang mit der gemeinsamen Entwicklung des Betriebssystems OS/2 ergaben sich Konflikte zwischen IBM und Microsoft, weil Microsoft mit Windows eine grafische Benützeroberfläche präferierte und Gates zu diesem Zweck sogar einen Lizenzvertrag mit Apple Macintosh schloss. Diese Entscheidung, die sich bald als richtig erweisen sollte, zwang IBM 1990 zu einer Revision seiner Entscheidung.

IBM konnte auf Dauer seine ohnedies nicht auf einer überlegenen Technologie begründete Führungsposition auf dem PC-Sektor nicht verteidigen: Falsche Produktentscheidungen – nicht zuletzt, weil das Management den Markt stark aus der Perspektive des Großrechnererzeugers beurteilte –, eine relativ unflexible Unternehmensstruktur und ein zu langer Produktzyklus ließen die Erzeuger von billigeren und zum Teil auch leistungsfähigeren Klonen an Terrain gewinnen. Mitte der 1980er Jahre kam es zu einer gewissen Marktbereinigung, einige der früheren Start-up-Firmen wie Osborne und Sinclair gingen zugrunde, andere wie Hewlett-Packard konzentrierten sich mehr auf den Bau von Workstations. Hingegen wurde die von Roderick Canion und zwei weiteren ehemaligen Mitarbeitern von Texas Instruments 1982 gegründete Firma Compaq, die IBM-Klone herstellte, auf längere Zeit zum Marktführer bei Personalcomputern.

Nachdem IBM Mitte der 1980er Jahre zunehmend Marktanteile an die Hersteller von kompatiblen Personalcomputern verloren hatte, versuchte man dem 1987 durch die Einführung der IBM-PS/2-Reihe *(Personal System/2)* mit einer neuen Busarchitektur (*Microchannel*) zu begegnen, die mit den Klonen und den bisherigen Steckkarten von IBM nicht mehr kompatibel war. Auch führte man mit der 3,5-Zoll-Diskette einen neuen Diskettenstandard ein. Man wollte damit das Bauen von Klonen erschweren. Aber erst als die mittlerweile veralteten Betriebssysteme DOS 3.0 und CP/M durch OS/2 und dessen verschiedene Weiterentwicklungen abgelöst wurden, konnte IBM bei den PCs wieder an Terrain gewinnen.

Dennoch blieb die Konkurrenz auf den Fersen: 1988 präsentierte eine Gruppe von Konkurrenzfirmen – darunter Compaq, Epson, Hewlett-Packard, NEC, Tandy-Radio Shack und Olivetti – mit EISA *(Extended Industry Standard Architecture)* einen neuen offenen Standard für einen 32-Bit-Bus, der mit dem bisherigen Industriestandard, d. h. auch mit den alten IBM-Rechnern und deren Klonen, kompatibel war und daher hohe Marktanteile gewann. Es kam allerdings 1989 zu einer Lizenzvereinbarung zwischen IBM und Compaq, in der sich beide Firmen gegenseitig das Nutzungsrecht der jeweiligen Patente zusicherten. Gleichzeitig landete IBM mit dem auf einer UNIX-Plattform laufenden Modell AS/400 *(Application Systems 400)* wieder einen Verkaufserfolg; damit konnte der bisherige Marktführer zumindest seine Position absichern. Das Schwergewicht von IBM lag aber seit Beginn der 1990er Jahre eher auf der Entwicklung von Supercomputern. Dazu erfuhr das Unternehmen unter der Leitung von Lou Gerstner eine totale Umstrukturierung und Neugestaltung seiner Produktpalette, die vom Homecomputer über Client/Server-Systeme und Netzwerkrechner bis hin zum Hochleistungsserver auf Basis des RS/6000-Prozessors reicht. Die wichtigsten Hersteller von Personalcomputer sind heute Dell, Compaq, Hewlett-Packard, IBM, NEC, Gateway, Acer, Fujitsu, Toshiba.

9.1. Mikrocomputer von Xerox: Xerox Alto, 1972, und Xerox Star, 1981

Im Jahre 1972 entwickelte das XeroxPARC-Team mit Dave Boggs, Ed McCreight, Butler Lampson, Bob Sproull und Chuck Thacker einen Mikrocomputer für Forschungszwecke, der nach ihrer

Xerox Alto, 1972.
Mit freundlicher Genehmigung von XeroxPARC Archives.

XEROX STAR, 1981.
Mit freundlicher Genehmigung von XeroxPARC Archives.

kalifornischen Forschungsstätte den Namen Xerox Alto erhielt. Die Grundidee bestand darin, einen leistungsfähigen und benutzerfreundlichen Mikrocomputer zu konstruieren, der einerseits einen individuellen Rechnerzugang und andererseits über das von Xerox gemeinsam mit DEC und Intel für lokale Netzwerke entwickelte Übertragungsprotokoll Ethernet einen Datenaustausch mit anderen Computern gestatten sollte. Das Endprodukt, der auch in seinem Design der Zeit weit vorausgehende Xerox Alto, war in jeder Richtung zukunftsweisend: Der Alto verfügte über grafische Benutzeroberfläche, Eingabetastatur, Maus und Plattenspeicher/Prozessor-Box. Ein weiterer von Xerox durch David C. Smith, Jeff Raskins, Robert L. Belleville, Robert Garner, Alan Kay und Dave Curbow entwickelter und im April 1981 eingeführter Mikrocomputer war die unter der Typenbezeichnung 8010 laufende Star-Workstation, welche ebenfalls über eine grafische Benutzeroberfläche sowie über Eingabetastatur, Maussteuerung und Ethernet-Schnittstelle verfügte.

Beide Xerox-PCs waren allerdings kein kommerzieller Erfolg; sie waren relativ teuer in der Fertigung und technisch ihrer Zeit so weit voraus, dass nicht einmal das eigene Management die darin verborgenen Möglichkeiten erkannte. Viele der Ideen, die in den beiden Xerox-Computern realisiert wurden, verwendeten später andere für ihre auch kommerziell erfolgreichen Modelle. Der innovative Apple

Lisa von 1983 und die 1984 eingeführte Apple-Macintosh-Serie verdankten z. B. ihre Popularität nicht zuletzt dem grafischen Desktop-Publishing, das Steve Jobs bei einem Besuch im Xerox Palo Alto Research Center kennen gelernt hatte. Apple konnte überdies einige wichtige Mitarbeiter des ehemaligen Xerox-Entwicklungsteams verpflichten. Und so trägt die erfolgreiche Macintosh-Generation viele Merkmalszüge der in Palo Alto entwickelten ersten Mikrocomputer.

9.2. Der MITS Altair 8800, 1974

Der von der Firma MITS *(Micro Instrumentation Telemetry Systems)* im August 1974 als Prototyp vorgestellte Altair 8800 gilt als der erste kommerziell vertriebene Mikrocomputer der Geschichte. Die von Edward Roberts, einem ehemaligen Elektroniker der U.S. Air Force, in Albuquerque, New Mexico, praktisch in der Garage seines Hauses gemeinsam mit Freunden gegründete Firma MITS baute ursprünglich über den Postversand vertriebene elektronische Fernsteuerungen für Flugzeugmodelle. Roberts zahlte 1969 seine Partner aus und wandte sich nunmehr dem Bau von elektronischen Taschenrechnern zu, die er auch als Bausätze an diverse Hobby-Elektroniker verkaufte. Nachdem aber Texas Instruments 1972 einen sehr günstig kalkulierten elektronischen Taschenrechner herausbrachte, wandte sich Ed Roberts dem Bau von Computern für den persönlichen Gebrauch zu, für die er erstmals den Ausdruck *Personal Computer* prägte.

Sein Freund Les Soloman, technischer Herausgeber der Computerfachzeitschrift „Popular Electronics“, hatte immer wieder Vorschläge für den Bau von Mikrocomputern zugesandt erhalten, die ihn aber insgesamt nicht befriedigten. Er wandte sich daher an Roberts und bat diesen, einen Mikrocomputer zu konstruieren, der zu einem erschwinglichen Preis angeboten werden sollte. Roberts stellte daraufhin einen einfachen Bausatz für einen Personalcomputer her, der als zentralen Prozessor den eben erst auf den Markt gelangten 2-MHz-Intel-8080-Mikrochip mit 256 Byte RAM verwendete. Als Betriebssystem kamen zunächst CP/M *(Control Program for Microcomputers)*, ein 1977 von Gary Kildall bei Digital Research Corporation entwickeltes 8-Bit-Betriebssystem für den

Intel-8080- und Zilog-Z80-Prozessor, und dann ab 1981 DOS *(Disk Operating System)* von Microsoft zum Einsatz. Der Computer wurde zu einem sensationellen Kaufpreis von unter 400 Dollar als Selbstbausatz samt detaillierter Anleitung angeboten. Man benutzte dabei für Computer bisher unübliche Vertriebswege und Marketingstrategien. Die Firma MITS war mehr oder weniger ein Einmannbetrieb und bestand aus Roberts und seinen Freunden. Auf der Titelseite von „Popular Electronics" kündigte Les Soloman im Januar 1975 den Altair 8800 mit einigem Enthusiasmus den rund 450.000 Lesern seines Magazins an: „Project Break Through! World's First Minicomputer Kit to Rival Commercial Models". Die Bezeichnung „Altair" geht übrigens auf Les Solomans zwölfjährige Tochter zurück, die als Bezeichnung einen Stern aus der beliebten TV-Serie „Raumschiff Enterprise" als Namenspatron vorschlug (siehe Farbteil, S. 205).

Obwohl der Intel-8080-Mikroprozessor, der das Herzstück des Bausatzes darstellte, im Handel nicht unter 300 Dollar zu bekommen war, war es Ed Roberts gelungen, einen größeren Posten leicht beschädigter, aber voll funktionstüchtiger Prozessorchips zu einem Stückpreis von 75 Dollar zu kaufen. Damit war es ihm möglich, den Bausatz zu einem sehr knapp kalkulierten Preis von 397 Dollar in populären amerikanischen Computermagazinen wie „Byte", „Creative Computing" und „Popular Electronics" zu bewerben. Wenn man längere Wartezeiten in Kauf nahm, konnte man auch einen fertigen Altair 8800 für 498 Dollar kaufen, allerdings zogen es die jungen Hobby-Elektroniker zumeist vor, ihren individuellen Altair selbst zusammenzubauen. Für sie erfüllte sich ein lang gehegter Traum, nämlich einen eigenen Computer zu besitzen.

Roberts hatte den Break-even-Point bei 200 verkauften Computern angesetzt, aber binnen kurzem wurden zu seiner Überraschung mehr als 10.000 Computerbausätze bestellt, mehr als bis dahin von einem einzelnen Computertyp jemals verkauft worden waren. Bald nahm sich auch der Fachhandel des Vertriebs an, und die neu gegründete Verkaufskette „The Computer Store" machte den Altair zu ihrem Verkaufshit. Die kleine Firma MITS hatte lediglich das Problem, den vielen Bestellungen nachzukommen. Wenngleich die ersten Exemplare noch recht fehleranfällig und spartanisch ausgestattet waren, beflügelten sie eine ganze Generation von Computerfreaks, ihren im wahrsten Sinne des Wortes persönlichen Computer zum Laufen zu bringen, ihn aufzurüsten und für ihn eigene Programme zu schreiben.

Der Altair musste zunächst in Maschinencode über die an der Frontseite befindlichen Kippschalter programmiert werden. Ein junger Harvard-Student und ein mit diesem befreundeter Programmierer, Bill Gates und Paul Allen, waren davon überzeugt, dass der Altair 8800 wesentlich nutzerfreundlicher sein würde, wenn man anstelle des Maschinencodes eine BASIC-Version als Standardsoftware adaptieren könnte. Ihre in sechs Wochen für den Altair 8800 geschriebene und im Februar 1975 an MITS lizenzierte Softwarevariante MS BASIC, markiert den Beginn der später so erfolgreichen Firma Microsoft. Ed Roberts offerierte ihnen daraufhin einen Job als Softwareentwickler. Allen, der bisher bei Honeywell als Programmierer tätig gewesen war, trat wirklich bei MITS ein, während Gates, der damals als Undergraduate in Harvard studierte, zunächst in seiner Freizeit Programme für MITS schreiben sollte. Bereits 1976 widmeten sich die beiden voll und ganz ihrer eigenen Firma. Am Altair 8800 wurde durch Steve Dompier erstmals auch über einen Radiolautsprecher computergenerierte Musik in Form des Beatles-Songs „Fool on the Hill" erzeugt.

Trotz des historischen Erfolges hatte der Altair 8800 viele Schwachstellen: Der ursprüngliche flüchtige Arbeitsspeicher hatte nur 256 Byte, konnte allerdings bis auf 4 KB erweitert werden, was z. B. notwendig war, um BASIC überhaupt zum Laufen zu bringen. Das System war zunächst wahrlich spartanisch, es verfügte weder über eine Eingabetastatur noch einen Bildschirm. Daten konnten nicht dauerhaft gespeichert werden, die Eingabe von Daten und Programmen erfolgte für jede Binärzahl über 25 Kippschalter und die Ausgabe über 36 Leuchtdioden an der Stirnseite – der einzige Weg, um mit dem Computer zu kommunizieren. Die Programmierung wurde vorläufig in Maschinensprache und im Oktalsystem (einem Codierungssystem zur Basis 2^3) vorgenommen. Es gab zunächst keine Softwareprogramme; die in Aussicht gestellten Peripheriegeräte, wie Drucker, Lochstreifenleser, Bildschirm usw., waren anfangs nicht kompatibel. Der Altair war jedoch als ein offenes System konzipiert, mit einem von Ed Roberts entwickelten *Bus* zum Datenaustausch mit diversen Schnittstellen. Er wurde zunächst als

Altair Bus und später als S-100-Bus bezeichnet, kam in einer Reihe von Personalcomputern zum Einsatz, darunter auch dem späteren IBM-PC, und stellte für die nächsten fünf Jahre den technischen Standard dar. Über den Bus konnte man verschiedene Peripheriegeräte wie Teletyper, Bildschirm, Kassettenrekorder, Lochstreifenleser und ein Input-Output-Board anschließen. Weiterentwicklungen waren die Modelle Altair 8800a und 8800b sowie Altair 680.

Gewisse technische Unzulänglichkeiten, die unzureichende Kapitaldecke, ein zu rasches und unkontrolliertes Wachstum und der nach wie vor unbefriedigende Cashflow, aber auch das Auftreten von Konkurrenten wie Commodore, Tandy und Apple, führten MITS sehr bald in eine Krise. Ed Roberts erwies sich angesichts der neuen Situation als wenig flexibel; er verlangte z. B. von den Händlern, dass sie seine Produkte exklusiv vertreiben sollten. Schließlich veräußerte er 1977 MITS an Pertec, einen Erzeuger von Disketten- und Bandlaufwerken für Mikrocomputer und Mainframes, und widmete sich fortan dem Medizinstudium; er trat später eine Stelle als Landarzt in einer kleinen Stadt in Georgia an. Pertec war irrtümlich der Meinung, man hätte mit der Firma auch die Rechte an dem von Allen und Gates entwickelten MS BASIC mitgekauft, musste jedoch 1977 in einem Prozess die Eigentumsrechte von Microsoft anerkennen. Im Juli 1978 stellte MITS die Produktion ein.

In der kurzen Zeit ihres Bestehens war die Firma MITS in vieler Weise als innovatives Unternehmen in Erscheinung getreten: Die Firma initiierte nicht nur den ersten kommerziell vertriebenen Personalcomputer, sondern auch den Aufbau neuer Vertriebssysteme, von Computerfachmessen, User Groups sowie verschiedenste zukunftsweisende Hard- und Softwarelösungen. Damit stand sie am Beginn einer Entwicklung, die den Computer zu einem allgemein zugänglichen Werkzeug machen und damit einen globalen Markt für Milliarden kreieren sollte.

9.3. Der IBM 5100 Portable Computer, 1975

IBM entwickelte bereits 1975, also sechs Jahre bevor der legendäre IBM-PC 5150 herauskam, der dann aufgrund seiner starken Verbreitung eine neue *Benchmark* bei Personalcomputern setzte, einen trag-

IBM 5100, 1975.
Technisches Museum Wien.

baren *Desktop*-Computer mit der Typenbezeichnung 5100, um damit auf dem sich gerade erst formierenden Markt für Mikrocomputer ebenfalls präsent zu sein. Der Rechner nannte sich zwar *Portable Computer,* wog aber immerhin 25 kg und war mit einem Verkaufpreis von, je nach der Größe des Arbeitsspeichers, 8975 bis 19.975 Dollar deutlich von der Konkurrenz im Preis abgehoben, was nicht gerade zu seinem Markterfolg beitrug. Der IBM 5100 hatte einen kleinen integrierten 5-Zoll-Schwarzweißbildschirm für 16 Zeilen zu 64 Zeichen, eine Tastatur und ein integriertes Magnetbandlaufwerk und unterstützte die beiden Programmiersprachen APL[89] und BASIC, wobei man durch einen an der Frontseite befindlichen Kippschalter zwischen beiden wählen konnte. Als Prozessor kam ein von IBM entwickelter so genannter Palm-Mikroprozessor[90] (für *Put All Logic in Microcode)* zum Einsatz, der mit 1,9 MHz getaktet war. Der Hauptspeicher war in der Basisversion auf 16 KB ausgelegt, konnte jedoch auf 32, 48 oder 64 KB aufgerüstet werden. Optional angeboten wurden ein externer Monitoranschluss, ein serieller und

89 Die im mathematisch-naturwissenschaftlichen Bereich eingesetzte Programmiersprache APL *(A Programming Language)* wurde 1962 von Kenneth Iversen geschrieben und von IBM 1969 freigegeben.

90 Man bezeichnete damals mit Mikroprozessor einen Chip, der in Mikrocode geschriebene Befehle zwecks Umsetzung übergeordneter Befehlsketten ausführte, während man heute damit ausdrückt, dass Rechen-, Kontroll- und Steuerwerk auf einem einzigen integrierten Schaltkreis vereinigt sind.

paralleler Input/Output-Bus, ein Matrixdrucker, ein zusätzliches externes Magnetbandlaufwerk und später auch ein Diskettenlaufwerk als Massenspeicher sowie ein BSC-Adapter *(Binary Synchronous Communications)* für Teleprozessing.

Wie schon die Typenbezeichnung suggeriert, sollte diesem Mikrocomputer eine ganze Serie von softwarekompatiblen Mikrocomputern folgen: Es waren dies 1977 der IBM 5110 und drei Jahre später der IBM 5120. Der 1981 von IBM eingeführte PC mit der Typenbezeichnung 5150 basierte dann auf einem Intel-8088-Mikroprozessor und setzte nunmehr den Industriestandard bei Personalcomputern; bis heute sind rund 80 bis 90 Prozent aller späteren Desktop-Computer mit dem originalen IBM-PC von 1981 weitgehend kompatibel. Diesem folgte das Modell 5160, das auch als IBM-PC XT bezeichnet wurde. Erst die Einführung des PCs im Jahre 1981 brachte „Big Blue“, schon bisher unangefochtener Marktführer bei Großcomputern *(Mainframes)*, auch als einen ernstzunehmenden Konkurrenten bei Mikrocomputern ins Spiel.

9.4. Apple Macintosh, ab 1976

Stephen Paul Jobs und Stephen Wozniac, zwei junge Computerfreaks, die sich einen Altair-Bausatz nicht leisten konnten, bauten 1976 in einer Hinterhofgarage in Los Altos ihren eigenen Computer, den sie Apple I nannten. Jobs arbeitete bei Hewlett-Packard in Palo Alto als Volontär, wo er auch Wozniac, einen Studienabbrecher der Universität Berkeley, kennen gelernt hatte. Beide waren in dem von Wozniac, der 1974 eine Stelle als Programmierer beim Computerhersteller Atari annahm, mitbegründeten „Home Brew Computer Club“ aktiv. Sie ergänzten einander ideal: Während Jobs ein Verkaufs- und Marketinggenie war, kamen von Wozniac die technisch-innovativen Ideen.

Der um den symbolträchtigen Preis von 666 Dollar[91] angebotene Computer bestand im Grunde genommen nur aus einem Holzgehäuse, einer Systemplatine, in die mehrere Erweiterungskarten eingesteckt werden konnten, und einer Tastatur. Die Programmie-

91 In den Kinos lief damals gerade der Film „Das Omen“, in dem die Zahl 666 mit dem Übersinnlichen und mit Magie assoziiert wurde.

Apple I, 1976.

rung wurde auf einem ROM-Chip vorgenommen. Ein lokaler Computerhändler bestellte aufgrund des Prototyps sofort 25 Exemplare – damit war der Grundstein für die Firma Apple Computer Inc. gelegt. Alles in allem erzielten die beiden Firmengründer aus dem Verkauf ihres ersten Mikrocomputermodells unglaubliche 774.000 Dollar Gewinn.

1977 folgte der Apple II, der auf eine offene Architektur sowie in der Folge auch auf Farbgrafik- und Soundfähigkeit setzte. Er hatte den 1975 von MOS Technology[92] eingeführten 8-Bit-6502-Mikroprozessor mit einer Taktfrequenz von 1 MHz und ein für Apple adaptiertes DOS-Betriebssystem (AppleDOS bzw. ProDOS). Ein von Microsoft lizenzierter BASIC-Interpreter war fest im ROM eingebaut. Der Arbeitsspeicher hatte anfänglich 4 KB, wurde aber 1979 beim verbesserten Modell Apple II+ bis auf 48 KB und beim Apple IIe sogar auf 128 KB erweitert. Als Massenspeicher verwendete man einen externen Kassettenrekorder. 1978 wurde erstmals ein Diskettenlaufwerk angeboten; als externer Bildschirm wurde einfach ein Fernsehgerät angeschlossen. Der Apple II wurde nicht zuletzt wegen des darauf laufenden ersten Tabellenkalkulationsprogramms *VisiCalc*[93] ein großer Erfolg für die noch junge Firma, die 1980 an die Börse gegangen war. Das Gerät verfügte über ein

92 MOS (*Metal on Silicon*) wurde von Chuck Peddle gegründet.

93 VisiCalc (Visible Calculator) wurde von Daniel Bricklin, einem ehemaligen Mitarbeiter von DEC, der nunmehr an der Harvard Business School wirkte, entwickelt.

STEPHEN PAUL JOBS, APPLE-GRÜNDER.
Keystone.

Kunststoffgehäuse mit integriertem Bildschirm und ergonomischer Eingabetastatur. Bis 1984 konnten zwei Millionen Exemplare davon verkauft werden, was die Basis zum Aufstieg von Apple zum zeitweise zweitgrößten Computerhersteller legte. Der Apple III war hingegen ein kommerzieller Misserfolg und wurde bald wieder aus dem Verkauf zurückgezogen.

Hingegen verwendete 1983 der mit einem Motorola-68000-Mikroprozessor ausgestattete Apple Lisa (eine Abkürzung für *Local Integrated Software Architecture)* die seinerzeit bereits bei Xerox erprobten Systemkomponenten wie Maussteuerung und eine in das Betriebssystem integrierte grafische Benutzeroberfläche, die seither den technischen Standard bei Mikrocomputern setzen sollten. Steve Jobs hatte bei einem Besuch in XeroxPARC die neue Computersprache *Smalltalk* kennen gelernt, die über eine Maussteuerung eine grafische Benutzeroberfläche unterstützte. Der von Xerox abgeworbene Larry Tessler und Apple-Mitarbeiter Bill Atkinson entwickelten daraufhin eine ähnliche Lösung auf Basis des Apple-Betriebssystems. Der Lisa war über *Appletalk,* eine Weiterentwicklung von *Ethernet,* überdies netzwerkfähig. Der Verkaufspreis von knapp

Apple Lisa, 1983.
Foto H. Matis.

unter 10.000 Dollar wirkte sich allerdings prohibitiv aus, war aber nicht zuletzt eine Folge der recht hohen Entwicklungskosten bei Hard- und Software.

Von den prognostizierten 50.000 Stück wurde nur etwa ein Drittel verkauft; daraufhin wurde Lisa zwei Jahre später vom Markt zurückgezogen, und es kam 1984 der zwar nicht so leistungsfähige, aber mit 2500 Dollar in der Grundversion deutlich billigere Apple Macintosh 128 mit 68000-Motorola-Prozessor, 128 KB RAM, integriertem 9-Zoll-Bildschirm und 400-KB-Diskettenlaufwerk zum Einsatz. Dieser war wiederum kommerziell recht erfolgreich, und Apple war eine Zeit lang das am raschesten wachsende Unternehmen Amerikas.

Um den Verkauf anzukurbeln, hatte Steve Jobs 1983 den Manager John Scully von Pepsi-Cola engagiert; der Legende nach mit den Worten: „If you stay at Pepsi, five years from now all you'll have accomplished is selling a lot more sugar water to kids. If you come to Apple you can change the world." Scully wurde schließlich, nach endlosen internen Querelen zwischen den beiden mittlerweile zu Dollarmilliardären gewordenen Firmengründern, mit der Leitung des Unternehmens betraut. Die Markteinführung der erfolgreichen

Apple Macintosh.
Foto: H. Matis.

Macintosh-Linie trug bereits seine Handschrift. Jobs und Wozniac zogen sich hingegen aus der Firma zurück.

Jobs gründete 1985 seine eigene Firma mit der Bezeichnung NeXT und brachte zwischen 1988 und 1990 mit den Modellen NeXTCube, NeXTStation und NeXTDimension eine auf dem von UNIX abgeleiteten Betriebssystem NeXTStep beruhende eigene Mikrocomputer- bzw. Workstations-Serie heraus. Zehn Jahre später übernahm Jobs – nachdem Apple eine Reihe turbulenter Jahre durchlaufen hatte und Scully 1993 durch den deutschen Manager Michael Spindler und dieser 1996 durch Gilbert Amelio ersetzt worden war – wiederum die Leitung von Apple, während NeXT um 400 Millionen Dollar aufgekauft wurde. Die neuen und recht erfolgreichen PowerMac- und iMac-Modelle mit ihrem innovativen Design und dem Betriebssystem MacOS-X tragen eindeutig wiederum die Handschrift des Marketinggenies Steve Jobs.

Der Macintosh sollte vor allem den Konkurrenzkampf mit dem 1981 von IBM eingeführten PC bestreiten und hatte dabei einige

Trümpfe anzubieten. Denn die IBM-Lösung basierte nach wie vor auf einem Textmodus, d. h., man musste beim Starten im DOS-Modus immer recht umständliche verbale Befehle eingeben, während man beim Macintosh-Grafikmodus auf dem Desktop einfach Ikonen anklickte. Der Macintosh arbeitete z. B. in der Textverarbeitung bereits mit dem WYSIWYG-Prinzip, d. h., das Bild auf dem Bildschirm entsprach dem Ausdruck auf dem Papier (WYSIWYG = „What you see is what you get“). Der 32-Bit-Apple-Mikroprozessor war dem 16-Bit-Mikroprozessor der IBM-Welt deutlich überlegen. Der einzige Nachteil des Macintosh war, dass er gegenüber dem PC, für den eine große Zahl von Softwareprogrammen geschrieben wurden, nicht kompatibel war. Am Anfang der 1990er Jahre brachte Apple auf Kosten der Gewinnspanne eine Reihe preisgünstigerer Macintosh-Geräte auf den Markt, um gegenüber den IBM-kompatiblen Personalcomputern eine Erhöhung des Marktanteils zu erzielen. Was sich nachträglich wohl als ein Fehler erwies, war die Apple-Politik, keine Klone durch andere Erzeuger zu dulden – das wäre nämlich für eine größere Verbreitung der von der Firma gesetzten innovativen technischen Standards bei Hard- und Software immens förderlich gewesen.

Die große Macintosh-Familie umfasste so erfolgreiche Modelle wie den Classic, den Macintosh SE, den Quadra und Performa, die 1994 vorgestellte neue Computerreihe PowerMac mit dem PowerPC-Prozessor sowie die Notebooks der Serie PowerBook. Diese bildeten zusammen mit den von Apple entwickelten spezifischen Peripheriegeräten, wie Bildschirmen, postscriptfähigen Laserwritern und Scannern samt der entsprechenden Software, die Basis des Geschäfts. Vom Markt weniger akzeptiert wurde der von Apple angebotene Newton Message Pad, ein von Apple 1992 entwickelter Palmtop mit Pen-Steuerung, der von Apple als *Personal Digital Assistent* vorgestellt wurde.

Mittlerweile kooperieren Apple, IBM und Microsoft in vielen Bereichen, was z. B. zur gemeinsamen Entwicklung von neuen RISC-Prozessoren geführt hat. Wenngleich die grafische Benutzeroberfläche ihren Einzug auch in der von IBM und Microsoft dominierten PC-Welt hielt und sich mit Windows 95 und 98 sowie Windows NT und ME auch deren Betriebssystem als industrieller Standard durchgesetzt hat, findet Apple vor allem an den Universitäten und bei künstlerischen Berufen nach wie vor eine treue Anhängerschaft, die um der Individualität willen bereit ist, selbst den etwas höheren Preis in Kauf zu nehmen, um dafür durchaus innovative Lösungen zu erhalten.

9.5. Commodore-Heimcomputer, ab 1977

Das 1958 von Jack Tramiel gegründete kanadische Unternehmen Commodore Business Machines stellte ursprünglich Schreibmaschinen her. Tramiel konnte 1976 den in finanzielle Schwierigkeiten geratenen Chiphersteller MOS erwerben, der u. a. die bekannten mit 1 MHz getakteten 6502er und 6510er Mikroprozessoren herstellte, die in einer ganzen Reihe von Heimcomputern, darunter im Apple II und im Atari 600 und 800 XL, Verwendung gefunden haben. Dies war Anlass für Commodore, selbst in den Bau von Mikrocomputern einzusteigen. Bereits 1977, fast zeitgleich mit dem Apple II, stellte die Firma mit dem Commodore PET ihren ersten Mikrocomputer vor, der noch dazu äußerst preisgünstig angeboten wurde. Der Rechner hatte einen mit 1 MHz getakteten 6502-Prozessor, 14 KB ROM und 4 KB bis maximal 32 KB RAM sowie einen integrierten 9-Zoll-Bildschirm; als interner Massenspeicher gelangte ein Audio-Kompaktkassettenlaufwerk zum Einsatz. Es folgten die Com-

COMMODORE PET, 1977.
Technisches Museum Wien.

Commodore C64, 1982.
Rechnersammlung der Universität Linz. Foto: H. Matis.

modore-Computer der unter BASIC laufenden CBM-Serie, die vor allem für den Einsatz im Büro als eine Art von „intelligenter" Schreib- und Rechenmaschine gedacht waren. Im Jahr 1981, also zeitgleich mit dem PC von IBM, führte Commodore den VC20-Heimcomputer auf Basis des MOS-6520-Mikroprozessors ein, ausgestattet mit 5 KB RAM und BASIC als Programmsprache; rund 1,3 Millionen Stück wurden davon verkauft (siehe Farbteil, S. 206).

Mit dem C64, der von Freaks wegen seiner Form und graubraunen Farbe scherzhaft als „Brotkasten" bezeichnet wurde, stellte Commodore im Jahre 1982 den in der Folge wohl erfolgreichsten Heimcomputer aller Zeiten auf der amerikanischen Consumer Electronics Show vor: Weltweit wurde dieser Rechner innerhalb der nächsten zehn Jahre über 22 Millionen Mal verkauft. Der Rechner hatte einen für die damalige Zeit beachtlichen Arbeitsspeicher von 64 KB, die zentrale MOS-6510-Prozessoreinheit war mit 0,985 MHz (PAL) bzw. 1,023 MHz (NTSC) getaktet. Der C64 verfügte überdies über integrierte Koprozessoren für Grafik und Sound, nämlich einen Grafikchip mit der Bezeichnung VIC mit zwei Grafikmodi (Bildschirmauflösung 320 × 200 Pixel bei 16 Farben) mit acht unabhängigen und leicht zu steuernden Sprites sowie einen dreistimmigen analogen Synthesizerchip mit der Bezeichnung SID. Dadurch erschlossen sich dem Nutzer ganz neue Möglichkeiten der Grafik- und Soundverarbeitung, die vorher kein Computer dieser Preisklasse (unverbindliche damalige Preisempfehlung: 595 Dollar) anzubieten hatte. Ferner verfügte der C64 über eine im 20 KB ROM fix eingebaute Programmiersprache, nämlich den BASIC-Dialekt BASIC V2.

Das Eingabeboard mit weißen Zeichen auf braunen Tasten ähnelte einer normalen Schreibmaschinentastatur, während vergleichbare Rechner damals lediglich Folientastaturen hatten. Mit seinem Grafikchip und seiner Soundfähigkeit war der C64 der damaligen Zeit weit voraus. Die Stromversorgung erfolgte über Netzgerät und Transformator. Über eine Reihe von Schnittstellen konnte jede Menge von Peripheriegeräten angeschlossen werden: Monitor oder normales Farbfernsehgerät, externes Kassettenlaufwerk, Joystick usw. Der große kommerzielle Erfolg dieses Heimcomputers, der nicht zuletzt wegen der für ihn entwickelten zahlreichen Computerspiele selbst bis in die Kinderzimmer seinen Einzug hielt, ermöglichte es der Geschäftsführung von Commodore, 1984 ihren unmittelbaren Konkurrenten auf dem Sektor der Heimcomputer und Tele-Spielkonsolen, nämlich Amiga, aufzukaufen.

Der C64 erlebte während seines langen Lebenszyklus einige Änderungen, was zu insgesamt mindestens sieben unterschiedlichen Versionen geführt hat: dem C64 folgte 1986 der C64C und diesem wiederum der C64G. Unter anderem wurde die Bildschirmauflösung bis auf 640 × 400 Pixel erhöht. In gewisser Weise war der C128, den Commodore 1985 herausbrachte, als Nachfolger gedacht. Er hatte alternativ zwei Prozessoren, nämlich einen mit 2 MHz getakteten 8502 MOS sowie einen Z80 von Zilog, ein 128 KB RAM, eine Bildschirmauflösung von 640 × 200 Pixel, 80 Zeichen pro Zeile, und neben dem eigenen Commodore-Betriebssystem alternativ auch das weit verbreitete CP/M, bei gleichzeitig gegebener voller Kompatibilität zum C64. Dennoch konnte der C128 bei weitem nicht an den Erfolg seines parallel dazu weiterentwickelten prominenten Vorgängers anschließen.

Ohne Zweifel war der C64 einer der erfolgreichsten Computer überhaupt und überschritt aufgrund seines günstigen Preises, seiner Bedienerfreundlichkeit und Kompatibilität erstmals eine Hemmschwelle, die bisher manche Konsumenten vom Kauf eines Computers abgehalten hatte. Das Schicksal der Firma Commodore zeigt allerdings, dass ein Erfolgsmodell noch kein Garant für wirtschaftliches Überleben ist: Die Produktion des C64 wurde 1994 eingestellt. Der Firmensitz war schon zuvor aus steuerlichen Gründen nach Nassau auf den Bahamas verlegt worden. Commodore geriet in den 1990er Jahren zunehmend in finanzielle Schwierigkeiten und meldete schließlich 1994 den Konkurs an. Der C64 wurde auf Basis einer Lizenzvergabe noch einige Jahre hindurch in Osteuropa und China produziert.

9.6. Der IBM-5150-PC, 1981

IBM, der unangefochtene Marktführer bei Mainframe-Computern, entschloss sich 1981, mit einem neuen Modell auf dem so rasch expandierenden und umkämpften Markt für Mikrocomputer aufzutreten, den bisher vor allem Apple Macintosh dominiert hatte. Man gründete auf Anordnung des neuen IBM-Vorstandsvorsitzenden John Opel zu diesem Zweck eine weitgehend unabhängige Projektgruppe, die 1980 in Boca Raton[94] unter Leitung von Philip Don Estridge eingesetzt wurde. Die Vorgangsweise war eigentlich absolut atypisch für IBM: Komponenten und Halbleiterelement wurden frei zugekauft, u. a. von Intel, Seagate, Onyx, Control Data, Texas Instruments. Die Hardware war flexibel und modular aufgebaut, wodurch in der Folge Komponenten auch von Fremdfirmen hergestellt werden konnten. Das Betriebssystem MS-DOS wurde ebenfalls von einer Fremdfirma, nämlich von Microsoft entwickelt.

Microsoft sollte vor allem aus dieser Verbindung profitieren, denn es erhielt vertraglich zugesichert, die Lizenzrechte für die entwickelten Softwarelösungen verwerten zu können. Diese Regelung erwies sich für Microsoft als äußerst vorteilhaft, als in der Folge eine Reihe von IBM-Klonen auf den Markt gelangte, die ebenfalls dieselbe Software benützte. Die Vorgangsweise der Projektgruppe erklärt sich einerseits aus dem großen Zeitdruck, unter dem sie operierte, andererseits auch aus der damaligen Verwicklung von IBM in eine Reihe von Antitrust-Verfahren, weshalb die Firma alles vermeiden

[94] Daraus ging 1983 ein eigener Unternehmensbereich, die ESD (*Entry Systems Division*), hervor.

DER ERSTE IBM-PC, 1981.
Mit freundlicher Genehmigung von IBM Corporate Archives, Somers, NY.

wollte, um den Eindruck des Monopolisten zu unterstreichen: Tatsächlich wurden noch 1981 in der Amtszeit von Präsident Ronald Reagan alle anhängigen Anklagen nach dem Sherman Act wegen Geringfügigkeit niedergeschlagen; 1984 kam es auch mit der Europäischen Gemeinschaft in dieser Angelegenheit zu einer gütlichen Lösung, so dass IBM seither wieder größere Bewegungsfreiheit hatte.

Obwohl der neue IBM-Rechner keineswegs auf die allerletzten technischen Möglichkeiten setzte – er hatte anfangs lediglich einen 64 KB RAM, keine Festplatte sondern zwei Kassettenlaufwerke als Massenspeicher, bloß einen Schwarzweißbildschirm und anstelle des bereits verfügbaren und wesentlich leistungsfähigeren Intel 8086 den altbewährten, mit 4,77 MHz getakteten Intel-8088-Mikroprozessor – wurde der unter der Kurzbezeichnung IBM-PC geführte 5150-Mikrocomputer ein großer Verkaufserfolg: Bis 1984 wurden über zwei Millionen PCs verkauft, der Umsatz von IBM stieg von 29 Milliarden (1981) auf 46 Milliarden Dollar (1984), der Gewinn von 3,3 auf fast 7 Milliarden Dollar. Bis Ende 1987 erreichte man, nicht zuletzt aufgrund eines neuen offeneren Vertriebssystems und einer aufwendigen Werbekampagne unter Heranziehung des Schauspielers Charlie Chaplin,[95] eine Verkaufszahl von rund 25 Millionen Stück.

Microsoft lieferte sowohl das Betriebssystem DOS als auch die im ROM integrierte Programmiersprache MS BASIC. Auf der Systemplatine war auch das von IBM entwickelte BIOS *(Basic Input-Output System)* zur Ausführung von Systemroutinen auf ROM-Chips gespeichert.[96] Als Betriebssystem wurde neben Microsoft DOS 1.0 auch das bisher von IBM verwendete CP/M angeboten, wobei die meisten Anwendungsprogramme auf beiden Betriebssystemen liefen. Insbesondere die von IBM aufgrund des Antitrust-Verfahrens eingeschlagene offene Lizenzpolitik, den IBM-PC mit standardisierten Schnittstellen zu Peripheriegeräten und einer offenen Systemarchitektur anzubieten, führte dazu, dass andere Firmen kompatible Produkte mit gleicher Software entwickelten und seither IBM den Industriestandard bei Personalcomputern vorgab.

Dem ersten IBM-PC folgte eineinhalb Jahre später die erweiterte Version des IBM 5160 PC/XT, was für *EXtended Technology* steht, wobei man wiederum auf den 8088-Prozessor setzte. Die Busbreite betrug 8 Bit, d. h., der PC konnte pro Prozessortakt 8 Bit verarbeiten. Der Arbeitsspeicher hatte 128 KB, konnte jedoch je nach der Konfiguration bis auf 640 KB erweitert werden, als Massenspeichermedien kamen zunächst eine 5,25-Zoll-Floppy-Disk, später auch eine 3,5-Zoll-Diskette mit 360 KB Kapazität und erstmals auch eine 10-MB-Festplatte zum Einsatz, die mit einer zweiten Festplatte auf 20 MB aufgerüstet werden konnte. Mit Hilfe eines Modems ist ein derartiger PC von seiner Geschwindigkeit her heute durchaus internetfähig.

1984 kam dann der PC 286/AT *(Advanced Technology)* auf den Markt, der bereits den leistungsfähigen Intel-80286-Prozessor mit einer 16-Bit-Busbreite einsetzte. Der ISA-Bus war damals der Maß-

[95] Chaplin hatte seinerzeit in seinem Film „Modern Times“ die Hilflosigkeit des Menschen gegenüber der modernen Technik demonstriert. IBM wollte zeigen, dass selbst ein technisch unversierter Mensch mit dem Personalcomputer umgehen könnte, um so die Schwellenangst gegenüber dem Computer überwinden.

[96] Erst als es der Firma Phoenix Technologies 1982 gelang, das BIOS-System von IBM auf einem eigenen EPROM-Chip zu programmieren, konnten auch Klone von IBM-PCs mit einem BIOS, der dem Original entsprach, ausgerüstet werden, wodurch eine volle Kompatibilität dieser PCs erreicht wurde.

stab für die Datenübertragung schlechthin. Er hatte als Massenspeicher eine Festplatte mit 20 MB und zusätzlich ein Diskettenlaufwerk mit einer Speicherplatzkapazität von 1,2 MB. Als Betriebssystem kam DOS 3.0 von Microsoft zum Einsatz. 1983 lieferte IBM den PC-Junior als abgemagerte Variante des XT aus, mit dem man in erster Linie Privatkunden ansprechen wollte, der allerdings wegen eines relativ hohen Verkaufspreises nicht die gewünschte Nachfrage fand.

9.7. Workstations

Die durch Mikroprozessor und Personalcomputer eingeleitete elektronische Revolution fand rasch eine Adaption im Bereich des wissenschaftlichen Computing und bei CAD-und CIM-Anwendungen, wo Softwareentwickler und Techniker grafikfähige und leistungsstarke Rechner benötigten. Dazu wurden eigene Mikroprozessoren, nämlich RISC-Prozessoren *(Reduced Instruction Set Computing)*, und Betriebssysteme wie UNIX entwickelt. Diese als Workstations bezeichneten Computer wurden bald auch als Server in Netzwerken eingesetzt. RISC-Prozessoren weisen einen eingeschränkten Befehlssatz auf und sind daher nicht nur billiger, sondern auch auf bestimmte spezialisierte Aufgaben gewissermaßen zugeschnitten. Der RISC-Prozessor war ursprünglich bei IBM in den 1970er Jahren durch John Cocke entwickelt worden, ohne dass aber IBM daraus kommerziellen Nutzen gezogen hätte. Entscheidende Verbesserungen kamen von einem Entwicklungsteam der Universität Stanford unter John Hennessy, das zur kommerziellen Verwertung die Firma MIPS Computer Systems *(Millions of Instructions per Second)* gründete. Das UNIX-Betriebssystem geht hingegen auf eine Entwicklung der zu AT&T gehörenden Bell Laboratories im Jahre 1969 zurück, die von AT&T im Lizenzwege frei vergeben und daher immer weiter verbessert wurde.

Die neue Technologie gelangte erstmals bei Apollo- und Sun-Workstations erfolgreich zum Einsatz. Die Firma Apollo wurde 1981 durch William Poduska gegründet. Er sowie andere führende Manager kamen von der Firma Prime Computer, die wiederum von ehemaligen Honeywell-Mitarbeitern aufgebaut worden war. Dieses

Team entwickelte auf Basis eines Motorola-Chips einen eigenen Prozessor und eigene Softwarelösungen. Fast zur gleichen Zeit gründeten drei Stanford-Absolventen, Scott McNealy, Andreas Bechtoldsheim und Vinod Khosla, die Firma Sun Microsystems. Sun brachte 1984 die erste Workstation auf den Markt, für die William Joy von der Universität Berkeley ein leistungsfähiges UNIX-Betriebssystem beisteuerte.

Sun setzte ähnlich wie IBM beim Personalcomputer auf ein offenes System und auf die Netzwerkfähigkeit, indem man die durch Robert Metcalf bei XeroxPARC entwickelte Ethernet-Technologie unter Verwendung von Koaxialkabeln einsetzte. 1987 führte Sun den SPARC-Chip ein. AT&T beteiligte sich an der Firma und unterstützte damit deren Anstrengungen, die UNIX-Software zum neuen Standard zu machen. Vor allem durch sein offenes System und durch die freizügige Lizenzpolitik regte Sun die Entwicklung neuer Softwarepakete an. Gleichzeitig expandierte die Firma nach Europa. Dennoch gelang es Sun nicht, seine RISC/UNIX-Architektur zu einem Industriestandard zu machen, denn auch die Konkurrenz entwickelte eigene MIPS-basierte RISC-Prozessoren und UNIX-Betriebssystemvarianten.

Hewlett-Packard führte 1982 ebenfalls eine Workstation, den HP9000, der als Desktop-Mainframe angekündigt wurde, ein. IBM folgte 1986 mit der RT-PC-Workstation, die aber kein kommerzieller Erfolg wurde. Erst als ein eigenes Entwicklungsteam den sehr leistungsstarken Prozessor RS/600, der sowohl unter UNIX als auch unter OS/2 lief, im Jahre 1991 zur Marktreife brachte, konnte IBM rasch den Anschluss in diesem Marktsegment erringen. Digital Equipment setzte hingegen zunächst weiterhin auf seine in Mainframes und Minicomputern bewährte VAX-Technologie. Erst als DEC 1988 einen Minderheitsanteil an MIPS Computer Systems erwarb, stieg auch diese Firma auf das RISC/UNIX-System um. Nachdem Apollo 1989 von Hewlett-Packard gekauft wurde, teilten sich seither im Wesentlichen Sun Microsystems, Hewlett-Packard, Dell, IBM, Compaq, Silicon Graphics und DEC den Markt bei Workstations. Heutige Workstations werden zumeist als vernetzte Arbeitsplatzrechner für technisch-wissenschaftliche Anwendungen, etwa für Desktop-Publishing, Softwareentwicklung usw., eingesetzt – also überall dort, wo es auf hohe Rechenleistung und Grafikfähigkeit ankommt. Als Betriebssystem haben sich Linux und verschiedene weitere UNIX-Varianten sowie Windows 2000 durchgesetzt, und als Prozessorarchitektur RISC- und CISC-Prozessoren.

Ausgewählte Literatur und Links

A. **Chandler** Jr., Inventing the Electronic Century. The Epic Story of the Consumer Electronics and Computer Industries (New York, 2001) 140 ff. u. 148 f.

P. **Freiberger** und M. **Swaine,** Fire in the Valley – The Making of the Personal Computer (Berkeley, CA, 1984).

G. **Heß,** Kampf um den Standard (Stuttgart, 1993) 113 f. u. 129 ff.

H. **Katzan** Jr., The IBM 5100 portable computer. A comprehensive guide for users and programmers (Wokingham, UK, 1977).

http://www.geocities.com/SiliconValley/Office/7101/

http://members.fortunecity.com/pcmuseum/alto.html

http://www.damer.com/pictures/elixir/products/star.html

http://www.hyperweb.com/altair/

http://www.digitalcentury.com/encyclo/update/mits.html

http://wwwcsif.cs.ucdavis.edu/~csclub/museum/corp/mits.html

http://www.cs.virginia.edu/brochure/museum/altair.html

http://www.obsoletecomputermuseum.org/altair.html

http://www.pc-history.org/altair_8800.htm

http://wwwcsif.cs.ucdavis.edu/~csclub/museum/corp/mits.html

http://wwwcsif.cs.ucdavis.edu/~csclub/museum/items/mits_altair_8800.html

http://wwwcsif.cs.ucdavis.edu/~csclub/museum/items/altair_8800_apple_1.html

http://www.computer-museum.org/collections/mits8800.html

http://www.apple.com

http://www.apple-history.com/gallery.html

http://apple2history.org/museum/computers_apple1/altair8800.html

http://www.woz.org/pages/wozscape/pgsinterview.html

http://www.woz.org/

http://www.brouhaha.com/~eric/retrocomputing/ibm/5100/

http://www.geocities.com/SiliconValley/Vista/7533/i5100.html

http://validator.w3.org/

http://www-1.ibm.com/ibm/history/catalog/itemdetail_58.html

http://online.sfsu.edu/~hl/mmm.html

http://www.his.com/~jlewczyk/adavie/mark8b.html.

http://www.fortunecity.com/marina/reach/435/.

10. „Supercomputer"

Ein besonderes Gebiet des Computings sind die so genannten „Supercomputer" oder Hochleistungsrechner, wobei es sich dabei entweder um Parallel- oder um Vektorrechner handelt. Als Supercomputer wird die derzeit leistungsfähige Klasse von Computern bezeichnet, die in ihren Ausmaßen den seinerzeitigen Rechenmonstern der ersten Computergeneration um nichts nachsteht. Im Vergleich dazu erreicht deren Rechenleistung jedoch ein gigantisches Ausmaß, das man noch vor wenigen Jahren in das Reich der Phantasie verwiesen hätte. Supercomputer werden üblicherweise für Aufgaben eingesetzt, für welche die Rechenleistung herkömmlicher Mikrocomputer oder Workstations nicht ausreichend ist.

Es handelt sich um spezielle Multiprozessorsysteme, zumeist auf der Basis von 64-Bit-RISC-Prozessoren mit einer Rechenleistung bis zu 12 Gigaflops pro Prozessor. Diese sind jeweils über einen „Knoten" in einem Netzwerk mit einem gemeinsamen Arbeitsspeicher verbunden, dessen Kapazität (von der Zahl der Prozessoren abhängig) zumeist mehrere Terabyte erreicht und mit Arbeitsgeschwindigkeiten im Gigaflops- bis Teraflops-Bereich operiert.[97] Dabei wird zwischen folgenden Grundtypen der maschinellen Verarbeitung unterschieden:

- SISD-Maschinen *(Single Instruction Single Datapath Machine),*
- SIMD-Maschinen *(Single Instruction Multiple Datapath Machine),*
- MIMD-Maschinen *(Multiple Instruction Multiple Datapath Machine).*

SISD-Maschinen weisen die klassische sequentielle Architektur (nach John von Neumann) auf, wonach Algorithmen nacheinander einzeln mit einem Zentralprozessor abgearbeitet werden. SIMD-Maschinen beruhen demgegenüber auf einer synchronen parallelen Architektur, wobei alle Prozessoren jeweils denselben Befehl gewissermaßen im Gleichschritt ausführen, somit ein einziges Pro-

[97] Giga = 10^9, Tera = 10^{12}. FLOPS steht für *Floating Point Operations Per Second* (Fließkomma-Berechnungen pro Sekunde) und wird als Maßeinheit für die Rechengeschwindigkeit von Supercomputern verwendet. Vgl. Irlbeck, Computerlexikon (1998) 316 u. 778.

gramm die Arbeit aller Prozessoren steuert.[98] MIMD-Computer sind hingegen Multiprozessoren, deren Prozessoren gleichzeitig mehrere Befehlsströme auf verschiedene Daten ausführen, wobei auf jedem Prozessor ein eigenes Problem sequentiell gelöst wird.[99]

Supercomputer bestehen aus einer Reihe von Hochleistungsservern und Hochleistungsprozessoren, die man für bestimmte Aufgabenstellungen in Netzwerken konfiguriert. Mehrere Prozessoren und Server werden zu Knoten verknüpft, die wiederum mit anderen Knoten verbunden werden können. Es sind Parallelrechner mit über mehreren auf einem einzigen Betriebssystem laufenden zentralen Prozessoreinheiten; das Design der Supercomputer wird je nach Aufgabenstellung unterschiedlich konfiguriert. Für hochkomplexe Rechenoperationen kombiniert man mitunter auch mehrere Supercomputer untereinander. An der Scientific Computing Division des amerikanischen National Center for Atmospheric Research in Boulder/Colorado werden z. B. RS/6000 SP von IBM, SGI 02K und SGI 2100 von Silicon Graphics sowie Cray 924se und Compaq ES40 in einem Cluster (siehe Abbildung) mit gemeinsamer Server- und Massenspeicherkonfiguration verbunden. Supercomputer sind üblicherweise als Vektorrechner ausgelegt. Sie weisen eine Reihe von parallel arbeitenden Prozessoren auf, die sich zur gleichzeitigen Bearbeitung und Berechnung einer Aufgabe einsetzen lassen. Die verschiedenen Prozessoren können dabei z. B. Such- und Rechenoperationen simultan ausführen oder gleichzeitig eine Rechenoperation auf mehrere Daten anwenden. Ein besonderes Anwendungsgebiet sind etwa Matrixoperationen.

Klassische Anwendungsgebiete finden sich in Meteorologie, Klimatologie, Weltraumforschung und Astrophysik, im „Design" neuer Pharmazeutika, bei Berechnungen in der Strömungslehre sowie in der Nuklearphysik. Die Simulation von nuklearen Fusions- oder Spaltungsprozessen, aber auch Gensequenzierungen und die Modellierung von DNA in der Molekularbiologie, das CAD *(Computer Aided Design)* und CIM *(Computer Integrated Manufac-*

98 Eine Untergruppe der SIMD-Maschinen sind die Vektorrechner.

99 Wolfgang Janko, Informationswirtschaft 1. Grundlagen der Informatik für die Informationswirtschaft (Berlin, Heidelberg, New York, 2. Aufl. 1998) 303 ff. Hans Robert Hansen und Gustav Neumann, Wirtschaftsinformatik I (Stuttgart, ^{8}2002) 82 f.

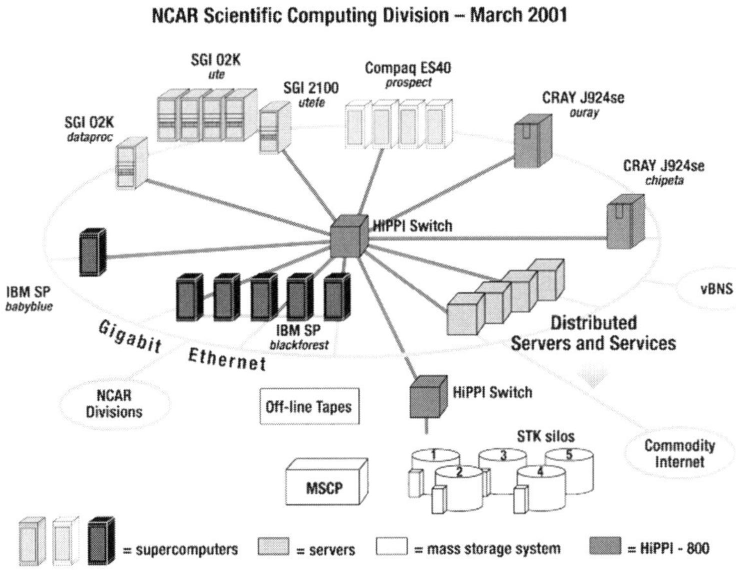

SUPERCOMPUTER-KONFIGURATION.
National Center for Atmospheric Research, Boulder, Colorado (Stand 2001).

turing) z. B. von Automobilen oder Maschinenteilen, die Simulation von Crashtests sowie komplexe Aufgabenstellung etwa in der Finanzmathematik sind weitere Einsatzbereiche. Die Preise für derartige Geräte bewegen sich üblicherweise im Bereich von mehreren Millionen Dollar.[100] Zu den wichtigsten Herstellern von Supercomputern zählten während der letzten Jahre die Firmen IBM, Sun Microsystems, Cray Research Inc., Silicon Graphics, Fujitsu, Convex, NEC, Intel, Control Data sowie die mittlerweile nicht mehr existente Firma Thinking Machines Corporation. Angesichts der vielfältigen Konfigurationsmöglichkeiten von Servern und Hochleistungsprozessoren können hier nur einige exemplarische Lösungen vorgestellt werden, die als „Meilensteine“ in der Entwicklung von Supercomputern angesehen wurden.

100 Auf bescheidenerem Niveau setzt man für komplexere Rechenaufgaben in der Wirtschaft auch auf einen alternativen Zugang, indem man mehrere über Cluster untereinander vernetzte Personalcomputer – zumeist handelt es sich um parallele Sun-Workstations oder Compaq-Rechner – als Prozessoren und Server einsetzt *(Scalable Computing).*

Einen anderen, äußerst unkonventionellen Weg, um Rechenleistungen im Teraflops-Bereich zu erreichen, verfolgt das Projekt SETI@home, in dem über das Internet mehrere hunderttausend Personalcomputer und Workstations zu gemeinsamer Rechenleistung verbunden werden, um damit Radioteleskopsignale zu verarbeiten, die im Rahmen des Projekts SETI (*Search for Extraterrestrial Intelligence*) ausgewertet werden sollen.[101]

10.1. Control Data CDC 6600, 1964

Der CDC 6600 gilt als der erste Supercomputer der Geschichte. Der amerikanische Ingenieur Seymour Roger Cray vom technischen Labor der Firma Control Data Corporation begann 1962 an der Entwicklung eines Supercomputers zu arbeiten. Dieser wurde zwei Jahre später unter der Bezeichnung CDC 6600 der Öffentlichkeit vorgestellt und gelangte für rund 7 Millionen Dollar in den Verkauf. Der aus einem zentralen RISC-Prozessor und zehn Peripherieeinheiten bestehende CDC 6600 war als Allzweckrechner konzipiert. Er erzielte eine für die damalige Zeit beachtliche Taktfrequenz von 10 MHz. Die Speicherleistung des Hauptspeichers betrug 65.000 60-Bit-Wörter, der Rechner war mit einem großen elektromagnetischen Plattenspeicher und mit sechs Hochgeschwindigkeits-Magnettrommelspeichern ausgerüstet. Die Dateneingabe erfolgte entweder über Lochkarten oder über digitale 7-Kanal-Magnetbänder, während für die Datenausgabe zwei Druckereinheiten, ein Lochkartendrucker, ein fotografischer Plotter und ein Standard-Magnetband zur Verfügung standen. Der CDC 6600 unterstützte einen FORTRAN-66-Compiler sowie eine Programmbibliothek. Cray entwickelte für den Rechner ein spezielles Kühlsystem mit Freon-Flüssiggas; als Nachfolgermodell galt der ebenfalls auf Cray zurückgehende CDC 7600.

Seymour Roger Cray (1925–1996) wird als der Pionier des Supercomputings schlechthin bezeichnet. Der 1925 in Chippewa Falls, Wisconsin, geborene Ingenieur studierte zunächst nach Ableistung des Militärdienstes während des Zweiten Weltkriegs an der Universität Minnesota Elektrotechnik und angewandte Mathema-

[101] http://setiathome.ssl.berkeley.edu/.

tik. Ab 1950 arbeitete er in seiner Heimatstadt im Forschungsbereich der Firma Engineering Research Associates (ERA), die damals in die Entwicklung von Computern einstieg. Als die Firma einige Jahre später von Remington Rand aufgekauft wurde, nahm Cray ein Angebot von Bill Norris an, in dessen noch jungem Unternehmen Control Data mitzuarbeiten und sich der Entwicklung von leistungsfähigen wissenschaftlichen Computern zu widmen. Control Data errichtete Cray ein eigenes Labor in dessen Geburtsort Chippewa Falls, in dem dieser zunächst den CDC-1604-Computer auf Basis der damals noch relativ neuen Transistortechnologie entwarf. Cray erkannte sehr bald, dass wissenschaftliche Großcomputer für spezielle Aufgaben in Zukunft ein wichtiges Nischenprodukt sein würden. Daraufhin gründete er 1972 seine eigene Firma Cray Research Inc., die 1989 in Cray Computer Corporation umbenannt wurde. Cray war ein genialer Techniker aber schlechter Kaufmann; das Unternehmen geriet daher bald in wirtschaftliche Schwierigkeiten und wurde 1995 schließlich von Silicon Graphics übernommen.

Seymour R. Cray wurde einmal als „Thomas Alva Edison der Supercomputing Industrie" bezeichnet. Wegen seiner Leistungen um das *Scientific Computing* wurde er 1968 mit dem W. W. McDowell Award der American Foundation of Information Processing Societies und 1972 mit dem Harry H. Good Memorial Award ausgezeichnet; der geniale Erfinder starb 1996 an den Folgen eines von ihm unverschuldeten Autounfalls in Colorado.[102]

10.2. Die Cray-Supercomputer-Serie, ab 1976

Seymour R. Cray, ein eher öffentlichkeitsscheuer Erfindertyp, verließ 1972 seinen bisherigen Arbeitgeber Control Data Corporation, um seine eigene Firma zu gründen, die sich fortan dem Bau von Supercomputern widmete. Der Stammsitz des Unternehmens wurde nach Eagan, Minnesota, verlegt, während Entwicklung und Produktion in Crays Geburtsort Chippewa Falls, Wisconsin, verblieben.

102 http://www.cgl.ucsf.edu/home/tef/cray/tribute.html; http://www.businessweek.com/1989-94/pre88/b31571.htm; http://americanhistory.si.edu/csr/comphist/cray.htm; http://www.cbi.umn.edu/exhibits/cray/cray1604.html.

CRAY-XMS.
Cray Research Inc.

1976 wurde der erste Supercomputer durch Cray vorgestellt. Der Cray-1 basierte auf der damals neuesten Technologie der integrierten Schaltkreise und Vektorregister und nahm dank seiner markanten und auch vom Design her ansprechenden Hufeisenform relativ wenig Platz ein. Er arbeitete nicht mehr nach der Von-Neumann-Architektur, sondern war der erste Computer mit Vektorprozessing, indem mehrere Funktionseinheiten parallel arbeiteten – und setzte damit den technischen Standard für alle weiteren Supercomputer. Der Cray-Rechner verwendete eine SIMD-Architektur. Der Cray-1 benutzte rund 200.000 spezielle ECL-Schaltkreise, erreichte eine Arbeitsgeschwindigkeit von 100 Megaflops und benützte softwaremäßig ein eigenes Cray Operating System (COS), einen eigenen FORTRAN-Compiler und eine eigene Assemblersprache. Er kostete 5 Millionen Dollar; 85 Maschinen dieses Typs wurden verkauft. Der erste Rechner ging an das Atomwaffenversuchsgelände in Los Alamos.

Das folgende Modell Cray-2 übertraf das Vorgängermodell in der Schnelligkeit um das Zehnfache. Der 1989 vorgestellte, mit 500 MHz getaktete Cray-3 erreichte dann bereits 20 Gigaflops. Er verwendete anstelle der üblichen Silizium-Chips neuartige Galliumarsenid-Chips und benützte als Betriebssystem eine adaptierte Version von UNIX, nämlich Unicos, was für *Unix Cray Operating System* steht, und die Programmiersprachen FORTRAN 77 und FORTRAN 90 sowie C und C++ unterstützt. Es konnte dafür aber kein Abnehmer gefunden werden; das geplante Nachfolgemodell Cray-4 wurde nie fertiggestellt.

Für die finanziellen Schwierigkeiten von Cray waren weniger

technische als kommerzielle Schwierigkeiten verantwortlich. Die amerikanische Politik verbot z. B. Mitte der 1980er Jahre die Ausfuhr von für Supercomputer geeigneten Komponenten, um die Entwicklung von neuen Kernwaffen in anderen Ländern zu unterbinden. Dies führte jedoch zu nicht vorgesehenen Entwicklungen: So hatte etwa Indien zusätzlich zu einem bereits installierten Cray-XPM einen zweiten bestellt, der nunmehr jedoch unter das Embargo fiel. Daraufhin entwickelte Indien 1986 im CSIR National Aerospace Laboratory in Bangalore einen eigenen Superrechner, der 1987 im Centre for Development of Advanced Computation in Pune zum Einsatz gelangte. Dieser Rechner, der der Architektur des Cray-XPM folgte, war schneller und billiger als das Original. Daraufhin gab die US-Regierung nach, nur um 1998 nach einem indischen Atomwaffentest das Embargo zu erneuern; aber Indien konnte fortan mit großem Erfolg seinen eigenen PARAM-Supercomputer in verschiedene Länder exportieren.[103]

Das Unternehmen Crays ging 1995 in Konkurs und wurde schließlich von Silicon Graphics Inc. übernommen. Die Firma Tera Computer erwarb im Jahr 2000 von Silicon Graphics die Anteile an Cray Research und führte sie mit den eigenen Geschäftsbereichen unter dem Firmennamen Cray Inc. zusammen. Der Firmensitz wurde nach Seattle, Washington, verlegt, allerdings verblieben die Verkaufs-, Marketing- und Softwareentwicklungsabteilungen in Eagan, Minnesota, und die Produktionsstätten in Chippewa Falls, Wisconsin.

Die Firma Cray Inc. mit ihren rund 2000 Mitarbeitern firmiert heute als eigenständige Produktlinie mit einer Reihe von Supercomputern im Angebot und gilt als globaler Marktführer bei High-End-Supercomputern: Darunter findet sich etwa die Cray-J90-Serie mit den nach verschiedenen Indianervölkern benannten Untertypen Aztec, Paiute, Ute, Ouray und Chipeta. Sie verfügen über 16 Prozessoren im Betriebssystem Unicos 9.0, getaktet mit 100 MHz (10 Nanosekunden), erzielen eine Rechengeschwindigkeit von 3,2 Gigaflops (16-mal 200 Megaflops)[104] und weisen einen dynami-

[103] Ich verdanke diese Information Prof. DDr. Dietmar Rothermund vom Südasien-Institut der Universität Heidelberg.

[104] Mittlerweile ist man im Teraflops-Bereich angelangt.

schen Hauptspeicher von 4 GB (512 Millionen 64-Bit-Wörter) auf. Der Cray-SX ist ein klassischer Breitband-Vektorrechner, während das derzeitige Spitzenmodell, der Cray-T3E, mit seinen 2048 Prozessoren eine Rechengeschwindigkeit bis zu 2,5 Teraflops erzielt und pro Sekunde 1,02 Billionen Rechnungen ausführen kann. Der Cray-SV1 wurde 1999 von einer führenden Fachzeitschrift zum „Supercomputer des Jahres" gewählt. Diesem soll noch im Jahre 2002 das Cray-SV2-System mit einem höchst innovativen Design folgen. Mit ihrer auch als Markenzeichen eingetragenen „Cray-Super-Cluster"-Produktlinie reagiert die Firma auf neue Ansprüche an Großrechner.

10.3. NEC-SX-Serie, ab 1983

Die japanische Nippon Electric Company (NEC) wurde bereits im Jahre 1899 als ein Joint-Venture-Unternehmen der amerikanischen Western Electric gegründet. Es war seit den 1950er Jahren eines der führenden Unternehmen in der Transistor- und Chiptechnologie und stellte im EDV-Sektor neben verschiedenen Standard-Peripheriegeräten und IBM-kompatiblen Klonen von Personalcomputern seit 1983 auch einen eigenen Supercomputer her. Es war dies die NEC-SX-3-Serie, wovon in der Folge (je nach der Zahl der Vektoren) auch verschiedene Upgrades wie die Modelle SX-3/11R, SX-3/12R, SX-3/14R, SX-3/22R, SX-3/24R, SX-3/42R und SX-3/44R auf den Markt gelangten. Es handelte sich dabei um Multivektorprozessor-Rechner, bei denen eine Reihe von parallel arbeitenden Prozessoren synchrone Rechenoperationen an mehreren Datensätzen ermöglichten.

Der NEC SX-3 wies eine Taktfrequenz von 2,5 Nanosekunden auf; als Betriebssystem gelangte SXOS bzw. eine abgewandelte UNIX-Variante mit dem Namen SUPER-UX zum Einsatz. Der SX-3 wurde 1994 durch den mit 8 Nanosekunden getakteten SX-4, den dritten in der NEC-SX-Generation, abgelöst Die vollständige SX-4-Konfiguration bestand aus insgesamt 512 Prozessoren, wovon jeweils 16 zu einem Knoten zusammengefasst waren, und einem Hauptspeicher von 8 TB. Jeder SX-4-Prozessor bestand aus je einer 64-Gigaflops-Vektor- und einer RISC-Superskalar-Einheit mit einem 64-KB-Daten- und einem 8-KB-Befehls-Pufferspeicher, der pro Taktperiode je zwei Befehle ausführen konnte. Als Hauptkom-

NEC SX-5.
Nippon Electric Company.

ponenten waren eine zentrale Prozessoreinheit, eine Hauptspeichereinheit sowie erweiterte DRAM-Hauptspeichereinheiten installiert. Hinzu kam noch ein In- und Output-Prozessor mit 1,6 GB pro Sekunde, und ein die einzelnen Knoten über Glasfaserkabel verbindender so genannter IXS Internode Crossbar. 1998 gelangte das Nachfolgemodell SX-5 auf den Markt.

10.4. IBM RS/6000 „Blackforest", 1995

Der 1995 für das amerikanische National Center for Atmospheric Research (NCAR) von IBM gebaute und unter dem Codenamen „Blackforest" laufende Supercomputer basiert auf der von IBM 1990 vorgestellten RS/6000-SP-RISC-Prozessortechnologie. Seine Kosten beliefen sich auf 6,2 Millionen Dollar. Der Supercomputer „Blackforest" besteht aus 151 RS/6000-Knoten mit jeweils vier, d. h. insgesamt 604, mit 375 MHz (vier Fließkomma-Operationen pro Zyklus) getakteten 64-Bit-Power3-CPUs und hat eine Speicherkapazität von 2 GB pro Knoten, 512 KB Speicher pro Prozessor sowie 270 GB weitere auf die einzelnen Knoten verteilte Speicherkapazität, zusätzlich etwa 2,5-TB-Plattenspeicherkapazität und eine Rechengeschwindigkeit bis zu 204 Gigaflops. Das System läuft unter dem clusterfähigen, von UNIX abgeleiteten AIX-Betriebssystem und unterstützt FORTRAN (95/90/77), C und C++ Compiler. Die Maschine wird im *Batch*-System benützt, wobei als Batch-Untersystem ein *Load-Leveler* in Anwendung ist.

IBM RS/6000 „Blackforest".
Mit freundlicher Genehmigung von IBM Corporate Archives, Somers, NY.

Ein so genanntes *General Parallel File System* (GPFS), ähnlich dem UNIX-Betriebssystem, erlaubt es, große Datenmengen gleichzeitig verschiedenen Knoten zugänglich zu machen. Das RS/6000-SP-System „Blackforest" ist fünfmal größer und zwanzigmal schneller als der legendäre IBM-Computer „Deep Blue", der 1997 in einem im Fernsehen übertragenen Schachturnier einen bereits historischen Sieg über den regierenden russischen Weltmeister Garri Kasparow erreicht hatte.

Jeder Knoten eines RS/6000-SP-Systems stellt einen kompletten Server dar, bestehend aus Prozessoren, Hauptspeicher, internen Plattenlaufwerken, Erweiterungssteckplätzen und einer eigenen Kopie des Betriebssystems AIX. Sämtliche Knoten können an einen optionalen *Switch* angeschlossen werden, der für hohe Bandbreite, geringe Latenzzeit und hohen Durchsatz bei der Kommunikation zwischen den einzelnen Knoten sorgt. Dazu wurde eine spezielle Cluster-Software entwickelt: *Parallel System Support Programs* (PSSP). Diese Software enthält verschiedene Anwendungen für den Betrieb und die Verwaltung eines Clusters und wird auf allen Knoten eines RS/6000-SP-Systems und auf der *Control Workstation* (CWS) installiert.

10.5. SGI O2K „Ute", 1997

Für die Simulation von Klimaschwankungen, wofür lang laufende, weitgehend parallele Rechenaufgaben erforderlich sind, wurde vom NCAR, einem der wichtigsten Abnehmer von Supercomputern, nach einem längeren Ausschreibungs- und Evaluationsverfahren 1997 ein Supercomputersystem Silicon Graphics Cray Origin 2000 angeschafft.[105] Dieses erhielt den Beinamen „Ute“. Er stammt noch von der von Cray entwickelten Produktlinie ab, besteht aus 128 Superskalar-Prozessoren (mit 250 MHz getakteten R10000-CPUs) mit einer theoretischen Spitzenleistung von 64 Gigaflops und einer aufgeteilten gemeinsamen Arbeitsspeicherleistung von 16 Gigabyte, zusätzlich einer Plattenspeicherleistung von 455 Gigabyte und HiPPI-Verbindung zum Massenspeichersystem. Das zugrunde gelegte Betriebssystem IRIX unterstützt FORTRAN 90, FORTRAN 77, C und C++ Compiler.

10.6. IBM ASCI White RS/6000 SP, 2000

Die Firma IBM stellte im Juni 2000 in ihrem Hauptquartier in Poughkeepsie, N. Y., den ASCI White RS/6000 als den weltweit schnellsten Supercomputer vor (siehe Farbteil, S. 208). Dieser ist mit 12,3 Terraflops etwa dreimal so schnell wie der bisher schnellste Konkurrent. Der ASCI *(Accelerated Strategic Computing Initiative)* White RS/6000 nimmt die Fläche von zwei Basketballfeldern ein, die Server zusammengenommen wiegen mehr als 106 Tonnen. Der rund 110 Millionen Dollar teure Supercomputer wurde 1996 vom amerikanischen Department of Energy in Auftrag gegeben, um Atomwaffentests simulieren zu können und wurde im Lawrence Livermore National Laboratory in Kalifornien installiert. Dieser aus 512 IBM RS/6000 SP bestehende Supercomputer hat eine Speicherkapazität von 160 Terabyte (rund 16.000-mal mehr als ein durchschnittlicher Desktop-Computer) und könnte somit die gesamten Bücherbestände der weltgrößten Bibliothek, der Library of Congress, etwa sechsmal aufnehmen. Der neue Supercomputer von IBM verwendet 8192 Mikroprozessoren; er schafft $12{,}3 \times 10^{12}$ Operationen in der Sekunde und überschreitet damit erstmals die bisher von Experten als unüberwindbar geltende Schranke von 10 Teraflops. Als Betriebssystem dient dabei die von IBM entwickelte UNIX-Variante AIX.

Das ASCI-Projekt war für IBM ein Anlass, für die nächsten Jahre eine Reihe von Supercomputern anzukündigen, für die selbst

[105] Der Computer wird auch unter der Abkürzung SGI O2K geführt.

Rechengeschwindigkeiten von 30 bis 100 Teraflops ins Auge gefasst werden. Noch 2001 wurden als Nachfolgesysteme für die so erfolgreichen RS/6000-F80- und RS/6000-H80-Server die weltweit schnellsten kommerziellen 6-Wege-Server pSeries 620 (ein Towermodell mit bis zu 509,6 GB internem Plattenspeicher) und pSeries 660 (ein Rackmodell mit bis zu 28 PCI-Steckplätzen auf den Markt gebracht. Je nach Konfiguration können 450-MHz- bis 668-MHz-RS64-SMP-Prozessoren eingesetzt werden. Ebenfalls im Jahr 2001 kündigte IBM an, man würde rund 100 Millionen Dollar in den Bau eines neuen Supercomputers mit dem Namen „Blue Gene" investieren. Dieser soll mit einer Rechengeschwindigkeit von 10×10^{15} Operationen pro Sekunde bereits im bisher unvorstellbaren Petaflops-Bereich operieren. Das vorgesehene Einsatzgebiet des neuen Supercomputers wird die dreidimensionale Modellierung der menschlichen Protein-Biosynthese sein (siehe Farbteil, S. 208).

Ausgewählte Literatur und Links

Irlbeck, Computerlexikon (1998) 182 f., 316, 778.

http://www.top500.org

http://www.scd.ucar.edu/computers/gallery/index.html#compaq

http://www.scd.ucar.edu/computers/gallery/cdc/6600.html

http://www.cray.com/

http://www.compaq.com/alphaserver/platforms.html

http://nhse.npac.syr.edu/hpccsurvey/orgs/craycc/craycc.html

http://innovate.si.edu/history/cray/craytoc.htm

http://www.usa.net/gtonline/archive/96-09-23/top010.html

http://www.cray.com/PUBLIC/SEYMOUR/STORIES

http://www.scd.ucar.edu/css/sc96/sc96.html

http://www.netlib.org/benchmark/top500/reports/report94/Architec/node28.html

http://www.nec.co.jp/english/r_and_d/techrep/r_and_d/r98/r98-n04/rd394e03.html
http://www.llnl.gov/asci/

http://www.scd.ucar.edu/computers/ute/

http://www.wired.com/news/technology/0,1282,37347,00.html

http://www-1.ibm.com/ibm/history/history/year_1999.html

http://research.microsoft.com/users/gbell/craytalk/sld005.htm

http://www.thocp.net/biographies/cray.htm

http://www.cbi.umn.edu/exhibits/cray/

http://www.rs6000.ibm.com/hardware/largescale/supercomputers/asciwhite/

11. Die vernetzte Welt: Vom ARPA-Net zum World Wide Web

Die historischen Wurzeln des Internets, der weltweiten Vernetzung von miteinander kommunizierenden Rechnern, reichen bereits in die 1960er Jahre zurück und basieren auf den Wünschen des militärisch-industriellen Komplexes in den USA, auch im Falle eines feindlichen Atomschlages über funktionstüchtige Verbindungsnetzwerke zu verfügen. Die ersten Entwicklungsarbeiten hingen mit dem „Sputnik-Schock" zusammen, der von der amerikanischen Öffentlichkeit als ernste Bedrohung der bisherigen technisch-militärischen Überlegenheit des Westens empfunden wurde.

Im Oktober 1957 startete die UdSSR den ersten künstlichen Satelliten, Sputnik I, in eine orbitale Umlaufbahn. Es war dies – mitten im „Kalten Krieg" zwischen West und Ost – nicht nur eine große wissenschaftliche und technische Leistung der Sowjetunion, sondern auch als ein entsprechendes politisches Signal gedacht, das die „Überlegenheit des kommunistischen Systems über den Westen" demonstrieren sollte. Die drohende sowjetische Überlegenheit wurde als Gefahr für die amerikanische Sicherheit gesehen, und Gegenmaßnahmen wurden nachdrücklich verlangt. Der Beraterstab von Präsident Dwight D. Eisenhower schätzte die Situation zwar weniger dramatisch ein als die Öffentlichkeit, aber auch der damalige amerikanische Verteidigungsminister Neil H. McElroy, der aus der Privatwirtschaft kam, war der Meinung, dass eine Zentralstelle für die Organisation wissenschaftlicher Forschungsprojekte und entsprechende Forschungs- und Entwicklungsbudgets für eine nationale Raumfahrtbehörde, welche im Verteidigungsministerium angesiedelt sein sollte, notwendig wären.

11.1. Das ARPA-Netzwerk

Am 7. Januar 1958 genehmigte der amerikanische Kongress finanzielle Mittel für die Einrichtung einer Advanced Research Projects Agency (ARPA), deren Aufgabe es sein sollte, im Dienste der Landesverteidigung den technischen Vorsprung durch staatlich finanzierte Forschung und Entwicklung (S & D) zu sichern. Es ist nicht unwesentlich, dass die Anfänge des Internets aus öffentlichen Mitteln bestritten wurden, der Zugang zum neuen Medium sollte daher auch prinzipiell frei sein. Finanziell wurde die ARPA, wie überhaupt die gesamte naturwissenschaftliche Forschung, recht großzügig ausgestattet, ging es doch darum, einen (vermeintlichen) Rückstand gegenüber der UdSSR aufzuholen.

Kaum hatte aber die ARPA ihre Arbeit aufgenommen, wurde 1958 die NASA gegründet, der alle Raumfahrt- und Raketenprogramme übertragen wurden, die bisher ebenfalls bei ARPA angesiedelt gewesen waren. Die ARPA-Mitarbeiter versuchten daraufhin, der drohenden Auflösung dadurch zu begegnen, dass sie sich ein neues Aufgabenfeld suchten, nämlich die langfristige Grundlagenforschung ohne entsprechende Vorgaben. Ziel sollte es sein, eine „Forschungs- und Entwicklungsfabrik", und zwar „frei und ungebunden, risikofreudig und flexibel", zu schaffen. Die ARPA unterhielt dazu keine eigenen Forschungslabors, sondern ihre Politik war es, sich einer engen Kooperation mit Universitäten und industriellen Vertragspartnern zu bedienen.

Trotz aller Bedenken ließ das finanzierende Militär der ARPA freie Hand, und die Auftraggeber gaben sich in der Regel mit relativ vagen Hinweisen auf das künftig mögliche militärische Potential zufrieden. Erfolgreiche technische Entwicklungen wurden dem Militär zur Verwertung überlassen; die Forscher wurden aber durchaus auch ermutigt, ihre wissenschaftlichen Erkenntnisse zu publizieren, die beteiligten Firmen wurden aufgefordert, die Forschungsresultate in Produktentwicklung umzusetzen. Dieser Hintergrund ist wichtig, wenn man die rasche Durchsetzung von Computernetzwerken, die in der Folge einsetzte, ins Auge fasst.

Die damalige Computerlandschaft war durch die wachsende Verbreitung von (nach damaligen Maßstäben) immer leistungsfähigeren Rechnern gekennzeichnet. Wenn man einen Datentransfer zwischen einzelnen Rechnern vornehmen wollte, so geschah dies durch physische Datenträger wie Magnetbänder, Lochkarten oder Lochstreifen und war ausschließlich auf Rechner, welche bei Hard- und Software kompatibel waren, beschränkt. Die ersten Datenfernübertragungen erfolgten einerseits bereits 1940 durch George Stibitz im Rahmen einer Demonstration seines *Complex Number Computers* über eine Fernschreibleitung zwischen New York und Hanover, New

Hampshire, und andererseits seit 1951 im Rahmen des so genannten Cape-Cod- und späteren SAGE-Projekts des amerikanischen Luftraumüberwachungssystems über einzelne Telefonleitungen.

Um den Schritt zum Computernetzwerk zu vollziehen, bedurfte es allerdings erst der visionären Vorstellung des Computers als ein menschliches Denkwerkzeug. Man sollte den veränderten geistigen Hintergrund nicht übersehen, der durch eine Art von Paradigmenwechsel bestimmt war: Man entwickelte die Vorstellung von (geschlossenen) kybernetischen Systemen (Norbert Wiener), später – vor allem unter dem Einfluss von Biowissenschaftlern (Ludwig von Bertalanffy) – auch solche von offenen Systemen. Systemtheoretische Ansätze hielten ihren Einzug in den Bio- und allmählich auch in den Sozialwissenschaften. Das Paradigma einer aus Systemen bestehenden Welt, die u. a. Energie und Informationen mit ihrer Umwelt austauschen und sich ihrerseits aus hierarchisch verschachtelten Teilsystemen und untereinander interdependent vernetzten Elementen zusammensetzen, war eine geläufige Vorstellung geworden, um die Komplexität von Natur und Gesellschaft zu begreifen. Was lag näher, auch den Computer in einen derartigen systemischen Zusammenhang zu bringen.

Im Jahre 1962 wurde Joseph C. R. Licklider (1915–1990), der sich damals am Lincoln-Laboratorium des MIT und an der Harvard-Universität mit Psychoakustik befasste, der Posten des ARPA-Direktors angeboten. Licklider, der 1960 am MIT eine zukunftsweisende Studie mit dem Titel „Man-Computer Symbiosis“ veröffentlicht hatte, brachte erstmals die Idee eines integrierten Netzwerkes von miteinander kommunizierenden Computern ins Spiel. Das stieß zunächst auf die Schwierigkeit, wie man unterschiedliche Computersysteme und (Programmier-)Sprachen in Einklang bringen sollte.

Licklider, der auf den interaktiven Umgang mit Computern und auf *Timesharing*-Systeme setzte, dachte in erster Linie an den Nutzen für den wissenschaftlichen Informationsaustausch und an Verwaltungserleichterungen durch Einführung eines „papierlosen Büros“. Ein Vorteil für die militärischen Geldgeber schien dadurch gegeben, dass selbst nach einem gegnerischen Atomschlag aufgrund der dezentralen Organisationsform zumindest Teile eines solchen Datennetzes funktionstüchtig bleiben würden. Diesen Gedanken brachte vor allem Paul Baran, der von der Rand Corporation für das

Projekt abgestellt wurde, ins Spiel. Bob Taylor, ein Mitarbeiter bei ARPA, griff die Idee auf und schlug vor, ein kleines experimentelles Netzwerk zu finanzieren und dabei Computer verschiedener Hersteller zu kombinieren. Als Partner boten sich Universitäten und Forschungseinrichtungen an, mit denen ARPA bereits Beziehungen unterhielt; mit der Durchführung des Experiments wurde Lawrence „Larry" Roberts betraut.

Im *Timesharing*-System wurden Terminals an einen zentralen Rechner bzw. Server *(Host)* angeschlossen – eine Netzwerktopologie, die allerdings den Nachteil hatte, dass bei einem Ausfall des zentralen Rechners das gesamte Netzwerk ausfiel. Aus den schon erwähnten militärischen Bedürfnissen heraus entwickelten Paul Baran, und unabhängig von diesem Donald Watts Davis, ein Physiker am britischen National Physical Laboratory, 1968 das so genannte *Packet-Switching*-Verfahren, auf dem seither die digitale Datenübertragung und auch das Internet aufbauen. Dieses Verfahren basiert darauf, dass man ähnlich wie beim Versenden größerer Frachtpostsendungen die umfangreichen Datensätze in einzelne Blöcke bzw. Pakete zerlegt. Jedes Paket wird ähnlich wie bei der „gelben Post" mit einer Nummer, einem Empfänger und einem Absender versehen und sodann auf die Reise durch das Netz geschickt, wobei es verschiedene Wege nehmen kann, wichtig ist nur, dass es beim jeweiligen Empfänger eintrifft. Wie viele neue Ideen, so wurde auch dieses revolutionäre Konzept zunächst einmal abgelehnt und zu verhindern getrachtet. Widerstand kam namentlich von der damals noch über eine Art Monopol bei Fernleitungen verfügende Telefongesellschaft AT&T.

Lawrence Roberts entwickelte einen Plan, alle am zukünftigen Netzwerk beteiligten Rechner direkt über Fernleitungen miteinander zu verbinden, wobei jeder beteiligte Computer zugleich die Funktion eines Servers (Host) übernehmen, somit sowohl die an ihn adressierten Pakete empfangen, aber auch Pakete an einen anderen Host weiterleiten können sollte. Ein weiterer Mitarbeiter, Wesley Clark, schlug dazu vor, für die Lenkung des Datenverkehrs zwischen Hosts und Netzwerk so genannte IMPs *(Interface Message Processors)* dazwischenzuschalten, somit ein Subnetz von miteinander verbundenen identischen „Knoten" zu schaffen. Die IMPs waren ausschließlich für das *Routing* (die korrekte Weiterleitung der

„Pakete“ in Richtung Zielrechner) zuständig: Sie sollten „Daten senden und empfangen, Fehler suchen und beim Auftreten von Fehlern Daten nochmals übertragen, den Datenverkehr lenken und nachprüfen“.

Weil öffentliche Mittel eingesetzt wurden, war ein öffentliches Ausschreibungsverfahren für die Errichtung des Netzwerks erforderlich, wobei die Firma Bolt Beranek Newman (BBN) aus Cambridge in Massachusetts im Herbst 1971 den Zuschlag erhielt. Deren Softwareingenieur Ray Tomlinson schrieb ein erstes Mail-Programm für das von BBN entwickelte Betriebssystem „Tenex“ und fügte dieses an das Dateitransferprotokoll „CPYNET“ an. Er erfand auch, um den *Login*-Namen des Anwenders von der Adresse des Servers zu trennen, das mittlerweile so bekannte @-Zeichen, das letztlich zum Symbol für die vernetzte Welt schlechthin werden sollte.[106] Die erste Nachricht, die über das ARPA-Net von Tomlinson an sich selbst versandt wurde, bestand simpel und einfach aus der obersten Buchstabenreihe der englischsprachigen Schreibmaschinen- und Keyboardtastatur: QWERTYUIOP.

Schon zwei Jahre später waren zwei Drittel der über das Netz übertragenen Daten Textnachrichten. Damit war die elektronische Post aus der Taufe gehoben, und ein Erfolgszug war abgefahren, der die globale Kommunikation über eine Schallmauer bringen sollte: E-Mail und Internet „vernetzen“ seither die ganze Welt; Wissenschaft, Behörden, Private und Wirtschaft verwenden das neue Medium gleichermaßen. Heute benutzen bereits 93 Prozent aller Unternehmen in den USA, 90 Prozent in Schweden und Großbritannien und 88 Prozent in Deutschland und Österreich E-Mail-Verbindungen, und das obwohl Larry Roberts, einer der Erfinder des Internets, noch 1967 gemeint hatte, der Austausch von Nachrichten sei „not an important motivation for a network of scientific computers“.

Im ersten ARPA-Netzwerk wurden 1968 zunächst vier Hosts an vier räumlich getrennten Standorten im Westen der USA verbunden, nämlich an der University of California in Los Angeles, am Stanford Research Institute, an der University of Utah sowie der University of

[106] Dieses Symbol wurde ursprünglich auf Remington Schreibmaschinen von Ingenieur Underwood als Zeichen für „at“ verwendet. Es soll in der englischen Textilindustrie für die Einzelauspreisung („zum Preis von“), also ähnlich wie das im Französischen und Deutschen verwendete „à“ erfunden worden sein.

California in Santa Barbara. Es handelte sich um ein auf dem Packet-Switching-Verfahren beruhendes Netzwerk ohne hierarchische Strukturen, also von gleichberechtigten miteinander kommunizierenden Rechnerplattformen verschiedener Hersteller, u. a. von IBM, DEC, SDS und Univac. Erst in der zweiten Ausbaustufe wurden 1970 verschiedene Universitäten und Forschungseinrichtungen auch im Osten der USA, wie u. a. MIT, Harvard University und Yale, an das Netzwerk angeschlossen.

Ein weiterer wichtiger Schritt war die Überlegung, wie man die Teilnehmerzahl erhöhen und dennoch die Zahl der Hosts in Grenzen halten konnte, wobei noch hinzukam, dass anfänglich ein IMP *(Interface Message Processor)* maximal vier Host-Schnittstellen unterstützte. Man baute deshalb Terminal-IMPs (so genannte TIPs), die ein Einloggen ins Netz über Terminals erlaubten. Die ersten TIPs gestatteten den Zugang von bis zu 63 Terminals, wodurch sich die Zahl der potentiellen Nutzer vervielfachte.

Eine weitere wichtige Erfindung war das *Telnet,* das einen Dialog zwischen unterschiedlichen Computersystemen ermöglichte und es erlaubte, sich auf einem anderen Rechner im ARPA-Netz einzuloggen, um dort zu arbeiten, als sei man lokal an diesem Rechner angeschlossen (Terminalbetrieb). Zum Dateitransfer entwickelte man 1972 ein eigenes *File Transfer Protocol* (FTP) für den Austausch von Daten mit anderen Rechnern, das angibt, wie eine Datei für die Datenübertragung zu formatieren ist. Anfang der 1970er Jahre wurden Daten auch mittels Radiowellen und 1973 erstmals über Satellitenverbindungen in das ARPA-Net integriert. Damit war das ARPA-Netzwerk mehr oder weniger aus dem Versuchsstadium herausgetreten, und die wichtigsten mit der Datenfernübertragung verbundenen Probleme konnten als zufriedenstellend gelöst angesehen werden.

Das ARPA-Netzwerk wurde 1972 anlässlich der International Conference for Computer Communication (ICCC) in Washington, DC, vorgestellt und galt damals als ein entscheidender technologischer Schritt. Vor allem entwickelte es sich sehr rasch weiter: Zwischen 1973 und 1975 wurden durchschnittlich neun Knoten pro Monat eingerichtet. 1973 wurden bereits 3,2 Millionen „Pakete“ täglich versendet und ein immer breiteres Serviceangebot stand zur Verfügung, z. B. konnte man sich mit Associated Press verbinden lassen, um aktuelle Nachrichten abzurufen. Die Firma Computer Corporation of America verwirklichte erstmals die Idee einer über das Netz zugänglichen Datenbank, es folgten Datenbanken für Medizin (MEDLINE der National Library of Medicine) usw.

Das nach wie vor unter militärischer Aufsicht stehende ARPA-Net blieb bis in die 1980er Jahre hinein das Zentrum des Internets, um welches sich die anderen Netzwerke bildeten. Gleichzeitig mit der Entwicklung in den USA waren aber auch in Europa und Japan lokale Netzwerke entstanden. Teilweise griff man dabei das Konzept des LAN *(Local Area Network)* auf, das von XeroxPARC unter der Bezeichnung Ethernet entwickelt worden war. Gefördert vom wichtigsten amerikanischen Forschungsförderungsfonds für die Grundlagenforschung, der National Science Foundation (NSF), entstand hier 1979 die Idee für ein CSNET *(Computer Science Research Network),* das Universitäten, Forschungseinrichtungen und auch der Industrie zugänglich sein sollte. Seit Mitte der 1980er Jahre entstanden daneben weitere Netzwerke wie BITNET *(Because It's Time Network)* und das UNIX-basierte USENET. Letzteres, das verschiedene unter dem Betriebssystem UNIX laufende Rechner verband, richtete 1980 eine Schnittstelle zum ARPA-Net ein. Daneben entstanden im militärischen Bereich MILNET und MINET, die unter Einhaltung strenger Sicherheitsvorschriften ebenfalls mit dem ARPA-Net verbunden wurden.

Der Erfolg des CSNET bewirkte, dass sich die NSF dazu durchrang, die gesamte *Scientific Community* in den USA zu vernetzen, um Synergieeffekte in der Grundlagenforschung zu unterstützen. Auf diese Weise entstanden ab 1985 fünf über die USA verteilte Supercomputer-Zentren, die untereinander auf Betreiben der National Science Foundation, die auch dem Netz den Namen (NSFNET) gab, verbunden wurden. Die einzelnen regionalen Netzwerke wurden über das NSFNET-Rückgrat *(Backbone)* miteinander verbunden, das auf diese Weise tatsächlich zum Nervenzentrum des amerikanischen Netzes werden sollte.

Das Rückgrat des Internets war das NSFNET geworden – was blieb, waren die Kosten für das ARPA-Netzwerk, welches auch technisch immer mehr ins Hintertreffen geriet. So gelangte man 1989 zum Schluss, dass es Zeit wäre, das ARPA-Net stillzulegen; es hatte seinen Zweck erfüllt. Bereits 1973 war es Robert Kahn und Vinton

G. Cerf durch die Entwicklung eines neuen Netzwerksprotokolls TCP/IP *(Transmission Control Protocol/Internet Protocol)* gelungen, nicht nur unterschiedlichste Computerplattformen, sondern auch verschiedene existierende Netzwerke zu einem gemeinsamen „Netz der Netze“ in Form des Internet zu verbinden.

Ab Mitte der 1980er Jahre entstanden immer mehr *Gateways* zum amerikanischen öffentlich finanzierten Netzwerk, auch die Europäer und die Kanadier setzten auf diese Verbindung, so dass sich „Internet“ immer mehr zum Begriff für die allgemeine Vernetzung der einzelnen Netze wandelte. Spätestens damit setzte eine allgemeine „Demokratisierung“ der Netzwerke ein.

11.2. Das World Wide Web

Der wohl populärste Beitrag der Europäer zum Internet ist das *World Wide Web* (WWW), das am europäischen Kernforschungszentrum für Teilchenphysik CERN *(Conseil Européen pour la Recherche Nucléaire)* in Genf, einschließlich der dahinterliegenden Grundidee der „vernetzten Information“ *(Hypertext)*, entwickelt wurde. Bereits 1965 erfand Ted Nelson ein neues Format für das Publizieren von Texten unter der Bezeichnung „Hypertext“, das – im Gegensatz zum „normalen“ linearen Text – nicht der Reihe nach gelesen wird, sondern es dem Leser erlaubt, verfügbare Information ohne umständliches Suchen miteinander zu verknüpfen, vorausgesetzt, dass diese Dokumente mit Adressen zum Auffinden im globalen Informationsraum versehen werden. Dies ließ sich auch bei vernetzten Informationen im Internet einsetzen; die Adresse eines Dokuments im Web wurde dabei mit der Abkürzung URL *(Uniform Resource Locator)* bezeichnet.

Die Entwicklung des Internets, also die Vernetzung von Computern, war die Voraussetzung für die Vernetzung von Dokumenten bzw. Informationen im so genannten *World Wide Web*, das Anfang der 1990er Jahre – also als das Internet seinen Kinderschuhen bereits entwachsen war – als europäischer Beitrag zum Informationszeitalter entstand. Der britische Computerwissenschaftler Timothy Berners-Lee versuchte 1988 am CERN, seine Idee eines „abstrakten Raumes von Dokumenten“ (Informationsraum), unabhängig von

Tim Berners-Lee.
Foto: Donna Coveney, MIT.

den Computern, auf denen diese abgespeichert wurden, mittels des *Hypertext*-Konzepts zu lösen. Bis Mitte November 1990 hatte Berners-Lee ein Client-Programm *(Browser-Editor-Combination)* entwickelt, das er *World Wide Web* (abgekürzt: WWW) nannte. Die Textformatierung erfolgte in HTML *(Hypertext Markup Language)*, der Browser (also ein Web-Client) sollte die URLs dekodieren und es ermöglichen, die in HTML geschriebenen Webseiten zu lesen, außerdem konnte er das Web mittels HTTP durchsuchen. Seither haben Internetadressen etwa folgende Struktur: http://www.whitehouse.gov/.

War das Web anfänglich vor allem für den Informationsaustausch der Wissenschaftler am CERN gedacht, so sollte es letztendlich allen offen stehen, egal auch für welche Information. Wie beim Internet gibt es auch für dessen grafische Version in Form des World Wide Web keine zentrale Institution, wenngleich die Weiterentwicklung seither durch das so genannte *World Wide Web Consortium* (W3C) erfolgt.

Das Web existiert physisch nicht, es ist letztlich nur ein „virtueller Raum" oder auch ein Markt für Informationen. Hier kann man

	Anzahl Websites		Anzahl Websites
06/93	130	11/98	3.518.158
09/93	204	12/98	3.689.227
10/93	228	01/99	4.062.280
12/93	623	02/99	4.301.512
06/94	2.738	03/99	4.349.131
12/94	10.022	04/99	5.040.663
06/95	23.500	05/99	5.414.325
01/96	100.000	06/99	6.177.453
03/96	135.396	07/99	6.598.697
04/96	150.295	08/99	7.078.194
05/96	193.150	09/99	7.370.929
06/96	252.000	10/99	8.115.828
07/96	299.403	11/99	8.844.573
08/96	342.081	12/99	9.560.866
09/96	397.281	01/00	9.950.491
10/96	462.047	02/00	11.161.811
11/96	525.906	03/00	13.106.190
12/96	603.367	04/00	14.322.950
01/97	646.162	05/00	15.049.382
02/97	739.688	06/00	17.119.262
03/97	883.149	07/00	18.169.498
04/97	1.002.612	08/00	19.823.296
05/97	1.044.163	09/00	21.166.912
06/97	1.117.259	10/00	22.282.727
07/97	1.203.096	11/00	23.777.446
08/97	1.269.800	12/00	25.675.581
09/97	1.364.714	01/01	27.585.719
10/97	1.466.906	02/01	28.125.284
11/97	1.553.998	03/01	28.611.177
12/97	1.681.868	04/01	28.669.939
01/98	1.834.710	05/01	29.031.745
02/98	1.920.933	06/01	29.302.656
03/98	2.084.473	07/01	31.299.592
04/98	2.215.195	08/01	30.775.624
05/98	2.308.502	09/01	32.398.046
06/98	2.410.067	10/01	33.135.768
07/98	2.594.622	11/01	36.458.394
08/98	2.807.588	12/01	36.276.252
09/98	3.156.324	01/02	36.689.008
10/98	3.358.969	02/02	38.444.856

Wachstum des WWW (Websites).
Quelle: Robert H. Zakon (Hobbes' Internet Timeline).

	User (in Millionen)		User (in Millionen)
12/95	15,0	09/99	195,2
01/96	30,0	01/00	254,3
12/96	37,0	07/00	359,8
02/97	57,0	12/00	451,0
12/97	70,0	01/01	455,6
07/98	119,0	07/01	480,9
12/98	147,8	12/01	527,6
02/99	159,0	02/02	544,2

Internet-Nutzer weltweit 1995–2002.
Quelle: http://www.nua.com/surveys/how_many_online/world.html (Mai 2002).

Information, soweit sie auf Computern gespeichert und in HTML[107] formatiert sind, anbieten und abholen. Die Grundidee dabei war, dass sich das WWW letztendlich selbst konstruieren und weiterentwickeln würde. Das WWW fand weltweiten Anklang, vor allem in den USA, die bei der Weiterentwicklung des Webs eine wichtige Rolle spielen sollten.

11.3. Suchdienste im Internet

Für jeden Netzwerkdienst gibt es eigene Suchmaschinen, die das Auffinden der benötigten Websites, Files (Dateien) etc. ermöglichen sollen. Bereits in der Anfangszeit des Internets, also noch vor dem World Wide Web, entdeckte man ziemlich schnell, dass ein Bedarf nach geeigneten Suchdiensten im Netz bestehen würde, um schnell und effizient die benötigten Dateien aufzuspüren. *Archie* war einer der ersten Suchdienste (für FTP) und stellte im Prinzip nichts anderes als ein riesiges Verzeichnis dar, in dem alle Dateinamen in öffentlichen FTP-Servern abgespeichert waren.

Zu den Suchdiensten der ersten Stunde zählte auch der von der Universität Minnesota entwickelte *Gopher.* Gopher kann man als Vorgänger der späteren Web-Suchmaschinen bezeichnen, ließ er doch zu, dass man schrittweise, d. h. durch Eingabe von Menüeinträgen, die gewünschten Daten lokalisieren konnte. Gopher konnte man überdies durch den Internetdienst *Telnet* relativ einfach errei-

[107] HTML ist eine Sprache zur Auszeichnung von Hypertext, welche die logische Struktur eines Dokuments definiert.

chen. *Veronica*, von der Universität von Nevada entwickelt, diente im Prinzip als Suchmaschine im „Gopher-Space“ und erlaubte das gezielte Suchen nach Informationen auf den Gopher-Servern.

Suchmaschinen, so könnte man es vereinfacht ausdrücken, sollen die Nachfrage(r) zum Angebot bringen und so die optimale Nutzung des Webs ermöglichen. Außerdem dienen die Suchmaschinen dazu, die Datenflut zu reduzieren. Man darf die (potentielle) Macht der Suchdienste jedenfalls nicht unterschätzen, stellen sie doch für Millionen von Internetusern weltweit den eigentlichen Zugang zum Web und damit zu den im Internet gespeicherten Informationen dar. Der große Vorteil bei der Benutzung einer Suchmaschine *(Search Engine)* besteht darin, dass man abstrakt, z. B. nach Themenbereichen oder Stichworten differenziert, das Netz durchsuchen kann. Außerdem existiert die Möglichkeit, die Suche immer weiter einzuengen; deshalb gibt es im Prinzip zwei verschiedene Arten von Suchdiensten: Volltextsuchdienste (z. B. Altavista) und Kategoriesuchdienste (z. B. Yahoo); Meta-Suchmaschinen (z. B. Google) sind Suchdienste, die sich bei ihrer Suche mehrer Suchdienste gleichzeitig bedienen, um so ein möglichst breites Spektrum abzudecken.

Begonnen hatte alles 1994, als die beiden PhD-Studenten David Filo und Jerry Yang auf ihren Universitätsrechnern in Stanford interessante Websites abspeicherten, um diese später schneller wiederfinden zu können. Da ihre Liste mit der Zeit immer größer wurde, begannen sie diese zu ordnen und letztendlich eine Suchmöglichkeit dazuzufügen, außerdem stellten sie ihre Liste via Web der Allgemeinheit zur Verfügung. Sie nannten diese Liste „Yahoo“ *(Yet Another Hierarchical Officious Oracle)*, und sie begannen, unter Benutzung des Webs dafür Werbung zumachen. Der Erfolg war nachhaltig: Waren anfangs rund 100 Zugriffe pro Tag zu verzeichnen, so begann sich die Zahl jedes Monat zu verdoppeln, und Mitte 1995 wurde es den beiden klar, dass die Sache ihren vollen Einsatz verlangte. Deshalb verließen sie die Universität, um sich voll und ganz Yahoo zu widmen und Investoren anzuwerben. Für 1996 wurde der Börsengang vorbereitet, der Preis einer Aktie wurde mit 13 Dollar festgelegt, doch schon bei der Einführung wurde das Doppelte bezahlt, der Börsenwert betrug schließlich rund 700 Millionen Dollar – noch dazu für ein Unternehmen, das Mitte 1995 praktisch noch gar nicht real existierte.

Etwas anders gelagert war die Sache bei *Altavista*. Dieser Suchdienst wurde vom Computerhersteller Digital Equipment gegründet, vor allem, um Werbung für die eigenen Produkte zu machen. Dabei muss man bedenken, dass hinter einem guten Suchdienst neben Know-how vor allem enorme Rechnerkapazitäten stehen, die notwendig sind, um das Web nach Sites zu durchsuchen, diese zu ordnen und die Anfragen der Nutzer innerhalb kürzester Zeit zu beantworten. Digital durfte also darauf hoffen, dass sein Suchdienst gleichzeitig eine gute Reklame für seinen Personalcomputer sein würde.

11.4. Der Kampf ums Web: Netscape versus Internet Explorer

Internet und WWW sind prinzipiell für jedermann offen, solange er sich an die Regeln hält. Den Zugang zum Internet, und damit im Prinzip auch zum Web, ermöglichen die einzelnen Programme, die aber von unterschiedlichen Unternehmen stammen. Bereits in der Anfangszeit gab es mehrere Browser, sehr oft in Abhängigkeit vom jeweiligen Betriebssystem. Was lag also näher, als ein Betriebssystem, welches sich allgemein durchgesetzt hatte, mit einem fixen Browser auszustatten und so den Zugang zum Web zu „kontrollieren“?

Marc Andreessen und Jim Clark, die beiden Inhaber von Mosaic Communications Corporation, gründeten 1994, um den von ihnen entwickelten *Mosaic*-Internetbrowser zu kommerzialisieren, im kalifornischen Mountain View die Firma Netscape Communications. Um schnell entsprechende Marktanteile zu erlangen, stellten sie ihren Browser kostenlos in das Netz. Ihre Strategie zielte darauf ab, später, wenn sich das Produkt durchgesetzt hatte, für die weitere Verwendung, speziell für *Updates* und für Werbeeinschaltungen Geld zu verlangen. Tatsächlich gelang es ihnen, zwischen 1993 und Ende 1995 einen Marktanteil von ca. 90 Prozent zu erreichen: Das Web „gehörte“ faktisch ihrem *Netscape*-Browser.[108]

Microsoft, der weltweit führende Hersteller von Software, schenkte dem Internet und dem WWW zuerst wenig Beachtung, Bill Gates erkannte aber Mitte der 1990er Jahre die damit verbundenen kommerziellen Chancen und machte 1994 das Internet zum Be-

108 http://www.businessweek.com/1998/15/b3573001.htm.

standteil der Firmenstrategie. Gemeinsam mit dem neuen Betriebssystem Windows 95 wurde auch der neue Browser *Internet Explorer* herausgebracht, im Frühjahr 1998 erschien dann Windows 98 mit einem integrierten Browser (Internet Explorer 4.0) auf dem Markt. Der Browser wurde damit Teil des Betriebssystems von ca. 90 Prozent aller Personalcomputer, die unter einem Microsoft-Betriebssystem (Windows 98, NT, 2000, XP usw.) liefen.

Vor allem für Netscape, das bis dahin den Browser-Markt förmlich beherrscht hatte, war dies natürlich ein schwerer Schlag. Netscape reagierte auf die Vorgehensweise von Microsoft, indem es 1998 seinen Quellcode freigab; diese Politik der *Open Source* erlaubte es der Internetgemeinde, jederzeit eigene Versionen herzustellen bzw. Verbesserungsvorschläge einzubringen – eine Methode, die sich am Beginn des Internetzeitalters recht erfolgreich bewährte.

Der Grund für die aggressive Marktpolitik von Microsoft dürfte vor allem darin gelegen sein, dass die Firma die Bedeutung des WWW lange Zeit hindurch unterschätzt hatte und nun mit allen Mitteln ihren Rückstand aufholen musste. Deshalb setzte man die Konkurrenz massiv unter Druck und versuchte, über das durch Microsoft errungene Quasi-Monopol bei den Betriebssystemen vor allem die wichtigsten Abnehmer von Microsoft-Betriebssystemen dahingehend zu beeinflussen, auch den Internet Explorer zu verwenden. Dies ging umso leichter, als es heute allgemein üblich ist, Computer mit einem vorweg installierten Betriebssystem zu vertreiben. Das gegen Microsoft durch die Konkurrenz angestrengte Kartellverfahren endete im April 2000 zunächst mit einer Verurteilung von Microsoft, das allerdings prompt in die Berufung ging. In der zweiten Instanz kam es 2001 zu einer für Microsoft nicht ungünstigen Vergleichslösung: Microsoft willigte ein, den eigenen Quellcode ebenfalls freizugeben und erhielt dafür vom Gericht den Verzicht auf die angedrohte Zerschlagung des wegen monopolistischer Wettbewerbsverzerrung belangten Konzerns zugestanden.

11.5. Die „New Economy“

Die neuen Leitsektoren, welche die so genannte „New Economy“ des beginnenden 21. Jahrhunderts bilden, und vor allem das wirtschaftliche Potential, das durch das neue Medium des Internets eröffnet wurde, regten nicht zuletzt die Phantasien der Finanzwelt an. Die New-Economy-Unternehmen sind sehr innovativ und weisen hohe Wachstumsraten auf, was vor allem auf Unternehmen im oben beschriebenen Segment zutrifft, auch auf die so genannten *Dot.com*-Companies (Internetunternehmen, auch als *Cyber-Branche* bezeichnet). Gerade dieser Bereich ist für Jungunternehmer sehr interessant: Eher geringer Kapitalbedarf und eine „neue Idee" reichen oft aus, um ein Unternehmen hochzuziehen und später an die Börse zu bringen. Wie attraktiv die Möglichkeiten gerade in diesem Bereich sind, lässt sich daran erkennen, dass immer mehr Universitätsabsolventen, vor allem in den USA, nach ihrem Abgang nicht wie früher zu großen renommierten Markenartikelunternehmen gehen, sondern in den Bereich der New Economy.

Andere Bereiche der New Economy profitierten von den Liberalisierungsmaßnahmen der Regierungen, vor allem in der Europäischen Union, z. B. der Telekomsektor in Europa. Die Kurse der „Wachstumsbörsen", die einen Schwerpunkt in Technologieaktien haben, wie z. B. NASDAQ (USA), Frankfurter Neuer Markt, ESDAQ (Brüssel) usw., erlebten 2000 und 2001 einen kurzfristigen Boom, der allerdings im Sommer 2001 durch einen veritablen Crash der Kurse an den genannten Wachstumsbörsen beendet wurde, der viele der neuen *Dot.coms* wiederum vernichtete.

Moderne Kommunikationsmittel wie das Internet haben die Wirtschaftswelt insgesamt dramatisch verändert: Online-Banking (oder Internet-Banking) wird heute in vielen Haushalten der westlichen Industriestaaten bereits benützt; alternative Handelssysteme (so genannte „virtuelle Börsen") bereiten dem traditionellen Börsenhandel zunehmend Konkurrenz, nicht zuletzt deshalb, weil sie zu günstigeren Transaktionskosten operieren und Aufträge in Echtzeit erledigen können – das sind aber wichtige Vorteile im globalen Wettbewerb der Wertpapierhandelssysteme. Aktuelle Daten zeigen, dass bereits 1999 mehr als 20 Prozent aller Transaktionen der von NYSE und NASDAQ gelisteten Aktien außerhalb dieser Börsen in Form von Online-Broking stattfanden, wobei davon ausgegangen werden kann, dass sich dieser Trend aus den genannten Gründen in Hinkunft noch wesentlich verstärken wird. Computer agieren heute schon selbsttätig als Broker, wenn sie nach bestimmten Spielregeln Aktien automatisch an- oder verkaufen, was mitunter Kursausschläge in eine bestimmte Richtung verstärkt. Dazu fällt einem ein Zitat von Joseph Weizenbaum ein: „Vielleicht ist es paradox, dass der Mensch genau zu dem Zeitpunkt, da er im wahrsten Sinne aufgehört hat, an seine eigene Autonomie zu glauben – geschweige denn darauf zu vertrauen –, beginnt, sich auf autonome Maschinen zu verlassen."[109]

Im März 2000 befasste sich ein EU-Sondergipfel mit dem Thema „e-Europe"; es war der Versuch, mit Hilfe des Internets und der neuen Medien neue hochwertige Arbeitsplätze zu schaffen und das Wirtschaftswachstum in Europa zu steigern. Vorbild waren die USA, die Europa in den vergangenen Jahren deutlich in den neuen Schlüsselsektoren überholt haben. Die Liberalisierung des Telekommarktes hat Europa, insbesondere die EU, einen gewaltigen Schritt nach vorne gebracht; dennoch kann man sich des Eindrucks nicht erwehren, dass die Chancen (und Risiken) des „Informationszeitalters" in Europa noch nicht völlig erfasst wurden. Präsident Bill Clinton hat das Internet einmal als das „Schlachtfeld des ökonomischen Weltkriegs" bezeichnet. Tatsächlich kommt heute dem Internet ein wichtiger Stellenwert in den transatlantischen Beziehungen zu. Dies gilt sowohl für die transnationalen Wirtschaftsbeziehungen als auch für den Transport von „kulturellen Codes", wobei das, was wir heute als „Globalisierung" bezeichnen, zumeist nur eine camouflierende Umschreibung für amerikanische Hegemonieansprüche ist. Nachdem nach wie vor rund 90 Prozent aller Internetprovider ihren Sitz in den USA haben, dominieren sie auch das Internet – sowohl was die Infrastruktur, Server und User als auch was den Inhalt anbelangt. Die Dominanz der „American Culture" wird bereits an den Domain-Bezeichnungen sichtbar: Während jeder Staat über ein aus zwei Buchstaben bestehendes „nationales Suffix" (z. B. „de", „at", „uk" ...) verfügt, verzichten die USA bewusst darauf, was durchaus auch so gedeutet werden kann, dass sie das Internet mehr oder weniger als ihre ureigenste Domaine betrachten. Wenn aber Europa im 21. Jahrhundert eine Schlüsselrolle spielen möchte, so wird es in den strategischen Leitsektoren der Wirtschaft aufholen müssen.

Interessant ist, dass Europa in manchen Bereichen durchaus mit an der Weltspitze liegt; dies gilt etwa für die New Economy, wo vor

[109] Weizenbaum, Macht der Computer (1987) 23.

allem die Finanzdienstleistungen in Europa aufgeholt haben. Als Beispiel wird gerne das so genannte „Skandinavische Modell" genannt, eine Region Europas, die bereits jetzt die USA überholt hat, z. B. bei der Internetverbreitung: 41 Prozent gegenüber 37 Prozent in den USA und 21 Prozent im Rest der EU. In einem Bereich sind die Europäer bereits Marktführer: beim „mobilen Internet" (z. B. mittels Mobiltelefon) oder im *Wireless-Technology*-Bereich. Das europäische GSM soll durch das GPRS *(Global Package Radio System)* ersetzt werden, das es erlaubt, Daten mehr als doppelt so schnell wie bisher zu versenden. Die Kombination von Mobiltelefon und Internet wird vor allem von europäischen Firmen wie Ericsson, Nokia, Siemens und Philips gefördert. Auch beim 3G-Network *(3G = Third Generation)*, das einen Kommunikationsmix und neue Kommunikationsmöglichkeiten eröffnet, liegt Europa voran.

Das Internet hat gemeinsam mit der modernen Telekommunikation die Welt verändert und neue Möglichkeiten der weltweiten Kommunikation eröffnet; heute ist das Internet längst zu einer Voraussetzung für die wirtschaftliche Entwicklung geworden. Es spricht vieles dafür, dass das Internet in Kombination mit dem Mobiltelefon der vorherrschende Kommunikationsweg des soeben begonnenen 21. Jahrhunderts werden könnte.

Ausgewählte Literatur und Links

T. **Berners-Lee,** Der WEB-Report. Der Schöpfer des World Wide Web über das grenzenlose Potential des Internets (München, 1999). Orig.: Weaving the Web (San Francisco, 1999).

P. E. **Ceruzzi,** A History of Modern Computing (Cambridge, MA, 1998) 291–306.

K. **Hafner** und M. **Lyon,** Arpa Kadabra oder die Geschichte des Internet (Heidelberg, 2000).

F. J. **Kauffels,** Durchblick im Netz (Frankfurt, 1999).

T. **Lauer,** Internet-Kompendium: Internet für das Jahr 2000 (München, 1999).

W. **Ribezl,** Die Geschichte des Internet, Dipl.-Arbeit, WU-Wien, 2000.

P. H. **Salus,** Casting the net: from ARPA-Net to Internet and Beyond (Addison-Wesley Publishing Company, 1995).

H. J. **Teuteberg** und C. **Neutsch,** Vom Flügeltelegraphen zum Internet: Geschichte der modernen Telekommunikation (Stuttgart, 1998).

M. W. **Zehnder,** Geschichte und Geschichten des Internets (Zürich, 1998).

http://www.memex.org/licklider.html

http://www.cc.gatech.edu/classes/cs6751_97_fall/projects/follow_me/hw4/licklider.html

http://www.arpa.mil
http://gatekeeper.dec.com/pub/DEC/SRC/research-reports/abstracts/src-rr-061.html
http://www.rand.org/publications/RM/baran.list.html
http://burks.bton.ac.uk/burks/foldoc/59/60.htm
http://burks.bton.ac.uk/burks/foldoc/14/3.htm
http://burks.bton.ac.uk/burks/foldoc/88/6.htm
http://info.internet.isi.edu/in-notes/rfc/files/rfc4.txt
http://www.vrx.net/usenet/history/rename.html
http://www.ots.utexas.edu/ethernet/
http://wwwhost.ots.utexas.edu/ethernet
http://www.isoc.org/zakon/Internet/History/HIT.html
http://www.sciam.com/1297issue/1297profile.html
http://cswww.essex.ac.uk/News/berners.htm
http://www.w3.org/People/Berners-Lee/FAQ.html
http://www.w3.org/History.html
http://www.isoc.org/internet/history/
http://www.isoc.org/internet/history/brief.html
http://www.ideafinder.com/history/inventions/story069.htm
http://www.tdo.com/local/graphics/1pyang/1pyang.htm
http://www.time.com/time/time100/scientist/profile/bernerslee.html
http://www.salon.com/wlust/road/1997/11/24road.html
http://www.altavista.com
http://www.yahoo.com
http://biz.yahoo.com/p/y/yhoo.html
http://hotwired.lycos.com/special/ene/
http://www.forbes.com/forbes/00/0724/6603145a.htm
http://fullcoverage.yahoo.com/fc/Tech/Microsoft_Antitrust_Trial/
http://microsoft.com/billgates/bio.htm
http://www.forbes.com/tool/toolbox/billnew/
http://interactive.wjs.com/public/current/articles/SB956682537601943162.htm
http://www.invest-faq.com/articles/trade-off.exch.html

12. Gesellschaftliche Auswirkungen des Computers

12.1. „Postindustrielle Gesellschaft" und „Informationszeitalter"

Das „Informationszeitalter", das mit der Erfindung des modernen Computers eng zusammenhängt, wird häufig als ein neues Stadium in der menschlichen Entwicklung interpretiert; es markiert gewissermaßen die aktuellste Etappe der kulturellen Evolution, wenn man diese in einzelne aufeinander folgende Entwicklungsstufen unterteilt: Jäger- und Sammlergesellschaft – Agrargesellschaft – Industriegesellschaft – Informationsgesellschaft. Wir betonen heute oft, dass wir in einer „Informationsgesellschaft" leben; der Begriff ist allerdings vielschichtig, und manches, was wir damit assoziieren, ist keineswegs so neu, wie wir meinen. Bereits in den 1950er Jahren setzte eine breite Diskussion um die Zukunft der Industriegesellschaft ein: Im Jahre 1949 skizzierte der Franzose Jean Fourastié die Grundzüge einer künftigen „Dienstleistungsgesellschaft". Die Wirtschaftsgesellschaft in den entwickelten westlichen Industriestaaten hatte damals eine Verbesserung des allgemeinen Lebensstandards mit sich gebracht, die zumindest eine materielle Grundausstattung in den Industriestaaten ermöglichte, die auch an nichtmaterielle Anreizsysteme denken ließ: „Dieser wirtschaftliche Fortschritt erlaubte eine Verkürzung der zur Existenzhaltung notwendigen Arbeitszeit und damit eine Hebung des kulturellen Standards; er führt so zu einem gesellschaftlichen Fortschritt. Der gesellschaftliche Fortschritt ist also nicht Ursache, sondern Auswirkung des wirtschaftlichen Fortschritts."[110]

Damit stand Fourastié in der Tradition des noch ungebrochenen Fortschrittsglaubens: „... überall entstehen neue Techniken und verändern die Produktionsbedingungen, von der Entdeckung des Nylons und des Penicillins bis zur Atomenergie". Fortschritt bedeutete für Fourastié allerdings nicht die Kategorie des amerikanischen Futurologen Herman Kahn, der im naiven Science-Fiction-Stil eine

[110] J. Fourastié, Die große Hoffnung des Zwanzigsten Jahrhunderts (Frankfurt a. M., 1949) 284.

Zukunftsgesellschaft entwarf, in der eine Technologie ohne Grenzen jede nur denkbare Art von Konsum und Wohlstand ermöglicht, sondern für Fourastié war der technische Fortschritt einfach „so groß und mächtig, dass es unsinnig wäre, ihn aufhalten zu wollen", aber „der Mensch wird nicht von der Maschine verschlungen werden, und nichts wird weniger industriell sein, als die aus der industriellen Revolution geborene Zivilisation".[111] Diese neue Stufe der Zivilisation ist gleichbedeutend mit dem Übergang zu einem System, das wir heute „Dienstleistungsgesellschaft" nennen würden. Ursache dafür sind langfristige strukturelle Veränderungen, einsetzend bereits mit der Industrialisierung seit dem ausgehenden 18. Jahrhundert, u. a. gekennzeichnet durch:

- Umschichtung der Beschäftigten vom primären und sekundären zum tertiären Sektor,
- wachsende Bedeutung der tertiären Güter und Dienstleistungen,
- Sinken der Preise für Nahrungsmittel und Industriewaren im Verhältnis zu denen der Dienstleistungen,
- Wiederentdeckung des „menschlichen Faktors" durch zunehmende Beanspruchung geistiger Fähigkeiten in der Arbeit,
- Ausdehnung der höheren Schulbildung,
- Hebung des Lebensstandards auf ein Niveau, das die Befriedigung der existenznotwendigen Güter erst an zweite Stelle treten lässt (vgl. das nach einem deutschen Statistiker benannte so genannte Engelsche Gesetz, wonach der prozentuelle Anteil der Haushaltsausgaben für Nahrungsmittel mit steigendem Einkommen abnimmt).

Die Hypothese vom Übergang von einer Gesellschaft, die in erster Linie Güter produziert, zu einer solchen, die primär Dienstleistungen erbringt, liegt auch dem Werk von Daniel Bell „The Coming of Postindustrial Society" (1973) zugrunde, das dieser Diskussion Richtung und Namen gegeben hat. Auch Bell geht von der unbestreitbaren Tatsache einer zunehmenden Ausdehnung des Dienstleistungssektors aus. Nachdem in der fortgeschrittenen Industriegesellschaft ein „Ende der Knappheit" an materiellen Gütern erreicht werden konnte, verlagert sich seither der Konsum in den Dienstleistungsbereich. Zweitens spielt der technologische Fort-

[111] Fourastié (1949) 286 f.; 296.

schritt eine wesentliche Rolle, denn weil die Produktion von Nahrungsmitteln und Industriegütern infolge Rationalisierung und neuen Produktionsverfahren immer weniger Arbeitskräfteeinsatz verlangt, kann das Systems nur mehr im tertiären Sektor expandieren. Denn Dienstleistungen sind nur in beschränktem Ausmaß zu rationalisieren. Der allgemeine Trend zur Dienstleistungsgesellschaft schafft damit neue und hochwertige Arbeitsplätze und löst langfristig das Arbeitsmarktproblem, sofern es gelingt, den Menschen die nötigen Qualifikationen zu vermitteln.

Die Veränderungen der postindustriellen Gesellschaft entstehen entlang der Achse einer, wie Bell es nennt, „intellektuellen Technologie“. Dies bedingt die zunehmende Bedeutung von Bildungs- und Forschungseinrichtungen. Die postindustrielle Gesellschaft ist eine planende Gesellschaft; im Vertrauen auf Wissenschaft und Technik geht man davon aus, dass sich in der künftigen Gesellschaft wirtschaftliche und soziale Probleme rational lösen lassen. Über die Wissenschaft werden Wirtschaft und Gesellschaft mit Hilfe neuer Planungstechniken und Prognoseverfahren gesteuert, wobei dem Staat auch in einer marktwirtschaftlich orientierten Gesellschaftsordnung eine wachsende Rolle für die Gestaltung der Zukunft zukommt.

Verwaltungs- und Wirtschaftsexperten üben aufgrund ihrer Kompetenz zunehmend auch bei politischen Entscheidungen Autorität aus. Machtausübung konzentriert sich auf diese „Technokratie“ bzw. „Technostruktur“ (John Kenneth Galbraith). Wissen wird zur Grundlage politischer Macht; Wissenschaftler und akademisch ausgebildete Technokraten werden in der postindustriellen Welt zur führenden Gesellschaftsschicht: „Die wichtigsten Ressourcen der postindustriellen Gesellschaft sind ihre wissenschaftlichen Fachkräfte, deren Aufteilung nach Sektoren (Industrie, Staat, Universitäten) und Funktionen (Produktion, Forschung, Lehre) den Ausgangspunkt jeder konsequenten, auf optimale Verteilung der knappen gesellschaftlichen Ressourcen bedachten Wissenschaftspolitik bildet.“[112]

Eine Weiterentwicklung des Ansatzes von Daniel Bell ist die Vorstellung einer „Informationsgesellschaft“. Dabei werden wohl die Grundaussagen von Bell bestätigt, aber das künftige Wachstum wird

[112] D. Bell, The Coming of Postindustrial Society (New York, 1973) 223.

nicht dem Dienstleistungssektor ganz allgemein, sondern in erster Linie dem Informationsbereich zugeschrieben. Wir produzieren heute Information in schier unglaublicher Masse, genauso wie früher etwa Kühlschränke oder Automobile. Dabei ist die Wissensproduktion der Informationsverwertung bei weitem voraus, und es wird eine der großen künftigen Aufgaben sein, Verwertungstechniken zur Schließung dieser Lücke zu entwickeln. Die Zunahme der Beschäftigung erfolgt nicht im eigentlichen Dienstleistungssektor, sondern primär im Informationsbereich, der weltweit bereits einer der größten Wirtschaftsbereiche geworden ist. Dieser bietet als praktisch grenzenloser Markt die innovatorische Basis für einen „sechsten (postindustriellen) Kondratieff-Zyklus“,[113] wie die langen Wellen der Konjunktur häufig genannt werden, für einen Wachstumsschub mit Multiplikatorwirkung ähnlich dem Eisenbahnbau im vorigen Jahrhundert.

In dieser künftigen, zumindest in den Konturen schon erkennbaren Informationsgesellschaft werden die wichtigsten Ressourcen und Produkte nicht mehr Kapital und materielle Güter, sondern Wissen und Information sein. Die Generierung, Verarbeitung und Speicherung von Informationen wird dabei als der entscheidende Produktionsfaktor gesehen. Damit wird aber der Computer zum wichtigsten Werkzeug, die Schnittstelle zwischen Mensch und Computer (im weiteren Sinn verstanden) wird gleichzeitig zu einem bedeutenden gesellschaftlichen Problem. Noch 1946 schätzte der amerikanische Computerpionier Howard H. Aiken, dass in den Vereinigten Staaten maximal sechs Großrechenanlagen benötigt würden; 2002 beträgt die Zahl der Computer weltweit rund 345 Millionen, die Anzahl der Telefonhauptanschlüsse rund 900 Millionen und die der Mobiltelefone 235 Millionen, die der Internetnutzer rund 545 Millionen.

Die Notwendigkeit und zugleich die Möglichkeit, weltweit Information auszutauschen, ist die Grundlage des so genannten *Global Village* (Herbert Marshall McLuhan). Moderne (elektronische Telekommunikations-)Mittel sind Resultat des technologischen Fortschrittes und der Notwendigkeit, effizient Information auszutau-

[113] L. A. Nefiodow, Der sechste Kondratieff. Wege zur Produktivität und Vollbeschäftigung im Zeitalter der Information (Stuttgart, 3. Aufl. 1999).

schen; gleiches gilt für die Entwicklung des Computers. In dieser neuen Gesellschaftsformation wird die Fähigkeit, mit Informationen umzugehen, die wohl wichtigste Ressource sein. Nicht mehr die Fabrik, sondern der Computer als „Informationsversorgungseinrichtung“ wird zur prägenden Produktionseinheit. Der Großteil der Zeit wird nicht mehr für die materielle Produktion von Gütern, sondern für die Erzeugung, Vertiefung, Verbreitung und Organisation des Wissens aufgewendet werden. Damit kommt es zwingend zu einer Neudefinition der Arbeitswelt, denn in einer Informationsgesellschaft ist die Fähigkeit zur Kommunikation ohne Rücksicht auf Rangunterschiede das unverzichtbare Vehikel des gesellschaftlichen Fortschritts: „In der Informationsgesellschaft werden sich nur offene politische Systeme behaupten können.“[114]

Der Begriff „Informationszeitalter“ stellt im Prinzip eine Spezifizierung des Begriffs der „Dienstleistungsgesellschaft“ dar. Die Dienstleistungsgesellschaft ist Resultat langfristiger struktureller Veränderungen, vor allem an der Umschichtung der Beschäftigten vom primären zum tertiären Sektor abzulesen. Moderne „postindustrielle Gesellschaften“ haben bereits einen Anteil von mehr als 50 Prozent der Beschäftigten im tertiären Sektor, während der primäre und der sekundäre Sektor starke Rückgänge verzeichnen mussten; ein Vergleich der einzelnen Sektoren ist somit immer auch ein Hinweis auf die wirtschaftliche Position eines Landes. Aber genauso wie in der Industriegesellschaft, in der das Kapital den wichtigsten Produktionsfaktor darstellte, nicht alle Menschen über Kapital verfügen und dieses extrem ungleich verteilt war und ist, wird Wissen heute von zentralen wirtschaftlichen und politischen Institutionen zunehmend monopolisiert. Information wird als ein zentrales Gut gehandelt, wofür eigene Märkte geschaffen worden sind.

Am Beginn des Computerzeitalters war es jedem einsichtig, dass der Zugang zur Informationsgesellschaft mit der Kapitalkraft von Institutionen zusammenhing: Die großen „Rechenmonster“ der fünfziger und sechziger Jahre waren im Wesentlichen nur dem militärisch-industriellen Komplex zugänglich. Wenngleich mit der Entwicklung des Personalcomputers und des Internets scheinbar eine Art von „Demokratisierung“ eingeleitet wurde, sollte man sich hier

[114] Nefiodow (1999) 94.

keiner Illusion hingegeben. Der Durchschnittsmensch hat auch heute zum überwiegenden Teil der (relevanten) Informationen keinen Zugang, er verfügt nicht über die Möglichkeit oder die finanziellen Mittel, an diese heranzukommen und sie zu verarbeiten. Den Zutritt zur Information haben in erster Linie große Unternehmen und öffentliche Institutionen, die diesen „Produktionsfaktor" in ihrem Sinne einsetzen und manipulieren können. Die Informationsgesellschaft weist daher eine kleine Elite von Wissenden und eine große Mehrheit von Nicht-Wissenden auf, die mit einer Unmenge von Informationen, deren Wert sie gar nicht richtig einschätzen können und die zum Teil auch ohne Wert sind, überflutet wird.

Das kapitalistische Wirtschaftssystem bezieht heute von neuen ökonomischen Leitsektoren wie Mikroelektronik, Gentechnologie, Artificial Intelligence, Weltraumtechnologie, neuen Werkstoffen und neuen Kommunikationsmöglichkeiten (Satellitenübertragung, E-Mail und Telefax, Glasfaser-, Laser- und Halbleitertechnologien, Computernetzwerke) seine „schöpferische Zerstörungsdynamik".[115] Dieser Prozess geht Hand in Hand mit einer Verminderung der Transaktionskosten durch neue und extrem arbeitssparende Formen des technischen Fortschritts in Form von Automation, Robotik, elektronischer Datenverarbeitung, CAD- und CIM-Technik und der dadurch ermöglichten Rationalisierung. Gleichzeitig ist dieser weitere Schritt in der kulturellen Evolution unserer mittlerweile als „postindustriell" bezeichneten Gesellschaft auch mit einem Wandel der Ideen, der sozialen Verhältnisse und der Psyche des Menschen verbunden. Dabei wird erkennbar, dass gesellschaftliche Entwicklungen nicht bloß auf einen wertneutralen Prozess technologischen Wandels und Fortschritts reduziert werden können. Schon in der Gegenüberstellung des Gestern und Heute zeigt sich nämlich sogleich das „Janusgesicht der gesellschaftlichen Evolution", nämlich dass man damit Werte sowohl verlieren wie gewinnen kann, wobei in diesem Zusammenhang auch das Phänomen der „Gleichzeitigkeit des Ungleichzeitigen" (Reinhart Koselleck), die mangelnde Synchronisation von technisch-ökonomischen und politisch-gesellschaftlichen Entwicklungsebenen, zu beobachten ist.

[115] Die Vorstellung einer „schöpferischen Zerstörung" wurde im Zusammenhang mit der Entwicklungsdynamik des modernen Kapitalismus von Joseph A. Schumpeter geprägt.

Krasse Wohlstands- und Informationsunterschiede zwischen Industrieländern, Schwellenländern und Entwicklungsländern sind über eine traditionelle Verteilungspolitik nicht lösbar. Eine gravierende Folge davon ist heute u. a. eine internationale Migration vorher nicht gekannten Ausmaßes. Wobei es durchaus fraglich ist, ob unsere eigene Wirtschaftsgeschichte tatsächlich ein geeignetes Modell für die Länder der „Dritten Welt" darstellen kann und soll. In den ehemaligen COMECON-Ländern, die bis 1989/90 noch hinter einem „Eisernen Vorhang" lagen, sucht man heute den Erfolg des Westens durch Übernahme seiner marktwirtschaftlichen Ordnung und mit dessen *Know-how* und materieller Hilfe gleichsam im Zeitraffer nachzuvollziehen. Das Experiment einer sozialistischen Gesellschaft scheint fürs erste gescheitert; der dezentral organisierte Markt hat sich gegenüber der zentral gelenkten Planung vor allem deshalb als überlegen erwiesen, weil er nicht zuletzt ein effizienteres Informationssystem zur Abstimmung von Angebot und Nachfrage verkörpert.

Für die jüngste soziale Entwicklung in den hoch industrialisierten Ländern des Westens hingegen ergibt sich zunehmend das Phänomen eines „Rückzugs aus der Arbeitsgesellschaft". Damit kommt es aber auch zu einer gesellschaftlichen Polarisierung, indem einerseits immer weniger Menschen immer mehr, andererseits immer mehr immer weniger arbeiten. Die Rationalisierung des Produktionsprozesses, neue Formen und gleichzeitige Flexibilisierung der Arbeitsorganisation, die nicht zuletzt durch den Computer und das World Wide Web ermöglicht werden, erlauben es, für immer mehr Menschen die Arbeitszeit zu verkürzen, zusätzlich Freizeit zu gewinnen und die für die industrielle Welt so charakteristische Trennung von Arbeits- und Wohnstätte wieder aufzuheben.

Angesichts der wachsenden Arbeitslosigkeit könnte eine derartige Interpretation der künftigen Arbeitswelt als unfreiwillig zynisch empfunden werden. Tatsächlich ist damit vor allem ein immer größer werdendes Qualifikationsproblem angesprochen, denn die neuen wirtschaftlichen Leitsektoren verlangen zunehmend Expertenwissen und überdurchschnittliche und gleichzeitig flexible Qualifikation. Viele Menschen und vor allem unser Ausbildungssystem sehen sich diesen Herausforderungen nicht gewachsen. Die gewaltig gestiegene Produktivität in den Industrieländern lässt aber auch das

Umverteilungsproblem in einem neuen Licht erscheinen: Wenn wir davon ausgehen, dass wir gesellschaftliche Stabilität als ein hohes Gut betrachten, dann ist ein gesichertes Einkommen und Arbeit für alle als oberste Prämisse wirtschaftlichen Handelns zu betrachten. Diese sind aber wohl nur im Zuge gesellschaftlicher Umverteilung (auch von Arbeit) zu erzielen.

Freizeit ist heute ebenfalls zu einem „industriell" genutzten Konsumgut geworden; ein großer Teil der Menschen in den Industrieländern wächst in eine die Umwelt noch zusätzlich belastende Freizeitgesellschaft hinein, die durch und durch kommerzialisiert ist. Ganz abgesehen davon, dass einige (und immer zahlreicher werdende) „Randgruppen" dabei ausgegrenzt werden, so erfolgt mit dieser Reduktion des Menschen auch eine Zweiteilung der Gesellschaft in Wissende und Unwissende, wobei letztere eigentlich nur mehr als passive Konsumenten agieren. Dies muss selbstverständlich auch im Zusammenhang mit unserer „Medienkultur" gesehen werden, die uns einerseits mit einer Unmenge von Information versorgt und andererseits einen neuen „Analphabetismus" fördert, indem sie die Masse der Menschen mit einer modernen Version von *panem et circenses* abspeist. Es stellt sich daher die Frage, wie diese Menschen sinnvoll zu beschäftigen sind, welche Fluchtventile ihnen offen bleiben. Damit werden nicht zuletzt auch Bildungsaufgaben in unserer Gesellschaft direkt angesprochen. Wir leben heute vorgeblich in einer „Informationsgesellschaft", nur muss man sich kritisch die Frage stellen, ob diese Informationen wirklich allen – und in welcher Form – zugänglich sind. Information ist Macht, und hier könnte eine neue soziale Problematik gesellschaftlicher Entzweiung aufdämmern, die sich vielleicht einmal genauso scharf akzentuieren wird wie seinerzeit die soziale Frage im industriellen Zeitalter.

Die neuen Kommunikationstechnologien haben auch strukturelle Auswirkungen auf das Wissen, und man kann – wie einer der großen Theoretiker der so genannten „Postmoderne", nämlich Jean-François Lyotard, bereits 1979 ausführte – vernünftigerweise davon ausgehen, dass „die Vervielfachung der Informationsmaschinen die Zirkulation der Erkenntnisse ebenso betrifft und betreffen wird, wie die Entwicklung der Verkehrsmittel zuerst den Menschen (Transport) und in der Folge die Klänge und Bilder (Medien) betroffen hat". In dieser allgemeinen Transformation bleibt die Natur des

Wissens nicht unbehelligt: Wissen wird immer mehr zur Produktivkraft und erhält damit einen „Tauschwert“, während es gleichzeitig aufhört, „sein eigener Zweck“ (etwa im Sinne von traditioneller „Geistesbildung“, d. Verf.) zu sein. Mit den Worten Lyotards: „Es verliert seinen Gebrauchswert ... Das große Problem wird zunehmend in der Verfügung über Information liegen ... Die Verfügung über die Information fällt immer mehr in die Zuständigkeit von Experten aller Art. Die herrschende Klasse ist und wird die der Entscheidenden sein.“[116]

Die teilweise Auflösung der großen politischen Machtblöcke, die Neuordnung Europas, der Aufstieg neuer wirtschaftlicher Führungsmächte wie Japan und der Europäischen Union, die Durchsetzung der Marktwirtschaft und liberal-egalitärer Demokratievorstellungen in der „postindustriellen Gesellschaft“ bedeuten für manche (wie z. B. den Amerikaner Francis Fukuyama), dass damit „das Ende der Geschichte“ erreicht sei. Die Menschheit ist gewissermaßen bei sich selbst und ihrer letzten Bestimmung angelangt; eine weitere Entwicklung darüber hinaus erscheint kaum noch vorstellbar. Die „Postmodernität“ äußert sich nicht zuletzt darin, dass lediglich nur mehr mit historischen Versatzstücken in Form von Zitaten operiert wird.

Auf der anderen Seite beobachten wir die Vergrößerung der Kluft zwischen Arm und Reich, nicht nur in den Ländern der übervölkerten Dritten Welt, sondern auch in vielen Industriestaaten. Als Antwort auf zunehmende wirtschaftliche Verunsicherung greift man auf paläoliberale Begründungsmuster zurück und nimmt damit eine gesellschaftliche Polarisierung in Kauf. Zunehmender Bevölkerungsdruck und wachsendes Wohlstandsgefälle, und in Hinkunft wahrscheinlich auch ökologische Probleme wie Umweltschäden, Treibhauseffekt, Wasserknappheit usw., lösen einerseits eine gewaltige internationale Migration aus, verstärken andererseits die Modernisierungsverweigerung und den Rückfall in atavistische Verhaltensmuster und Reaktionen (religiöser Fundamentalismus, Terrorismus, Nationalismus). Alles in allem wird jedoch daraus wiederum der schon erwähnte historische Zäsurcharakter an der Schwelle des 21. Jahrhunderts erkennbar.

[116] J. F. Lyotard, La condition postmoderne (Paris, 1979) 22 f.

Ausgewählte Literatur und Links

J. **Fourastié,** Die große Hoffnung des Zwanzigsten Jahrhunderts (Frankfurt, 1949).

D. **Bell,** The Coming of the Postindustrial Society (New York, 1973).

J.-F. **Lyotard,** La condition postmoderne (Paris, 1979).

http://www.pbs.org/arguing/nyintellectuals_bell.html

http://schwinger.harvard.edu/~terning/bios/Galbraith.html

http://www.giic.org/events/ann5nefiedowbio.html

http://www.cios.org/encyclopedia/mcluhan/index.html

http://sun3.lib.uci.edu/indiv/scctr/Wellek/lyotard/

12.2. Vom „Panopticon“ zum „Cyberspace“: Auf dem Weg zum elektronischen Überwachungsstaat?

Der Computer hat unsere Arbeitswelt in den letzten Jahrzehnten dramatisch verändert: Die Qualifikation der Arbeitskraft zielt im „Informationszeitalter“ primär auf Informatikkenntnisse; körperlicher wird durch geistigen Einsatz ersetzt; die für das „Industriezeitalter“ so charakteristische Trennung von Arbeits- und Wohnstätte beginnt sich zunehmend aufzulösen; anstelle einer geregelten Arbeitszeit setzen sich in den qualifizierten Berufen flexible, an Aufgabenerfüllung orientierte Arbeitszeiten durch; externe wird ersetzt durch wechselseitige Kontrolle; anstelle der für das Management so charakteristischen Trennung von Anordnung und Ausführung tritt Selbstmanagement, Selbstkontrolle, Selbstverantwortung, Selbstmotivation und Selbstoptimierung.

Man übersieht dabei nur allzu leicht, dass mit dem „Informationszeitalter“ auch neue Gefahren des Missbrauchs entstanden sind, die unmittelbar mit den neuen technischen Möglichkeiten und deren gesellschaftlichen Konsequenzen zusammenhängen. Wir sind tatsächlich eine „offene Gesellschaft“ geworden, wenngleich nicht im Sinne von Karl R. Popper. Komplexe moderne Organisationen setzen bei ihren Angehörigen ein hohes Maß an (Selbst-)Disziplin und die Internalisierung gewisser „Tugenden“ wie Fleiß, Gehorsam, Pflichtbewusstsein, Gewissenhaftigkeit, Pünktlichkeit und Loyalität voraus. Sie würden ohne diese Voraussetzungen gar nicht funktionieren können. Nach Max Weber schließt Disziplin vor allem auch die „innere Einstellung des Handelns auf den intendierten Zweck“ ein.

Nun ist diese Anpassung an soziale Normen und Verinnerlichung gewünschter Verhaltensweisen auch dem Menschen der Industriegesellschaften keineswegs als eine Art von „anthropologischer Grundausstattung“ von Haus aus mitgegeben, sondern es ist dies im Wesentlichen das Ergebnis einer „kulturellen Evolution“ in Form eines historischen sozialen Lernprozesses. Denn das vielleicht wichtigste Produkt des modernen Kapitalismus ist der neue Mensch, den er hervorbringt, der disziplinierte und konditionierte „Staatsbürger“, der *Homo oeconomicus*, das als Einzelwesen konzipierte „Individuum“ jenseits aller traditionalen Gemeinschaftsbindungen.

Bereits Jeremy Bentham (1748–1832), einer der Väter des Utilitarismus, dem es um „das größte Glück der größten Zahl“ ging, schlug 1804 nicht nur allen Ernstes vor, alle Engländer zur besseren Identifizierung mit einer Nummer zu tätowieren, sondern er nahm 1791 Orwells Albtraum von „1984“ („Big Brother is watching you“) mit seiner Idee des *Panopticons* (d. h. wörtlich: Einrichtung zum Allessehen) um fast 200 Jahre vorweg. Das Prinzip des Panopticons, das auf extremer Individualisierung, Isolierung und Überwachung beruht, stellt die perfekte instrumentalisierte Kombination von Wissen und Macht dar. Bentham weist darauf hin, dass das Panopticon keine wertneutrale Technologie darstellt, sondern ein Instrument ist, das es einer kleinen Zahl von Menschen gestattet, eine große Zahl anderer Menschen zu kontrollieren. Das Panopticon wurde zurecht als eine Gewaltmaschinerie angeprangert, mittels derer gewünschtes soziales Verhalten nicht nur produziert, sondern auch internalisiert werden soll. Die Nationalsozialisten setzten einen Vorläufer des Computers, nämlich die Hollerithmaschinen, für die Zwecke des von ihnen aufgebauten Überwachungsstaates ein: „Ein gigantisches Feld der Massenbeobachtung eröffnen die großen Rahmenbildungen unseres Volkskörpers ... Ihr Problembereich hat unübersehbare Ausmaße und wird im Hinblick auf die Massenuntersuchungen in vielen Fällen geradezu darauf angewiesen sein, sich des Lochkartenverfahrens zu bedienen, weil anders viele Fragen ungelöst bleiben.“[117]

117 W. Heidinger, 25 Jahre Deutsche Hollerith Maschinen Gesellschaft (Berlin, 1935) 74 f., zit. nach R. Lindner, B. Wohak und H. Zeltwanger, Planen, Entscheiden, Herrschen. Vom Rechnen zur elektronischen Datenverarbeitung (Reinbek, 1984) 71. Vgl. in diesem Zusammenhang auch G. Aly und K. H. Roth, Die restlose Erfassung. Volkszählen., Identifizieren, Aussondern im Nationalsozialismus (Frankfurt a. M., 2000).

Der postmoderne Panoptizismus von heute bedient sich demgegenüber lediglich subtilerer, dafür aber wesentlich effizienterer Mittel, als Bentham sich dies in seinen kühnsten Träumen hätte ausmalen können. Die neuen Technologien der Kontrolle benötigen keine architektonischen Voraussetzungen mehr, um eine „infinitesimale Gewalt" (Michel Foucault) ausüben zu können; die überwachten Menschen selbst unterwerfen sich mehr oder weniger freiwillig dem panoptischen Prinzip, das in Form der verschiedensten „Netzwerke" auftritt. Die heutige *Real World* – so auch der Titel einer beliebten MTV-Sendung, in der die Zuseher über Webkameras unmittelbar an den jeweiligen Sensationen beteiligt sein können – gleicht einem elektronischen Panopticon: Die Omnipräsenz von Videokameras *(Electronic Monitoring)*, die Straßen, Fußgängerzonen, Arbeitsplätze, Gebäude, Banken, Cash-Automaten, Geschäfte usw. konstant überwachen, ist nur ein Teil dieser *Permanent Surveillance* (John Orr). Die amerikanische NSA *(National Security Agency)* überwacht im Rahmen des so genannten Echelon-Projekts über Satelliten weltweit sämtliche Telefonate und wertet diese nach vorgegeben Kriterien aus, was nicht nur Zwecken der nationalen Sicherheit, sondern auch der Wirtschaftsspionage dient. In Crypto City, der Zentrale der NSA, rund 40 Kilometer nördlich von Washington, DC, sind ca. 38.000 Mathematiker, Linguisten und Informatiker damit beschäftigt, den internationalen und nationalen Kommunikationsverkehr zu kontrollieren; weltweit werden mittels spezieller Software Telefongespräche nach bestimmten Stichworten abgehört, Computer angezapft und E-Mails auf verdächtige Inhalte untersucht.

Unsere „Leidenschaft für Kommunikation" (Jean Baudrillard) versetzt uns, ohne dass wir es wissen, in die Situation von (durch einen externen Experimentator überwachten) Laborratten in einem Videoexperiment. Hinzu kommt, dass wir in einer „Ära der Datenüberwachung" (Martin Roberts) leben, denn in der computerisierten Welt des *Global Village* werden viele persönliche Daten und Informationen aufgezeichnet und durch elektronische Überwachungsmaschinen ausgewertet; ihre Vernetzung generiert eine Informationsdichte über jeden einzelnen, mit der verglichen, die seinerzeit im frühen 19. Jahrhundert oft als „Seelenbrille" beschriebene statistische Erfassung des Bürgers durch die Behörden geradezu harmlos erscheint – man muss dabei gar nicht erst an die „Rasterfahndung" denken. Von einer „sozial disziplinierten" sind wir zu einer „kontrollierten Gesellschaft" (Gilles Deleuze) geworden, was im Zeichen jüngster terroristischer Anschläge auch gut argumentiert werden kann.

Während bei Bentham die Inspektoren noch von einem zentralen Turm aus die Individuen in ihren Zellen überwachten, gibt es im postmodernen Panopticon des *Cyberspace* mit seinen elektronischen Wächtern viele „Türme", die von verschiedenen Institutionen – z. B. von Banken, Versicherungen, Medienkonzernen, Produktionsfirmen, Geheimdiensten, Polizei, Regierungsstellen usw. – benützt werden. Benthams skurril anmutender Vorschlag, alle Engländer zur besseren Erkennung zu tätowieren, ist durch die Realität längst übertroffen. Einige Beispiele gefällig? Bei der Entwicklungsabteilung von XeroxPARC in Palo Alto, die im Zuge der Entwicklung des Personalcomputers in den frühen siebziger Jahren eine so prominente Rolle spielte, wurde vor kurzem ein *Security System* in Form eines so genannten *Active Badge* eingeführt, das alle 15 Sekunden ein Infrarotsignal aussendet und über eine Sun-Workstation erlaubt, jederzeit den genauen Aufenthalt des Trägers festzustellen. Andere Beispiele: Da die amerikanischen Gefängnisse zumeist überfüllt sind, erlaubt man weniger gefährlichen Häftlingen, die mit Hilfe einer elektronischen Fußfessel überwacht werden, teilweise den Aufenthalt außerhalb der Gefängnismauern. PRISM, das *Prison Inmate and Safety Management System,* erlaubt es darüber hinaus, das Wachpersonal in den amerikanischen Gefängnissen zu reduzieren. Beliebt ist die Benützung elektronischer Schlüssel, die als willkommener Nebeneffekt auch Information darüber geben, wo sich jemand wie lange aufgehalten und welche Einrichtungen er benützt hat usw. Auch über Mobiltelefone können nicht nur die Gespräche selbst, sondern auch die jeweiligen Standorte erkundet werden. Einer im üblichen *New Speak* gehaltenen Zeitungsmeldung in der österreichischen Tageszeitung „Kurier" vom 9. November 2000 konnte man unter der Schlagzeile „Ortung via Handy" Folgendes entnehmen: „WIGeoGis liefert mit NextDoor die Software für A1 MobilGuide, den neuen, standortbezogenen WAP-Dienst der mobilcom Austria. Erstmals in Europa verbindet diese Lösung standortbezogene, so genannte Location Based Services, mit der automatischen Ortung via Handy."

Der Terroranschlag auf das World Trade Center vom 11. September 2001 verstärkte die schon bestehenden Tendenzen, auch das Internet zu überwachen. Bereits kurz danach wurde das FBI *(Federal Bureau of Investigation)* bei den großen amerikanischen Providern vorstellig, um mit seinem Überwachungssystem *Carnivore* den Datenverkehr zu kontrollieren. Mit Hilfe einer speziellen Software namens *Magic Lantern,* das wie ein „Trojaner" per E-Mail verschickt und beim Ausführen eines Attachments unbemerkt auf die Festplatte kopiert wird, sollen auch verschlüsselte Nachrichten dechiffriert werden, indem man einfach die Tastatureingaben eines Nutzers beim E-Mail-Verkehr oder in Chat-Räumen aufzeichnet. Das neue Programm, eine Art von digitaler Spion, wurde im Rahmen des Projekts *Cyber Knight* entwickelt. Es ist dies eine Datenbank, in der alle Informationen, die man mit Hilfe von Carnivore oder ähnlichen Überwachungssystemen gesammelt hat, gespeichert werden.

Die Benützung z. B. von *Smartcard Keys,* Chip- und Kreditkarten, *Personal Identification Numbers* (PIN), die in nicht allzu ferner Zukunft auch ein Gen-Screening inkludieren werden, „Bürgerkarten", die Zugang zu verschiedenen Dienstleistungen ermöglichen sollen, die Verwendung von Festnetz- und Mobiltelefonen, GPS und SMS, das Aufrufen von Internetseiten, das Aufsuchen von Chatroom, Postings in Newsgroups, das Versenden von E-Mails usw. – all das hinterlässt deutliche und nachvollziehbare Spuren (so genannte *Digital Footprints)* und entlarvt die angebliche Anonymität im Cyberspace als Illusion. Die McKinley Group Inc. mit ihrem Magellan Internet Guide hat z. B. vor kurzem einen *Search Voyeur* entwickelt, der jedem Abonnenten ihres *Web Search Services* erlaubt, auszuspionieren, auf welchen Internetseiten eine andere Person zuletzt „gebrowst" hat.

Während einerseits die Nutzer direkt ihre Spuren hinterlassen, gibt es andererseits auch indirekte Wege, um Informationen über diese zu sammeln. Viele Webseiten eröffnen die Möglichkeit, Daten über die Besucher zu erhalten; Provider können Informationen über Personen, die ihre Netzwerke für Internet oder E-Mail benützen, sammeln: „Daher stellt die virtuelle Anonymität bloß eine Illusion dar, ihre beinahe unbegrenzten Möglichkeiten sind eine Falle, weil sie die Menschen veranlasst, die kritischen Grenzen zwischen Öffentlichkeit und Privatheit hinter sich zu lassen ..." (James E. Katz).

Auch so genannte anonyme *Remailer* bieten keine Garantie für Anonymität, weil sie unter Umständen zur Herausgabe von Daten gesetzlich gezwungen werden können.

Die digitalen Technologien erlauben es darüber hinaus, verschiedenste Daten über eine Person zu kombinieren und ein genaues Profil über diese zu erstellen. Viele geschäftliche Transaktionen hinterlassen ebenfalls bleibende elektronische Spuren, und es ist für den modernen Konsumenten extrem schwierig geworden, seinen „digitalen Schatten“ in Form der so genannten *Transaction-Generated Information* (TGI) abzuschütteln. Dies wird mittlerweile bereits wirtschaftlich genutzt – es ist ein riesiger Markt entstanden, auf dem TGIs verkauft werden: Bestimmte Vorlieben, Käuferverhalten, Interessen einer Person werden z. B. im so genannten *Fine Tuned Marketing* eingesetzt; Versicherungen und Banken versuchen, mit Hilfe vernetzter Daten eine Risikominimierung ihrer Kunden zu bewirken usw. Während wir zumindest in einer rechtsstaatlichen Ordnung durch Verfassung und Bürgerrechte vor Übergriffen der Behörden in unserer Privatsphäre relativ geschützt sind, erweisen wir uns gegenüber dem Datenmissbrauch durch private Machtgruppierungen weitgehend hilflos. Welche Machtinstrumente dies in der Hand von Diktaturen darstellen würde, kann man sich unschwer ausmalen. Die Naivität der voyeuristischen „Big-Brother“- und „Taxi-Orange“-Seher oder die Obszönität jener exhibitionistischen Laiendarsteller, die ihr Privatleben per Webcam weltweit zur Schau stellen, lassen vergessen, dass wir im „Informationszeitalter“ letztlich alle zum „gläsernen Bürger“ geworden sind.

Die großartigen Errungenschaften der modernen Technik, wie sie der Computer in geradezu paradigmatischer Weise verkörpert, sind bloß ein Werkzeug in den Händen der Menschen. Es liegt letztlich an uns, wofür wir sie verwenden, ob wir sie zum Wohle der Menschheit einsetzen oder als Mittel zur Herrschaft und Machtausübung. Bedenken sollten wir in jedem Fall die an die künftigen Generationen gerichtete Botschaft von Konrad Zuse, eines der bemerkenswertesten Pioniere des elektronischen Zeitalters, nämlich dass der Computer aus seiner Sicht vor allem dazu geschaffen wurde, die Probleme der Menschen lösen zu helfen.

Ausgewählte Literatur und Links

G. **Aly,** K. H. **Roth,** Die restlose Erfassung. Volkszählen, Identifizieren, Aussondern im Nationalsozialismus (Frankfurt a. M., 2000).

J. **Bentham,** Panopticon; or, the inspection house: containing the idea of a new principle of construction applicable to any sort of establishment, in which persons of any description are to be kept under inspection; and in particular to penitentiary-houses, prisons, houses of industry, work-houses, poor-houses, manufactories, mad-houses, lazarettos, hospitals, and schools; with a plan of management adapted to the principle (London, 1791).

S. **Breuer,** Sozialdisziplinierung. Probleme und Problemverlagerungen eines Konzepts bei Max Weber, Gerhard Oestreich und Michel Foucault, in: Christoph Sachße u. Florian Tenstedt (Hrsg.), Soziale Sicherheit und soziale Disziplinierung. Beiträge zu einer historischen Theorie der Sozialpolitik (Frankfurt a. M., 1989) 45–72.

N. **Elias,** Über den Prozeß der Zivilisation. Soziogenetische und psychogenetische Untersuchungen, 2 Bde., 2. Aufl. (Bern, München, 1969).

M. **Foucault,** Surveiller et punir. La naissance de la prison. (Paris, 1975).

O. **Gandy,** The Panoptic Sort: A Political Economy of Personal Information (Boulder, 1993).

H. D. **Kittsteiner,** Die Entstehung des modernen Gewissens, 2. Aufl. (Frankfurt a. M., 1992).

J. E. **Katz,** Telecommunications and Computers: Wither Privacy?, in: Society v. 24. June 1987.

G. **Oestreich,** Geist und Gestalt des frühmodernen Staates (Berlin, 1969).

J. **Orr,** Cinema and Modernity (New York, 1995).

G. **Reischl,** Unter Kontrolle. Die fatalen Folgen der staatlichen Überwachung für Wirtschaft und Gesellschaft (Wien, 2002)

S. **Turkle,** Life on the Screen: Identity in the Age of the Internet (New York, 1996).

M. **Weber,** Wirtschaft und Gesellschaft. Grundriß der verstehenden Soziologie, 5. Aufl. (Tübingen, 1976).

R. **Whitaker,** Das Ende der Privatheit (München, 1999).

Chronologie des Computings

Um 2500 v. Chr.

Entwicklung des Abakus in Babylon.

Um 1500 v. Chr.

Entwicklung des ersten Alphabets im mediterranen Raum.

500 v. Chr.

Entwicklung der Numeralien in Indien.

Um 600

Die Araber übernehmen die indische Zahlenschreibweise.

1202

Leonardo Fibonacci führt die indoarabischen Zahlen in Europa ein.

Um 1495

Leonardo da Vinci hinterlässt möglicherweise den Entwurf für eine Additionsmaschine.

1617

John Napier erfindet Rechenstäbe und berechnet Logarithmentafeln auf die natürliche Zahl *e*.

1622–1654

Erfindung und Verbesserungen des Rechenschiebers durch William Oughtred, Edmund Gunter und Robert Bissaker.

1623

Wilhelm Schickard baut mit seiner „Rechenuhr“ den ersten mechanischen Vierspeziesrechner unter Verwendung der Napierschen Rechenstäbe.

1642

Blaise Pascal konstruiert seine Additionsmaschine „Pascaline“.

1646

Sir Thomas Brown benützt erstmals den Begriff „Computer“ für einen Mathematiker, der langwierige Kalenderberechnungen ausführt.

1673

Sir Samuel Morland stellt der Öffentlichkeit seine zwei Rechenmaschinen vor.

Gottfried Wilhelm Leibniz erfindet einen mechanischen Vierspeziesrechner unter Verwendung der Staffelwalze für den Zehnerübertrag, den er bis 1694 mehrfach verbessert.

1709

Der italienische Marchese Giovanni Poleni baut eine „Rechenuhr“ unter Verwendung des Sprossenrads.

1727

Der Wiener Hofuhrmacher Anton Braun erzeugt eine funktionstüchtige Sprossenradmaschine.

1790

Hahn-Schustersche Rechenmaschine.

1805

Joseph-Marie Jacquard erfindet in Lyon die Lochkartensteuerung für den mechanischen Webstuhl. Diese Steuerungstechnik wird später auch in vielen Rechnern und Tabulierungsmaschinen Anwendung finden.

1820

Der Elsässer Charles Xavier Thomas de Colmar erzeugt mit dem „Arithmometer“ die erste industriell gefertigte Additionsmaschine.

1822

Charles Babbage konzipiert eine Differenzenmaschine zur Logarithmenberechnung. 1833 schließt er die Arbeit ab.

1833

Babbage beginnt die Arbeit an seiner „Analytical Engine“, die das Konzept eines durch Lochkarten programmierbaren Universalcomputers verfolgt. Die Arbeit wird ihn bis 1864 beschäftigen.

1842

Ada Byron-Lovelace wirkt als erste Programmiererin bei der Konstruktion der Babbage-Rechenmaschine.

1850

Der Amerikaner D. Parmalee patentiert eine tastaturgesteuerte Rechenmaschine.

1854

George Boole publiziert das Manuskript „The Mathematical Analysis of Logic“, in dem er das Binärsystem erstmals beschreibt, das heute auch als Boolesche Algebra bezeichnet wird.

1855

Pehr Georg and Edvard Scheutz bauen in Stockholm den ersten funktionstüchtigen Differenzenrechner.

1872

Frank Stephen Baldwin entwickelt einen Sprossenradrechner, der später in großen Stückzahlen erzeugt und Ausgangspunkt für die Firma Monroe Calculator Inc. wird.

1874

Der schwedische Ingenieur Willgodt T. Odhner entwickelt einen Rechner, der ebenfalls auf dem Prinzip des Sprossenrads beruht. Er wird zum Vorbild für die erfolgreichen Rechner der Marken Brunsviga, Friden und Marchant.

1884

Herman Hollerith reicht ein Patent für seine Lochkarten-Tabulierungsmaschine ein.

Das Institute of Electrical Engineers (IEE) wird in den USA gegründet.

1885

Dorr Eugene Felt baut seinen „Comptometer" und gründet zur Verwertung seiner Erfindung eine eigene Firma.

1887

William S. Burroughs gründet die American Arithmometer Company zum Bau kommerzieller mechanischer Rechner. Er entwickelt für seine Additionsmaschine auch einen Drucker zur Ausgabe der Daten.

1890

Hollerithmaschinen werden zur Durchführung der amerikanischen Volkszählung verwendet.

1892

Otto Steiger erfindet den Multiplikationskörper, der die direkte Ausführung von Multiplikationen gestattet. Auf diesem Prinzip beruht die legendäre „Millionaire".

1896

Hollerith gründet die Tabulating Machine Company, eine der Vorläuferfirmen von IBM.

1898

Der dänische Ingenieur Valdemar Poulsen führt magnetische Aufzeichnungen auf einem Eisendraht durch.

1903

Der aus Kroatien stammende Ingenieur Nikolaus Tesla, ein Absolvent der Grazer Technischen Hochschule, patentiert in den USA die Grundkonzeption für elektrische logische Schaltkreise.

1906

Lee De Forest baut zwecks Signalverstärkung eine Triode in eine Elektronenröhre ein, für die sich die amerikanische Telefongesellschaft AT&T die Patentrechte sichert.

1910

Elmer A. Sperry gründet die Sperry Gyroscope Company.

1911

Die Computing, Tabulating and Recording Company entsteht durch Fusion der drei Firmen Tabulating Machine Company (gegr. von Herman Hollerith), Computing Scale Company, und International Time Recording Company. Daraus geht 13 Jahre später die Firma IBM hervor.

James Powers gründet die Powers Accounting Machinery, die Lochkarten-Tabulierungsmaschinen erzeugt. Sie wird später in der Remington Rand Corporation aufgehen.

Lee De Forest in den USA und unabhängig von ihm Alexander Meissner in Deutschland entwickeln Elektronenröhren zur Erzeugung von oszillierenden Schwingungen.

1914

Thomas J. Watson wird Präsident der Computing, Tabulating and Recording Company.

Jay R. Monroe und Frank S. Baldwin entwickeln die in den USA starke Verbreitung findenden Monroe-Rechenmaschinen.

1924

Die Computing, Tabulating and Recording Company ändert ihren Namen in International Business Machines (IBM).

1926

Fritz Flenner entwickelt in Deutschland zur Aufzeichnung von Daten das Magnetband.

1927

James Rand gründet Remington Rand durch eine Fusion der Firmen Rand Kardes und Remington Typewriters und übernimmt in der Folge auch den zweitgrößten Hersteller von Tabulierungsmaschinen, die Firma Powers Accounting Machinery.

1928

Der russische Immigrant Vladimir Zworykin verwendet in Weiterentwicklung des Konzepts der Braunschen Röhre in den USA Kathodenstrahlröhren (CRTs) als Bildschirm.

Gründung der Firma Motorola.

1930

Vannevar Bush konstruiert am MIT in Cambridge, Massachusetts, einen Analogrechner, den „Differential Analyzer“.

1937

Alan M. Turing nimmt in seiner Abhandlung „On Computable Numbers“ als rein geistiges Konstrukt bereits die grundsätzliche Konzeption des späteren programmgesteuerten Computers vorweg.

1938

Bill Hewlett und David Packard gründen die nach ihnen benannte Firma.

Konrad Zuse baut in Berlin seinen ersten Rechner, den Z1.

1939

John Atanasoff und Clifford Berry bauen den Prototyp des ABC-Röhrenrechners am Iowa State College.

Der britische Secret Service stellt in Bletchley Park ein Team von Mathematikern und Physikern ein, um den Code der deutschen Enigma-Maschine zu knacken. Diese Gruppe entwickelt dann 1943 auf elektronischer Basis die Dechiffriermaschine „Colossus“.

Konrad Zuse stellt in Berlin seinen Z2-Rechner fertig.

1940

George Stibitz konstruiert für die Bell Laboratories von AT&T einen binären Relaisrechner, den *Complex Number Calculator.*

Stibitz führt im Rahmen einer Demonstration seines *Complex Number Computers* eine Datenübertragung über eine Fernschreibleitung zwischen New York und Hannover, New Hampshire, durch.

AT&T Bell Laboratories bauen den ersten Computerterminal.

Motorola erzeugt für die U.S. Army ein tragbares Funkgerät auf der technischen Basis von Monokristalldetektoren.

1941

Colossus wird zur Entschlüsselung der deutschen Enigma durch ein englisches Team unter Alan M. Turing und Max Neuman konstruiert.

Konrad Zuse führt den Z3, den ersten voll programmgesteuerten Rechner, in Berlin vor.

1943

Die US-Armee beauftragt J. Presper Eckert und John W. Mauchly mit dem Bau des ENIAC, der 1946 den Betrieb aufnehmen wird.

1944

Der Harvard Mark I (oder IBM-ASCC) wird durch Howard H. Aiken gebaut.

Grace Murray Hopper schreibt erste Programme für diesen Rechner.

Konrad Zuse baut seinen Z4-Rechner.

1945

John von Neumann schreibt für den EDVAC seinen ersten Entwurf eines programmgespeicherten Computers.

1946

Der ENIAC *(Electronic Numerical Integrator and Comparator)* wird an der Moore School of Engineering in Philadelphia durch eine Team unter Leitung von Mauchly, Eckert und Goldstine in Betrieb genommen.

Eckert und Mauchly gründen eine eigene Firma, um einen *Universal Automatic Computer* (UNIVAC) zu bauen.

John Tukey verwendet erstmals die Bezeichnung Bit für *Binary Digit*.

Die britische Royal Society sponsert ein Computer Laboratory an der Universität Manchester.

Frederic C. Williams erhält ein Patent auf einen Kathodenröhrenspeicher (CRT), der als RAM eingesetzt werden kann.

1947

John Bardeen, Walter H. Brattain und William B. Shockley erfinden in den Bell Laboratories einen als Germanium-Monokristall ausgelegten *Transistor,* was eine Kurzbezeichnung für *Transfer Resistance* [Übertragungswiderstand] darstellt.

Der Harvard Mark II, der dem Konzept seines Vorgängers folgt, wird durch Howard Aiken gebaut.

Northrup Aviation gibt den Auftrag zum Bau des BINAC (*BINary Automatic Computer*), der u. a. erstmals Magnetbänder als externen Speicher verwendet.

Norbert Wiener erfindet die Bezeichnung Kybernetik, für „the Science of Control and Communication in the Animal and the Machine“.

Die amerikanische Firma ERA *(Engineering Research Associates)* baut im Auftrag der Marine einen universellen Computer mit der Bezeichnung Atlas I für kryptologische Anwendungen.

Alan M. Turing beschäftigt sich in England erstmals mit Problemen der künstlichen Intelligenz *(Artificial Intelligence)*.

Andrew D. Booth baut in England den ARC *(Automatic Relais Computer)*, für den seine spätere Frau Kathleen Britten das Programm schreibt.

1948

Curt Herzstark bringt seine „Curta", den Höhepunkt des mechanischen Taschenrechners, auf den Markt.

Der EDSAC *(Electronic Delay Storage Automatic Calculator)* wird an der Universität Cambridge als erster programmgesteuerter Computer entwickelt.

IBM führt den elektronischen Lochkartenrechner IBM 604 ein.

Der Manchester Mark I wird als Prototyp eines programmgesteuerten Röhrencomputers in England vorgestellt.

Patentierung des Transistors durch Shockley, Bardeen und Brattain.

Andrew Donald Booth baut einen Magnettrommelspeicher mit einer Speicherkapazität von 10 Bit pro Zoll.

Adriaan van Wingaarden baut in Holland den ARRA *(Automatische Relais Rekenmachine Amsterdam)*.

Claude Shannon fasst in einem Artikel die Grundlagen der Informationstheorie, die sich auf die binäre Darstellung jeglicher Art von Daten bezieht, nieder.

Die SSEM *(Small Scale Electronic Machine)*, der erste programmgesteuerte Computer, nimmt an der englischen Universität Manchester den Probebetrieb auf.

IBM baut den SSEC *(Selective Sequence Electronic Calculator)*, einen Computer unter Verwendung einer Hybridtechnologie von Relaisschaltern und rund 13.000 Elektronenröhren.

Die Eckert Mauchly Computer Corporation schließt mit dem U.S. Census Bureau einen Vertrag für den Bau des UNIVAC *(Universal Automatic Computer)* ab.

Das National Bureau of Standards, das keinen kommerziellen Computer für seine Zwecke auf dem Markt vorfindet, beginnt selbst den SEAC *(Standards Eastern Automatic Computer)* zu bauen.

IBM 604, ein auf der Elektronenröhrentechnologie beruhender Lochkartenrechner, wird von IBM eingeführt.

1949

BINAC *(Binary Automatic Computer)*, der erste Echtzeitcomputer, wird durch Eckert und Mauchly fertiggestellt.

Die Programmiersprache Short Code wird für den UNIVAC I entwickelt.

Der IAS-Computer, der von John von Neumann angeregt wurde, nimmt in Princeton den Betrieb auf.

Jay Forrester verwendet erstmals Magnetkernspeicher für das Whirlwind-Projekt.

Der EDSAC nimmt an der Universität Cambridge in England den Betrieb auf.

Das Pilotprojekt ACE wird in Teddington am britischen National Physical Laboratory umgesetzt, für das vor allem Alan M. Turing verantwortlich zeichnet.

Claude Shannon baut am Massachusetts Institute of Technology den ersten elektronischen Schachspielautomaten.

Harvard Mark III, der erste Aikensche Rechner mit intern gespeichertem Programm, geht in Betrieb.

Northrop Aviation nimmt den BINAC in Betrieb, der von der Eckert Mauchly Computer Corp. geliefert wird.

1950

Maurice V. Wilkes verwendet am britischen EDVAC erstmals einen Assembler.

Remington Rand kauft die Eckert Mauchly Computer Corporation und damit auch den Markennamen Univac.

Hideo Yamachito und sein Team bauen den ersten japanischen elektronischen Großcomputer, den TAC *(Tokyo Automatic Calculator)*.

Der SEAC geht am National Bureau of Standards in Betrieb. Sein Speicher kann 512 45-Bit Wörter speichern.

Der Relaisrechner Z4, der wie durch ein Wunder den zweiten Weltkrieg überlebt hat, wird durch Konrad Zuse an der ETH Zürich neu installiert.

In Wien konstruiert Heinz Zemanek den Relaisrechner URR1 *(Universelle Relais Rechenmaschine I)*.

In der DDR baut Wilhelm Kämmerer den OPREMA-Relaisrechner.

IBM entwickelt unter der Leitung von Byron Havens gemeinsam mit dem U.S. Navy Bureau of Ordnance den NORC, einen Rechner, der bis 1968 bei der Marine in Verwendung steht.

ERA *(Engineering Research Associates)* entwickelte seit 1947 für die amerikanische Marine den Universalcomputer Atlas I, der 1950 nunmehr in Betrieb geht und vor allem für Aufgaben in der Kryptologie eingesetzt wird. Insgesamt werden 21 Stück des Atlas-Rechners hergestellt.

Turing entwickelt den nach ihm benannten Test, inwieweit ein Computer selbständig „denken“ kann: Obwohl dem Computer Lernvermögen zugestanden wird, kann er trotzdem nicht wie ein Mensch denken.

1951

LEO, der erste kommerzielle Computer der Welt, wird in England durch die Lebensmittelfirma Lyons & Co. hergestellt.

Maurice V. Wilkes führt das Konzept des Mikroprogrammierens ein.

Die IEEE Computer Society wird gegründet.

UNIVAC I wird im Bureau of Census durch Eckert und Mauchly installiert. Er benützt eine Magnetbandeinheit als gepufferten externen Speicher und kann 8333 Additionen and 555 Multiplikationen pro Sekunde ausführen.

Grace M. Hopper entwickelt für den UNIVAC I ein Compiler-Programm.

Der von Jay Forrester und Kenneth Olsen konstruierte Whirlwind-Echtzeitcomputer nimmt am MIT den Betrieb auf. Er wird Grundlage des späteren amerikanischen Luftraumverteidigungssystems SAGE.

An Wang, der den Prototyp des Magnetkernspeichers erfunden hatte, gründet in Boston die Wang Laboratories Inc., die später zu den führenden Computerherstellern zählen wird.

Das National Bureau of Standards Institute for Numerical Analysis nimmt den Betrieb des SWAC *(Standards Western Automatic Computer)* auf, der ein Gegenstück zum SEAC und damals der schnellste Computer der Welt ist.

Der Ferranti Mark I nimmt an der Universität Manchester den Betrieb auf; ein weiteres Exemplar wird im folgenden Jahr an die Universität Toronto verkauft.

Für Berechungen im Zusammenhang mit der Wasserstoffbombe wird am Institute for Advanced Study in Princeton der IAS-Computer nach den Vorstellungen des Mathematikers John von Neumann entwickelt.

1952

Fred Gruenberger schreibt das erste Computer-Benutzerhandbuch.

IBM nimmt die Erzeugung von Computern in ihre Produktpalette auf.

IBM führt den 701 als seinen ersten elektronischen programmgespeicherten Rechner ein. Der 1-KB-RAM-Rechner wird unter der Leitung von Nathaniel Rochester gebaut.

Nixdorf Computer wird in Deutschland durch Heinz Nixdorf in Paderborn gegründet.

Remington Rand kauft auch die in der Entwicklung von Computern tätige Firma ERA (*Engineering Research Associates*), die u. a. den Atlas-Computer baute.

Der mit 1 MHz getaktete EDVAC *(Electronic Discrete Variable Automatic Computer)* nimmt nach etlicher Verzögerung den Betrieb an der Moore School of Engineering in Philadelphia auf.

UNIVAC I prognostiziert einen Wahlsieg Präsident Dwight D. Eisenhowers bereits eine Stunde nach Schließung der Wahllokale.

IBM wird angeklagt, den Markt bei Lochkarten-Tabulierungsmaschinen zu monopolisieren.

In der Sowjetunion entstehen die digitalen Großrechner MESM, BESM und SESM.

Geoffrey Dummer publiziert erstmals das Konzept für integrierte Schaltkreise.

Harvard Mark IV, der letzte Rechner von Howard Aiken, wird mit Magnetkernspeicher ausgerüstet.

George W. Dummer, ein Radarexperte von Royal Radar Establishment, entwirft rein theoretisch bereits das Prinzip des integrierten Schaltkreises.

MANIAC und ORDVAC, zwei Versionen des IAS-Rechners, nehmen den Betrieb auf.

IBM stellt den IBM 701 vor. Der Rechner kann 245 40-Bit-Wörter im Hauptspeicher speichern und pro Sekunde 2200 Multiplikationen ausführen. IBM sieht sich gleichzeitig mit einer Klage wegen Wettbewerbsverletzung nach dem Sherman Act konfrontiert. Der Prozess wird sich rund 30 Jahre hinziehen.

1953

Remington Rand baut für den UNIVAC einen Hochgeschwindigkeitsnadeldrucker.

ILLIAC, der damals leistungsfähigste Computer der Welt, nimmt an der Universität von Illinois den Betrieb auf.

Der Whirlwind-Computer wird durch Jay Forrester auf Magnetkernspeicher umgestellt.

IBM verwendet erstmals Magnetbandspeichergeräte und baut mit dem IBM 701 einen leistungsfähigen Digitalcomputer der ersten Generation.

Der IBM 650, eine abgemagerte Version des 701, wird zu einem großen kommerziellen Erfolg.

Die ersten 19 IBM 701 werden an wissenschaftliche Institutionen geliefert.

1954

Ein Team um John Backus schreibt die Programmiersprache FORTRAN *(Formula Translator)* für IBM, und Gene Amdahl entwickelt für den IBM 704 das erste moderne Betriebssystem.

IBM kündigt den IBM 650 an, von dem innerhalb der nächsten acht Jahre mehr als 1800 Stück erzeugt werden.

DEUCE, ein Flugsimulatorprogramm, wird von English Electric entwickelt.

TRADIC *(Transistor Digital Computer)*, der erste Transistorencomputer, wird in New York von Bell Laboratories in Betrieb genommen.

Gordon Teal von Texas Instruments stellt erstmals Transistoren auf der Basis von Siliziumträgern her.

Jack Tramiel gründet in Kanada die Firma Commodore Business Machines, ursprünglich als einen Schreibmaschinen-Reparaturbetrieb; aus diesem wird später in den 1980er Jahren ein höchst erfolgreicher Erzeuger von Heimcomputern hervorgehen.

1955

Remington Rand fusioniert mit Sperry Gyroscope zur Sperry Rand Corporation. Die Firma produziert vor allem Rechner für spezielle Aufgabenstellungen des Militärs und der Regierungsstellen.

William Shockley gründet in Palo Alto „Semiconductor Laboratory"; dies wird zum Ausgangspunkt für das legendäre Silicon Valley.

1956

Die Programmiersprache APT *(Automatic Programmed Tool)* wird von D. T. Ross entwickelt.

A. Newell, D. Shaw und F. Simon erfinden die Programmiersprache IPL *(Information Processing Language)*.

Thomas J. Watson Jr. wird neuer IBM-Präsident.

John Bardeen, Walter Brattain und William Shockley erhalten für ihre Arbeiten im Zusammenhang mit der Erfindung des Transistors den Nobelpreis für Physik.

Der erste voll transistorisierte Computer, der TX-O *(Transistorized Experimental Computer)*, nimmt als Prototyp am Massachusetts Institute of Technology den Betrieb auf.

IBM führt den RAMAC 305, den ersten Plattenspeicher mit einer Kapazität von 5 MB, ein.

Der LARC *(Livermore Atomic Research Computer)* wird durch Univac gebaut, einer der letzten elektronischen Rechner mit einem Dezimalzahlenspeicher.

Die britische Universität Manchester startet ihr ATLAS-Computerprojekt, ein Vorläuferkonzept für spätere Supercomputer.

1957

Control Data Corporation (CDC) wird von William C. Norris und einer Reihe von ehemaligen Sperry-Rand-Mitarbeitern gegründet.

Kenneth Olsen, ehemals führender Mitarbeiter im Whirlwind-Projekt, gründet gemeinsam mit Harlan Anderson die Firma Digital Equipment Corporation (DEC).

Gründung von Fairchild Semiconductor Corporation.

GPS *(General Problem Solver)* wird als universelles Anwenderprogramm durch Allen Newell, H. A. Simon, und J. C. Shaw konzipiert.

Philco Corporation erzeugt mit dem TRANSAC S-2000 einen der ersten kommerziellen Transistorencomputer.

1958

Die Programmiersprache ALGOL *(Algorithmic Oriented Language)*, die erste auf allgemeine Problemlösungen abgestellte Sprache, wird vorgestellt.

T. Kilburn entwickelt an der Universität Manchester das Konzept des virtuellen Speichers für die englische Computerfirma Ferranti.

Eine große Stückzahl von Transac S-2000 wird von Philco Corporation für die U.S. Army gebaut.

Nippon Electric Company, eine japanische Tochter von Western Electric, baut die ersten elektronischen Computer der Serie NEC 1101–1102.

Der amerikanische Kongress genehmigt Mittel für den Aufbau des ARPA-Net im Dienste der Landesverteidigung.

Seymour R. Cray baut mit dem CDC 1604 den ersten volltransistorisierten Supercomputer für Control Data Corporation.

Heinz Zemanek baut in Wien das „Mailüfterl“, den ersten Transistorencomputer Kontinentaleuropas.

Professor Hidetosi Takahasi von der Universität Tokio baut auf der Grundlage eines von seinem Dissertanten Eiichi Goto vier Jahre zuvor entwickelten physikalischen Prinzip der Signalerzeugung mittels oszillierenden Schwingkreisen den so genannten Parametron Computer 1, einen mit 15 MHz getakteten binären Rechner mit Magnetkernspeicher und photoelektrischem Papierstreifenleser als Eingabeeinheit. Der Rechner konnte automatisch Dezimal- in Binärzahlen übersetzen und eine Code-Konversion vornehmen.

1959

COBOL *(Common Business Oriented Language)* wird aus der von Grace M. Hopper entwickelten Programmsprache Flow-Matic abgeleitet, es ist dies die erste auf kommerzielle Aufgaben abgestimmte Computersprache.

LISP, eine auf Aufgabenstellungen im Bereich der Artificial Intelligence orientierte Computersprache, wird durch John McCarthy entwickelt.

IBM führt den 1401-Transistorrechner ein, von dem über 10.000 Stück verkauft werden.

Es folgen weitere Computer der zweiten Generation von IBM, nämlich die Modelle IBM 1620 und 1790.

Jack S. Kilby von Texas Instruments erhält ein Patent auf den integrierten Schaltkreis.

Robert Noyce von Fairchild Semiconductor entwickelt unabhängig davon den ersten monolithischen integrierten Schaltkreis.

1960

Benjamin Curley entwirft für Digital Equipment Corporation den DEC PDP-1, der manchmal als der erste Minicomputer bezeichnet wird. Der PDP-1 wird gemeinsam mit Keyboard und Bildschirm um 125.000 Dollar verkauft.

Control Data Corporation stellt den CDC 1604 als wissenschaftlichen Großrechner vor.

Die erste Floppy Disk kommt in Anwendung.

J. C. R. Licklider publiziert den Artikel „Man-Computer Symbiosis", worin er eine Neuorientierung der Computertechnik in Übereinstimmung mit den Bedürfnissen der Nutzer fordert.

Der Psychologie Frank Rosenblatt entwickelt den Mark I Perceptron, der mit Hilfe einer Photolinse Buchstaben erkennen und in den Computer einlesen kann.

An der Harvard University schreibt Theodor Nelson eine Software, die er Hypertext nennt.

IBM zieht in New York die erste Massenfabrikation für Transistoren auf.

1961

IBM liefert seinen „Stretch Computer" an das Atomversuchsgelände in Los Alamos.

Fairchild Semiconductor nimmt die Massenproduktion von integrierten Schaltkreisen auf.

1962

Die Programmsprache APL *(A Programming Language)* wird von Ken Iversen an der Harvard-Universität für IBM geschrieben.

Douglas Engelbart erfindet die Maus als Eingabeeinheit.

Integrierte Schaltkreise werden in Hörapparaten eingesetzt.

Joseph C. R. Licklider übernimmt den Posten eines ARPA-Net-Direktors und entwickelt die Idee eines integrierten Netzwerkes von Computern.

Aufgrund einer Fusion von zwei Vorläuferinstituten entsteht das Institute of Electrical and Electronic Engineers (IEEE), bis heute eine der zentralen Institutionen auf dem Gebiet der Computerwissenschaft.

Der American Standard Code for Information Interchange (ASCII) wird entwickelt, um eine Standardisierung für den Datenaustausch zwischen Computern zu gewährleisten.

1963

Charles Tandy übernimmt die Firma Radio Shack Corporation, die in den 1970er Jahren zu einem der führenden Herstellern von Heimcomputern zählen wird.

Douglas Engelbart entwickelt in Stanford die Vision interaktiver Schnittstellen zwischen Mensch und Computer.

1964

IBM kündigt das System 360, die erste Familie von Hard-und-Software-kompatiblen-IBM-Computern, an. Dieser Computer steht am Beginn der weltweiten Hegemoniestellung des Hardwareerzeugers IBM und begründet das „elektronische Zeitalter“.

Control Data Corporation führt den CDC 6000, der im Wesentlichen durch Seymour Cray konzipiert wurde, als Supercomputer ein.

Die Programmiersprache BASIC *(Beginners All-purpose Symbolic Instruction Code)* wird durch Tom Kurtz und John Kemeny am Dartmouth College entwickelt.

PL/1 wird als *Super Language* für eine Vielzahl von Anwendungen angekündigt; es handelt sich um eine Kombination aus FORTRAN und COBOL.

Die erste computerisierte Enzyklopädie entsteht bei Systems Development Corporation.

Ian Sharp gründet Sharp Associates in Kanada.

Gordon Moore von Fairchild Semiconductor formuliert das nach ihm benannte „Gesetz“, wonach sich in den nächsten zehn Jahren die Kapazität der Transistoren auf integrierten Schaltkreisen alle zwölf Monate verdoppeln wird. Ursprünglich als Faustregel gedacht, gilt es heute als Leitprinzip beim Bau immer leistungsfähigerer Chips zu proportional sinkenden Kosten.

American Airlines und IBM führen das in Echtzeit operierende automatische Flugreservierungssystem SABRE *(Semi-Automated Business Research Environment)* ein.

IBM prägt den Begriff *Word Processing* und macht Rank Xerox Konkurrenz bei Textverarbeitungsanlagen.

1965

DEC baut mit dem PDP-8 den ersten echten Vorläufer des Minicomputers; von ihm werden über 10.000 Stück verkauft, was für die damalige Zeit beachtlich ist.

Das erste Doktorat aus dem Fachgebiet *Computer Science* wird von der University of Pennsylvania an Richard L. Wexelblat vergeben.

Ted Nelson erfindet ein neues Format für das Publizieren von Texten unter der Bezeichnung *Hypertext*, das – im Gegensatz zum „normalen" linearen Text – nicht der Reihe nach gelesen werden muss.

1966

Texas Instruments vertreibt die ersten elektronischen Taschenrechner.

Joseph Weizenbaum, der später wichtige Publikationen zum Verhältnis Mensch-Computer verfassen wird, schreibt mit ELIZA ein Anwendungsprogramm für Psychotherapeuten.

Wayne Pickette gründet die International Research Corporation in San Martin, Kalifornien, die vor allem technische Ressourcen für Unterrichtszwecke auf der Basis des Computers entwickeln soll.

Steven Gray gründet die Amateur Computer Society, die eine eigene Fachzeitschrift, den ACS Newsletter, herausgibt, die die Verbreitung des Wissens über neueste Computeranwendungen zum Ziel hat.

1967

DEC führt den PDP-10-Computer ein.

IBM bringt die erste Floppy Disk auf den Markt.

Die Programmsprache LOGO wird vorgestellt.

H. Bobek von Bell Laboratories entwickelt den Magnetblasenspeicher.

1968

Univac führt den 9400-Computer ein.

Die Firma Intel *(Integrated Electronics)* wird durch die beiden ehemaligen Mitarbeiter von Fairchild Semiconductors Gordon Moore und Robert Noyce gegründet.

International Research Corp. entwickelt die grundsätzliche Architektur für den Monochip-Computer und veranlasst Fairchild Semiconductor zum Bau eines solchen Chips.

Douglas C. Engelbart vom Stanford Research Institute führt auf der Joint Computer Conference in San Francisco erstmals das Konzept von Keyboard, Maus und Word Processor vor.

Edward Roberts und Forest Mims gründen die Firma MITS *(Micro Instrumentation Telemetry Systems)*, die wenige Jahre danach den legendären Altair-PC bauen wird.

Der PASCAL-Compiler wird von Nicklaus Wirth für den CDC-6400-Supercomputer entwickelt.

Control Data Corporation entwickelt unter Leitung von Seymour Cray den CDC 7600, der von vielen Experten als der erste echte Supercomputer betrachtet wird.

Das Betriebssystem UNIX wird von den AT&T Bell Laboratories entwickelt.

Gary Starkweather von Xerox erfindet den Laserdrucker.

Das amerikanische Verteidigungsministerium finanziert ARPA-Net *(Advanced Research Projects Agency)*, den Vorläufer des Internets.

CompuServe, der erste kommerzielle Online-Service, wird eingerichtet.

Jerry Sanders und sieben weitere ehemalige Mitarbeiter von Fairchild Semiconductor gründen die Firma AMD *(Advanced Micro Devices Inc.)*, die Chips herstellt. Die Firma wird später zum wichtigsten Konkurrenten von Intel bei der Erzeugung von Mikroprozessoren.

Marcian Ted Hoff und Stanley Mazor von Intel entwerfen die Grundlagen für den Intel-4004-Mikroprozessor, der eine wichtige Vorleistung für die Entwicklung von Mikrocomputern darstellt.

Honeywell baut mit dem „Kitchen Computer“ H316 einen leistungsstarken Heimcomputer, der um 10.600 Dollar angeboten wird.

Das ARPA-Net nimmt den experimentellen Betrieb auf.

Paul Baran und Donald Watts Davis entwickeln das *Packet-Switching*-Verfahren, auf dem seither die digitale Datenübertragung und auch das Internet aufbauen.

1970

DEC baut seinen ersten 16-Bit-Mikrocomputer, den PDP-11/20.

Intel bringt mit dem 1103 einen neuen DRAM-Speicherchip auf den Markt, der eine Kapazität von 1 KB aufweist.

Gilbert Hyatt reicht ein Patent auf einen auf einem einzigen Chip untergebrachten Mikroprozessor ein.

Das Xerox Palo Alto Research Center (XeroxPARC) wird gegründet. Es entwickelt u. a. wichtige Komponenten der späteren Personalcomputer, wie die grafische Benützeroberfläche, Maussteuerung, Keyboard und auch das Ethernet. Das Management von Xerox erkennt allerdings nicht die großen Möglichkeiten, und andere Firmen wie Apple und IBM übernehmen in der Folge diese Innovationen.

1971

IBM baut mit seinem System 370 den ersten IBM-Mainframe-Computer der vierten Generation; zur Installierung des Mikrocode stehen Floppy Disks in Verwendung.

Intel Corporation bringt den ersten 4 Bit und 108 KHz getakteten Mikroprozessor, den Intel 4004 (mit 2300 Transistoren), zur Serienreife.

John Blankenbaker baut den Prototyp eines Personalcomputers, den Kenbak I, der aber nicht zu einem kommerziellen Produkt führt.

Steve Wozniac und Bill Fernandez bauen aus verschiedenen zusammengekauften elektronischen Bauteilen den Prototyp eines Mikrocomputers, den sie „Cream Soda Computer" nennen.

Die kompakte Programmiersprache Pascal wird von Niklaus Wirth entwickelt.

IBM bringt die Floppy Disk als externes Speichermedium auf den Markt.

Larry Roberts und Wesley Clark schlagen vor, für die Lenkung des Datenverkehrs zwischen Hosts und Netzwerk so genannte IMPs *(Interface Message Processors)* zwischenzuschalten, somit ein Subnetz von miteinander verbundenen identischen „Knoten" zu schaffen.

Die Firma Bolt Beranek Newman (BBN) in Cambridge, Massachusetts, entwickelt das Betriebssystem Tenex und das Dateitransferprotokoll CPYNET für ARPA-Net. Deren Mitarbeiter Tomlinson erfindet das @-Zeichen und versendet über das ARPA-Net an sich selbst die erste Mail, bestehend aus: QWERTYUIOP, die oberste Zeile einer englischsprachigen Schreibmaschinentastatur.

1972

Cray Research wird gegründet, die führende Firma bei „Supercomputern".

Erster elektronischer Taschenrechner durch Jack Kilby, Jerry Merryman und Jim Van Tassel für Texas Instruments entwickelt.

Gary Kildall schreibt mit PL/1 die erste Programmiersprache für den Intel-4004-Mikroprozessor.

Intel führt den mit 200 KHz getakteten 8-Bit-8008-Mikroprozessor mit 3500 Transistoren ein.

In XeroxPARC wird der Xerox Alto entworfen, der erstmals grafische Benützeroberfläche, Keyboard und Maussteuerung verwendet. Die Firmenleitung erkennt nicht die großen Möglichkeiten dieser Innovation.

Offizielle Vorstellung des ARPA-Net anlässlich der International Conference for Computer Communication in Washington, DC.

Wang Laboratories kündigt eine 2200-Serie von *Small Business Computern* an.

Philippe Rouseel und Alain Comerauer von der Artificial Intelligence Group in Marseilles entwickeln die neue Programmiersprache PROLOG.

Atari bringt ein Computervideospiel „Pong“ auf den Markt, das Tischtennis simuliert. Wenig später folgt mit „Asteroids“ ein Kampfspiel, bei dem es darum geht, möglichst viele Eindringlinge aus dem Weltraum abzuschießen.

Ein eigenes *File Transfer Protocol* (FTP) für den Austausch von Daten mit anderen Rechnern wird im Rahmen von ARPA-Net entwickelt.

Dennis Ritchie und Brian Kernighan entwickeln in den zu AT&T gehörenden Bell Laboratories die Programmiersprache C, die auf längere Zeit bei Workstations und Personalcomputern zum Standard wird.

Mit der Compact Disk wird ein neues optisches Massenspeichermedium erfunden.

1973

MICRAL, der erste französische Mikrocomputer, wird vorgestellt. Der Ausdruck Mikrocomputer wird erstmals im Zusammenhang mit diesem Rechner verwendet.

Der IBM 3340 Winchester Hard Disk Drive wird durch IBM eingeführt.

Robert Metcalf erfindet in Palo Alto das Ethernet, um damit die Minicomputer in XeroxPARC im Datenverbund zusammenzuschließen.

Robert Kahn und Vinton G. Cerf verbinden durch die Entwicklung eines neuen Netzwerksprotokolls TCP/IP (*Transmission Control Protocol/Internet Protocol*) unterschiedlichste Computerplattformen und verschiedene Netzwerke zu einem gemeinsamen „Netz der Netze“ in Form des so genannten INTERNET.

1974

Der Mikrochiphersteller Zilog wird gegründet.

Intel führt mit dem 8080-Chip den ersten mit 2 MHz getakteten 8-Bit-Mikroprozessor ein, der in zahlreichen PCs zur Anwendung kommt. Er verfügt über 6000 Transistoren.

Das erste Toshiba-5,25-Zoll-Floppy-Disk-Laufwerk kommt zum Einsatz.

Jack S. Kilby, Jerry D. Merryman und James Van Tassel entwickeln für Texas Instruments einen programmierbaren elektronischen Taschenrechner.

Gary Kildall von Microcomputer Applications Associates entwickelt auf Basis des Intel 8080 das Betriebssystem CP/M.

Motorola führt den mit 1 MHz getakteten 8-Bit-Mikroprozessorchip 6800 mit 4100 Transistoren ein.

RCA bringt seinen 1802-Chip, einen der ersten RISC-Prozessoren, heraus.

1975

Der revolutionäre Cray-1-Supercomputer wird eingeführt.

Home Brew Computer Club, der erste Club für Computerfreaks, aus dem u. a. die Apple-Gründer Jobs und Wozniac hervorgehen, wird gegründet.

Ed Roberts von MITS führt den Altair-8800-Mikrocomputer ein, der um sensationelle 397 Dollar als Bausatz verkauft wird.

Das XeroxPARC-Team entwickelt für den Alto das Gypsy Word Processing System als WYSIWYG, was bedeutet: „What you see is what you get".

Microsoft wird von Bill Gates und Paul Allen gegründet; sie entwickeln eine neue Version des von John Kemeny und Thomas Kurtz eingeführten Betriebssystems BASIC für den Altair-8800-PC.

Der erste Computer Store wird unter dem Namen „Byte Shop" in Santa Monica, CA, eröffnet.

MOS Technology bringt die leistungsstarken 8-Bit-Mikroprozessoren MC6501 und MC6502 auf den Markt. Sie weisen eine Taktfrequenz von 1 bis 2 MHz und 4000 Transistoren auf.

Intel führt den 5 MHz getakteten 8-Bit-8085-Mikroprozessor ein.

Texas Instruments baut mit dem TMS9900 den ersten 16-Bit-Mikroprozessor.

Zilog bringt den 2,5-MHz-Z80, einen 8-Bit-Mikroprozessor heraus, der etwa den Leistungsmerkmalen des Intel 8080 entspricht und 8500 Transistoren aufweist.

AMD stellt den 8080A-Chip vor. In den folgenden Jahren baut die Firma, die auf Wunsch von IBM eine *Second-Source*-Lizenz von Intel erhält, deren 8086er und 8088er Serie nach.

Digital Equipment führt den LSI-11-Mikrocomputer mit einem 8 KB RAM, der erstmals eine 16-Bit-Architektur benützt, ein.

Wayne Green gründet das „Byte"-Magazin.

1976

MITS entwickelt auf der Grundlage des Motorola-6800-Mikroprozessors den Altair 680.

Steve Wozniak versucht vergeblich, Hewlett-Packard für einen von ihm entwickelten Mikrocomputer zu interessieren.

Hewlett-Packard entwickelt den HP-85-Rechner.

Die Firma Tandon, führender Erzeuger von Festplatten, wird gegründet.

Chuck Peddle entwickelt für MOS Technology den 6502-Mikroprozessor.

MOS Technology kündigt das KIM-1-Microcomputer-System an; dieses verfügt über eine 1 MHz 6502er CPU, 1 KB RAM, 2 KB ROM Monitor und kostet 245 Dollar.

Steve Wozniak und Steve Jobs bauen mit Freunden den Apple I in einer Garage.

Intel führt den 5-MHz-8085-Mikroprozessor ein.

Steve Jobs and Steve Wozniak gründen am 1. April 1976 die Apple Computer Inc. Noch im selben Jahr verkauft der Mitgründer von Apple, Ron Wayne, seine Anteil um 800 Dollar – eines der unvorteilhaftesten Geschäfte, die jemals abgeschlossen wurden.

National Semiconductor kündigt den SC/MP-8-Bit-Mikroprozessor an.

In der Mai-Ausgabe des Computermagazins Byte wird erstmals der Ausdruck *Personal Computer* geprägt.

Gary Kildall und seine Frau Dorothy McEwen gründen die Firma Intergalactic Digital Research, was bald in Digital Research abgekürzt wird.

IBM kündigt den 5100 Portable Computer an, den ersten tragbaren Desktop-Computer, der um rund 10.000 Dollar verkauft wird.

Western Digital führt den MCP-1600-3-Mikroprozessor ein.

Texas Instruments führt den TMS9900, einen 16-Bit-Mikroprozessor ein, der in den TI-990-Rechnern zum Einsatz gelangt.

In der UdSSR wird der Elektronika-S5-11-Mikrocomputer entwickelt.

IBM entwickelt einen Tintenstrahldrucker.

Processor Technology führt ein Video Display Modul unter der Kurzbezeichnung VDM ein.

Chuck Peddle entwirft den Commodore-PET-Heimcomputer.

Lore Harp und Carole Ely gründen Vector Graphic Inc.

Stephen Wozniak führt den Apple I im Homebrew Computer Club vor. Steve Jobs und Steve Wozniak verkaufen den Rechner um 666,66 Dollar über den Spezialhandel. Paul Terrell kauft 50 Apple I für seine Byte-Shop-Kette.

Für den Altair gelangt der S-100-Bus zum Einsatz, der auf lange Zeit zum Bus-Standard werden wird.

Die von zwei ehemaligen Intel-Mitarbeitern gegründete Firma Zilog führt den 2,5-MHz-Z80-8-Bit-Mikroprozessor mit 8500 Transistoren ein.

Commodore International kauft MOS Technology.

Der Markenname „Microsoft®“ wird eingetragen.

Dick Heiser gründet mit „The Computer Store“ in Los Angeles, wo fertige Altair-Computer verkauft werden, die erste Detailhandelskette für Computer-Hard- und -Software.

1977

Apple Computer Inc. wird gegründet.

Apple, Commodore und Tandy beginnen Personalcomputer zu vertreiben.

Motorola führt den 8-Bit-6809-Mikroprozessor ein.

DEC führte seinen ersten 32-Bit-Superminicomputer, den VAX-11/780 ein.

Datapoint entwickelt ARC, das erste LAN (*Local Area Network*).

Radio Shack führt den TRS-80-Model-I-Mikrocomputer ein, der einen Zilog-Z80-Mikroprozessor verwendet, je 4 KB RAM und ROM, einen Schwarzweißbildschirm aufweist und 600 Dollar kostet.

Apple II, der erste farbgrafikfähige PC, wird eingeführt. Die Werbeagentur Regis McKenna Advertising entwirft das Apfel-Logo für die Firma Apple.

1978

Microsoft verlegt den Firmensitz von Albuquerque nach Seattle.

1979

Das Tabellenkalkulationsprogramm VisiCalc wird von Apple auf der Westcoast-Computermesse vorgestellt.

Das Textverarbeitungsprogramm Wordstar wird für den PC entwickelt.

Control Data Corporation führt den Cyber-205-Supercomputer ein.

Epson stellt mit dem TX-80 den ersten kommerziell erfolgreichen Nadeldrucker für PCs her.

Microsoft führt eine neue Version von COBOL ein.

Apple entwickelt für den Apple II ein 5,25-Zoll-Diskettenlaufwerk.

Der Motorola 68000 16-Bit-Mikroprozessor gelangt auf den Markt.

Apple II Plus mit 48 KB Hauptspeicherkapazität und einem Verkaufspreis von 1200 Dollar wird eingeführt.

Digital Research entwickelt ein Disc Operating System (DOS).

Texas Instruments bringt mit dem TI 99/4 erstmals einen eigenen PC heraus.

Intel führt den 4,77-MHz-8088-Mikroprozessor mit externem 8-Bit-Bus ein.

Apple Computer stellt den Apple III auf der National Computer Conference in Los Angeles vor. Der Apple III benützt einen 2-MHz-6502A-Mikroprozessor und kostet zwischen 4500 und 8000 Dollar.

Seagate Technologies baut eine Winchester-5,25-Zoll-Festplatte.

Tim Patterson von Seattle Computer Products entwirft ein eigenes Disk Operating System (DOS).

IBM gibt, nachdem Digital Research das in Auftrag gegebene CP/M-86-Betriebssystem nicht rechtzeitig ausliefern kann, bei Microsoft die Entwicklung eines eigenen Betriebssystems für seinen neuen PC in Auftrag. Da Gates und Allen über kein entsprechendes Betriebssystem verfügen, erwerben sie für einen ungenannten Kunden von Seattle Computer Products die Rechte für deren Betriebssystem QDOS *(Quick and Dirty Operating System)* um 50.000 Dollar. Microsoft lizenziert dann dieses Disk Operating System (DOS) an IBM und legt damit den Grundstein für den Aufstieg von Microsoft zum führenden Softwarehersteller.

MS-DOS und PC-DOS werden die vorherrschenden Betriebssysteme.

Microsoft erwirbt eine Lizenz für UNIX und entwickelt daraus eine PC-Version, genannt XENIX.

IBM beauftragt Microsoft, eigene Versionen von BASIC, FORTRAN, COBOL und Pascal für den IBM-PC zu entwickeln.

Digital Research bringt das Betriebssystem CP/M-86 für alle Intel-8086- und -8088-CPU-Systeme heraus.

1981

Die Xerox Star Workstation, ein Computer mit grafischer Benützeroberfläche, die sowohl für Apple als auch für die späteren Windows-Versionen von Microsoft zum Vorbild wurde, wird in Palo Alto gebaut.

Commodore führt den VC20-Heimcomputer ein.

IBM setzt mit seinem 5150-PC den künftigen Industriestandard bei Personalcomputern.

Osborne Computer Corporation entwickelt den Osborne 1 als ersten tragbaren Computer.

BITNET, eines der größten Netzwerke vor Einführung des Internet, wird geschaffen.

Hewlett-Packard entwickelt eine 32-Bit-Superchip.

Logitech, einer der führenden Hersteller von Peripheriegeräten, wird in der Schweiz gegründet.

Hayes entwickelt für den Datentransfer das Smartmodem 1200.

1982

Gründung von Compaq Computer Inc. durch Rod Canion und andere frühere Mitarbeiter von Texas Instruments. Die Firma entwickelt Klons von IBM-PCs und wird zum wichtigsten Konkurrenten auf dem PC-Sektor.

Gründung von Sun Microsystems.

Peter Norton gründet Norton Utilities.

Microsoft entwickelt die Software Multiplan für Apple-II- und CP/M-Rechner.

WordPerfect 1.0, ein populäres Textverarbeitungsprogramm, wird eingeführt.

Intel kommt mit dem 80286-16-Bit-Hochleistungsprozessor auf den Markt, der erstmals auch das Speichermanagement integriert hatte. Dieser Chip verhalf der neuen Compaq-PC-Serie zu einem großen Erfolg.

Lotus Development wird gegründet und entwickelt mit Lotus 1-2-3 ein neues Tabellenkalkulationsprogramm.

Commodore bringt den C64 heraus, mit 64 KB RAM, 20 KB ROM und dem Betriebssystem MS BASIC wird er zunächst für 595 Dollar verkauft; die Senkung des Verkaufspreises auf 200 Dollar trägt mit dazu bei, dass er zum Bestseller bei Heimcomputern wird.

Epson führt mit dem HX-20 das erste Notebook ein.

1983

Der Cray-2-Supercomputer mit 1 Milliarde FLOPs *(floating point operations per second)* kommt zum Einsatz.

Lotus 1-2-3 ersetzt VisiCalc als Tabellenkalkulationsprogramm.

NEC kündigt die SX-1- und SX-2-Supercomputer an.

Das Time Magazine nominiert den Computer als „Mann des Jahres“.

Die ersten IBM-kompatiblen PC-Klones kommen auf den Markt.

Der Apple IIe mit 54 KB RAM und einem 1-MHz-6502-Prozessor und dem Betriebssystem Applesoft BASIC kommt auf den Markt; der PC wird um 1400 Dollar verkauft.

Microsoft entwickelt das Textverarbeitungsprogramm MS Word 1.0.

Tandy, Epson und NEC entwickeln Notebooks. Der Tandy 100 wird in größerer Zahl wegen seines Preises unter 500 Dollar verkauft.

PC-Draw, das erste für den IBM-PC entwickelte Grafikprogramm, gelangt zum Einsatz.

Das Betriebssystem DOS 2.0 wird von Microsoft vorgestellt.

1984

Apple führt seine Macintosh-Linie ein, von der im ersten Jahr bereits mehr als 100.000 Stück verkauft werden.

IBM bringt den PC AT *(Advanced Technology)* auf den Markt.

Der Tandy-1000-Personalcomputer wird im ersten Jahr seines Markttauftritts zum meistverkauften IBM-Klon.

Appleworks, ein kombiniertes Softwarepaket mit Textverarbeitung, Datenverwaltung und Tabellenkalkulation, wird entwickelt.

Motorola produziert die ersten 32-Bit-Mikrochips mit der Bezeichnung 68010 und 68020.

Bill Gates ist auf dem Titelblatt von Time Magazine abgebildet.

Die 3,5-Zoll-Diskette löst die 5,25-Zoll-Diskette als Massenspeicher ab.

Hewlett-Packard bringt einen leistungsfähigen Jet-Laserdrucker um 3495 Dollar heraus.

AMD präsentiert den AM286-Prozessor.

Hayes entwickelt Smartcom II als Kommunikationssoftware für den IBM-PC, die über Hayes-Modems läuft.

Dell Computer wird in Austin, Texas, gegründet.

Der Apple IIc mit 128 KB RAM und 3,5-Zoll-Diskettenlaufwerk wird eingeführt.

Das Computer Museum in Boston wird eröffnet.

Microsoft entwickelt MS-DOS 3.0, MS-DOS 3.1 für den PC sowie Multiplan, BASIC und MS Word 1.0 für den Macintosh, weiter die Anwendungssoftware Project und Chart für PC und Macintosh.

Erstmals gelangen Computerviren in Umlauf.

1985

IBM entwickelt das neue 3090-Sierra-System.

Aldus führt PageMaker für den Macintosh ein und eröffnete damit die Ära des *Desktop Publishings*.

Microsoft und IBM beschließen eine Kooperation, um das neue Betriebssystem OS/2 zu entwickeln.

Die Firma Gateway 2000 wird in Sioux City, Iowa, gegründet.

Intel führt den 80386, einen 16-MHz-Prozessor mit 275.000 Transistoren ein, der 4 GB Speicherkapazität und einen 32-Bit-Datenbus aufweist.

Nintendo gelangt auf den Markt.

1986

Burroughs fusioniert mit Sperry zur Unisys Corporation.

Apple führt den Mac Plus ein. Er verfügt über 1 MB RAM und kostet 2600 Dollar.

Compaq führt einen auf dem Intel-80386-Prozessor beruhenden IBM-PC-kompatiblen Rechner ein, nachdem IBM ein Angebot von Intel, den neuen 32-Bit-Prozessor in den PC einzubauen, abgelehnt hatte.

Motorola bringt den 68030-Mikroprozessor heraus.

IBM kündigt seinen ersten PC-kompatiblen Laptop-Computer an, der 256 KB RAM Speicherkapazität aufweist und um 2000 Dollar verkauft wird.

Toshibas Laptop-Klon wird ein Verkaufshit.

Microsoft wird an der New Yorker Wallstreet notiert. Der Einführungsverkaufspreis für eine Aktie rangiert bei 21 Dollar.

Das Betriebssystem MS-DOS 3.2 wird entwickelt.

1987

Sun Microsystems führt die erste auf einem RISC-Mikroprozessor beruhende Workstation ein.

Apple bringt Macintosh II und Macintosh SE sowie die Anwendersoftware HyperCard auf den Markt.

IBM bringt seine Systems Applications Architecture zur Marktreife.

DEC führt die Vax-2000-Workstation und MicroVAX 3500 und 3600 ein.

Aldus adaptiert PageMaker für die IBM-PC-Welt.

Hayes stellt seinen ISDN (*Integrated Services Digital Network*)-Adapter, ein Modem für ISDN-Verbindungen vor, das eine viermal schnellere Datenübertragung als bei üblichen Telefonleitungen erlaubt.

Microsoft kauft Forethought Inc., das die Präsentationssoftware PowerPoint entwickelt hatte, und integriert dies in sein Anwendungsprogramm Microsoft Office.

Microsoft führt Windows 2.0, Microsoft Works (eine Anwendungssoftware mit MS-Word-Textverarbeitung, Multiplan-Tabellenkalkulationsprogramm, und Excel-Datenbank) sowie das Betriebssystem DOS 3.3 ein.

Microsoft und IBM stellen das Betriebssystem OS/2 Version 1.0 vor.

Der MacSE gelangt für 2900 Dollar in den Verkauf.

IBM führt den PS/2-PC ein. Um die Konkurrenz davon abzuhalten, Klons zu erzeugen, wird ein eigener Bus *(Micro Channel Architecture)* verwendet.

1988

Motorola kündigt den 88000-RISC-Mikroprozessor an.

Intel präsentiert mit dem 386SX eine leistungsreduzierte und kostengünstigere Version des 80386-Prozessorchips.

Die ersten grafikfähigen Supercomputer für dreidimensionale Modellierungen werden von Apollo, Ardent und Stellar angekündigt.

Sun Microsystems führte die auf dem 80386 Prozessor basierte Workstation ein.

IBM führt die ES/3090-S-Serie von *Mainframe*-Computern ein.

Insgesamt sechs Computerviren sind bekannt.

NeXT benützt erstmals optische CD-Speichermedien als Massenspeicher.

Gründung des Chipherstellers Cyrix, der zunächst mathematische Koprozessoren fertigt.

1989

Intel kündigt den 80486-Mikroprozessor, mit 32-Bit-Datenbus, einer Taktrate von 66 MHz und 1,2 Millionen Transistoren sowie den I860-RISC/Coprozessorchip mit über 1 Million Transistoren an. Die Firma führt zur Propagierung ihres 80386SX-Mikroprozessors eine aufwendige Werbekampagne *(Red X Campaign)* durch, um Käufer dazu zu veranlassen, einen gewissen Druck auf die PC-Erzeuger auszuüben, leistungsfähigere Mikroprozessoren in ihren Geräten einzubauen.

Apple führt seinen ersten tragbaren Macintosh ein.

Compaq bringt mit dem LTE und LTE/286 das erste voll funktionstüchtige Notebook auf den Markt.

DEC erweitert die VAX-Linie mit der VAX 9000 auf den Mainframe-Bereich.

Tim Berners-Lee legt am CERN in Genf die Grundlagen für das spätere *World Wide Web* (WWW).

Creative Labs führt für den PC eine Soundcard unter dem Namen SoundBlaster ein.

GRiD Systems Corp. kündigt mit GRidPAD die erste über elektronischen Schreibstift gesteuerte Benützeroberfläche an.

Intel entwickelt den 486DX-Prozessor mit 1,2 Millionen Transistoren und einer eingebauten Fließkommaeinheit (FPU).

Microsoft bringt Windows 3.0 heraus, eine verbesserte Version seines Betriebssystems mit grafischer Benützeroberfläche, von dem mehr als drei Millionen im ersten Jahr verkauft werden.

Motorola führt den mit 50 MHz getakteten 68040-Prozessor mit 1,2 Millionen Transistoren und einer eingebauten Fließkommaeinheit (FPU) ein.

MS-DOS 4.01 wird entwickelt.

1990

IBM bringt die RISC-6000-Workstation auf den Markt.

IBM kündigt den PS/1 als einen Computer für den Hausgebrauch an, während im Mainframe-Bereich das System 390 den Standard setzen soll.

Apple führt die günstigeren Macintosh-Modelle Classic, LC und IISI ein.

Intel baut einen parallelen Supercomputer auf Basis von 860-RISC-Mikroprozessoren.

Creative Labs führt SoundBlaster Pro, ein 8-Bit-Stereotonsystem, ein.

Multimedia Personal Computer (MPC) Standards werden durch Tandy und Microsoft entwickelt.

Microsoft und IBM lösen ihre bisherige Kooperation bei der Entwicklung von Betriebssystemen auf.

Microsoft bringt die Anwendersoftware MS Office für Windows heraus. Damit gelingt es, Marktanteile von Konkurrenten, die Textverarbeitung, Tabellenkalkulation und PowerPoint-Präsentation einzeln anbieten, zu gewinnen.

1991

Die meisten PC-Hersteller bringen Notebooks auf den Markt.

Apple entwickelt 7.0 OS für den Macintosh als Betriebssystem. Auch gelangen das PowerBook-Notebook und Quadra-Macintosh-PCs auf den Markt.

Microsoft bringt DOS 5.0 zum Einsatz.

IBM führt das Betriebssystem OS/2 2.0 ein.

Sun Microsystems baut eine neue Generation von SPARC-Computern.

Gopher, ein für das Internet entwickelter Suchdienst, entsteht an der Universität Minnesota.

Intel führt den 486SX-Chip mit 1,18 Millionen Transistoren ein.

AMD bringt den 80386-DX-Klon AM386-DX auf den Markt.

MS-DOS 5.0 wird entwickelt.

1992

DEC kündigt die RISC-basierten Alpha-CPUs als neue Generation an. Der Alpha-21064-Risc-Prozessor von DEC mit 1,7 Million Transistoren gelangt auf den Markt.

Hewlett-Packard bringt den hochauflösenden LaserJet 4 auf den Markt.

Novell kauft UNIX Systems Laboratory von AT&T, das NetWare 4.0 entwickeln soll.

Cyrix baut einen mit 25 MHz getakteten 80386SX-Klon mit der Bezeichnung Cx486SLC.

Microsoft führt Windows 3.1 ein.

1993

Motorola entwickelt den ersten PowerPC-Mikroprozessor mit 2,8 Millionen Transistoren für die Betriebssysteme Mac OS, OS/2 und Windows NT.

Microsoft ändert die Bezeichnung für das Betriebssystem OS/2 auf Windows NT.

Intel entwickelt den 60- bzw. 66-MHz-Pentium-I-Mikroprozessorchip mit 3,3 Millionen Transistoren. Der Pentium I war abwärts kompatibel bis zum Intel 8086 aus dem Jahre 1978 und konnte in einem Taktzyklus zwei Befehle ausführen. Der Datenzugriff wurde durch zwei interne 8-KB-Caches beschleunigt, wovon einer den aktuellen Befehl und der andere die Daten speicherte. Der externe Datenbus zum Hauptspeicher wurde auf 64 Bit verbreitert.

Apples Newton MessagePad, der erste Personal Digital Assistant, wird kein Verkaufserfolg.

Compaq führt die Presario-Heimcomputerserie ein.

IBM setzt für Workstations erstmals den PowerPC-Chip ein.

IBM kündigt OS/2 für Windows an.

Präsident Bill Clinton eröffnet für das Weiße Haus eine WWW-Adresse.

Microsoft bringt Windows NT 3.1, Windows for Workgroups 3.11, MS-DOS 6.0 und Microsoft Office 4.0 heraus.

Neue Mikroprozessoren wie der AMD 486 und Cyrix 486DX weisen jeweils 1 Million Transistoren auf.

Der erste grafisch konzipierte Webbrowser Mosaic wird an der Universität Illinois entwickelt.

John Scully wird Präsident von Apple Computers Inc. Er lässt einen Palmtop-Computer mit der Bezeichnung Newton entwickeln.

Microsoft bringt die Betriebssysteme MS-DOS 6.0 und NT 3.1 heraus.

1994

Die beiden Softwarehersteller Aldus und Adobe fusionieren.

Marc Andreessen und James H. Clark gründen Netscape Communications und entwickeln den Netscape Navigator Webbrowser für das Internet.

Commodore Computers geht in Konkurs.

Microsoft kauft Softimage Inc., eine kanadische Firma, die sich auf computergenerierte Spezialeffekte für Filme (u. a. „Jurassic Park") spezialisiert hat.

Novell Inc. erwirbt Word Perfect Corporation.

In Großbritannien wird erstmals der Urheber einer Computervirus zu einer Haftstrafe von 18 Monaten verurteilt.

Corel Corporation liefert die Illustrations- und Zeichenprogramme Corel Draw 5 und Photo Paint 5 aus.

Apple erlaubt Klons von Macintosh Computern. Der Power Mac mit einem PowerPC-601-Risc-Prozessor kommt heraus.

DreamWorks entwickelt Unterhaltungs-Multimedia Software für den Heimgebrauch.

Microsoft bringt Windows 95, Microsoft Office 95 und Microsoft Network heraus.

Intel bringt den Pentium-Pro(P6)-Chip mit 5,5 Millionen Transistoren heraus. Dieser orientiert sich an der 32-Bit-Technologie. Da das damals am meisten verbreitete Betriebssystem Windows 95 aber noch auf einer 16-Bit-Technologie beruhte, konnte der neue Mikroprozessor erst mit Windows NT seine Vorzüge ausspielen.

Die Firma Intel wird mit einem technischen Fehler beim Pentium I bei Berechnungen von ungekürzten Divisionen konfrontiert. Obwohl dies für den normalen Benützer keinerlei Probleme mit sich bringt, sieht sich die Firma genötigt, auf Wunsch den Prozessor auszutauschen.

Cyrix entwickelt für IBM den Cx486DX2-Mikroprozessor mit 100 MHz.

IBMs Supercomputer „Deep Blue" schlägt in einem Schachwettkampf zweimal Großmeister Garri Kasparow.

Die von James Gosling bei Sun Microsystems entwickelte Programmsprache Java erweitert die Möglichkeiten des WWW.

Bill Gates gilt nach einer Aufstellung von Forbes Magazine als der reichste Mann der Welt.

Sony fasst den Entschluss, sich im Bau von PCs zu engagieren.

Silicon Graphics führt den R8000-Mikroprozessor für High-End-Systeme ein.

Digital Equipment entwickelt den AXP-21164-Prozessor, den damals schnellsten 64-Bit-Mikroprozessor.

Hewlett-Packard entwickelt die ColorSmart-Technologie.

AMD *(Advanced Micro Device)* bringt den ersten 40-MHz-Doppelmikroprozessor AMD 486 DX-280 zur Einführung.

Windows NT 4.0 und CE 1.0 kommen auf den Markt.

Das WWW Consortium wird durch Tim Berners-Lee gegründet.

1995

Jerry Yang und David Filo gründen den Internetsuchdienst Yahoo.

Microsoft entwickelt seinen Internet Explorer, der gemeinsam mit dem Betriebssystem Windows 95 ausgeliefert wird.

Netscape veröffentlicht daraufhin seinen Quellcode.

Cyrix führt seinen 120-MHz-M1-Prozessor mit 3,3-Millionen Transistoren ein.

Digital Equipment führt den Suchdienst Altavista ein.

Der erste Makrovirus taucht in einem Word-Dokument auf.

Corel kauft das Desktop-Publishing-Programm Ventura Publisher auf.

Für High-End-User wird der PowerPC-620-Chip entwickelt.

Intel bringt mit dem 180-MHz-Pentium-Pro die sechste Chipgeneration hervor.

1996

Navigator 3.0 und Internet Explorer 3.0 Internet-Browser Programme gelangen auf den Markt.

NEC und Packard Bell schließen sich zum weltgrößten PC-Hersteller zusammen.

Toshiba führt erstmals als optisches Speichermedium ein DVD(*Digital Video Disc*)-ROM vor.

IBM kündigt mit dem PowerPC 604e einen neuen Mikroprozessor mit 5,1 Millionen Transistoren an.

Gateway Japan baut erstmals ein DVD-Werk in einen PC ein.

Intel führt den Pentium-Pro-200-Mikroprozessor ein. AMD antwortet mit dem K5-PR75- und K5-PR100-Chip.

1997

Microsoft kündigt Windows CE 2.0 an.

Microsoft wird wegen Verletzung der Wettbewerbsordnung angeklagt.

Western Digital kündigt mit SDX eine neue Technologie bei Festplattenlaufwerken an.

Intel bringt den Pentium-MMX- und Pentium-II-Prozessor neu heraus. Letzterer kombinierte bewährte Technologien mit einer neuen Leistungsklasse: Die Taktfrequenz reichte bis 300 MHz, die Datenübertragungsrate wurde durch die von Intel entwickelte Dual-Independent-Bus-Architektur verdreifacht.

AMD bringt als Antwort darauf den vergleichsweise günstigeren K5-PR166-Chip heraus.

Cyrix entwickelt den mit 120 und 133 MHz getakteten Media-GX-Chip.

Der Cray T3E-900 gilt als der leistungsfähigste Supercomputer.

Digital Equipment kündigt den 600 MHz Alpha 21164 als schnellsten Chip der Welt an.

1998

Microsoft bringt Internet Explorer 4.0 gemeinsam mit dem Betriebssystem Windows 98 auf den Markt.

AMD baut den K6-2 3D-NOW-Prozessor.

Cyrix wird von National Semiconductor aufgekauft.

Im Internet werden erstmals über 40 Millionen Hosts registriert.

In diesem Jahr werden 3734 Computerviren in die Welt gesetzt.

1999

Intel führt den Celeron 433 und den mit 600 MHz getakteten Pentium-III-Mikroprozessor ein. Da die interne individuelle Identifikationsnummer jedes einzelnen Prozessors ablesbar war, konnten die Bewegungen eines Nutzers im Internet nachvollzogen werden, was die Datenschützer auf den Plan rief und Intel in der Folge zu einer Änderung dieser Praktik veranlasste.

AMD bringt den K6-III- und ein halbes Jahr später den K7-Adlon-Prozessor mit 700 MHz auf den Markt.

9.853 Computerviren werden durch das Computersicherheitszentrum CERT *(Computer Emergency Response Team Coordination Center)* registriert.

2000

Microsoft bringt das Betriebssystem Windows 2000 als Nachfolger von Windows NT heraus.

Die Anwendungssoftwares Word 2000 und Office 2000 werden durch Microsoft eingeführt.

AOL (America Online) kauft den Mediengiganten Time Warner.

Bill Gates zieht sich auf die Position eines Aufsichtsratspräsidenten von Microsoft zurück, während Steve Ballmer Vorstandsvorsitzender der weltgrößten Softwarefirma wird.

IBM kündigt die auf dem Pentium III basierte Workstation IntelliStation Z pro an.

IBM führt den RS/6000-Server ein, der bei vielen Supercomputer-Konfigurationen Verwendung findet.

Der von den Philippinen ausgehende „Love-Letter“-Virus richtet massive Schäden an.

AMD bringt den 1,1-GHz-Athlon-Prozessor heraus und überholt im technischen Wettrennen damit erstmals den Marktführer Intel.

Microsoft ME mit einer Reihe von Anwendungsprogrammen für den Heimcomputer wird eingeführt.

Intel kündigt den 1,4-GHz-getakteten 32-Bit-Pentium-IV-Prozessor an. Die Taktfrequenz kann bis 2,2 GHz erhöht werden. Der Systembus ist auf 400 MHz beschleunigt, was eine maximale Übertragungsrate von 3,2 GB erlaubt. Der Chip mit *Advanced Transfer Cache* und *Hyper Pipelined Technology* unterstützt Datenverschlüsselung; Multimediadarstellung und Bildkomprimierung. Der Mikrochip beherbergt 42 Millionen Transistoren.

IBM bringt den PowerPC 750 zum Einsatz; der Mikroprozessor weist 21,5 Millionen Transistoren auf und ist mit 700 MHz getaktet.

Erstmals werden im abgelaufenen Jahr 2000 weniger Personalcomputer als im Vorjahr verkauft, der bisherige exponentielle Wachstumsprozess erscheint somit unterbrochen.

2001

Crash der Kurse an den Wachstumsbörsen für viele *Dot.com*-Companies.

Microsoft gibt seinen Internet-Explorer-Quellcode gegen Verzicht auf die angedrohte Zerschlagung des wegen monopolistischer Wettbewerbsverzerrung belangten Konzerns frei.

Microsoft bringt das Betriebssystem Windows XP und den Internet Explorer 6.0 heraus.

Der PowerPC 7450 mit 1 GHz und 33 Millionen Transistoren wird eingeführt.

Das Computersicherheitszentrum CERT verzeichnet die bisherige Rekordzahl von 52.658 Computerviren.

2002

Maxtor kündigt für die Consumer Electronic Show 2002 eine neue 160-GB-Festplatte an.

Sonicblue stellt einen 20-GB-MP3-Player vor.

Microsoft Pocket 2002 soll in den neuen Personal Digital Assistants von Compaq und Casio Verwendung finden.

Dell erreicht den ersten Platz unter den PC-Erzeugern und löst damit die bisher führende Firma Compaq ab.

Apple bringt eine neue iMac-Linie mit einem PowerPC-G4-Prozessor auf den Markt.

Weiterführende Literatur zur Geschichte des Computers

Aspray, William und Arthur **Burks:** Papers of John von Neumann on Computing and Computing Theory, 1987.

Aspray, William: John von Neumann and the Origins of Modern Computing, 1989.

Aspray, William:An Annotated Bibliography of Secondary Sources on the History of Software, in: Annals of the History of Computing, 1987

Augarten, Stan: Bit by Bit: An Illustrated History of Computers, 1984.

Austrian, Geoffrey: Herman Hollerith. Forgotten Giant of Information Processing, 1982.

Ball, Guy und Bruce **Flamm:** The Complete Collector's Guide to Pocket Calculators, 1997.

Barrow, John: Pi in the Sky: Counting, Thinking, and Being, 1992.

Bashe, Charles, Lyle **Johnson,** John **Palmer** and Emerson **Pugh:** IBM's Early Computers, 1985.

Baxandall, D. und Jane Pugh: Calculating Machines and Instruments, London Science Museum, 1975.

Berkeley, Edmund C.: Giant Brains: or Machines That Think, 1949.

Bell, Eric T.: Men of Mathematics, 1937.

Berners-Lee, Tim (mit Mark Fischetti): Waving the Web. The Past, Present and Future of the World Wide Web by its Inventor, 1999.

Bernstein, Jeremy: The Analytical Engine: Computers - Past, Present and Future, 1963.

Bird, Peter J.: LEO: The First Business Computer, 1994.

Bishop, Morris: Pascal: The Life of Genius, 1936.

Blohm, Hans, Stafford **Beer** und D. **Suzuki:** Pebbles to Computers. The Thread, 1986.

Booth, Andrew D. und Kathleen H. V. **Booth:** Automatic Digital Calculators, in: Butterworth's Scientific Publications, 1953.

Borst, Arno: Computus. Zeit und Zahl in der Geschichte Europas, 1990.

Bowden, B. V. (Hrsg.): Faster Than Thought, 1953.

Bruemmer, Bruce: Resources for the Historyof Computing: A Guide to U. S: and Canadian Records, 1987.

Burks, Alice R. und Arthur W. **Burks:** The First Electronic Computer: The Atanasoff Story, 1987.

Buxton, Harry Wilmot: Memoir of the Life and Labours of the Late Charles Babbage Esqu., R. R. S., 1988.

Caminer, David (Ed.): Leo. The incredible Story of the World's first Business Computer, 1997.

Caminer, David, John **Aris,** Peter **Hermon** and Frank **Land:** The World's First Business Computer: User Driven Innovation, 1996.

Campbell-Kelly, Martin (Hrsg.): Charles Babbage: Passages from the Life of a Philosopher [Autobiographie von 1864], 1994.

Campbell-Kelly, Martin und William **Aspray:** Computer. A History of the Information Machine, 1996.

Carroll, Paul: Big Blue: The Unmaking of IBM, 1993.

Ceruzzi, Paul E.: Reckoners: The Prehistory of the Digital Computer from Relays to the Stored Program Concept (1935–1945), 1983.

Chandler, Alfred D. Jr.: Inventing the Electronic Century. The Epic Story of the Consumer Electronics and Computer Industries, 2001.

Chandler, Alfred D. Jr. und James W. **Cortada** (Hrsg.): A Nation Transformed by Information: How Information Transformed the United States from Colonial Times to the Present, 2000.

Cohen, Bernard I.: Makin' Numbers: The Life and Career of Howard Aiken, 1991.

Collier, Bruce und James **MacLachlan:** Charles Babbage: And the Engine of Perfection, 1998.

Cortada, James W.: An Annotated Bibliography on the History of Data Processing, 1983.

Cordata, James W.: Before the Computer: IBM, NCR, Burroughs, and Remington Rand and the Industry they created, 1865–1956, 1993.

Cordata, James W.: Historical Dictionary of Data Processing: Technology, 1987.

Davis, Martin: The Universal Computer. The Road from Leibniz to Turing, 2000.

Dilson, Jessie: The Abacus, A Pocket Computer, 1968.

Dubbey, John Michael: The Mathematical Work of Charles Babbage, 1978.

Eames, Charles und Ray **Eames:** A Computer Perspective: Background to the Computer Age, ^{2}1990.

Edstom, Jennifer und Marlin **Eller:** Barbarians led by Bill Gates. Microsoft from inside: How the world's richest corporation wields its power, 1998.

Evans, Christopher Riche: The Mighty Micro: The Impact of the Computer Revolution, 1982.

Evans, Christopher Riche: The Making of the Micro: A History of Computer, ^{2}1981.

Fang, Irving E.: The Computer Story, 1988.

Faulstich, Peter: Rechentechnik vom Kerbholz zum Computer, 1991.

Faulstich, Peter: Brunsvig (1892–1959). Mechanische Rechenmaschinen als Welterfolg, in: Zeitschrift für Unternehmensgeschichte 2, 1992.

Fisher, John: The Story of Computers, 1964.

Fisher, Franklin M. und J. **McKie:** IBM and the U.S. Data Processing Industry: An Economic History, 1983.

Fishman, Katherine Davis: The Computer Establishment, 1981.

Flamm, Kenneth: Creating the Computer: Government, Industry and High Technology, ^{2}1988.

Foy, Nancy: The IBM World, 1974.

Freiberger, Paul und Michael **Swaine:** Fire in the Valley: The Making of the Personal Computer, 1984.

Freytag-Löringhoff, Bruno Freiherr von: Schickards Tübinger Rechenmaschine von 1623, 1981.

Fröschl, Karl, Siegfried **Mattl** und Hannes **Werthner:** Symbolverarbeitende Maschinen – eine Archäologie. Katalog zur Ausstellung „Info. Eine Geschichte des Computers" des Vereins Museum Arbeitswelt in Steyr, 1993.

Gantz, John und Jack B. **Rochester:** The Naked Computer, 1983.

Ganzhorn, Karl und Wolfgang **Walter:** Die geschichtliche Entwicklung der Datenverarbeitung, 1975.

Gardner, Martin: Logic Machines, Diagrams and Boolean Algebra, 1968.

Giordano, Lorraine: Beyond Taylorism: Computerization and the New Industrial Relations, 1992.

Goldstein, H. H.: The Computer from Pascal to Von Neumann, 1972.

Green, Laura: Computer Pioneers, 1985.

Greenia, Mark W.: History of Computing: An Encyclopedia of the People and Machines that Made Computing History, Lexikon Services CD-ROM, 2001.

Grosh, Herbert R. J.: Computer: Bit Slices from a Life. Third Millennium Books, 1991.

Halacy, Jr., Dan S.: Computers: The Machines We Think With, 1962.

Hall, Mark und John **Barry:** Sunburst:The Ascent of Sun Microsystems, 1990.

Hansen, Hans Robert und Gustav **Neumann:** Wirtschaftsinformatik I, 8. Aufl. 2002.

Harmon, Margaret: Stretching Man's Mind. A History of Data Processing, 1975.

Hawkes, Nigel: The Computer Revolution, 1971.

Heger, Hans: Die Geschichte der maschinellen Datenverarbeitung, 1991.

Heintz, Bettina: Die Herrschaft der Regel. Zur Grundlagengeschichte des Computers, 1993.

Heller, Robert: The Fate of IBM, 1994.

Hendry, John: The Teashop Computer Manufacturer: J. Lyons, Leo and the Potential and Limitations of High-Tech Diversifications, in: Business History 29/1987, 73–102.

Heß, Gerhard: Kampf um den Standard, 1993.

Hodges, Andrew: Alan Turing: The Enigma, 1983.

Holtzmann, Gerald J und Bjørn **Pehrson**: The Early History of Data Networks, 1994.

Hyman, Anthony: Charles Babbage, Pioneer of the Computer, 1982.

Jackson, Tim: Inside Intel, 2000.

Jacobowitz, Henry: Electronic Computers: A Made Simple Book, 1963.

James, Geoffrey: The Tao of Programming. Compuarcheological Guide to the Mysterious Past of Programming, 1987.

Jennings, Karla: The Devouring Fungus: Tales of the Computer Age, 1990.

Kemeny, John G.: Man and the Computer, 1972.

Kidwell, Peggy A. und Paul E. **Ceruzzi:** Landmarks in Digital Computing, 1994.

Korn, Granino A. und Theresa M. **Korn:** Electronic Analog Computers, 2. Aufl. 1956.

Korte, Bernhard: Zur Geschichte des maschinellen Rechnens, in: Bonner Akademische Reden, Bd. 54, 1981.

Künzel, Werner und Peter **Bexte:** Allwissen und Absturz. Der Ursprung des Computers, 1993.

Lammers, Susan M.: Programmers at Work: Interviews with 19 Programmers That Shaped the Computer Industry, 1989.

Lavington, Simon: Early British Computers: The Story of Vintage Computers and the People Who Built them, 1980.

Lee, John A. N.: Computer Pioneers, 1994.

Levering, Robert, Michael **Katz** und Milon **Moskowitz:** The Computer Entrepreneurs. Who's Making it Big and How in America's Upstart Industry, in: New American Library, 1984.

Levy, Steven: Hackers, Heros of the Computer Revolution, 1984.

Lindner, R., B. **Wohak** und H. **Zeltwanger:** Planen, Entscheiden, Herrschen. Vom Rechnen zur elektronischen Datenverarbeitung, 1988.

Linzmayer, Owen W.: The Mac Bathroom Reader, 1994.

Lukoff, Herman: From Dits to Bits: A Personal History of the Electronic Computer, 1979.

Lundstrom, David E.: A Few Good Men from Univac, 1987.

Lytel, Allan: ABC's of Computers, 1966.

MacAuley, David: The Way Things Work, 1988.

McCartney, Scott: ENIAC: The Triumphs and Tragedies of the World's First Computers, 1999.

Mackensen, Ludolf von: Die erste Sternwarte Europas mit ihren Instrumenten und Uhren. 400 Jahre Jost Bürgi in Kassel, 1979.

Macrae, Norman: John von Neumann, 1992.

Mainzer, Klaus: Computer – neue Flügel des Geistes? Die Evolution computergestützter Technik, Wissenschaft, Kultur und Philosophie, in: Philosophie und Wissenschaft. Transdisziplinäre Studien, hrsg. v. C. F. Gethmann und J. Mittelstraß, 1995.

Malone, Michael S.: The Micropocessor, 1995.

Manes, Steven und Paul **Andrews:** Gates (Bill Gates of Microsoft, an independent Biography), 1993.

Manners, David und Tsugio Makimoto, Living with the Chip, 1995.

Mercer, David: How the World's most successful Corporation is managed, 1987.

Metropolis, N. und Giancarlo **Rota:** A History of Computing in the Twentieth Century, 1980.

Mollenhoff, Clark R.: Atanasoff: Forgotten Father of the Computer, 1988.

Moreau, R.: The Computer Comes of Age: The People, the Hardware and the Software, 1984.

Morgan, Christopher: Wizards and Their Wonders: Portraits in Computing, 1997.

Morse, Perley: Business Machines: Their Practical Application & Educational Requirements, 1932.

Moschovitis, Christos P., Tami **Schuyler** und Theresa M. **Senft:** History of the Internet. A Chronology, 1843 to the Present, 1999.

Nash, Michael: Computers, Automation, and Cybernetics at the Hagley Museum and Library, 1987.

Naumann, Friedrich: Vom Abakus zum Internet. Die Geschichte der Informatik, 2001.

Nelson, Ted: Dream Machines,Tempus Books, 1987.

Neumann, John von: The Computer and the Brain, 1958.

Newquist, Harvey P.:The Brain Makers, 1994.

Nyce, James M. und Paul **Kahn** (Hrsg.): From Memex to Hypertext: Vannevar Bush and the Mind's Machine, 1991.

Oldfield, Homer R.: King of the Seven Dwarfs: General Electric's Ambiguous Challenge to the Computer Industry, 1996.

Osborne, Adam: Hypergrowth: The Rise and Fall of Osborne Computer Corporation, 1985.

Palfreman, Jon und Doron **Swade:** The Dream Machine: Exploring the Computer Age, 1991.

Phister, Jr., Montgomery: Logical Design of Digital Computers, 1958.

Piper, Roger: The Story of Computers, 1964.

Pugh, Emerson Waldo: Mamories that Shaped an Industry: Decisions Leading to IBM System 360, 1984.

Pullan, J. M.: The History of the Abacus, 1969.

Queisser, Hans J.:The Conquest of the Microchip, 1988.

Randell, Brian (Hrsg.):The Origins of Digital Computers. Selected Papers, 1982.

Redmond, K. C. und T. A. Smith.: Project Whirlwind: The History of a Pioneer Computer, 1980.

Reid, Thomas R.: Microchip: The Story of a Revolution and the Man Who Made It, 1984.

Rifkin, Glenn: The Ultimate Entrepreneur: The Story of Ken Olsen and Digital Equipment Corporation, 1988.

Ritchie, David: The Computer Pioneers. The Making of the Modern Computer, 1986.

Rogers, William: THINK: A Biographie of the Watsons and IBM, 1969.

Rosen, Saul: Electronic Computers: A Historical Survey: Computing Surveys, V1, 1/1969.

Rosenberg, Jerry M.: The Computer Prophets, 1969.

Sammet, Jean E.: Programming Languages: History and Fundamentals, Prentice-Hall, 1969.

Sand, Stephanie: IBM – eine kritische Geschichte des Computer-Giganten, 1988.

Schaaf, Jutta (Hrsg.): Die Würde des Menschen ist unverNETZbar, 1990.

Schneider, Ivo: Der Proportionalzirkel. Ein universelles Analogrecheninstrument der Vergangenheit, 1970.

Sculley, John: Odyssey: Pepsi to Apple ... The Journey of a Marketing Impresario, 1987.

Seck, Friedrich: Wilhelm Schickard 1592–1635. Astronom, Geograph, Orientalist, Erfinder der Rechenmaschine, 1992.

Secrest, James D.: A History of the Electronic Industries Association, 1974.

Segal, Howard P.: Future Imperfect: The Mixed Blessings of Technology in America, 1994.

Shurkin, Joel: Engines of the Mind: A History of the Computer, 1984.

Slater, Robert: Portraits in Silicon, 3. Aufl. 1992.

Slater, Robert: Saving Big Blue. Leadership Lessons and Turn-around Tactics of IBM's Lou Gerstner, 1999.

Smith, Charles V. L.: Electronic Digital Computers, 1959.

Smith, Thomas M.: Project Whirlwind: The History of a Pioneer Computer, 1980.

Sobel, Robert: IBM und die globale Herausforderung, 1986.

Spencer, Donald D.: Great Men and Women of Computing, 2. Aufl. 1999.

Spencer, Donald D.: The Timetable of Computers, 1999.

Spencer, Donald D.: Understanding Computers, 3. Aufl. 1996.

Stein, Dorothy: Ada: A Life and a Legacy, 1987.

Stern, Nancy B.: From ENIAC to UNIVAC: An Appraisal of the Eckert Mauchly Computers, 1981.

Strathern, Paul: Turing and the Computer, 1998.

Thomas, Shirley: Computers: Their History, Present Applications, and Future, 1965.

Tool, Betty Alexandra: Ada, the Enchantress of Numbers, 1992.

Trask, Maurice: The Story of Cybernetics, 1971.

van den Ende, Jan: The Turn of the Tide: Computerization in Dutch Society 1900–1965, 1994.

Väterlein, Christian (Hrsg.): Philipp Matthäus Hahn 1739–1790. Ausstellung des Württembergischen Landesmuseums, Bd. 2: Aufsätze, 1989.

von Handel, Paul: Electronic Computers: Fundamentals, Systems, and Applications, 1961.

von Randow, Gero (Hrsg.): Das kritische Computerbuch, 1990.

Vorndran, Edgar: Entwicklungsgeschichte des Computers, 2. Aufl. 1986.

Wallace, James und Jim Erickson: Hard Drive. Bill Gates and the Making of the Microsoft Empire, 1992.

Wang, An (mit Eugene Linden): Lessons, 1986.

Watson, Thomas J. Jr. und Peter **Petre:** Father, Sohn and Co: My Life at IBM and Beyond, 1990.

Watson, Thomas J. Jr.: IBM – ein Unternehmen und seine Grundsätze, 1964.

Weiler, Jürgen: Die IBM-Kultur: Protokoll einer Unternehmenskrise, 1995.

Weinberger, George Martin: Soviet Cybernetic Technology: A Timeline, Researcher's Database, and Guide to Professional Literature from Early First Generation through Third Generation, 1985.

Weinhart, Karl: Informatik und Automatik. Führer durch die Ausstellung des Deutschen Museums München, 1990.

Weizenbaum, Joseph: Die Macht der Computer und die Ohnmacht der Vernunft, 2. Aufl. 1987.

Wexelblat, Richard L.: History of Programming Languages, 1981.

Wilberg, Ernst Eberhard: Die Leibnitzsche Rechenmaschine und die Julius Universität in Helmstedt, in: Beiträge zur Geschichte der Technischen Universität Carolo-Wilhelmina in Braunschweig, 1977.

Wildes, Karl und Nilo **Lindgren:** A Century of Electrical Engineering and Computer Science at MIT: 1882–1982, 1986.

Wilkes, Maurice: Memoirs of a Computer Pioneer, 1985.

Williams, Michael R.: A History of Computing Technology, 4. Ed. 2000.

Williams, Michael R. und Martin **Campbell-Kelly** (Hrsg.): The Early British Computer Conferences, 1989.

Wulforst, Harry: Breakthrough to the Computer Age, 1982.

Yamamoto, Takuma: Fujitsu: What Mankind Can Dream, Technology Can Achieve, 1992.

Young, Jeffrey S.: Steve Jobs – der Henry Ford der Computerindustrie, 1989.

Zemanek, Heinz: Weltmacht Computer. Geschichte – Strukturen – Medien, 1991.

Zientara, Marguerite: The History of Computing, 1985.

Zuse, Konrad: Der Computer – Mein Lebenswerk, 1984.

Abkürzungen und Akronyme

ABC	Atanasoff-Berry-Computer
ACE	Automatic Computing Engine
ALGOL	Algorithmic Oriented Language
AMD	Advanced Micro Devices
ANACOMP	Analogcomputer
AOL	America Online
APL	A Programming Language
APT	Automatic Programmed Tool
ARC	Automatic Relais Computer
ARPA	Advanced Research Projects Agency
ARRA	Automatische Relais Rekenmachine Amsterdam
AS	Application Systems
ASCC	Automatic Sequence Controlled Calculator
ASCI	Accelerated Strategic Computing Initiative
AT	Advanced Technology
AT&T	American Telegraph and Telephone Corporation
BASIC	Beginner's All-purpose Symbolic Instruction Code
BBN	Bolt Beranek Newman
BESM	*russ.* Große Elektronische Rechenmaschine
BINAC	Binary Automatic Computer
BIOS	Basic Input-Output System
Bit	Binary Digit
BSC	Binary Synchronous Communications
CAD	Computer Aided Design
CD	Compact Disk
CDC	Control Data Corporation
CERN	Conseil Européen pour la Recherche Nucléaire
CIM	Computer Integrated Manufacturing
CISC	Complex Instruction Set Computer
COBOL	Common Business Oriented Language
COMECON	Council for Mutual Economic Assistance/Aid
COS	Cray Operating System
CP/M	Control Program for Microcomputers
CPC	Card Programmed Calculator
CPU	Central Processing Unit
CRTs	Cathode Ray Tube
CSNET	Computer Science Research Network
CWS	Control Workstation

DEC	Digital Equipment Corporation
Dehomag	Deutsche Hollerith-Maschinen AG
DELTT	Double Electron Layer Tunneling Transistor
DIN	Deutsche Industrie-Norm
DNA	Deoxyribonucleic acid (Desoxyribonukleinsäure)
DOS	Disc Operating System
DRAM	Dynamic Random Access Memory
DVD	Digital Versatile Disc
EDSAC	Electronic Delay Storage Automatic Computer
EDVAC	Electronic Discrete Variable Automatic Computer
EEPROM	Electrical Erasable Programmable Read-only Memory
EISA	Extended Industry Standard Architecture
EMCC	Eckert-Mauchly Computer Corporation
ENIAC	Electrical Numerical Integrator and Computer
EPROM	Erasable Programmable Read-only Memory
ERA	Engineering Research Associates
FBI	Federal Bureau of Investigation
FLOPS	Floating Point Operations Per Second
FORTRAN	Formula Translation
FTP	File Transfer Protocol
GPFS	General Parallel File System
GPRS	Global Package Radio System
GPS	General Problem Solver
GSM	Global Systems for Mobile Communications
HiPPI	High-Performance Parallel Interface
HP	Hewlett-Packard
HTML	Hypertext Markup Language
HTTP	Hypertext Transfer Protocol
IAS	Institute for Advanced Studies
IBM	International Business Machines Corporation
ICCC	International Conference for Computer Communication
IEE	Institute of Electrical Engineers
ILLIAC	Illinois Automatic Computer
IMP	Interface Message Processor
Intel	Integrated Electronics
IPL	Information Processing Language
ISDN	Integrated Services Digital Network

KB	Kilobyte
kW/h	Kilowatt pro Stunde
LAN	Local Area Network
LARC	Lawrence Livermore Atomic Research Computer
LCD	Liquid Crystal Display
LEO	Lyons Electronic Office
Lisa	Local Integrated Software Architecture
LSI	Large Scale Integration
MB	Megabyte
MESME	*russ.* Mittlere Elektronische Rechenmaschine
MHz	Megaherz
MILNET	Military Net
MIMD	Multiple Instruction Multiple Datapath Machine
MINET	Military Internal Network
MIPS	Millions of Instructions per Second
MIT	Massachusetts Institute of Technology
MITS	Micro Instrumentation Telemetry Systems
MOS	Metal on Silicon
MSI	Medium Scale Integration
NASA	National Aeronautics and Space Administration
NCAR	National Center for Atmospheric Research
NCR	National Cash Register
NEC	Nippon Electric Company
NORC	Naval Ordnance Research Calculator
NSA	National Security Agency
NSF	National Science Foundation
OS	Operation System
Palm	Put All Logic in Microcode
PC	Personal Computer
PDP	Programmed Data Processor
PIN	Personal Identification Number
PRISM	Prison Inmate and Safety Management System
PROM	Programmable read-only Memory
PS	Personal System
QDOS	Quick and Dirty Operating System
RAM	Random Access Memory
RCA	Radio Corporation of America
RISC	Reduced Instruction Set Computer
ROM	Read Only Memory

SABRE	Semi-Automatic Business-Research Environment
SAGE	Semi Automatic Ground Environment
SDC	Systems Development Corporation
SESM	*russ.* Kleine Elektronische Rechenmaschine
SETI	Search for Extraterrestrial Intelligence
SGI	Silicon Graphics Incorporated
SIMD	Single Instruction Multiple Datapath
SISD	Single Instruction Single Datapath
SLT	Solid Logic Technology
SSEC	Selective Sequence Electronic Calculator
SSEM	Small Scale Electronic Machine
SSI	Small Scale Integration
SWAC	Standards Western Automatic Computer
TAC	Tokyo Automatic Calculator
TB	Terabyte
TCP/IP	Transmission Control Protocol/Internet Protocol
TFT	Transistorfilmtechnologie
TGI	Transaction-Generated Information
TRADIC	Transistorized Digital Computer
TX-O	Transistorized Experimental Computer
ULSI	Ultra Large Scale Integration
Unicos	Unix Cray Operating System
UNIVAC	Universal Automatic Computer
UNIX	Universal Interactive eXecutive
URL	Uniform Resource Locator
URR	Universelle Relais-Rechenmaschine
V2	Vergeltungswaffe 2
VAX	Virtual Address eXtension
VisiCalc	Visible Calculator
VLSI	Very Large Scale Integration
W3C	World Wide Web Consortium
WWW	World Wide Web
WYSIWYG	What you see is what you get
XeroxPARC	Xerox Palo Alto Research Center
XT	EXtended Technology
Yahoo	Yet Another Hierarchical Officious Oracle

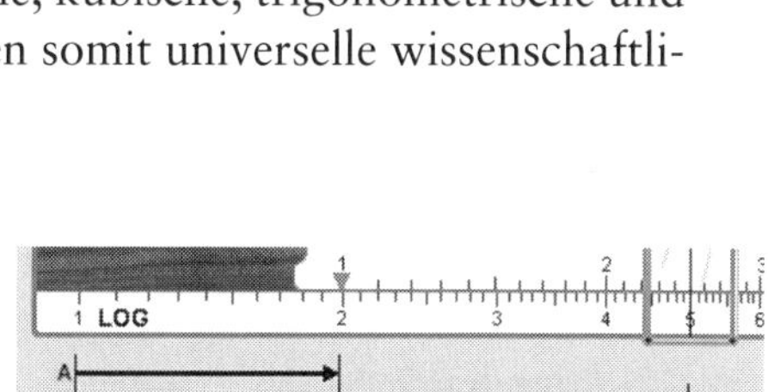

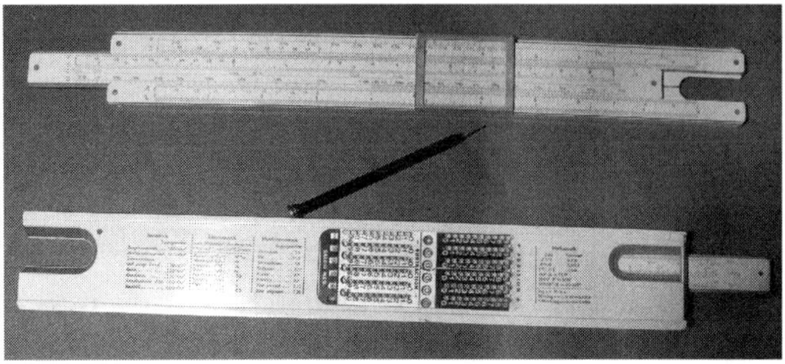

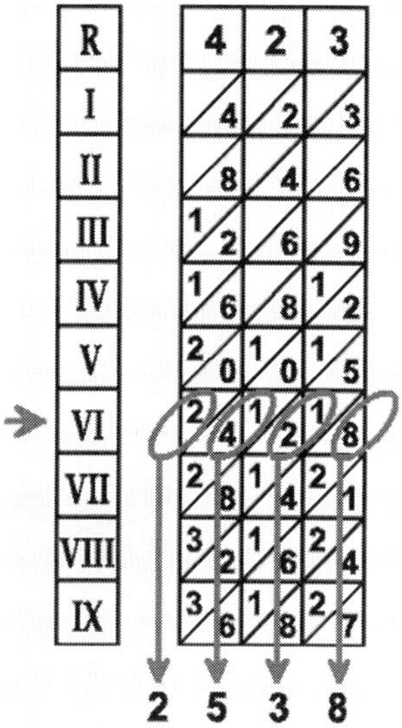

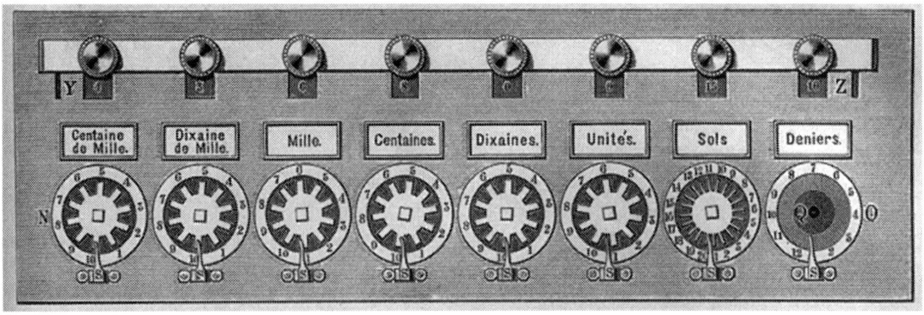

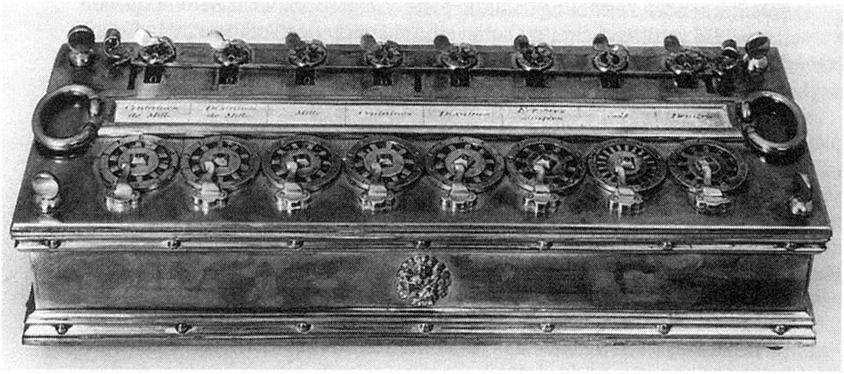

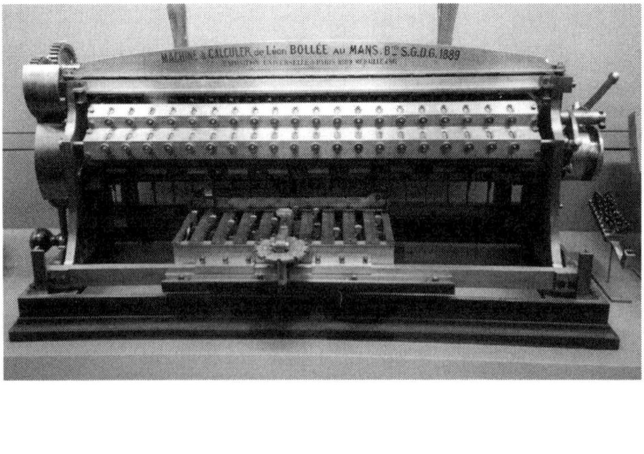

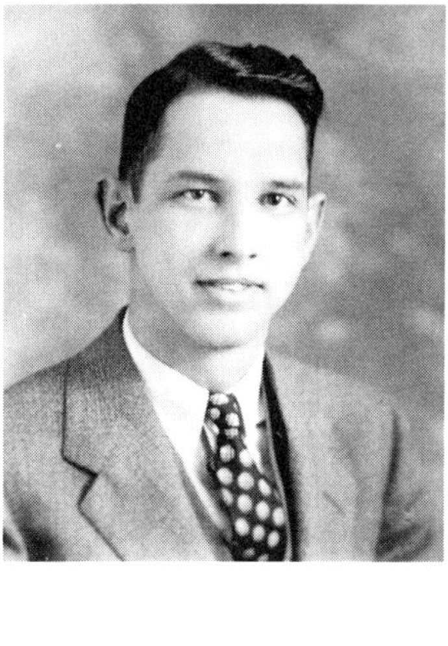

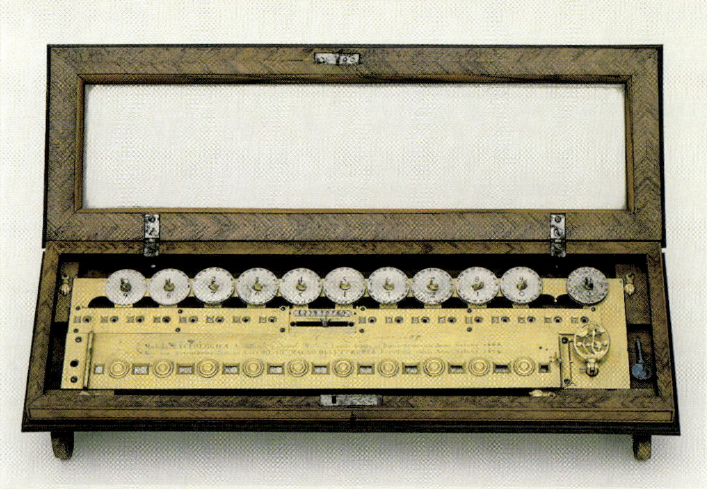

Personenregister

I

J

K

L

M

N

O

P

Q

R

S

Sachregister

A

B

C

D

E

F

G

H

I

J

K

L

M

S

T